U0107772

清末教科书与近代术语厘定研究

近代术语厘定研究

彭雷霆 著

中国社会科学出版社

图书在版编目（CIP）数据

清末教科书与近代术语厘定研究 / 彭雷霆著. —北京：中国社会科学
出版社，2023.11

ISBN 978 – 7 – 5227 – 2795 – 0

Ⅰ.①清…　Ⅱ.①彭…　Ⅲ.①教材—历史—研究—中国—清后期
Ⅳ.①G423.3 – 092

中国国家版本馆 CIP 数据核字（2023）第 230984 号

出 版 人	赵剑英
责任编辑	刘　芳
责任校对	李　敏
责任印制	李寡寡

出　　版	中国社会科学出版社
社　　址	北京鼓楼西大街甲 158 号
邮　　编	100720
网　　址	http://www.csspw.cn
发 行 部	010 – 84083685
门 市 部	010 – 84029450
经　　销	新华书店及其他书店
印　　刷	北京明恒达印务有限公司
装　　订	廊坊市广阳区广增装订厂
版　　次	2023 年 11 月第 1 版
印　　次	2023 年 11 月第 1 次印刷
开　　本	710×1000　1/16
印　　张	20
插　　页	2
字　　数	314 千字
定　　价	108.00 元

凡购买中国社会科学出版社图书，如有质量问题请与本社营销中心联系调换
电话：010 – 84083683

谨以此书纪念我永远的大先生

冯天瑜教授

目　录

绪　　论

本书的研究对象为"清末教科书"，即以"清末教科书"作为研究载体，考察其在近代术语厘定、传播过程中所起的作用，进而透视近代中西文化交流、中日文化互动的诸多面相。

一　研究现状

本书涉及近代术语研究与近代教科书研究两个领域。目前学界对这两个领域的研究已有不少成果，但通过"教科书"这一特殊载体来考察近代术语演变的还不多见。

（一）近代术语研究

2003 年中国人民大学黄兴涛教授曾对当时学界近代术语的研究现状做了一总结，认为"至今学界对于明清以来受西方和日本文明的刺激而产生的新名词的研究仍相当不足，不仅得不出大体的数字，而且对各个领域里新名词的清理工作也所做有限，至于其思想影响和文化功能，则更是远未得到深入的探索和整体的总结"，并指出"只有把近代中国新名词置于思想史、文化史和社会史的广阔视野中去研究和透视，它的历史内涵才能得到更为充分的了解和揭示，也只有这样的新名词研究，才能显示出其独特充足的历史学意义"[①]。尽管这是黄氏二十年前所言，但至今仍有一定参考意义，特别是对于理解学界在研究近代术语的路径、角度而言，更是如此。

当然同二十年前相比，学界对于近代术语的考察已有很大的进展，

[①] 黄兴涛：《近代中国新名词的思想史意义发微——兼谈对于"一般思想史"之认识》，载杨念群、黄兴涛、毛丹主编《新史学——多学科对话图景》（上），中国人民大学出版社 2003 年版，第 325、341 页。

不仅形成了几个专门研究近代术语的攻关团队，而且在研究视角、方法上也有一定的突破。就研究团队而言：在国内主要有武汉地区由冯天瑜教授领衔的"近代术语的生成、演变与中西文化互动研究"课题组，上海地区由熊月之、周振鹤、章清等教授合作开展的"中国现代学科形成"课题组，北京黄兴涛教授主持的"近代中国新名词的形成、传播与学术文化的现代转型"课题组，广州桑兵教授主持的"近代中国的知识与制度体系转型"课题组，香港金观涛、刘青峰教授主持的"中国近现代思想史专业数据库"课题组；在国外主要包括日本文部科学省"国际日本文化研究中心"围绕术语—概念研究所组成的研究班，以及德国埃尔兰根—纽伦堡大学朗宓榭教授主持的"近代中国科学术语形成的研究"课题组等。

就研究视角、方法上而言，学界对于近代术语的研究探讨大体有如下几个模式。

1. 词汇史研究模式

最早对我国近代术语展开研究的其实并不是史学界，而是语言学界。还在民国时期，当时一些语言工作者、翻译工作者就注意到了清末民国时期中国术语、新词日益涌现的现象，于是就此展开了初步的探讨。如早期余又荪的《日译学术名词沿革》、胡行之的《外来语词典》。新中国成立初，王力的《汉语史稿》、高名凯与刘正埮合著的《现代汉语外来词研究》等都是从词汇史的角度，总结、统计、列举了近代外来词。后来史有为、朱京伟、沈国威等人的研究理路也大致如此，主要侧重探讨近代术语的词源、词义、与旧有词的关系、词汇的传播与普及等主题。此一角度研究的开展对于学界了解近代新语的状况（包括数量与论例）、译词的生成演变定名过程，以及术语变化背后的语言学学理源由等方面都有极大的助益。

2. 思想史、观念史研究模式

近代术语，它所能表征的不仅是词汇史的意义，而且具有思想史、观念史的意涵。术语演变背后呈现出来的就是思想、观念的变迁。这一点随着近代术语研究的深入，越来越为人们所注意。如前述黄兴涛教授，就特别强调近代术语、新词对于思想史的意义。他一系列关于新名词的论文贯穿的都是这一主题，通过新名词的考察，探讨近代思想的脉动。

而金观涛、刘青峰二人与黄氏稍有不同，他们更侧重从观念史的角度探讨近代术语、新词。在金观涛、刘青峰看来，所谓观念史就是去研究一个个观念的出现及其意义演变过程，而要探讨观念的生成演变，其中一个捷径就是考察那些表达该观念的关键词的出现，并分析其在不同时期的意义。① 正是基于此点考虑，金、刘二人认为可以从研究近代术语新词入手，来厘清构成近代思想版图的那些关键观念是如何形成、变迁的。他们所采用的具体方式就通过建立"中国近现代思想史专业数据库"，以统计、量化相关关键词在某一时期出现的次数来说明论证某些观念的演变变迁过程。根据统计，他们得出"所有中国当代政治观念的形成，几乎都经历了（选择性吸收、学习、创造性重构）三个阶段"的结论。

3. 近代知识转型研究模式

自 2005 年以来，从近代知识转型的角度研究近代术语成为另一研究取径。如桑兵教授主持的"近代中国的知识与制度体系转型"与章清教授等人从事的"中国现代学科形成"研究，都是如此。这一取向其实是将近代术语新词放在整个近代知识转型、现代学科建立的背景下加以考察。由这一路向衍生的主题也比较多样，包括：学科术语群生成与学科建立的关系；术语译介与传统知识的关联；本土词汇与外来知识的对接、变形；各学科专门术语的翻译与标准术语词汇的出现等。这些探讨不仅进一步拓宽了近代术语研究的考察视野，而且更清楚显示了近代术语新词对于近代中国所具有的多重意义。

4. 历史文化语义学研究模式

这一研究方式，是由冯天瑜教授提出的。冯先生认为，"语言是在人类历史中形成的文化现象，故语言从来与历史及文化脱不开干系。而在构成语言的语音、语法、语义三要素中，语义的历史性和文化性又最为深厚"，因而如今"我们探讨时下通用的关键词的演绎历程，其意趣并不止于语言文字的考辨，透过运动着的语言文字这扇窗口，我们看到的是历史文化的壮阔场景"②。换言之，近代术语的生成演变不单纯只是一

① 金观涛、刘青峰：《观念史研究：中国现代重要政治术语的形成》，法律出版社 2009 年版，第 3、5 页。

② 冯天瑜：《序言："历史文化语义学"刍议》，载冯天瑜、刘建辉、聂长顺编《语义的文化变迁》，武汉大学出版社 2007 年版，第 1—2 页。

语汇的变迁、翻译技术性的讨论，而是在近代中西文化互动过程中对近代文化转型的一具体呈现。运用历史文化语义学考察近代术语，重点是探悉术语背后隐藏的历史文化意涵。冯天瑜教授所撰写的《新语探源》与《"封建"考论》二书正是对历史文化语义学的具体实践。前者通过重点考察明清之际与清末民初两个时段术语群的生成演变情况，来反映这两个时段的历史文化诸面相。后者则通过考察"封建"这一具体术语的纵向历时变迁，勾勒出封建这一术语在不同时期的词义沿袭、断裂及其演变历程，以此厘析与其相关的历史文化问题。这其实正是历史文化语义学的两种基本研究路径。这一历史、文化、语义三个层面的考量，使得学界对于近代术语的认识更为全面和深入。

除了上述研究模式外，也有一些学者从文化传播史、语言接触史、西学东渐史等角度对近代术语加以探讨，但大体还是不脱上述几种思路，只是在论述重点稍有区别。

国外对于我国近代术语研究的成果主要集中在几本论文集中，包括关西大学文化交涉学教育研究中心、出版博物馆编《印刷出版与知识环流：十六世纪以后的东亚》（上海人民出版社 2011 年版）；郎宓榭、阿梅龙、顾有信著，赵兴胜等译的《新词语新概念：西学译介与晚清汉语词汇之变迁》（山东画报出版社 2012 年版）；郎宓榭、费南山主编，李永胜、李增田译《呈现意义：晚清中国新学领域》（天津人民出版社 2014 年版）等，大多也是围绕不同学科的术语译名的厘定，来探讨近代中西文化对接、观念转型等主题。

尽管目前学界对于近代术语的研究已日益深入，但也存在一些不足与仍可继续开拓之处。一是史料上。因为近代术语生成往往是中外对接的结果，所以在史料收集上，不能仅仅只是关注中文这一方面，对于相应的外文材料也必须注意。这一点虽然不少学者已经注意，但因语言的隔阂，在外文资料的发掘上仍大有可为。如不少近代关键的译本文献，它们的底本来源、在译介过程中的增删，以及不同译本背后的文化动因等诸多问题就很值得探究。二是不少主题的探讨仍十分薄弱，常是概述的多，深入的少，甚而在史实层面还需重新订正。如清末编订名词馆即如此，此外不少学科术语的清理也仍需继续深入。三是时间段的打通上，现今学界古代、近代、现代的人为断代分割不利于从纵向上全面梳理近代术语的变迁原貌。近代术语的发微至少是从明清之际即已开始，而后历晚清到民国，甚至个别学科的术语定形是新中国成立以后。故而要准确把握、描述近代术语的生成过程就必须打通古代、近代、现代的界限，不能局限某一时段的探讨。因而近代术语研究仍有加强深入的必要。

（二）近代教科书研究

关于近代教科书的研究虽然在民国时期学人已有所涉及，如郑鹤声的《三十年来中央政府对于编审教科图书之检讨》（《教育杂志》1935年第7期）、吴研因的《清末以来我国小学教科书概观》（《中华教育界》1936年第11期）等，但多是对当时教科书的即时观感或认识，还不算严格意义上的史学研究。真正对近代教科书进行史学探讨始于20世纪80年代。较早是郑逸梅的《清末民初的教科书》（《档案与历史》1986年第2期）。自此之后，学界关于近代教科书的研究日益增多，代表性的论著有：王建军的《中国近代教科书发展研究》（广东教育出版社1996年版）、汪家熔的《民族魂——教科书变迁》（商务印书馆2008年版）、石鸥的《百年中国教科书图说（1897—1949）》（湖南教育出版社2009年版）、张仲民的《出版与文化政治：晚清的"卫生"书籍研究》（上海书店出版社2009年版）、毕苑的《建造常识：教科书与近代中国文化转型》（福建教育出版社2010年版）、吴小鸥的《中国近代教科书的启蒙价值》（福建教育出版社2011年版）、吴科达的《臣民还是公民——教科书审定制度和思想道德教科书（1902—1949）》（中国社会科学出版社2013年版）、刘超的《历史书写与认同建构——清末民国时期中国历史教科书研究》（社会科学文献出版社2016年版）等。代表性的论文有季家珍（Joan Judge）著、孙慧敏译的《改造国家——晚清的教科书与国民读本》（《新史学》2001年第2期），黄兴涛、曾建立的《清末新式学堂的伦理教科书探论——兼论现代伦理学学科在中国的兴起》（《清史研究》2008年第1期），章清的《"自由"的界限——"自由"作为学科术语在清末民初教科书中的"呈现"》（载孙江编《新史学》第2卷，中华书局2008年版）等。另外张仲民、章可还编有《近代中国的知识生产与文化政治——以教科书为中心》（复旦大学出版社2014年版）专门围绕教科书研究的论文集。这些成果极大地推进、丰富了学界对于近代教科书的认识，但因学界对近代教科书的研究仍处于起步阶段，加上近代教科书材料的难于收集（虽然近代教科书出版的数量巨大，但因其体裁、性质的原因，国内一般图书馆及科研机构都没有收藏），所以留待补充、进一步深入研究的地方仍然不少。如以教科书来考察近代术语演变的就仍不多见。

事实上，教科书与近代术语的生成、传播关联甚密。教科书不同于一般文本之处在于，它是新式教育的产物。因为学校教育的制度化，使得教科书成为近代知识批量化与普及化的主要渠道。从某一层面而言，教科书正是新式知识分子的知识积累与观念建立的起始点。正因此，进入教科书的近代术语新词可以通过学校的系统教育，堂而皇之地进入每代新式知识分子的脑海中、观念中。新术语的传播、普及随之在社会实现。由此可见，要探讨近代术语就必须注意到教科书这一特殊载体所起的作用。

本书正是基于上述学术史的考察，确定以清末教科书作为主要研究对象，来探讨近代术语厘定、传播的诸多面相。

二　本书的主题、方法与结构

首先，本书确立的主题为——清末教科书与近代术语厘定，重点考察的是清末教科书中术语的演变、审定、传播情况，以及清末教科书对于近代术语厘定起到了怎样的作用，而非清末教科书史的探讨。但因清末教科书涉及学科众多，笔者势必不能将每一学科的教科书中的术语都一一列举考察，只能以宏观与个案结合的方式对清末教科书中术语的演变、厘定实况作一窥探式的研究。若要进一步深入、全面地厘清清末教科书与近代术语厘定的关联互动，只能留待笔者的后续研究。

其次，本书采用的研究方法：一方面借鉴"历史文化语义学"的视角，以清末教科书为切入点，对其中术语的厘定、传播进行动态的探析，重在历史学的、文化学的、语义学的综合考察；另一方面在对清末教科书进行系统调查的基础上，采用计量统计、图表呈现的方式，量化论证，以使本书提出的某些观点更为厚实。此外在史料应用上，尽量将域外史料与本土史料相结合，使论证更为全面。

最后，本书的结构安排。本书除绪论、结语外，分为上下两编。其中上编为清末教科书术语厘定的历时考察，从纵向历时角度考察清末教科书的编辑状况、教科书中术语的审定情况，以及从中西日互动的视角，探讨清末中日教科书的流传对于两国术语厘定带来了怎样的冲击；下编为教科书与学科术语生成的个案考察，主要以化学、逻辑学、数学为例，个案分析清末教科书中术语厘定与学科建立的关联，及中日两国在术语厘定机制上差别等。

此种章节安排，一方面基于宏观分析与个案研究相结合的考虑，利于行文展开；另一方面则在于能多层面展现清末教科书中术语厘定、传播的不同方面。

上　编

清末教科书术语厘定的历时考察

第一章 清末教科书编写概况

清末是中国由传统步入现代的一个关键时期，无论是政治经济，还是文化制度，甚而语言词汇，在此期间都发生了急剧的蜕变。而作为整个社会变迁的一部分——中国教育，也经此阶段初步完成了由传统教育向现代教育的过渡，迥异于以往的现代教育理念、课程设置、教学内容、教学方式等逐步在中国确立。正是在这一背景之下，在中国应用、沿袭了数千年的传统教材——"四书五经"及"三百千"①等蒙学读本被现代意义的"教科书"所取代，成为中国教育现代化的重要一环。

中国教育、教材的变革，也与其他领域的变革一样，是在西学东渐的冲击下，以西方为参照才得以发生。因而要言中国新式"教科书"的出现，须从近代西方教育的传入言起。

第一节 近代西方教育的传入与"教科书"名词的出现

近代西方教育被导入中国最早可追溯至明末。当时来华的耶稣会士在向中国译介西书、传入西学时，就对近代西方教育有所介绍；进入近代后，来华的新教传教士又接续了这一译介，这就进一步加深了中国人对西方教育的认识，推动了中国教育现代化的进程。伴随着这一西方教

---

① 即《三字经》《百家姓》《千字文》。

育的传入，"教科书"一词也进入了中国现代语汇当中，成为一特定的教育术语。

一　近代西方教育的译介

在明末译介西学的浪潮中，介绍西方教育最为全面、最为深入的首推艾儒略。

艾儒略（Giulio Aleni，1582—1649），字思及，意大利人。1609 年受耶稣会派遣赴东亚传教，于次年抵达澳门，1613 年入中国内地，直到1649 年卒于延平。其在华 36 年间，与徐光启、李之藻等中国士人交好，著述翻译西学著作多达 25 部。① 其中集中介绍西方教育的有《西学凡》。该书 1623 年刊于杭州，书前有杨廷筠序、许胥臣引，书后有熊士旗跋，是"一本欧西大学所授各科之课程纲要"②。书中介绍了当时的欧洲教育，包括课程设置、教学内容、教学方法等，尤详于西方教育中学习科目的介绍。

《西学凡》卷首写道："极西诸国，总名欧逻巴者，隔于中华九万里，文字语言，经传书集，自有本国圣贤所纪。其科目考取，虽国各有法，小异大同，要之尽于六科：一为文科，谓之勒铎理加；一为理科，谓之费录所费亚；一为医科，谓之默第济纳；一为法科，谓之勒义斯；一为教科，谓之加诺搦斯；一为道科，谓之陡禄日亚。"③ 点明了中西教育在教学内容、教学科目上存在极大的差异，当时西方教育学习科目分为六科，即文科、理科、医科、法科、教科、道科。这六科，据艾氏所言，又分为三个层次，需循序渐进，次第而学。先是学习文科，等到"文学已成"，才"考取之，进于理学"；理科学习又须四年，"初一年学落日加……第二年专学费西加……第三年进斐禄所第三家之学，所谓默达费西加者……第四年总理三年之学，又加细论几何之学与修齐治平之学"；理学学完后，"则考取之，分为四学。或学医法、或学国法、或学教法、或学道法"④。

---

① 徐宗泽：《明清间耶稣会士译著提要》，上海书店出版社 2006 年版，第 282—284 页。

② 徐宗泽：《明清间耶稣会士译著提要》，上海书店出版社 2006 年版，第 226 页。

③ ［意］艾儒略：《西学凡》，载（明）李之藻等《天学初函》第 1 册，台北：台湾学生书局 1965 年版，第 27 页。

④ ［意］艾儒略：《西学凡》，载（明）李之藻等《天学初函》第 1 册，台北：台湾学生书局 1965 年版，第 30、34、36、37、43—44 页。

艾氏这一叙述其实暗含了当时欧洲学校的分级制度。

此点在艾儒略另一著述——《职方外纪》中表述得更为明晰。据《职方外纪》记载："欧罗巴诸国皆尚文学。国王广设学校，一国一郡有大学、中学，一邑一乡有小学。小学选学行之士为师，中学、大学又选学行最优之士为师，生徒多者至数万人。其小学曰文科……优者进于中学，曰理科……优者进于大学，乃分为四科，而听人自择。"① 将文科、理科与其他四科分别等同于"小学、中学、大学"。但艾氏所谓的"小学、中学、大学"，其实指称的只是当时欧洲的两级学校，以"小学"为一级，是为 Gymnasium，即"文科中学"；"中学、大学"又为一级，是为 University，即"大学"；因而并不同于后来盛行的近代三级学校制度。②

艾儒略在《职方外纪》中还介绍了当时欧洲的一些著名大学。如西班牙，"国人极好学，有共学，在撒辣蔓加与亚而加辣二所，远近学者聚焉，高人辈出，著作甚富，而陡禄日亚与天文之学尤精"；葡萄牙，"国中共学二所，曰厄物辣，曰哥应拔。其讲学名贤曾经国王所聘，虽已辍讲，亦终身给禄不绝。欧罗巴高士多出此学"③。此处所言的"撒辣蔓加""厄物辣""哥应拔"分别指的是西班牙的萨拉曼卡大学和葡萄牙的埃武拉大学、科英布拉大学。明末翻译刊布的《灵言蠡勺》《寰有诠》《名理探》与《修身西学》就是源于科英布拉大学的讲义。

总体看来，受过西方学校系统教育的艾儒略对当时欧洲教育的介绍是比较准确与全面的，但其在近代以前在中国所产生的影响却极其有限。清人撰《四库全书提要》时，对上述二书的介绍就颇能反映中国传统士人对此的大致观感。该提要认为《西学凡》所言的西方教育各科，"所格之物皆器数之末，而所穷之理又支离神怪而不可诘，是所以为异学耳"，而《职方外纪》则"所述多奇异，不可究诘，似不免多所夸饰"④。从"不可诘""不可究诘"二语可知，直到清乾隆年间，国人对

---

① ［意］艾儒略：《职方外纪》，载（明）李之藻等《天学初函》第3册，台北：台湾学生书局1965年版，第1360—1361页。

② 聂长顺：《近代汉字教育术语生成研究》，博士后出站报告（未刊稿），武汉大学，2007年。

③ ［意］艾儒略：《职方外纪》，载（明）李之藻等《天学初函》第3册，台北：台湾学生书局1965年版，第1373—1374、1379页。

④ 徐宗泽：《明清间耶稣会士译著提要》，上海书店出版社2006年版，第227、246页。

于艾儒略所介绍的西方教育仍持怀疑态度，只是视其为"异学""异闻"，故而最终《四库全书》只是出于"广异闻"的考虑收录了《职方外纪》，《西学凡》只是在子部中存目。

不过这一情况，在第一次鸦片战争之后，却有所改变。艾儒略所介绍的西方教育知识被初受西方船坚炮利之苦的中国人重新发现。魏源撰述《海国图志》时，就将艾儒略《职方外纪》中有关西方教育的文字直接加以大段引用，① 而魏源此举在当时并非特例，何秋涛的《朔方备乘》、姚莹的《康輶纪行》中也有类似的征引。正是这一批近代早期中国开眼看世界的著述，使得艾儒略及其译著再次进入中国士人的阅读视野中。直到 20 世纪初，在西学译著日增的背景下，艾儒略的译著仍是国人了解西方教育的重要参考书。徐维则编《东西学书录》时，仍极力推介《西学凡》，认为其"所述皆其国建学育才之法，凡分六科，与近时彼土学校之制不相上下，读之足以知学制源流"②。而随着《西学凡》《职方外纪》的流传，其中一些汉译教育名词，如西学、小学、中学、大学等也被沿袭了下来，成为最早一批被厘定的近代汉字教育术语。

尽管明末艾儒略的译著拉开了近代西方教育传入中国的序幕，但真正大规模地输入西方教育知识并在中国实践西方教育的，还是在 19 世纪新教传教士大量来华以后。清前期的闭关锁国及禁教政策中断了明末以来耶稣会士来华传教、传递西学的交流，直至 1807 年，新教传教士马礼逊（Robert Morrison）受伦敦会（London Missionary Society）指派率先来华，随后各国差会纷纷派遣传教士东来，才接续了中断百余年的以传教士为主导的西学传播途径。这些新教传教士虽在教派上与明清之际来华的耶稣会士有所差别，但在传教方式上却继承了其前辈的做法，通过传播西学、兴办教育来进行"学术传教"。伴随着新教传教士的"学术传教"，近代西方教育知识也再次引入中国。这一时期传入的近代西方教育知识，无论是量上还是质上，都远超明末，其传播的方式、主体也更为多样。

首先是量上。据钱存训统计，1580—1790 年，译介的教育类书籍仅

---

① 魏源著，李巨澜评注：《海国图志》，中州古籍出版社 1999 年版，第 270—271 页。

② 徐维则：《增版东西学书录》，载熊月之主编《晚清新学书目提要》，上海书店出版社 2007 年版，第 161 页。

有 4 种；而 1810—1899 年，翻译的教育类著作有 12 种，是前者的 3 倍；尔后译入的教育类著作更多，仅 1902—1904 年就达到了 54 种。① 当然这些教育类的译书可能有些并不是专门介绍西方教育的，但大都与西方教育有所关联。②

更重要的是，除了这些译书外，清末出现的期刊、报纸等现代传媒也参与了对西方教育的介绍、引进，其中所包含的信息量、传递信息的速度更甚于译著。较早的如《中西闻见录》《遐迩贯珍》《六合丛谈》等，及后来的《万国公报》《时务报》《蒙学报》等，都有关于西方教育的记录与报道。如《遐迩贯珍》1854 年第 8 号在叙述伦敦时，就附带介绍了英国教育的一些相关情况，指出："英人最重文学，童穉之年，入塾受业，至壮而经营四方，故虽贱工粗役，率多知书识字。女子与男子同，幼而习诵书法、画法、算法以及天文、历算、山经、海图。"③ 此处所言的"文学"即 Education 的另一译词。稍后，一些教育类的专门期刊也在近代中国出现，如《教育世界》《直隶教育杂志》《教育杂志》《教育》等，这些教育期刊对西方教育的介绍也就更多且更为专业了。因而从量上而言，清末对西方教育知识的引入是明清之际难以企及的。

其次是质上。明清之际来华的耶稣会士因为时代的局限，介绍给中国的西方教育只能是 16 世纪前后的欧洲教育。艾儒略《西学凡》中所介绍的西方教育就脱胎于 1599 年耶稣会制定的《教学章程》（*Ratio studiorum*），反映的是当时欧洲教育的大致情况。而西方教育在 17 世纪以后有了一个长足的发展，如近代的三级学校制度及力学、化学等课程科目都是在 17、18 世纪才确立的。清末输入的西方教育，从内容看，正是 18—19 世纪西方教育发展的最新成果，甚而有些反映的就是西方各国教育发展的即时情况。如 1882 年出版的《西学考略》就是如此。

《西学考略》的撰写者是同文馆教习丁韪良（William Alexander Parsons Martin）。1880 年，丁韪良欲请假回国，总理衙门嘱其"乘顺历各国

---

① 钱存训：《近世译书对中国现代化的影响》，《文献》1986 年第 2 期。

② 此处所言的西方教育也将日本近代教育纳入了其中。因为明治维新后，日本致力于"脱亚入欧"，其教育制度已全面效法西方，所以在甲午战后，中国译自日本的教育类著作（包括介绍西方教育的与日本教育的），也都可视对西方教育的学习、引进。

③ 《瀛海再笔》，《遐迩贯珍》1854 年第 8 号。

之便，博采周咨，遇学业新法有补馆课者，留心采择，或归述其事、或登诸载籍，则此行尤为有益馆课"。丁韪良接受了这一任务，于1880—1882年考察了日本、美国、法国、德国、瑞士、英国、意大利七国教育，回到中国后，在同文馆学生贵荣、时雨化的协助下，撰写了此书。该书分上下两卷，"上卷随路程而略述见闻，下卷择体要而推论学术"①。即上卷是按照丁韪良考察的路程，记录了沿途各国的教育发展情况，包括各国学制、各地大学等；下卷则根据考察情况，加以总结提炼，具体叙述了各国教育异同和当时西方教育的学校制度及各级学校的课程设置等。

因为该书实为一教育考察报告，所以记录反映的都是最新的西方教育知识与方法。如丁韪良叙述"师道馆"时，就特地介绍了当时西方的两种"启蒙良策"：一源于"瑞之贝氏"，"其教法以名实兼尽为重。童蒙来归诵读者，既识鸟兽草木之名，兼悉飞潜动植之体。贝氏每索实物与之辨认，物不可得，即以图资其考证，则初学者既知实迹，必启新机也"；一创于"英人兰戛斯德"，"其教法与贝氏齐名。童蒙列为等第，每班或十数人，或数十人，令前班之优者助教，其师督率以勉励之。课读之时令生徒齐声复之，有问必众口同答，故所教之人虽多，而教授之法甚简。童蒙乐其启迪者，因得事半功倍云"②。丁氏此处所言的"瑞之贝氏""英人兰戛斯德"指的分别是瑞士教育家裴斯泰洛齐（Johan Heinrich Pestalozzi 1746—1827）与英国教育家约瑟夫·兰开斯特（Joseph Lancaster 1778—1838）；而所叙述的两种"启蒙良策"则为上述二人分别推行的实物教学和"导生制"。这两种教学方法是19世纪初最为新颖的教育方法，为欧美近代教育发展作出过突出的贡献。由此可知，丁韪良向国人引入的正是欧美当时正在实行的先进的教育制度与方法。

从《西学考略》全书来看，该书不仅详细叙述了当时西方的学制、各级学校及课程设置，而且对于近代学校设置的各科源流都有一定的介绍，被誉为"足以窥学术递变之成迹"③。如该书指出"今各国法学其源

---

① ［美］丁韪良：《西学考略》，《续修四库全书》，子部，第1299册，西学译著类，上海古籍出版社2002年版，第679页。

② ［美］丁韪良：《西学考略》，《续修四库全书》，子部，第1299册，西学译著类，上海古籍出版社2002年版，第731页。

③ 徐维则：《增版东西学书录》，载熊月之主编《晚清新学书目提要》，上海书店出版社2007年版，第35页。

多处于罗马中古之时",而物理学的兴起则是因为"测算家义之夏里留、英之奈端、法之德戛尔、德之莱布尼兹等,由测算以及格致之理,因而其学大兴",现代天文学则是由于"哥白尼、格布莱等不从古说,不以我区区地球居天之中而以大百余万倍之恒星居中,旋经创造远镜,故星学之理因此而明";进而还言道:星算格化诸科"其初不过讨论其理,未尝计及其用。迨后世得气机电机之力与夫化学之功,始知富强之术即寓其中。不但学者视为要务,即诸国亦以为学院课程之大宗"①。这其实就道出,随着17、18世纪欧美自然科学的飞速发展,当时的西方教育已突破了原有神学、法学、医学三大专业格局的局限,将数学、物理、化学、天文学等纳入了学校课程中,从而最终演化为现代的教育课程体系。

仅就《西学考略》一书可知,就质而言,清末输入的近代西方教育是全方位的,它所介绍西方教育的深度、广度是远远超出明清之际所译诸书。

最后,同明清之际相比,清末传播西方教育的方式与主体是多元的。在传播方式上,除了传统译书著述及后来出现的报刊媒体宣传外,一些新教传教士还通过在中国设立新式学校的方式向国人展示西方教育的先进性与可行性。在传播主体上,除了清末来华的传教士外,一些先进的中国人,特别是那些率先走出国门的中国人也积极撰文倡导西方教育。

新教传教士最早在中国本土设立的新式学堂是马礼逊学校。该校由马礼逊教育协会创办,先是附设于"印度及东方之妇女教育促进会"开设的女校,后于1839年正式在澳门独立办学,鸦片战争之后,又于1842年迁往香港,成为香港开埠后的第一所学校。该校课程中英兼备,英文课程包括天文、历史、地理、作文等,中学课程则有四书、《易经》《诗经》《书经》等。其中一些课程使用的是英文教科书,如"其采用之地理教本乃柏利著之《地理学》,数学乃哥顿所著之教本"②。从课程设置到教材的使用情况,都可表明马礼逊学校已不同于中国传统的私塾或书院,而是一遵循西方教育的新式学校。

---

① [美]丁韪良:《西学考略》,《续修四库全书》,子部,第1299册,西学译著类,上海古籍出版社2002年版,第708—709页。

② 《李志刚记马礼逊学校校史》,载朱有瓛编《中国近代学制史料》第4辑,华东师范大学出版社1993年版,第20—22页。

自开设马礼逊学校后，新教传教士在中国设立的新式学校日渐增多。特别是 1844 年中法《黄埔条约》中明确规定，"佛兰西人亦一体可以建造礼拜堂、医人院、周急院、学房、坟地等项"①，传教士们因有了不平等条约的保护，在各通商口岸开设的学校更多。据统计，到 1877 年，新教传教士在中国已设有 347 所学校，收容学生达 5917 人；到 1890 年，学校数较 1877 年时，约增加三倍，学生数亦增至 16836 人。② 除了学校与学生数量的增加外，新教传教士在中国所开办的学校还囊括了各个层次，包括小学、中学与大学，甚而还有师范学校。有论者就指出："到19 世纪末，几乎每一个差会中心都有一所小学，许多差会设有中学，少数差会则办有所谓的学院或大学。"③ 这一说法虽有所夸张，但所言传教士在中国设立的三级学校体系却大致不差。

正是这些新式学校的开办，使得近代中国人切切实实感受到了西方教育的好处，从而带动了中国教育的现代化。先是出现了一些由中国人与来华西人合办的新式学校。如上海格致书院的创办，就有徐寿、唐廷枢等中国人的身影。其后一些中国人也开始尝试在旧有书院的框架下，添加一些西方教育的内容。1878 年张焕纶创办的正蒙书院就是"师古小学之意，参以西国学校之法，国文史地外兼课格致西文"④。1896 年，胡聘之更上奏请求变通书院，"更定章程"，在书院中"参考时务，兼习算学，凡天文、地舆、农务、兵事，与夫一切有用之学，统归格致之中，分门探讨，务臻其奥"⑤。这成为"癸卯学制"颁布前，清末国人在中国开展新式教育的一重要思路。

除变通旧有书院外，由洋务派主导设立的众多洋务学堂，更直接受益于那些在中国传播近代西方教育的来华传教士，也成为传教士们在华

---

① 王铁崖编：《中外旧约章汇编》第 1 册，三联书店 1957 年版，第 62 页。

② 王树槐：《基督教教育会及其出版事业》，载朱有瓛编《中国近代学制史料》第 4 辑，华东师范大学出版社 1993 年版，第 59、64 页。

③ 《［美］J. G. 卢茨记在华基督教大学的产生与发展过程》，载朱有瓛编《中国近代学制史料》第 4 辑，华东师范大学出版社 1993 年版，第 164 页。

④ 《梅溪学堂四十周年纪念颂词》，载朱有瓛编《中国近代学制史料》第 1 辑下册，华东师范大学出版社 1986 年版，第 576 页。

⑤ 《光绪二十二年（1896）六月胡聘之请变通书院章程折》，载朱有瓛编《中国近代学制史料》第 1 辑下册，华东师范大学出版社 1986 年版，第 156 页。

教育实践的另一重要场所。因为在这些洋务学堂中，不仅其教习大部分由来华传教士充当，而且其各科课程的教科书也主要来自这些来华传教士的翻译。如丁韪良、林乐知（Young John Allen）、李提摩太（Timothy Richard）等就都曾担任过洋务学堂的教习，而丁韪良翻译的《万国公法》《格物入门》也曾被众多洋务学堂用作教科书。因而就效果论，清末传教士在华的教育实践在推动近代西方教育在华的传播上所起到的作用，并不亚于那些译书著述与媒体宣传。

至于清末传播、引入近代西方教育的主体，不仅有来华西人，还有中国士人，此点同明清之际相比也有显著不同。从时间上看，以 1895 年为界，此前主要依赖来华西人译介为主，此后则以中国士人的翻译、著述为主。以梁启超 1896 年所编《西学书目表》为例，该书列举学制类书籍共 7 种，其中只有两种是由中国人翻译的，一为颜永京的《肄业要览》，一为沈敦和的《西学课程汇编》，仅占教育类译著总数的 28.6%。1895 年以后，中国人著译西方教育的比例远远超过西人。仅据《译书经眼录》所收新学书目可知，1902—1904 年，共出版学校类书籍 75 种，[①]由中国人著译的多达 73 种，占总数的 97.3%。

之所以呈现如此明显的分野，主要因为：一方面甲午战败的刺激使国人反省过去学习西方的不足，意识到"中国向于西学，仅袭皮毛，震其技艺之片长，忽其政本之大法"，而"日本变法，以学校为最先"[②]，故纷纷提倡在中国也大力兴办新式教育，废科举兴学校。中国学习西方的重点也由早期学习"西艺"深入到学习"西学"。为学习"西学"、兴办新式教育，此阶段国人学习、译介西方教育的主动性大大提高。另一方面，甲午一战，堂堂"天朝大国"竟然败于东邻"蕞尔小国"日本之手，使得国人不得不重新审视日本，这一审视使中国人认识到了另一学习西方的捷径，那就是借道日本学习西方。最早完整提出这一设想的是张之洞。张在《劝学篇》中指出，"出洋一年胜于读西书五年……至游学之国，西洋不如东洋，一、路近省费，可多遣。一、去华近，易考察。一、东文近于中文，易通晓。一、西学甚繁，凡西学不切要者东人已删

---

① 不包括文学与幼学类书籍。
② 《光绪二十二年梁启超上南皮张尚书论改书院课程书》，载朱有瓛编《中国近代学制史料》第 1 辑下册，华东师范大学出版社 1986 年版，第 161 页。

节而酌改之。中、东情势风俗相近，易仿行，事半功倍，无过于此"，再加上"各种西学书之要者，日本皆已译之，我取经于东洋，力省效速"，因而极力主张中国应以日本为中介来学习西方。① 张氏这一主张被当时国人所普遍认同，于是掀起了一股游学日本、翻译日书的浪潮，大量有关西方教育的著作也通过中国留日学生及游日士人官吏被翻译入中国。由此甲午战后，中国人，特别是留日学生成了译介西方教育的主力，而且由他们输入、带回西方教育的知识更具有体系性。如顾燮光所言"首学制、次教育，次教授"②，是有意识地将西方教育分门别类加以引入。

随着西方教育在中国的传播，中国传统教育体制也日渐被新式学制所取代。1904 年"癸卯学制"的颁布实施标志着中国现代教育的初步建立。新式学堂取代了传统书院与私塾，课堂的班级教学制取代了以往的个别教学制，旧有的孔门四学也被新兴的七科之学所取代。清末学制改革还直接带动了新式学校的急剧增多，到 1909 年，全国已有各类学校五万余所，其中小学 51678 所，中学 460 所，专门学堂（包括大学及专科）111 所，各级学生数则达到 150 余万人。③

与此相应，为了配合这些新式学堂的教学需要，新式教科书的编辑也提上了日程，并且随着清末新式学堂的增多日渐急迫。由此，作为近代意义的教科书也随着近代西方教育的传入被引进到了中国，并成为开办新式学堂、教授西学各科不可或缺之物。

二 "教科书"名词的出现

中国教育虽发源甚早，供教学使用的教材也较早地被编辑出来，如西周时的《史籀篇》，汉魏的《仓颉篇》《急就篇》，唐宋以后的《三字经》《百家姓》《千字文》等，但"教科书"一词却非中国固有名词，而是在近代才形成的一个汉译新词。

按学界以往的说法，该词最早是由来华传教士率先使用的。据记载：

① 张之洞：《劝学篇》，上海书店出版社 2002 年版，第 38—39、46 页。
② 顾燮光：《译书经眼录》，载熊月之主编《晚清新学书目提要》，上海书店出版社 2007 年版，第 272 页。
③ 陈翊林：《最近三十年中国教育史》，太平洋书店 1930 年版，第 97、112、125 页。

"清同治光绪年间，基督教会多附设学堂传教。光绪二年（1876年）举行传教士大会时，教士之主持教育者，以西学各科教材无适用书籍，议决组织学堂教科书委员会。该委员会所编教科书，有算学、泰西历史、地理、宗教、伦理等科，以供教会学校之用，间以赠各地传教区之私塾。教科书之名自是始于我国矣。惟现已散佚无从可考。"①

这一材料来自中华民国教育部于1934年所编的《第一次中国教育年鉴》，按说应具有一定权威性，但其实内中所言却有几点不确之处。首先是时间，第一次基督教在华传教士大会（The general conference of the Protestant missionaries of China），召开的时间并不是1876年，而是1877年5月。其次该次大会的确成立了"School and Text-books Series Committee"，即材料中所言的"学堂教科书委员会"，但它的中文名为"益智书会"；1890年在第二次基督教在华传教士大会上该会改组为"Educational Association of China"，中文名仍为"益智书会"，直到1905年，该会中文名才改为"中国教育会"。换言之，该次传教大会虽然提倡编辑 text-book，并成立了益智书会（"School and Text-books Series Committee"），但并没有出现"教科书"这一中文译名，而后由益智书会出版的中文教科书中，也没有以"教科书"命名的。因而据此断言"教科书之名自是始于我国"并不恰当。

事实上，英文"text-book"②究竟确于何时进入中国，限于资料，已很难考证，不过从当时来华传教士所编辑的字典中，倒可以发现一些线索。至1877年第一次基督教在华传教士大会召开时为止，当时出版的较重要的英汉字典共有7部，包括马礼逊的《华英字典》（*A Dictionary of Chinese Language in Three Parts*）（1815—1823）、卫三畏（Samuel Wells Williams）的《英华韵府历阶》（*An English and Chinese Vocabulary, in the Court Dialect*）（1844）、麦都思（Walter Henry Medhurst）的《英汉词典》

---

① 《教科书之发刊概况》，载中华民国教育部编《第一次中国教育年鉴》（戊编·教育杂录），上海开明书店1934年版，第115页。

② 早期传入中国表示教科书的还有另一英文词组"school book"。麦都思就曾于1828出版了一本题为 Chinese School Book 的中文书籍，后来在《教务杂志》上进行编辑教科书讨论时还常有使用 school book，不过此时指的应是"学校用"，所指范围超过了"text-book"。但后来《官话》中却将 school book 词条也解释为"课本，教科书"，并标注为"新词"。赫美玲：《官话》，上海美华书馆1916年版，第1268页。

（*English and Chinese Dictionary*）（1847—1848）、罗存德的（Wilhelm Lobscheid）《英华字典》（*English and Chinese Dictionary：with the Punti and Madarin Pronunciation*）（1866—1869）、司登得（George Carter Stent）的《汉英合璧相连字汇》（*A Chinese and English Vocabulary in the Pekinese Dialect*）（1871）、卢公明（Justus Doolittle）的《英华萃林韵府》（*Vocabulary and Handbook of the Chinese Language，Romanized in the Mandarin Dialect*）（1873）、邝其照的《字典集成》（1875）。这些字典中最早收录"text-book"一词的是罗存德的《英华字典》。该词条记录如下："Text-book，n 要略，简略；text-book in music，乐言之书，乐言之部。"[1] 因而至少在 19 世纪 60 年代，中国就已出现了"text-book"英文词及其对应汉语译词。

但罗存德的这一词条却并没有被后来英汉字典的编辑者所继承，随后出版的司登得、卢公明等人的字典中都没有"text-book"这一词条。之所以出现这一情况，可能与罗存德后因教义分歧被褫夺了教职有关，此点直接影响到该字典的流传及其他教会中人对该字典的看法。尽管在中国，罗存德"text-book"的词条没有被沿袭下来，却影响了汉字文化圈的另一成员——日本。日文"text-book"的译词相当长时期内都是沿用罗存德的译名。

关于罗存德的《英华字典》在日本的传播情况，学界已有充分的研究，并达成了基本的共识，在此不再赘述。[2] 现仅就日本近代辞书中"text-book"译名的演变略加梳理。

Text-book 这一词条进入日本近代辞书应是直接受到了罗存德字典的影响，因为在罗存德字典传入日本以前，日本的辞书中并没有收录 Text-book。如堀达之助编辑的《英和对译袖珍辞书》（1869）中就仅有 Text、Text-hand 等词条。据笔者所见，最早收录 Text-book 词条的日本辞书是滝七藏编译的《英和正辞典》。该辞典编辑于 1885 年，恰在井上哲次郎出

---

① Wilhelm Lobschied ed.，*English and Chinese Dictionary*，Hong Kong：Daily Press office，1866—1869，p. 1071.

② 关于罗存德《英华字典》在日本的流传情况及对日本词汇所产生的影响，可参见冯天瑜的《新语探源——中西日文化互动与近代汉字术语生成》（中华书局 2004 年版，第 337—338 页）、沈国威的《近代中日词汇交流研究——汉字新词的创制、容受与共享》（中华书局 2010 年版，第 125—132 页）。

版增订版的罗存德字典之后一年，而且所录的 Text-book、Text 词条几乎与罗存德的一样，将 Text-book 翻译为"要略"、Text 翻译为"本文、题目、经句"①。同年早见纯一译的《英和对译辞典》也将 Text-book 翻译为"要略"②。直到 1888 年，由小笠原长次郎编的《英和双译大辞汇》仍如前述辞书一样，将 Text-book 翻译为"要略"③。

最早将 Text-book 与"教科书"对译起来的日本辞书应是 1894 年由东京三省堂出版的《英和新辞林》。该辞书虽标明由 F. W. Eastlake、岩崎行亲、棚桥一郎、中川爱咲与秋保辰三郎五人合著，但主要是对四年前 F. W. Eastlake 与棚桥一郎合编的《英和袖珍词典》（*The Anglo—Japanese Pocket Dictionary*）的修订，并在前书的基础上加入了大量的新词。④若对照棚桥一郎四年前所编的另一辞书——《英和辞书》，就可以发现那时的棚桥一郎仍将 Text-book 翻译为"要略，稽古本"⑤。因而有理由相信"Text-book"一词与日文"教科书"对译起来，应该就发生在此期间。

但值得注意的是，在 1890 年以前，日本不论官方还是民间对"教科书"一词的使用其实已非常广泛。如 1875 年东野新三郎就出版了一本名为《教科书字引》的小册子，两年后田口小作也编辑出版了另一题名为《小学教科书字引》的著作，1880 年东京警视局巡查教习所则编辑出版了《巡查教科书》。诸如此类含有"教科书"字样的书籍在当时的日本并不鲜见。除了这些民间出版物外，日本明治政府发布的官方公文、布告也经常用到"教科书"一词。下面是一则 1879 年日本文部省发布的公告：

> 公立学校ノ教则文部卿ノ认可チ经ントルモノハ其学科期课程教科书及生徒教养ノ目的等チ记载可致此旨相达侯事⑥

因而日本"教科书"一词在 Text-book 与"教科书"正式对译之前

---

① 滝七藏编译：《英和正辞典》，大阪书籍会社 1885 年版，第 501 页。
② 早见纯一译：《英和对译辞典》，大阪国文社 1885 年版，第 587 页。
③ 小笠原长次郎编：《英和双译大辞汇》，大阪英文馆 1888 年版，第 1072 页。
④ F. W. Eastlake 等编：《英和新辞林》，日本三省堂 1894 年版，第 1 页。
⑤ 棚桥一郎编：《新译无双　英和辞书》，东京：细川，1890 年版，第 760 页。
⑥ 文部省编：《文部省布达全书》第 5 册，1885 年版，第 34 页。

已被使用，且其含义即为现代意义的供教学使用的教材。但之所以在最初的日本辞书中没有用"教科书"来对译 Text-book，可能是受了罗存德字典的影响，再加上当时还有"课业书"等名词的竞争，使得直到 1890 年以后才最终将 Text-book 定名为"教科书"。1893 年木村一步所编的《教育辞典》收录了"教科书"这一词条，标志着"教科书"一词在日本正式成为一专有的教育术语。

与日本不同，中国"教科书"一词出现得相对较晚，且与日本应存在一定的关联。据笔者所见，最早使用"教科书"一词的中文文献是黄遵宪的《日本国志》，在其卷三十二《学术志一》中，共出现"教科书"两次。其文为：

> 各官省争译西书，若法律书、农书、地理书、医书、算学书、化学书、天文书、海陆军兵书，各刊官板以为生徒分科学习之用。外交以后福泽谕吉始译刊英文，名《西洋事情》，世争购之。近年铅制活板盛行，每月发行书籍不下百部，其中翻译书最多，各府县小学教科书概以译书充用。明治五年，仿西法设出版条例，著书者给以版权，许之专卖，于是士夫多以著书谋利益者。现今坊间所最通行者为法律书、农书及小学教科书云。①

另，在其卷三十三《学术志二》中又有"凡学校皆有规则，其教科之书必经文部省查验"的记载。② 从上述材料来看，黄遵宪显然了解"教科书"一词的确切含义，即"为生徒分科学习之用"，并有意识地在其行文中加以灵活运用。而该词的来源，应是黄遵宪在其担任驻日本使馆参赞期间，从日文中直接获得的。黄书定稿于 1887 年，正式出版于 1894 年。该书刊行后，即获得了一片赞誉之声，在中国知识界流传甚广，这对"教科书"一词的传播应起到了一定的作用。

继黄氏之后，另一较早接触到日文"教科书"一词的还有康有为。康有为于 1897 年完成了《日本书目志》的编撰，并于次年出版。③ 该书

---

① 黄遵宪：《日本国志》下册，天津人民出版社 2005 年版，第 799 页。
② 黄遵宪：《日本国志》下册，天津人民出版社 2005 年版，第 812 页。
③ 关于康有为撰写《日本书目志》的情况，参见沈国威《康有为及其〈日本书目志〉》，《或问》2003 年第 5 期。

共分 15 门，分门收录各类日本书籍共 7725 种。正是在这 7725 种书籍中，包含了众多以"教科书"命名的书籍。兹列举前两门以"教科书"命名的书籍如下：

生理门：《生理学教科书》《普通生理学教科书》

理学门：《理科教科书（小学校用）》《（订正四版）物理学教科书》《（酒井）物理学教科书》《化学教科书（无机第一篇）》《化学教科书》《（中等教育）动物学教科书》《（石川）动物学教科书》《普通动物学教科书》《植物学教科书》《普通植物学教科书》《（中等教育）伦理学教科书》

因而，康有为此时理应也接触到了日文"教科书"一词，但若据此就断言其此时已接受并赞同使用这一新词，则稍有偏颇。正如沈国威所指出的那样，康有为因为自身不懂日语，所以他所编撰的《日本书目志》只是照抄当时日本出版社、书肆的数种图书目录，而对于收录入该书目的大多数日文书籍，他并没有读过。故而康有为对于书目中出现的一些日本新词，他本人并不完全理解，他此时的"使用"只是机械地照搬而已。"教科书"一词显然也是如此。康在书目志中有如下一段按语：

日人用泰西教育法，自学校之详，教员学室之制，下及女子商贾士卒科级之详，解题读本之精，备哉灿烂。尚虑中文深奥，杂以伊吕波之片假名，以达其义。不求古雅，但思逮下，于是举国皆识字知学……建议中国多制小学书，多采俗字以便民。①

康有为在此处使用的是"读本""小学书"等类似教科书的词语，并没有用到更为合适的"教科书"一词。另可作为旁证的是：直到 1898年，康有为所有的奏折、文章及论著中都没有出现过"教科书"一词。

---

① 康有为：《日本书目志》，载蒋贵麟主编《康南海先生遗著汇刊》第 11 册，台北：宏业书局 1976 年版，第 440 页。

他在《请饬各省改书院淫祠为学堂折》中使用的是"中学小学所读之书",在《请开学校折》中使用的是"课本"①。因而康有为的《日本书目志》虽然出现了"教科书"一词,他自己却并没有真正接受该词。而且该书因戊戌变法的失败,在出版后不久即遭到了毁版,所以在当时流传的很少,影响也极其有限。相应地,附载其上的"教科书"一词也难以借此产生更广泛的传播。

不过康有为撰成《日本书目志》的这一年,对于中文"教科书"一词的形成而言,仍有特殊的意义。因为就在当年,即 1897 年,南洋公学成立,编辑了"《笔算教科书》一种,黄瑞椿译《物算教科书》一种,张相文编《中国初中地理教科书》两种"②。这是中国最早的以"教科书"命名的教学用书。进入 20 世纪后,此类以"教科书"为名的教学用书就更多了。且随着这些教学用书的流传以及在教学中的使用,中文"教科书"一词也日益被国人所接受。

值得注意的是,在近代中国,"教科书"一词并不是唯一一个指称"Text-book"的中文词汇,诸如"课本""课书""功课书"等名词都曾被用作表达近代教科书含义的对应词。且"课本"与"课书"二词出现的比"教科书"要早,都是中国的固有词汇。

首先是"课本"。所谓"课","凡定有程序而试验稽核之,皆曰课。如考课、功课";所谓"本","凡事之根源曰本"③。"课"与"本"连在一起出现,较早见于唐代赵蕤的《长短经》,"凡都县考课有六:一曰以教课治,则官慎德;二曰以清课本,则官慎行;三曰以才课任,则官慎举;四曰以役课平,则官慎事;五曰以农课等,则官慎务;六曰以狱课讼,则官慎理。此能备,官也"④。此处"课本"显然还不是一个合成词,指的是考察官员的本职工作。宋代李心传《建炎以来朝野杂记》中又有言:"绍兴七年,诏江、浙金银坑冶并依熙、丰法召百姓采取,自备物料烹炼。十分为率,官收二分。然民间得不偿课本,州县多责取于

---

① 汤志钧、陈祖恩编:《中国近代教育史资料汇编——戊戌时期教育》,上海教育出版社1993 年版,第 52、54 页。

② 《教科书之发刊概况》,载中华民国教育部编《第一次中国教育年鉴》(戊编·教育杂录),上海开明书店 1934 年版,第 116 页。

③ 方毅、傅运森等编:《辞源正续编合订本》,商务印书馆 1940 年版,第 1383、735 页。

④ (唐)赵蕤:《长短经》第 1 册,中华书局 1985 年版,第 33 页。

民以备上用。"① 这里的"课本"指的是国家规定的正税。这一词义成为古代"课本"一词最主要的含义，甚至到了近代也如此使用。如魏源《筹鹾篇》中也记载："此又不知私盐课轻而费重，关津规例多于课本，故遇官盐减价之年，邻私立阻而不行。"②

除指国家规定的正税外，古代"课本"还有另一种含义。元代刘将孙《黄公海诗序》中曾有这样的用例："于是常料格外，不敢别写物色，轻愁浅笑，不复可道性情。至散语则匍匐而仿课本小引之断续，卷舌而谱杂拟诸题之磔裂，类以为诗人当尔。"③ 这里"课本"一词指的就是供学习、教学用的书本，此一词义已与近代教科书的意思比较相近了。不过在清以前，"课本"此一词义还不常用，到了清代后期才多了起来。如：

> 惟圣天子金声玉振，悬彝训为轨范司衡，诸臣奉圣训为玉尺，故承学之士莫不争自磨厉，模范先哲抒其心声，文风所以日上，文运所以愈隆也。读既竣掇其最精者为家塾课本。④
>
> 生平所著有《学古集》《牧牛村外集》各四卷，《读我书塾课本》略八卷，《续方言补正》十二卷，《诗论》一卷，《校定尔雅新义》二十卷。《诗论》刻知不足斋丛书中，余或刻或稿存家。⑤
>
> 王允熙，字敬止，别号少海渔人，恩贡生。学问博综，诗以神韵为主，恪守渔洋家法，渔洋尝著《七古平仄论》为家塾课本，未刻。⑥

因为中文"课本"一词本就有义项与近代教科书相近，所以进入近代，国人自然有用"课本"指称近代教科书的。如 1889 年林乐知与瞿

---

① （宋）李心传：《建炎以来朝野杂记》甲集卷十六《金银坑冶》，中华书局 2000 年版，第 353 页。
② 魏源：《魏源全集》第 12 册，岳麓书社 2004 年版，第 408 页。
③ （元）刘将孙：《黄公海诗序》，载陶秋英编选《宋金元文论选》，人民文学出版社 1984 年版，第 555 页。
④ 潘奕隽：《墨准二刻序》，《三松堂集》文集卷一策问表序，清嘉庆刻本。
⑤ 戚学标：《国子助教茗香宋君墓志铭》，《鹤泉文钞续选》卷七，清嘉庆十八年刻本。
⑥ 王赠芳、王镇修，成瓘等纂：《济南府志》卷五十五，清道光二十年刻本。

昂来合译的《列国陆军制》中就有如下用例：

> 大考，考其读熟课本流转自如，译英文便捷无讹，至读波斯与印度文之印度司坦尼稿声音清朗。能速译无讹，与主试或印度人晤谈流转自如，言明且清。
>
> 如此教法费时需日，不如吾美国用课书将武备院大班分小班，详考其课本为便也。
>
> 先时教习只以讲论令学者笔记存问。自一千八百七十一年以来，改用新法以课本问答。①

该书中所用的"课本"指的就是国外各学校所用的教科书。此一用法很快被沿袭。1897年张元济在制定《通艺学堂章程》中也使用了"课本"一词，并计划将该学堂所翻译的课本出版。② 在张元济之后，张謇在讨论变科举时也使用了"课本"一词，主张设师范学堂，"习小学堂师范课本书"③。除了在民间使用外，"课本"一词也频频出现在清末学制改革的官方奏折文牍中。张之洞、张百熙、荣庆、盛宣怀、袁世凯都曾在奏折中使用过"课本"一词，甚而一定时期内，"课本"才是官方认定的对教科书的指称词。最能表明此点的，就是1902年由清政府颁布的《钦定学堂章程》——"壬寅学制"。在这份章程中，除了《钦定京师大学堂章程》使用过一次"课本书"外，其余各级学堂章程均使用"课本"一词。④ 到1904年清政府颁布《奏定学堂章程》——"癸卯学制"时，虽然在章程中引入使用了"教科书"，并在《学务纲要》中特意设立了三节来规定教科书的编辑与选用，但"课本"一词却并没有被

---

① ［美］欧泼登：《列国陆军制》，《续修四库全书》，子部，第1299册，西学译著类，［美］林乐知、（清）瞿昂来译，上海古籍出版社2002年版，上海古籍出版社2002年版，第9、45、64页。

② 《光绪二十三年（1897）通艺学堂章程》，载朱有瓛编《中国近代学制史料》第1辑下册，华东师范大学出版社1986年版，第716页。

③ 张謇：《变法平议》，载朱有瓛编《中国近代学制史料》第1辑下册，华东师范大学出版社1986年版，第127页。

④ 璩鑫圭、唐良炎编：《中国近代教育史资料汇编——学制演变》，上海教育出版社2007年版，第243—296页。

淘汰，而是在"癸卯学制"的一些章程中依然使用。这一"教科书"与"课本"共存的情况一直被延续了下来，甚而被一些专业辞书所认同。如《中国大百科全书》中就将"教科书"解释为"亦称课本，根据教学大纲（或课程标准）编定的系统地反映学科内容的教学用书"①。

其次是"课书"。该词较早见于唐代白居易的《与元九书》，"二十已来，昼课赋，夜课书"②，意为研习书文。后明代宋儒醇又有诗云，"故人具舟楫，迎我开精庐。我欣往从之，课耕兼课书"，意为教人读书。另明代晁瑮所编《晁氏宝文堂书目》中记有《阴阳课书》一种，即为占卜的书。可见"课书"的古义并无教科书之意。

不过到了近代，"课书"的词义有了新的拓展。同样在《列国陆军制》一书中，"课书"一词出现了如下的用例：

> 炮兵军工兵官同学，步马兵官另有一学。学分大小，由小学考入大学，由大学考出为官。各国教法，首重讲书、讲课程各题于前班，每人皆以笔记，若无课书即以所讲课读熟记于心，以备问而即答。……课书既备，每课题目仍由掌教讲解、学者笔记，问则与书俱答。③

此处的"课书"所指的就是课堂讲课、教学所用的教科书。此后"课书"也成了近代中国教科书的另一指称词。不过该词在官方文牍中使用的较少，主要存在于一些民间士人的讨论中，且使用时间段多集中在1901—1902年，其中使用该词最多的是罗振玉。1901年罗振玉在《教育世界》创刊号上刊发了《教育私议》，在该文中罗建议设编辑局来"编译小学、中学等课书"④。次年罗振玉又发表《教育赘言八则》，文中

---

① 中国大百科全书出版社编辑部编：《中国大百科全书·教育》，中国大百科全书出版社1985年版，第145页。

② （唐）白居易：《与元九书》，丁如明、聂世美校点《白居易全集》，上海古籍出版社1999年版，第649页。

③ ［美］欧泼登：《列国陆军制》，《续修四库全书》，子部，第1299册，西学译著类，［美］林乐知、（清）瞿昂来译，上海古籍出版社2002年版，第611页。

④ 罗振玉：《教育私议》，载璩鑫圭、唐良炎编《中国近代教育史资料汇编——学制演变》，上海教育出版社2007年版，第149页。

对其使用的"课书"一词做了界定，认为课书可分为三类："（一）师范用书（合行政法、教育学、教育史、教授法、管理法数者），（二）教科书，（三）参考书。"① 除上述两文外，罗振玉还有多处都使用了"课书"一词。② 由此可见，罗振玉所言的"课书"其范围是要大于教科书的。在清末用"课书"一词指称教科书的还有张之洞与张謇。此后继续使用该词指称教科书的并不多见，只个别时候会偶尔用到。

最后是"功课书"。该词在戊戌变法时期曾被广泛使用。如总理衙门在筹议京师大学堂章程时，就认为"西国学堂皆有一定功课书"，今宜在上海设一编译局负责功课书的编纂。③ 直隶总督荣禄此时也在奏折中提出，如今改设学堂应"照西国学堂肄业次序，分为溥通学专门学两种，译成功课书，刊作定本，颁发各属学堂依次课授"④。此外，魏光焘、孙家鼐在戊戌期间的奏折中也都使用过"功课书"。戊戌变法失败后，该词就较少被人使用。

需要指出的是，清末应是"教科书"一词的生成期，究竟该使用哪一个名词来对译"text-book"，当时并没有定论，于是在此过渡时期就出现了几种"教科书"的指称词共存共用的情况，甚而在同一篇文献中会同时使用几种不同的教科书指称词。因为在清末人士看来，"课本""课书""功课书"与"教科书"都是同义语，可以互换使用。下述张之洞的一篇奏折即如此：

> 教科书宜慎第三　此为学务中最重要之事。……日本教学，会仿西法，惟宗教科则改为修身论理，自编课书。其余如舆地、图算、理化各科，多本西籍，近犹时时采取参用之，而人才日出不穷，此用他国书而得大利者也。俄罗斯学堂用法兰西民主国之教科书，而学生屡次滋事，此用他国书而得大害者也。关系至钜，乌可不

---

① 罗振玉：《教育赘言八则》，载璩鑫圭、唐良炎编《中国近代教育史资料汇编——学制演变》，上海教育出版社2007年版，第154页。

② 如罗振玉的《设师范急就科议》《日本教育大旨》等。

③ 《总理衙门筹议京师大学堂章程》，载朱有瓛编《中国近代学制史料》第1辑下册，华东师范大学出版社1986年版，第655页。

④ 《光绪二十四年七月二十一日直隶总督荣禄折》，载朱有瓛编《中国近代学制史料》第1辑下册，华东师范大学出版社1986年版，第446页。

慎？……两湖书院课书，向系专门教习以己学讲授，就其所讲，排目编译，即为课本，虽浅深繁简或未能如外国课书之精到合宜，而大旨必不诡于正，讲授亦有次第，学生领解甚易，受益甚速。查日本设学之初，官编课本未能尽善，后听民间有学之士编纂，呈文部省检定，善本渐多。现在京城大学堂所编课书尚未颁行。江楚编译局虽成有数种，然阅其稿本，尚须详加改定。民间间有纂译，纯善实难。鄂省学堂拟仍暂取旧时课本，斟酌修补用之。①

由上可知，在这短短不到四百字的材料中，就出现了"教科书""课书""课本"三种不同的教科书指称词，且相互之间混杂使用，并没有区分对待。清末"教科书"指称词混乱的情况一直延续到清王朝灭亡。不过从总体趋向来看，"教科书"一词日渐占据优势，到了民国，官方文牍中使用的都是"教科书"一词了。"教科书"正是在与这些词语的竞争中逐渐确立其作为专有教育术语的语学地位。

第二节　来华西人编译的教科书

尽管中文"教科书"一词的首次出现是到了 19 世纪 80 年代，但清末教科书的编纂却在此之前就已开始，并随着新式学堂的增多，编辑出版的教科书日渐增多。从整个清末教科书的编纂历程来看，可以按教科书的编辑主体，以 1895 年为界分为两个阶段。前一阶段的教科书主要以来华西人编辑为主，后一阶段则主要是由国人自编。本节即对 1895 年以前，来华西人编译教科书的情况略加梳理。

一　传教士机构与教科书的编辑

清末教科书的出现与来华西人，特别是传教士密不可分。1807 年马礼逊东来后，为开展传教事业，继承了明清耶稣会士"学术传教"的模

① 《湖广总督张之洞：筹定学堂规模次第兴办折》，载璩鑫圭、唐良炎编《中国近代教育史资料汇编——学制演变》，上海教育出版社 2007 年版，第 102 页。

式，以传播西学、兴办学校作为推动传教的主要手段。因当时清政府仍厉行禁教政策，所以马礼逊最早开办的学校是位于马六甲的英华书院，招收的学生主要面向当地的华人子弟。马礼逊的这一做法取得了良好的效果。后续来华的传教士也认同了马礼逊的这一传教方式，纷纷在华兴办新式学校。这些新式学校除了教授中国传统的四书五经外，还增添了许多西方教育的内容，包括地理、英语、数学等新式课程。而中国传统教育中并没有这些新式课程，当然也就没有适合这些课程的教材。因而来华传教士自开办新式学校迄始就面临着教科书缺乏的困境，甚至有些学校出现"学生必须等待教科书，方能由读与写进修初浅的知识"①。为解决这一问题，来华传教士们不得不在传教的同时，承担起编纂清末早期教科书的工作。

最初，来华传教士从事编辑教科书的工作还是各自为政，独自编写。早期来华的传教士多有单独编写教科书的经历。如麦都思1819年就编写了《地理便童略传》"以课塾中弟子"②。而理雅各（James Legge）担任英华书院教习期间，也为该书院编写了两本教科书：一为《英、汉及马来语词典》，该教科书编成于1841年，虽被人认为"体例混乱"，但却仍被英华书院作为教材使用；一为《智环启蒙塾课初步》，该书是理雅各编写的英语教科书，初版于1856年，共二十四篇二百课，内容包括地理、物理、天文、动植物、伦理、贸易等各方面知识。全书上列英文，下列中文，十分适合英语初学者。因为该书编撰体例优良，课文难易程度适宜，其不仅可以作为英文学习读本，也可用来学习西方知识，所以出版后很受欢迎，在国内多次再版，直到1895年该书还被香港文裕堂重版。不仅如此，该书也被日本翻刻，用作日本许多学校的教科书。③

但单靠某个传教士或某一所教会学校显然难以编辑出成套的可供使用的教科书，在这一情况下，势必要求来华传教士们联合起来，组建团

---

① 王树槐：《基督教教育会及其出版事业》，载林治平《近代中国与基督教论文集》，台北：宇宙光出版社1980年版，第198页。

② ［英］伟烈亚力：《麦都思行略》，《六和丛谈》第1卷第4号。

③ 关于《智环启蒙塾课初步》在日本的翻译情况及传播情况，可参看沈国威《近代启蒙的足迹——东西文化交流与言语接触：〈智环启蒙塾课初步〉的研究》，关西大学出版部平成14年（2002）版。

体、机构共同应对。1834 年在广州成立的"益智会"就是较早的一个由传教士组成的教育团体。该会的主要宗旨就是"出版能启迪中国人民智力的一类书籍，把西方的学艺和科学传播给他们"①。基于这一目的，该会曾制定过一个规模不小的出版计划，但从后来出版的情况看，显然没有达到其预期目的。该会存在期间只出版了十二种书籍，包括一本被用于马礼逊学校的教科书。② 稍后来华传教士又成立了马礼逊教育会等团体，但在教科书编辑方面都没有发挥多大的作用，直到 1877 年"益智书会"（School and Text-books Series Committee）成立，中国才真正出现了一个专门负责出版、编辑教科书的全国性的传教士机构。

"益智书会"如前所述，是在第一次基督教在华传教士大会召开之后成立的，成立之初主要成员有丁韪良、韦廉臣（Alexander Williamson）、狄考文（Calvin Wilson Mateer）、林乐知、黎力基（Rudolph Lechler）和傅兰雅（John Fryer），其中丁韪良为主席，韦廉臣任总干事。③ 因丁韪良常在北京，不能兼顾会务，所以 1886 年该会又改由慕维廉（William Muirhead）担任主席，并增加了几名新的成员，包括中国籍传教士颜永京。该会成立后的主要任务就是"负责筹备编写一套小学课本，以应当前教会学校的需要"，经过几次讨论，委员会决定编写初级和高级两套教科书，初级由傅兰雅负责，高级由林乐知负责。这两套教科书包括的科目如下：

1. 初级和高级的教义问答手册。
2. 算术、几何、代数、测量学、物理学、天文学。
3. 地质学、矿物学、化学、植物学、动物学、解剖学和生理学。
4. 自然地理、政治地理、宗教地理，以及自然史。
5. 古代史纲要、现代史纲要、中国史、英国史、美国史。
6. 西方工业。

---

① 顾长声：《从马礼逊到司徒雷登——来华新教传教士评传》，上海人民出版社 1986 年版，第 31 页。

② 王树槐：《基督教教育会及其出版事业》，载林治平主编《近代中国与基督教论文集》，台北：宇宙光出版社 1980 年版，第 195 页。

③ *Records of the General Conference of the Protestant Missionaries of China held at Shanghai*, Shanghai：American Presbyterian Mission Press，1878. p.473.

7. 语言、文法、逻辑、心理哲学、伦理科学和政治经济学。

8. 声乐、器乐和绘画。

9. 一套学校地图和一套植物与动物图表，用于教室张贴。

10. 教学艺术，以及任何以后可能被认可的其他科目。①

从上述目录可知，"益智书会"计划编辑的教科书已包括了人文、自然各个学科，且初级、高级两套教科书分别编辑，更能适合新式学堂的班级教学制。除了公布拟编教科书目录外，该会也对所编教科书做了六条规定，其中最主要的有四点：

1. 所编的教科书应该不是译作而是原作，并最好能结合中国的文字、民族格言以及风俗习惯，以便编写出将对中华民族产生强大影响的书籍。

2. 这种教科书不仅能教育读者，而且也可被教师用来进行教学。

3. 最重要的是应在使这些教科书具有严格的科学性的同时，抓住一切机会引导读者注意上帝，罪孽和灵魂拯救的全部事实。

4. 统一教科书中的术语。②

从这四点要求可以看出，"益智书会"力图将教科书的编辑规范化，并注意到了适应中国的特殊国情。而"抓住一切机会引导读者注意上帝，罪孽和灵魂拯救的全部事实"则又反映了传教士编辑教科书必然要以传教为最终目的。

"益智书会"经过多年努力，基本完成了上述各科教科书的编辑。据傅兰雅报告，"益智书会"到1890年为止，出版书籍50种，74册，图表40幅，另外审定合乎学校使用之书48种，115册。以上共计98种，189册。发行书籍的总印刷量3万余册，销售数约占其半。③ 这一出

---

① ［英］韦廉臣：《学校教科书委员会的报告》，载朱有瓛编《中国近代学制史料》第4辑，华东师范大学出版社1993年版，第33—34页。

② ［英］韦廉臣：《学校教科书委员会的报告》，载朱有瓛编《中国近代学制史料》第4辑，华东师范大学出版社1993年版，第35页。

③ 王树槐：《基督教教育会及其出版事业》，载林治平《近代中国与基督教论文集》，台北：宇宙光出版社1980年版，第200—201页。

版业绩及编辑教科书的种类就当时而言，可谓表现不俗。

1890 年第二次基督教在华传教士大会召开，在这次会议上"School and Text-books Series Committee"被"The Educational Association of China"取代，中文名仍为"益智书会"，并继续"编辑适用的教科书，以应教会学校的需要"。不过同"School and Text-books Series Committee"相比，此时的"The Educational Association of China"更关注的是"谋教授上的互助"与"探求和解决中国一般教育问题"。因为在"The Educational Association of China"看来，"School and Text-books Series Committee"已做了大量关于编辑教科书的工作了，现在"我们学校中，几乎所有的学科都已有了可用的教材"，现在在教科书方面可做的：一是统一教科书中的术语，一是编辑"供医学校和神学学校使用的教科书"，另外就是"扩大我们教科书的销量"[①]。正是基于这一认识，1890 年以后，"益智书会"虽然仍从事教科书的编辑工作，但发展势头已明显慢了下来。到1905 年，"The Educational Association of China"自己也承认他们教科书的出版量在不断下滑，而导致这一情况的因素是多方面的：一是那些本该承担教科书编写任务的传教士，由于本身工作太过繁忙以至于无力兼顾教科书的编辑；二是商务印书馆等中国出版机构的竞争；三是出版委员会通过信函联系的工作方式不被一些教科书的作者所接受。[②] 因而，"益智书会"1890 年改组以后，其在编辑教科书上所发挥的作用是日渐减少。据统计，1890—1912 年，"益智书会"仅出版了 30 种教科书，远远低于 1890 年前 13 年的出版量。[③] 当然，此一阶段"益智书会"在教科书编辑中的作用减弱，也与甲午战后清末教科书编辑主体由来华西人向中国人自身转移这一演变趋势有关。

值得注意的是，在第一阶段教科书编辑中，除了益智书会外，还有其他一些传教士出版机构与团体也起到了重要的作用，现略举如下。

---

① 福开森：《我们教育会的工作》（1893 年），载朱有瓛等编《中国近代教育史资料汇编——教育行政机构及教育社团》，上海教育出版社 1993 年版，第 621 页。

② *Records of the Fifth triennial Meeting of the Educational Association of China held at Shanghai*，Shanghai：American Presbyterian Mission press，1906，p. 41.

③ 王树槐：《基督教教育会及其出版事业》，载林治平《近代中国与基督教论文集》，台北：宇宙光出版社 1980 年版，第 210 页。

（一）墨海书馆

墨海书馆由英国伦敦会传教士麦都思创办于上海，英文名为"London Missionary Society Mission Press"，即伦敦会印刷所，中文名为"墨海书馆"。关于该印书馆创立及结束的时间，学界有不同的说法。现采陈昌文之说，墨海书馆应是初建于1843年年底，到1844年就已开始出书，至1877年7、8月间才真正停业。① 当时参与墨海书馆运作的除麦都思外，还有慕威廉、伟烈亚力（Alexander Wylie）、艾约瑟（Joseph Edkins）等来华传教士及协助他们译书的一些中国士人，包括王韬、李善兰、管嗣复、张福僖等。尽管墨海书馆延续到了1877年，但在1860年美华书馆成立后，它在上海出版界的地位就日渐式微，出版新书极少，因而墨海书馆出版发行的书籍主要集中在1844—1860年。据统计，在此时段，墨海书馆共出版各种书刊171种，属于基督教教义、教史、教诗、教礼等宗教内容的138种，占总数80.7%，属于数学、物理、天文、地理、历史等科学知识方面的33种，占总数19.3%。② 在这些出版的非宗教类的书籍中，就有不少被用作教科书，包括《数学启蒙》《代数学》《续几何原本》《代微积拾级》《重学》《植物学》《蒙童训》《蒙养启明》《全体新论》等。

其中李善兰所译诸书被用作清末各学堂教科书的最多。如李善兰被聘为京师同文馆算学教习后，他与伟烈亚力合译的《数学启蒙》《代数学》《续几何原本》《代微积拾级》就被其介绍到同文馆中，充当了算学类的教科书。后来梁启超主持的时务学堂，也采用李善兰的《续几何原本》《代微积拾级》作为格算门的教材。③ 甚而京师大学堂1903年公布暂定各学堂应用书目时，也将其所译的《续几何原本》列入其中。④

（二）美华书馆

美华书馆前身为华花圣经书房（The Chinese and American Holy Clas-

---

① 学界关于墨海书馆起讫时间的争论，参见陈昌文《墨海书馆起讫时间考》，《史学月刊》2002年第5期。

② 熊月之：《西学东渐与晚清社会》（修订版），中国人民大学出版社2011年版，第188页。

③ 梁启超：《湖南时务学堂学约》（附读书分月课程表），载朱有瓛编《中国近代学制史料》第1辑下册，华东师范大学出版社1986年版，第305—306页。

④ 《教科书之刊发概况》，载中华民国教育部编《第一次中国教育年鉴》（戊编·教育杂录），上海开明书店1934年版，第115页。

sic Book Establishment），1860 年在威廉·姜别利（William Gamble）的主持下由宁波迁往上海后，方改名美华书馆，英文名是"The American Presbyterian Mission Press"。该印书馆在上海成立后，就迅速取代了英国伦敦会的墨海书馆，成为外国教会在上海最大的印刷机构。因为该印书馆是由美国长老会创立的，所以其运营宗旨也是"意在以出版之物推广圣教，假印刷之工阐扬福音，迥非营业谋利可比"，主要出版物"以教会书报为最多。圣经会、圣教书会、广学会出版各书，由本馆印刷者不少。又印教育益智诸书及医情会出版各书。各种字典及神学生所用希利尼课本，亦本馆所印刷"①。除了出版各种书籍外，该馆还负责承印一些教会报纸杂志，如《教务杂志》《万国公报》等。

美华书馆延续时间甚长，一直到 1913 年，才与华美书馆合并组建成协和书局。该馆在姜别利主持时期即采用了由其发明的电镀中文字模与元宝式字架，所以印刷效率大大提高。从 1890 年至 1895 年，该馆平均每年印刷量为 40316350 页，这在当时是十分惊人的。据 1920 年统计，该馆印刷各种书籍 2262507 册，其中 80% 为宗教书籍。而余下的 20% 当中，属于教科书的不少，包括《英字指南》《法字入门》《形学备旨》《代数备旨》《八线备旨》《代形合参》《格物质学》《地理略说》《五大洲图说》《眼科证治》《心算启蒙》《训蒙地理志》等。

其中狄考文的《形学备旨》《代数备旨》及潘慎文（Alvin Pierson Parker）的《代形合参》都曾列入京师大学堂 1903 年公布的暂定各学堂应用书目。

（三）上海土山湾印书馆

上海土山湾印书馆与前述几个机构不一样，它是天主教出版机构，由法国耶稣会士于 1867 年在上海徐家汇附近的土山湾创办，一直延续到 1958 年，是上海地区延续时间最长的印书馆。它所出版的书籍也主要以宗教类为主，但在 1875 年以前，主要是重版明清之际耶稣会士们的旧著。1875 年以后，土山湾印书馆开始出版新著书籍，到 1900 年已出版中文书籍 293 种。② 在土山湾印书馆出版的书籍中，用作教科书的有如

---

① ［美］金多士：《美华书馆七十年简史》，载李楚材编《帝国主义侵华教育史资料——教会教育》，教育科学出版社 1987 年版，第 390—391 页。

② 庄索原：《土山湾印书馆琐记》，《出版史料》1987 年第 4 期。

下一些：《形性学要》《几何探要》《代数问答》《透物电光机图说》《公额小志》《墨澳觅地记》《五洲括地歌》《物理推原》。另外，土山湾印书馆因为是由法国耶稣会士主持，所以还出版过一些法文教科书，如《法文进阶》《法文观止》《法文初范》等。土山湾印书馆所印的这些教科书相当大一部分是供给震旦学院使用。

此外，还有一些机构也出版过少量的教科书，如广州的博济医局、金陵汇文书院等。而当时另一重要的传教士出版机构——广学会，由于其宣传对象的限制，并没有专门涉足教科书的编辑。广学会的目的是"教导中国的上层人士和知识阶层的男女人士"，"利用中国政府和知识界中的领袖人物来发展我们的工作"①。因而它所出版的书籍，及书籍赠送的对象都是社会上层，而非普通的学子，故而在广学会出版的书籍中很少有被用作教科书的。②

二　京师同文馆与江南制造总局翻译馆

当时来华西人除围绕传教士机构编辑教科书外，还参加了中国官方早期的译书活动，并成为其中的主导者。因而在第一阶段，来华西人所编译的教科书当中有相当一部分是由中国官方机构——主要是京师同文馆与江南制造局翻译馆——出版的。

（一）京师同文馆

京师同文馆成立于1862年。该馆起因，据奕訢所言，是因为"与外国交涉事件，必先识其情性。今语言不通，文字难辨，一切隔膜，安望其能妥协"，因而建议仿照从前俄罗斯馆，"设立文馆"，选拔八旗子弟送入该馆学习外文，"俟八旗学习之人，于文字言语悉能通晓，即行停止"③。奕訢此言说得还比较委婉。曾担任过同文馆教习的丁韪良则说得比较直白，他认为：该馆的诞生"实源于1860年中国的首都被迫开放，容许外国使臣居住，因而不能不培植翻译人才，以为外交之助"，而

---

① 《同文书会第七次年报》，《出版史料》1989年第3、4合期，第75页。

② 当然，因为当时新式学校的开办还属初创，教科书极度缺乏，所以广学会所编诸书尽管不是专为学校教学所编，但偶尔也有学校使用广学会出版的个别书籍作为教科书的，如《泰西新史揽要》即为一例。

③ 奕訢等：《通筹善后章程折》，载高时良编《中国近代教育史资料汇编——洋务运动时期教育》，上海教育出版社1992年版，第3—4页。

1858 年天津中英续约中交涉使用文字的规定，即"（一）嗣后英国文书俱用英文字，（二）暂时仍以汉文配送，（三）自今以后，遇有文词辩论之处，总以英文作为正义"，更迫使清政府不得不筹设"译员学校"①。正是在这一背景下，清政府接受了奕䜣的建议，于次年开设了京师同文馆，并聘请英国人包尔腾担任首任英文教习。

该馆开办时，只设有英文馆。随着时间推移，规模才逐渐扩大。先是于开馆次年，将俄文馆归并了过来，并于同年加设法文馆。1865 年又决定将同文馆升级为专门学校，于 1866 年增设了天文、算学二馆。随后德文馆（1871）、东文馆（1895）也陆续添加。当时充当同文馆教习的主要是外国人。因为"大部分的学科，中国无人能教"②。据统计，1862—1898 年，担任过同文馆教习的外国人共 50 人，其中英国人 14 人、法国人 11 人、俄国人 9 人、德国人 7 人、美国人 4 人、日本人 1 人，国籍不详者 4 人。③ 较著名的有丁韪良、傅兰雅、德贞（John Dudgeon）、马士（Hosea Ballou Morse）、毕利干（Anatole Adrien Billequin）等。

随着同文馆规模的扩大，其开设的课程也不再局限于外国文字的学习，还包括了其他新式的课程，如数学、物理、天文、化学、法学、医学等。这些课程的教材在当时中国都无现成，因而除了借用外国原版教科书及已译的汉文西书外，主要由同文馆教习及其学生编译的西书来充当。自京师同文馆创办到 1902 年被并入京师大学堂，在这三十余年中，京师同文馆究竟编译出版了多少著作，目前学界仍无定论。熊月之在《西学东渐与晚清社会》一书称"京师同文馆师生共译西书 25 种"，且"所译西书可以分为三类，一是关于国际知识，如《万国公法》《各国史略》；二是科学知识，如《格物入门》《化学阐原》；三是学习外文工具书，如《汉法字汇》《英文举隅》"④。但苏精的统计显示有 35 种，计有法律 7 种、天文学 2 种、物理数学类 6 种、化学 3 种、语言学 5 种、医

---

① ［美］丁韪良：《同文馆记》，载朱有瓛编《中国近代学制史料》第 1 辑上册，华东师范大学出版社 1983 年版，第 159 页。

② 吴宣易：《京师同文馆略史》，载高时良编《中国近代教育史资料汇编——洋务运动时期教育》，上海教育出版社 1992 年版，第 154 页。

③ 据熊月之《京师同文馆西学教习名录》统计所得，见熊月之《西学东渐与晚清社会》（修订版），中国人民大学出版社 2011 年版，第 311—313 页。

④ 熊月之：《西学东渐与晚清社会》（修订版），中国人民大学出版社 2011 年版，第 317 页。

学 2 种、历史学 2 种、经济学 2 种、游记等 6 种。① 不过无论数量多寡，可以肯定的是这些编译的西书都被用于同文馆的教学中，并成为清末新式学堂教科书的重要来源。同文馆的译书大多由其附设的印书处承印，不过印好后的书籍主要并不是为了销售，而是"免费分发全国官吏"②，因而在当时影响颇大。现将同文馆翻译诸书略举如下：

万国公法（总教习丁韪良译）

格物入门（总教习丁韪良著）

化学指南（化学教习毕利干译）

法国律例（化学教习毕利干译）

星轺指掌（副教习联芳、庆常译，总教习丁韪良鉴定）

公法便览（副教习汪凤藻、凤仪等译，总教习丁韪良鉴定）

英文举隅（副教习汪凤藻译，总教习丁韪良鉴定）

富国策（副教习汪凤藻译，总教习丁韪良鉴定）

各国史略（学生长秀、杨枢等译，未完）

化学阐原（化学教习毕利干译，副教习承霖、王钟祥助译）

格物测算（总教习丁韪良口授，副教习席淦、贵荣、胡玉麟等笔述）

全体通考（医学教习德贞译）

公法会通（总教习丁韪良译，副教习联芳、庆常等助译）

算学课艺（副教习席淦、贵荣编辑，算学教习李善兰鉴定）

中国古世公法论略（总教习丁韪良著，副教习汪凤藻译）

星学发轫（副教习熙璋、左庚等译，天文教习骆三畏鉴定）

新加坡刑律（副教习汪凤藻译，待刊，总教习丁韪良鉴定）

同文津梁（总教习丁韪良鉴定）

汉法字汇（化学教习毕利干著）

药材通考（医学教习德贞著）

弧三角阐微（总教习欧礼斐著）

分化津梁（化学教习施德明口译，纂修官化学副教习王钟祥笔述）

---

① 苏精：《清季同文馆及其师生》，福建教育出版社 2018 年版，第 140—143 页。

② ［美］丁韪良：《同文馆记》，载朱有瓛编《中国近代学制史料》第 1 辑上册，华东师范大学出版社 1983 年版，第 184 页。

值得注意的是，同文馆编译诸书可能因为主要是由外国教习与其学生合译，而这些学生学习翻译时间毕竟尚浅，所以翻译的质量难免不如人意。以梁启超对同文馆所译诸书的评价为例：其认为《化学指南》《化学阐原》所定之名"皆杜撰可笑……以致其书不可读"；《万国公法》"非大备之书"；《中国古世公法论略》是"以西人译中国古事，大方见之，鲜不为笑"；《法国律例》"译文繁讹，馆译之书，皆坐此弊"；《格物入门》更是"无新奇之义，能详他书所略者，而译文亦劣，可不必读"；而能入梁启超法眼的只有《富国策》《星轺指掌》《西学考略》等寥寥数本。然而就是被梁启超评价最高的《富国策》也被其认为"译笔皆劣"①。梁氏对同文馆所译诸书印象不佳，在当时并非特例。如同文馆编译诸书中名气最大是丁韪良的《万国公法》，但此书在当时颇被人诟病。徐维则就批评该书："是本多据罗马及近时旧案，未能悉本公理，而所采又未全备。"② 赵惟熙也认为该书"不甚详备"③。丁韪良作为同文馆总教习，其译著都有如此缺陷，其他诸书质量也可想见。

（二）江南制造局翻译馆

江南制造局翻译馆是清末中国翻译书籍最多、存在时间最长的官方出版机构，也是来华西人从事译书工作的另一重要据点。

该馆成立于1868年，其成立与徐寿密不可分。1867年，曾国藩将徐寿调往制造局，襄办轮船。但徐寿到达上海后，却向曾国藩提出了包括翻译西书在内的四点建议。曾国藩对此不以为然，认为"至外国书，不难于购求，而难于翻译，必得熟谙洋文而又深谙算造、且别具会心者，方能阐明秘要，未易言耳"，要求徐寿"专心襄办轮船"，"轮船以外之事，勿遽推广言之"④。尽管曾国藩此时不同意徐寿译书的建议，但徐寿的意见却获得了制造局总办冯焌光与沈保靖的支持，经过冯、沈二人再

---

① 梁启超：《读西学书法》，载夏晓红辑《〈饮冰室合集〉集外文》下册，北京大学出版社 2005 年版，第 1161—1167 页。

② 徐维则：《增版东西学书录》，载熊月之主编《晚清新学书目提要》，上海书店出版社 2007 年版，第 39 页。

③ 赵惟熙：《西学书目问答》，载熊月之主编《晚清新学书目提要》，上海书店出版社 2007 年版，第 575 页。

④ 《曾国藩批复上海机器局委员徐寿等禀条陈轮船制器四条》，载汪广仁主编《中国近代科学先驱徐寿父子研究》，清华大学出版社 1998 年版，第 167 页。

次奏请，曾国藩"允其小试"译书。于是徐寿等人聘请傅兰雅、伟烈亚力及玛高温（Daniel Jerome Macgowan）一起分别试译了《运规约指》《汽机发轫》和《金石识别》三书。1868 年曾国藩阅读试译三书后，"甚为许可"，决意开设翻译馆，增聘西人，负责译书。① 有了曾国藩的支持后，翻译馆很快于该年 6 月正式开馆。

翻译馆采取的译书方式为"西译中述"，即"将所欲译者，西人先熟览胸中而书理已明，则与华士同译；乃以西书之义，逐句读成华语，华士以笔述之；若有难言处，则与华士斟酌何法可明；若华士有不明处，则讲明之。译后，华士将稿改正润色，令合于中国文法"②。先后被聘任为翻译馆口译人员的有傅兰雅、玛高温、伟烈亚力、林乐知、金楷理（Carl Traugott Kreyer）、罗亨利（Henry Brougham Loch）、秀耀春（Francis Huberty James）、卫理（Edward Thomas Willams）、藤丰田八。担任笔述的中国人则有徐寿、华蘅芳、王德均、徐建寅、李凤苞、贾步纬、赵元益、瞿昂来等 50 人。③

翻译馆开馆后，至 1912 年，刊行翻译馆译书 183 种，地图 2 种，译名表 4 种，连续出版物 4 种，共 193 种；他处所刊翻译馆译书 8 种；已译未刊译书 40 种。总计已刊未刊各种译著共 241 种。④ 绝大部分是 1896 年前所译的。1896 年傅兰雅离华后，翻译馆因一直没有找到再如傅兰雅一样的合适的专职口译人员，所以新出的译书极少，并逐渐被后起的民间出版机构所超过。

翻译馆所译各书，正如梁启超所言："专以兵为主。其间及算学、电学、化学、水学诸门者。"⑤ 证诸史实，梁氏此言大致不差。据统计已刊翻译馆译书中：工艺制造类 30 种、兵学类 28 种、机械工程类 15 种、矿冶类 15 种、兵制类 12 种、农学类 11 种、医学类 11 种、物理

---

① ［英］傅兰雅：《江南制造总局翻译西书事略》，载黎难秋主编《中国科学翻译史料》，中国科学技术大学出版社 1996 年版，第 414 页。

② ［英］傅兰雅：《江南制造总局翻译西书事略》，载黎难秋主编《中国科学翻译史料》，中国科学技术大学出版社 1996 年版，第 419 页。

③ 熊月之：《西学东渐与晚清社会》（修订版），中国人民大学出版社 2011 年版，第 526 页。

④ 王扬宗：《江南制造局翻译书目新考》，《中国科技史料》1995 年第 2 期。

⑤ 梁启超：《论译书》，载黎难秋主编《中国科学翻译史料》，中国科学技术大学出版社 1996 年版，第 322 页。

学类 11 种、数学类 9 种、化学类 9 种、政史类 8 种、船政类 8 种、外交类 6 种、测绘类 5 种、译名表 4 种、连续出版物 4 种、商学类 3 种、教育类 3 种、天文学 3 种、地图类 2 种、其他 2 种。① 由此看出，所译书籍以军事（包括兵学与兵制）类与工艺制造类的最多，人文社科类的极少。这一取向主要与江南制造局是一家军工企业的性质有关，作为其附属的翻译馆为配合制造局的军工生产，自然以翻译军事类与制造类的居多。

就翻译馆译书深浅程度论，既有如傅兰雅所言的"深奥"之作，像翻译馆所译的《数学理》就被梁启超视为"于初学不甚相宜"②；但也有不少适用于教学的教科书。此点可以从时人对翻译馆所出诸书的评价中窥知一二。兹列举如下：

《代数术》："习代数者当以《代数术》为正宗，而以《代数备旨》辅之。"③

《代数难题》："其解题之法整齐简易，最便初学。"④

《声学》："此书所载，半属浅说，然论发声、传声、成音、音浪，颇觉透辟。"⑤

《化学鉴原》："欲习化学，应以此为起首工夫。"⑥

《化学求数》："习化学最要之本。"⑦

《地学浅释》："是书透发至理，言浅事显，各有实得，且译笔雅洁，堪称善本。"⑧

---

① 据王扬宗的《江南制造局翻译书目新考》（《中国科技史料》1995 年第 2 期）统计所得。

② 梁启超：《读西学书法》，载夏晓虹辑《〈饮冰室合集〉集外文》下册，北京大学出版社 2005 年版，第 1159 页。

③ 梁启超：《读西学书法》，载夏晓虹辑《〈饮冰室合集〉集外文》下册，北京大学出版社 2005 年版，第 1160 页。

④ 《江南制造局译书提要》卷二，江南制造局宣统元年（1909），第 35 页。

⑤ 徐维则：《增版东西学书录》，载熊月之主编《晚清新学书目提要》，上海书店出版社 2007 年版，第 109 页。

⑥ 孙维新：《泰西格致之学与近刻翻译诸书详略得失何者为最要论》，《格致书院课艺》，光绪己丑（1889 年）春季，第 8 页。

⑦ 赵惟熙：《西学书目问答》，载熊月之主编《晚清新学书目提要》，上海书店出版社 2007 年版，第 593 页。

⑧ 徐维则：《增版东西学书录》，载熊月之主编《晚清新学书目提要》，上海书店出版社 2007 年版，第 117 页。

因翻译馆所译诸书有不少是适宜初学者的，所以时有被新式学堂择用为教科书的。傅兰雅 1880 年就曾记载："局内已刊之书，有数种在北京同文馆用之，在耶稣教中大书馆内亦有用之者。"① 可见当时确有一些新式学校以翻译馆的译书作为教科书。另据《教科书之发刊概况》列举的历年教科书统计，1897 年以前共列举教科书 17 种，属于江南制造局出版的就有 10 种，占 58.8% 。由此可知，翻译馆所出的译书应是当时新式学堂教科书的一重要来源。而翻译馆译书的销售量也可侧面印证这一点，至 1879 年 6 月，翻译馆译书就售出 31111 部，共计 83454 本。② 这一数量远远超出了同期专以教科书编辑为主业的益智书会的图书销量。

而翻译馆所出诸书绝大多数是以"西译中述"方式完成，故皆可视为来华西人的译作，因而江南制造局翻译馆也是来华西人编译教科书的另一重要出版机构。

除了京师同文馆与江南制造局翻译馆外，来华西人编译教科书的官方机构还有一些，但大多出版教科书的数量不多、质量不高。不过例外的是，海关总税务司于 1886 年翻译出版了一整套颇受时人欢迎的教科书——《西学启蒙十六种》。

该套教科书由艾约瑟翻译。艾约瑟（Joseph Edkins，1823—1905），为英国伦敦会传教士，1848 年来华后曾参与过墨海书馆的译书工作，与李善兰合译过《重学》《植物学》，1880 年受赫德聘请担任海关翻译。正是在担任海关翻译期间，艾约瑟在赫德授意下，历时 5 年翻译了这套"泰西新出学塾诸书"——《西学启蒙十六种》。该套丛书共 16 种，包括：《西学略述》《格致总学启蒙》《地志启蒙》《地理质学启蒙》《地学启蒙》《动物学启蒙》《身理启蒙》《植物学启蒙》《化学启蒙》《格致质学启蒙》《天文启蒙》《富国养民策》《辨学启蒙》《希腊志略》《罗马志

---

① ［英］傅兰雅：《江南制造总局翻译西书事略》，载黎难秋主编《中国科学翻译史料》，中国科学技术大学出版社 1996 年版，第 422 页。

② ［英］傅兰雅：《江南制造总局翻译西书事略》，载黎难秋主编《中国科学翻译史料》，中国科学技术大学出版社 1996 年版，第 424 页。不过另有资料显示，翻译馆译书的销售情况并不好。据梁启超言："盖制造局译出之书，三十余年，而销售仅一万三千本。"（剪伯赞等编：《戊戌变法》第 2 册，上海人民出版社 1957 年版，第 18 页）此一说法是梁启超在戊戌期间提供的，考虑当时的语境，及梁并非翻译馆中人，梁氏此说应有缩小翻译馆译书销量的嫌疑，故暂存疑代考。

略》《欧洲史略》。据其自序，在这 16 种中，除《西学略述》是其自著外，其他 15 种都是 "依诸原本"①。这一 "原本"，据李鸿章所言，即 "麻密纶大书院原本也"。所谓 "麻密纶大书院" 实为伦敦麦克米伦公司（Macmillan Publishers Limited），这是一家成立于 1834 年的图书出版公司，其一个重要经营业务就是出版教科书。艾约瑟所译的这套丛书，其中 3 种史志来自该公司约翰·爱德华·葛林（John Edward Green）所编的 "历史与文学基本读物系列"（The Series of History and Literature Primers），其余 12 种则来自该公司出版的 "科学初级丛书"（Science Primers），原著作者都是当时西方著名的学者或科学家。如《格致总学启蒙》就是后来在近代中国影响广泛的赫胥黎（Thomas Henry Huxley，1825—1895）的作品，该书英文原名为 "Introductory Science Primers"，是赫胥黎为麦克米伦公司所编 "科学初级丛书" 所写的一个导论；《辨学启蒙》则是由 "英伦敦书院原任教习哲分斯所著"，"哲分斯" 即是耶方斯（William Stanley Jevons，1835—1882），他是英国著名的逻辑学家；《植物学启蒙》是根据英国皇家植物园园长胡克（J. D. Hooker，1819—1911）的著作翻译的；《身理启蒙》的原作者是英国著名生理学家福斯特（Micheal Foster，1836—1907）；《欧洲史略》的原作者是英国剑桥大学的教授福利曼（E. A. Freeman，1823—1892）。

从这些原著作者可知，《西学启蒙十六种》所译各书的底本都不俗，且 "历史与文学基本读物系列" 与 "科学初级丛书" 两套丛书的定位本身就是针对各学科的初学者，是所谓的 "学塾诸书"，所以艾约瑟翻译过来后，用作教科书也十分恰当。时人对此套丛书的推许也基于此点。曾为《西学启蒙十六种》作序的李鸿章就评价：该套丛书 "其理浅而显，其意曲而畅，穷源溯委，各明其所由来，无不阐之理，亦无不达之意，真启蒙善本"②。《万国公报》推荐该书时也言道：该套丛书是 "初学不可不读之书"③。从该书后来使用情况看，其也的确被一些新式学堂用作教科书。如时务学堂就将其列入学生 "涉猎之书"。蔡元培 1901 年为绍兴东湖二级学堂开列教科书时，也以 "西学启蒙十六种中之生理

---

① ［英］艾约瑟：《西学略述自识》，《万国公报》1889 年第 5 册。
② 《敬录李爵相西学略述序》，《万国公报》1889 年第 5 册。
③ ［英］艾约瑟《西学略述自识》一文后所附本馆附跋，《万国公报》1889 年第 5 册。

学、地质学、动植物学、化学为课本"①。张之洞1902年开列的可使用的教科书清单中也有《西学启蒙十六种》。②

不过艾约瑟翻译出版《西学启蒙十六种》的意义不仅限于其后来的流通影响，还在于它是中国第一次成套的翻译西方教科书，而且它所囊括的学科门类的众多是前所未有，包括了物理、化学、植物学、动物学、生理学、地理学、史学、逻辑学、天文学等，可以说提供了一套相当齐全的教科书。

总之，甲午战争以前，中国官方出版机构的译书主要以来华西人为主。来华西人也以此为平台出版了一批数量不少的教科书。

三　西人编译教科书的使用

如前所述，甲午战争以前，来华西人依托传教士机构与中国官方出版机构，已出版了一批教科书，但这批教科书在清末的使用情况究竟如何，因限于资料，难于考究，现只能就一些零星记载，略加探讨。

来华西人编译的教科书，它的使用主要有两个人群：一是新式学堂，二是对西学感兴趣的士人。因而它的传播、使用情况与这两个人群的大小密切相关。

首先是新式学堂。清末新式学堂主要包括传教士所设的教会学校与中国人自设的新式学堂。其中教会学校及学生数发展概况如下表1.1。

表1.1　　　　　　　　　　清末教会学校及学生数③

年份	学校数（所）	学生数（人）	备注
1860	50	约1000	
1866	74	1300余	
1875	约800	约20000	基督教传教士设立学校约350所，学生约6000人

---

① 蔡元培：《拟绍兴东湖二级学堂章程》，载高平叔编《蔡元培全集》第1卷，中华书局1984年版，第130页。

② 《湖广总督张之洞：筹定学堂规模次第兴办折》，载璩鑫圭、唐良炎编《中国近代教育史资料汇编——学制演变》，上海教育出版社2007年版，第105页。

③ 本表数据来源于顾长声《传教士与中国》（上海人民出版社1981年版，第226—227页）与舒新城《中国近代教育史资料》上册（人民教育出版社1985年版，第380页）。

续表

年份	学校数（所）	学生数（人）	备注
1899	约 2000	约 40000	1889 年，基督教传教士设立学校学生数 16836 人
1906			基督教传教士设立学校学生数 57683 人
1912			基督教传教士设立学校学生数 138937 人

由表 1.1 可知，在 1860—1912 年，教会学校的学生数增加了约 138 倍，其中尤以 1899—1912 年增长最为迅速。教会学校学生数的增加，相应使用教科书的数量也必然有一个较大的增长。当时教会学校使用教科书的来源主要有三个：一是外国原版教科书，二是来华西人编译的中文教科书，三是中国旧有的四书五经等传统教材。其中中国旧有的传统教材应用于中学课程中，外国原版教科书与来华西人编译教科书则应用于西学课程中。

教会学校在西学课程中使用何种教科书，各个学校都不一样，有偏重使用外国原版教材的，也有强调应用来华西人编译的中文教科书的。如何选择，关键在于各学校在教学上使用语言的偏好。教会学校关于教学中该用英语还是应用中文一直存在分歧。

以狄考文为代表的一派是极力主张使用中文教学的。1890 年狄考文向第二次基督教在华传教士大会提交了《怎样使教育工作更有效地促进中国基督教事业》一文，在该文中狄考文全面阐释了其主张"应用中国语言施教"这一观点。狄考文认为，在中国进行教育使用中国语言，这是十分自然的事，且使用中文进行教学可以有如下好处：一是只有全面地应用中国语言，对学生才有帮助；二是接受本国语言的完整训练，是一个人在群众中取得声望所需要的；三是中文教育会使人有效运用他所掌握的知识；四是中文教育引导受教育者同周围的群众打成一片并影响他们；五是受过中文教育的人将比那些受过英语教育的人更能与群众打成一片。狄考文这一观点明显是针对那些主张使用英文或中英双语教学的传教士的。而他之所以反对在教会学校中使用英语或中英双语教学还在于，他认为：使用中英双语教学虽然理论上可行，但实践时却会面临时间不够的困难，而且学生只需经过两三年初级英语学习，就可以找到待遇优厚的工作，这使得他们常常会中途退学，不能完成全部的课程学习，不利于教会学校对他们进行足够的宗教熏陶。① 应该说狄考文所说的几点理由，在当时都确实存在，一方面一些中国学生进入教会学校就是为了学习英文然后谋求一份好职业；另一方面，若只精通英语与科学，而没有扎实的中文功底，在当时传统科举制度笼罩下的中国的确难以获得社会上足够的声望，容闳回国后的际遇及严复屡屡投身科考正可说明此点。

但狄考文的理由并不能说服与会的其他传教士。李承恩（N. J. Plumb）在该次大会上就宣称他赞成英、汉两语并用，因为用英语教学有多方面的好处：一是目前缺乏汉语的科学术语，现有的术语也不统一。而用英语教学对师生都大有益处，英语课本中提及的其他著作的同类课程对于精通其他学科是大有裨益的。二是懂英语带来的主要好处是扩大学生知识范围，学生从英文书籍中可以汲取任何学科的丰富信息，随心所欲地搞科研。②

因为双方各执一词，所以在本次传教士大会上并没有就教学中使用何种语言达成共识。这两派观点在 1896 年 "The triennial Meeting of the Educational Association of China"（即中国教育会的三年会议）上，又有一次交锋。狄考文仍认为应使用中文教学，强调母语的读写对学生的重要性。③ 何德兰（Rev. I. T. Headland）与卜舫济（Francis Lister Hawks Pott）则主张教会学校应该开设英文课程。何德兰指出：开设英文课程，不仅可以吸引更多学生来教会学校学习，培养更多同情教会的学生，而且现在学习英语的越来越多，与其由不信教者来传授，还不如将教授英语的主导权掌握在教会学校的手中。④ 卜舫济对何德兰的意见给予了支持。经过这次争论后，狄考文态度有所转变，对教会学校开设英语课程表示理解。但在教学实践中，狄考文并没有马上认同用英语教学的方式，

---

① ［美］狄考文：《怎样使教育工作更有效地促进中国基督教事业》，载朱有瓛编《中国近代学制史料》第 4 辑，华东师范大学出版社 1993 年版，第 100—103 页。

② ［美］李承恩：《教会学校的历史、现状与展望》，载朱有瓛编《中国近代学制史料》第 4 辑，华东师范大学出版社 1993 年版，第 124 页。

③ Rev. C. W. Mateer, "What Is the Best Course of Study for a Mission School in China", *Records of the Second Triennial Meeting of the Educational Association of China*, Shanghai: American Presbytenan Mission Press, 1896, pp. 48 – 55.

④ Rev. I. T Headland, "With Our Present Experience Does It Pay to Use Mission Funds for Teaching the English Language", *Records of the Second Triennial Meeting of the Educational Association of China*, Shanghai: American Presbytenan Mission Press, 1896, pp. 56 – 62.

由他创办的登州文会馆也直到 1908 年方增设英语课。①

因而可以说，各教会学校在教学中使用何种语言在清末并没有统一，由此各校选择的西学课程的教科书也不一致。但大致说来，偏重使用英语教学的教会学校采用外国原版教材的会多一些，而偏重使用中文教学的则更多地采用来华西人编译的教科书。以登州文会馆为例，其 1891 年的课程表如表 1.2 所示。

表 1.2 　　　　　　　　登州文会馆 1891 年课程②

备斋	第一年	读官话问答全、读马太六章、读诗经一二、讲上孟、分字、心算、笔算数学上
	第二年	读以弗所哥罗西全、圣经指略下、读诗经三四、读下孟、讲读唐诗后废此课、笔算数学中、地理志略、乐法启蒙
	第三年	读诗篇选、圣经指略上、读诗经一二、讲学庸、读作文章、读作韵诗、笔算数学下、重学地理志略
正斋	第一年	天道溯源、读书经三四、讲诗经全、重讲论语、读诗文后改读策论经义，作诗文后改作策论经义、代数备旨
	第二年	天路历程、读礼记一二、讲诗经全、重讲孟子、读诗文、作诗文、形学备旨、圆锥曲线、万国通鉴
	第三年	救世之妙、读礼记三四、重讲诗经、重讲学庸、读诗文、作诗文、八线备旨、测绘学、格物力水汽热磁、省身指掌
	第四年	天道溯源、讲读左传一二三四、讲礼记一二三、重讲书经、读赋文、作诗赋文、量地法、航海法、格物声光电、地石学
	第五年	罗马、讲读左传五六、讲礼记四、读赋文、作诗赋文、代形合参、物理测算、化学、廿一史约编、动植物学（1902 年添授）
	第六年	心灵学、是非学、讲易经全、讲系辞、读文、作文七日二课、微积分学、化学辨质、天文揭要、富国策

根据该课程表可以知道，登州文会馆所使用的来华西人所编译教科书至少有如下一些：《笔算数学》（狄考文，益智书会）、《地理志略》［戴德生（James Hudson Taylor）译，赵如光笔述，美华书馆］、乐法启蒙［狄就

---

① 《王神荫记齐鲁大学校史》，载朱有瓛编《中国近代学制史料》第 4 辑，华东师范大学出版社 1993 年版，第 481 页。

② 《〈文会馆志〉记齐鲁大学前身登州文书馆的创立规章等》，载朱有瓛编《中国近代学制史料》第 4 辑，华东师范大学出版社 1993 年版，第 458 页。

烈（Julia Brown Mateer），益智书会］、代数备旨（狄考文，益智书会）、形学备旨（狄考文，益智书会）、圆锥曲线［求德生（J. H. Judson）译、刘维师述，益智书会］、万国通鉴［谢卫楼（Davelle Z. Sheffield）］、八线备旨（潘慎文译，谢洪赉述，美华书馆）、省身指掌［博恒理（D. H. Pirter），美华书馆］、代形合参（潘慎文译、谢洪赉述，美华书馆）、是非学［赫士（Watson Mcmillen Hayes）］、天文揭要（赫士，益智书会）、富国策（丁韪良，同文馆、益智书会）、心灵学（颜永京，益智书会）。绝大部分西学课程的教科书用的是来华西人所编译的教科书，且绝大部分是益智书会出版或审定通过的教科书。这正吻合了狄考文"应用中国语言施教"的主张。

除登州文会馆外，由同样赞同用中文教学的谢卫楼主持的通州学校使用的也是来华西人所编译的教科书，并且"为了做到用中文教学，谢卫楼花了很多时间用中文编写或翻译教科书"①。

而由卜舫济主持的圣约翰书院则与登州文会馆截然不同，该书院分西学斋与中学斋，其中只有西学斋教授西学课程。其西学斋课程表如表1.3。

表 1.3 　　　　　　　　　　**圣约翰书院西学斋课表**②

西学斋正馆	普通科		史学《泰西新史揽要》上半部，麦恳西著；各教比较；教员自演
	医学科	第一年	《全体阐微》，格雷著；《身理学》，勃罗培格著；《化学》（无机体类），耶歌著；药材《医理》，哈五著；《格致》，喀哈脱、去脱著
		第二年	《全体阐微》，格雷著；《身理学》，勃罗培格著；《化学》（有机体类），耶歌著；在课程实验；《医理》，哈五著；《生物之组织》史脱林著；医学实验；《声学光学热学》，琼司著
		第三年	《婴孩科》，脱秃尔著；《目耳喉鼻症》，约各逊、格理生著；（配、发）药；内外科临症；《产科》，阿虚吞著；《肤症》，史得外根著；女科，腓力必史著
		第四年	医学实验，史抵文司著；《外科》，逢各司登著；《婴孩科》，脱秃尔著；《产科》，阿虚吞著；《肤症》，史得外根著；内外科临症

---

① 《［美］J. G. 卢茨记在华基督教大学的产生与发展过程》，载朱有瓛编《中国近代学制史料》第 4 辑，华东师范大学出版社 1993 年版，第 167 页。
② 《圣约翰书院章程（1904—1905）》，载朱有瓛编《中国近代学制史料》第 4 辑，华东师范大学出版社 1993 年版，第 437—438 页。

续表

西学斋备馆	第一年	《英文读本》（第一、第二本），薄拉克著；地理志（第一本），孟梯著；《文法》（第一、第二本），纳司斐尔著；拼法；习字；默书；造句；《笔算数学》（华文自加法至诸等法完），狄考文著；《启悟初津》（华文）卜舫济著
	第二年	《英文读本》（第三、第四本），薄拉克著；《地理志》（第二本），孟梯著；《中国史略》，卜舫济著；《文法》（第三本），纳司斐尔著；拼法；习字；默书；作短文；《数学》（小数完），弥纶著；《地理初桄》（华文），卜舫济著
	第三年	《格致读本》，孟梯著；《地理志（大本）》，富莱著；《希腊史》，本内尔著；《罗马史》，格拉等著；《数学》（上半部），弥纶著；《文法》（第四本上半），纳司斐尔著；默书；作文
	第四年	《欧洲（中古、近世）史》，庞晤史著；《代数》，霍尔纳脱著；《身理学》，傅诺著；《化学》，雅哥著；《绝岛漂流记》汤晤勃浪学校之经历；《文法》（第四本下半），纳司斐尔著；《数学》（下半部），弥纶著；中西互译；华英翻译捷诀；作文

由表 1.3 可知，圣约翰书院西学斋使用的教科书，注明"华文"的仅有三种，即狄考文的《笔算数学》、卜舫济的《启悟初津》和《地理初桄》；其他各科课程用书，我们有理由相信使用的都是外国原版教科书。曾就读于圣约翰大学①的陈鹤琴后来也证实了这一点。据他回忆：当时圣约翰大学的"理化算学历史都用（英文）原本"②。圣约翰书院之所以出现如此情况，固然与当时来华西人编译医学课程的教科书比较少有关，但更重要的还是因为主持圣约翰书院的卜舫济是偏好使用英文教学的。

对于使用外国原版教科书，当时教会学校的中国学生一定程度上是持欢迎态度的。1908 年登州文会馆增设英语课程就是迫于该校学生的急切要求，而在正式增设英语课程之前，该校"许多教师和同学都私下自学英语，要求用英文原本教科书"③。事实上，清末教会学校的发展壮大一定程度上也得益于它的英语教学。不少家庭就是为了学习英文以谋求

---

① 圣约翰书院 1906 年于美国立案，升格为圣约翰大学。

② 《陈鹤琴记圣约翰大学》，载朱有瓛编《中国近代学制史料》第 4 辑，华东师范大学出版社 1993 年版，第 450 页。

③ 《王神荫记齐鲁大学校史》，载朱有瓛编《中国近代学制史料》第 4 辑，华东师范大学出版社 1993 年版，第 480 页。

好的职业，才将子女送入教会学校。因而在清末教会学校中大量使用外国原版教科书的并非少数。除圣约翰书院外，还可略举如下：

> 天津法汉学校："高中学生的理、化等课本都采用法文课本，由法国修士授课。"①
>
> 上海中西女塾："在立案前所用的课本，除语文外，一律都是英文的，连中国的历史、地理课本也是美国人编写、在美国出版的。"②
>
> 福州鹤龄英华书院："数、理、化、英所用的课本，皆是美国出版的原本，也就是美国大学生所读的课本。"③
>
> 天津中西女子中学："课程以英语为主，完全将美国课本搬过来。……最可笑的，必修课之一的'公民学'，用的是美国课本。"④

由上可知，来华西人编译的教科书在教会学校的使用，虽在益智书会成立后，有了一定程度的增加，且随着教会学校的增多有了数量上的增长，但在外国原版教科书的竞争下，它在教会学校中的使用量其实并不能高估。反倒是在中国人自设的新式学堂中，有相当一段时间是以来华西人编译的教科书为主。

由国人自设的新式学堂，在清末也有一个由少到多的发展过程。在甲午战争之前，国人自设的新式学堂主要是洋务派所设的洋务学堂。据统计，1895 年前，中国共自办学堂 25 所，其中语言学堂 5 所，军事学堂 9 所、普通学堂 5 所，工艺等学堂 9 所，在校学生约 2000 人。⑤ 在这些洋务学堂中，除仍设置有中学传统课程外，已开始加入一些西学课程，

---

① 《赵振亚记天津法汉学校的变迁》，载朱有瓛编《中国近代学制史料》第 4 辑，华东师范大学出版社 1993 年版，第 242 页。

② 《薛正记上海中西女塾的课程》，载朱有瓛编《中国近代学制史料》第 4 辑，华东师范大学出版社 1993 年版，第 303 页。

③ 《陈怀桢记福州鹤龄英华书院概况》，载朱有瓛编《中国近代学制史料》第 4 辑，华东师范大学出版社 1993 年版，第 329 页。

④ 《梁思庄记天津中西女子中学》，载朱有瓛编《中国近代学制史料》第 4 辑，华东师范大学出版社 1993 年版，第 364 页。

⑤ 桑兵：《晚清学堂学生与社会变迁》，学林出版社 1995 年版，第 38 页。

而要教授这些西学课程，势必用到来华西人编译的教科书。

其中使用来华西人编译教科书最彻底的无疑就是京师同文馆。如前所述，由同文馆外文教习及其学生编译汉文西书的目的就是充作教科书，所以同文馆各科课程使用的大多是来华西人编译的教科书。特别是其五年课程中规定：那些"年齿稍长，无暇肄及洋文"的可以"仅藉译本而求诸学"①。所谓的"译本"自然就是那些被翻译的汉文西书了。

其他洋务学堂对于来华西人编译的教科书也多有采用。如福州船政学堂，据黎兆棠言："（其）驾驶学堂所读者曰智环启蒙，曰文法谱，曰第一书以至第五书，皆言语文字及讲习文义之学也；曰数学入门，曰几何，曰代数，曰平三角、弧三角，皆数理之学也；曰地舆图说，曰航海全书，则驾驶之学也。"② 其中"智环启蒙"指的就是由理雅各编译的《智环启蒙塾课初步》，其他几门课程应也有使用来华西人编译的教科书的。S. A. Leibe 的研究也表明：因有"几代英国基督教传教士给教习们帮助，为学生们提供现成的参考书"，使得驾驶学堂（英文学堂）学生的成绩超过了制造学堂（法文学堂）的学生，而驾驶学堂也由此早于制造学堂获得必需的"通用的教材"③。此处所言的"几代英国基督教传教士给教习们帮助"指的就是来华西人编译的教科书。广东实学馆使用的教材中也有由同文馆出版的《万国公法》与《星轺指掌》等书。④ 另外，南京矿务铁路学堂使用的书籍中也有《全体新论》与《化学卫生论》等书。⑤《全体新论》是来华传教士合信（Benjamin Hobson）1851 年编写的，《化学卫生论》则是傅兰雅的译作。

不过，并不是所有的洋务学堂都使用来华西人编译的教科书。傅兰雅就曾指出："（江南制造）局内有数书馆已设多年，教习造船或造船汽

---

① 《光绪二年（1876）公布的八年课程表》，载朱有瓛编《中国近代学制史料》第 1 辑上册，华东师范大学出版社 1983 年版，第 72 页。

② 《光绪八年（1882）黎兆棠致张树声函》，载朱有瓛编《中国近代学制史料》第 1 辑上册，华东师范大学出版社 1983 年版，第 443 页。

③ 《〈日意格与洋务运动〉记船政学堂课程设置》，载高时良编《中国近代教育史资料汇编——洋务运动时期教育》，上海教育出版社 1992 年版，第 356—357 页。

④ 《光绪七年五月十二日（1881.6.9）江海关道禀南洋大臣刘（附拟西学章程）》，载朱有瓛编《中国近代学制史料》第 1 辑上册，华东师范大学出版社 1983 年版，第 482 页。

⑤ 《〈鲁迅年谱〉记 1899 年南京矿务铁路学堂》，载高时良编《中国近代教育史资料汇编——洋务运动时期教育》，上海教育出版社 1992 年版，第 496 页。

机或兵戎等法，惟不用局中所刊之书。盖教习者不通华文，必以西文教授，虽生徒初时难谙西文，久习亦易。"① 傅兰雅此言其实反映了当时推广来华西人编译的中文教科书的一个困境，即当时充当洋务学堂教习的外国人大多不通中文，因而难以使用这些被编译的中文教科书，只能使用外国原版教材。这也是当时不少教会学校选用外国原版教材的另一重要原因。

故而甲午战争以前，来华西人编译的教科书已在中国自设新式学堂中有所使用，但由于外国教习不通中文，所以使用面又受到一定的局限。其实以当时中国自设新式学校数、学生数而言，即便这些学校、学生全部使用来华西人编译的教科书，其数量也是相当少的。

甲午战争以后，国人自设的新式学堂有了较快的增长。1895—1899年，全国共兴办学堂约150所，仅戊戌变法期间就达到106所，估计此期间学生总数最多时达到万人。② 但戊戌变法失败后，新式学校的增设速度稍有减弱，学生数稍有下降。不过1901年清政府宣布实行新政，"废科举，兴学堂"成为教育改革中重要的一部分。到1902年，国人自设学校的学生数已达到了6912人，1907年学生数增至1013571人，学校数达到37672所，1908年学生数达到1284965人，学校数增至47532所，1909年学生数已高达1626720人，学校数增加到58896所，1912年学生数更高达2933387人。③ 国人自设新式学校数、学生数的持续增长，带动了国人对新式教科书的需求。但在当时，国人自编或编译教科书却正处于初创阶段，一时难于供给，而新设学堂对教科书又"需用甚亟"，在此背景下，使用来华西人编译的教科书乃成为一必然的选择。

若要明了此点，可以梁启超主持的时务学堂为例。据时务学堂第一年读书分月课程表可知，当时被时务学堂采用的来华西人编译教科书有如下一些：

---

① ［英］傅兰雅：《江南制造总局翻译西书事略》，载黎难秋主编《中国科学翻译史料》，中国科学技术大学出版社1996年版，第422页。

② 桑兵：《晚清学堂学生与社会变迁》，学林出版社1995年版，第40页。

③ 朱有瓛编：《中国近代学制史料》第2辑下册，华东师范大学出版社1989年版，第838—840页。本数据中的学校数包括学堂及教育处所。

溥通学　涉猎之书：格致须知中天文地学地理地志诸种、万国史记　格致须知中重力化汽诸种、泰西新史揽要、佐治刍言、格物质学、西学启蒙十六种

专门学中公法门　专精之书：公法会通、公法总论、万国公法、佐治刍言、公法便览、各国交涉公法、各国交涉公法论、希腊志略、罗马志略、欧洲史略、法国律例、英律全书

专门学中格算门　专精之书：格物质学、笔算数学、几何原本、形学备旨、代数术、代数备旨、地学浅释、化学鉴原、化学鉴原续编、化学鉴原补编、代数难题（解法）、化学分原、代微积拾级、微积溯源

专门学中掌故门　专精之书：佐治刍言、法国律例①

由上可知，在梁启超所列举的时务学堂用书中，收录的来华西人编译教科书多达 49 种。梁启超这一学堂读书目录应基本反映了戊戌变法前后国人所设学堂所使用教科书的大致情况，后来该目录也被《皇朝经世文新编》所收录，得以更大范围的流传。

在国人设立的新式学堂中使用来华西人编译教科书，应是 1895—1906 年的普遍现象。1897 年 2 月宋恕为天津育才馆所拟的"第一级正课书目"，在心性学、养生学、外史学、时务学、物理学等科目中也列有不少来华西人编译的教科书，包括《治心免病法》《居宅卫生论》《延年益寿论》《儒门医学》《泰西新史揽要》《万国公法》《格致启蒙》。②1901 年，蔡元培草拟绍兴东湖二级学堂章程，也计划采用《代数备旨》《形学备旨》及"西学启蒙十六种中之生理学、地质学、动植物学、化学"作为课本。③

当时不仅民间士人在兴办学校时，主张使用来华西人编译的教科书，而且主持学务的政府要员也有此打算。张之洞在其上呈的《筹定学堂规

---

①　《光绪二十三年（1897）梁启超〈湖南时务学堂学约〉（附读书分月课程表）》，载朱有瓛编《中国近代学制史料》第 1 辑下册，华东师范大学出版社 1986 年版，第 301—306 页。

②　宋恕：《天津育才馆赤县文字第一级正课书目》，载胡珠生编《宋恕集》上册，中华书局 1993 年版，第 254 页。

③　蔡元培：《拟绍兴东湖二级学堂章程》，载高平叔编《蔡元培全集》第 1 卷，中华书局 1984 年版，第 130 页。

模次第兴办折》中就持这一看法。张之洞在该奏折中指出"现在京城大学堂所编课书尚未颁行。江楚编译局虽成有数种,然阅其稿本,尚须详加改定。民间间有纂译,纯善实难",在此情况下应对办法只有两条:一是"暂取旧时课本,斟酌修补用之";二是"取旧有之书"。张氏所谓的"旧时课本""旧有之书"其实指的就是中国传统教材与已编译的教科书。其具体书目如下:"朱子《小学》,陈宏谋《养正遗规》《教女遗规》《训俗遗规》,司马光《通鉴·目录》《稽古录》,齐召南《历代帝王年表》,鲍东里《史鉴节要便读》,潘世恩《读史镜古编》,时人编译现有印本之桑原骘藏《东洋史要》《西洋史要》《欧洲史略》《列国变通兴盛记》《地理问答略说》《普通学初阶》《普通学前编》《心算启蒙》《算学启蒙》《笔算数学》《物算教科书》《笔算教科书》《代数备旨》《形学备旨》《化学初阶》《化学新编》《格物入门》《格致举隅》《格致启蒙》《西学启蒙》十六种,《西学须知》二十七种,《教授学》《学校管理法》《学校卫生学》《德国武备体操学》《日本普通体操学》,上海铜版《地球全图》《东半球图》《中国全图》,鄂省新刊《湖北全省舆图》《长江图》等图书。"在这一书目中,来华西人编译的教科书共54种,占所列书目的66.7%,可见分量之重。而且张之洞规定,这一书目所列各书籍就是当时湖广地区中小学堂的讲授书、参考书,"俟新课书编成"后,才再次颁发新的用书目录。① 换言之,在"新课书编成"之前,湖广地区各新式学堂使用的教科书一半以上由来华西人编译的教科书充当。

张之洞这一主张也被清政府中枢所采纳,并反映在 1902 年颁布的"壬寅学制"中。《钦定京师大学堂章程》就规定:"刻下各项课本尚待编辑,姑就旧本择要节取教课,俟编译两局课本编成,即改用局本教授。"② 《钦定高等学堂章程》中也规定:"凡各项课本,须遵照京师大学堂编译奏定之本,不得歧异。其有自编课本者,须咨送京师大学堂审定,然后准其通用。京师编译局未经出书之前,准由教习按照此次课程所列

---

① 《湖广总督张之洞:筹定学堂规模次第兴办折》,载璩鑫圭、唐良炎编《中国近代教育史资料汇编——学制演变》,上海教育出版社 2007 年版,第 105 页。

② 《钦定京师大学堂章程》,载璩鑫圭、唐良炎编《中国近代教育史资料汇编——学制演变》,上海教育出版社 2007 年版,第 214 页。

门目，择程度相当之书暂时应用。"① 其他各级学堂教科书的使用都按照《钦定高等学堂章程》中的规定办理。从这些章程中可以发现，在京师编译局课本编成前，各级学堂使用的教科书是"旧本择要节取"与自行选择的"程度相当之书"，而这些书籍理所当然地包括了来华西人编译的教科书。

1903 年为规范各级学校教科书的使用，京师大学堂公布了一个《暂定各学堂应用书目》。这是清末官方公布的第一个新式学堂用书目录。该书目内分十六门，共列出书籍 91 种，其中来华西人编译的教科书占据了相当比例。仅据《教科书之发刊概况》可知，包括《笔算数学》《代数备旨》《形字备旨》《代形合参》《几何原本》《辨学启蒙》《动物须知》《植物须知》《全球须知》《植物启蒙》《重学须知》《力学须知》《电学须知》《声学须知》《光学须知》《气学须知》《水学须知》《热学须知》《地学指略》《金石略辨》，共计 20 种。② 因而来华西人编译的教科书在《暂定各学堂应用书目》中所占比重应至少在 22.2% 以上。③ 而京师大学堂公布的《暂定各学堂应用书目》对于各地学堂而言，是一个官方的指导性文件，各地学校在采用教科书时会优先选择书目中所列的教科书，所以该书目对于来华西人编译教科书在中国各级学堂的推广具有重要的意义。反而言之，作为官方选用教科书的指导性书目能收录如此多的来华西人编译的教科书，这既是对以往来华西人编译教科书成绩的肯定，也表明中国主流士人对来华西人编译教科书的认可与接受。

不过，采用来华西人编译教科书作为国人自办新式学校的教材只是当时的权宜之计，无论是官方还是民间都并没有将此当作长久之策。事

---

① 《钦定高等学堂章程》，载璩鑫圭、唐良炎编《中国近代教育史资料汇编——学制演变》，上海教育出版社 2007 年版，第 257 页。

② 《教科书之发刊概况》，载中华民国教育部编《第一次中国教育年鉴》（戊编·教育杂录），上海开明书店 1934 年版，第 118 页。

③ 因完整的《京师大学堂暂定各学堂应用书目》笔者并没有查阅到，故暂时只能就《教科书之发刊概况》一文中《京师大学堂暂定各学堂应用书目》节录的部分略加分析。实际上，《京师大学堂暂定各学堂应用书目》中收录的来华西人编译的教科书应不止于笔者所列举的这些。另据王建军研究，西方教科书在《京师大学堂暂定各学堂应用书目》中占据了三分之二（《中国近代教科书发展研究》，广东教育出版社 1996 年版，第 79 页）。

实上，国人对于来华西人编译的教科书一直存在非议。张元济 1902 年就针对当时各级学校纷纷采用来华西人编译的教科书作为教材，提出了批评。他指出："华文教科书各教会学堂所刊者，大都以阐扬彼教为宗旨，亦取径迥别。与中学绝无关合，愚意均不可用。"① 就是张之洞也注意到，采用外国教科书，若有不慎将有"大害"，故而"即如舆地、动植、理化各科，虽译用外国书，亦须详加酌改"②。应该说，对于采用外人编译的教科书所存在的潜在危害，无论是官方还是民间都有清醒的认识，只是在当时国人编译、自编教科书不足的情况下，不得不暂时采用。因而在"壬寅学制"中，国人为使用来华西人编译的教科书加以了时间限制，那就是"俟编译两局课本编成，即改用局本教授"，而 1902 年京师大学堂公布的各学堂应用书目也冠以"暂定"之名。这都提示国人自办新式学堂中使用来华西人编译的教科书只是一个过渡措施，随着国人自编教科书的增多，其必将被淘汰。到 1906 年，学部正式公布第一次审定教科书书目，在此当中就再也没有来华西人编译的教科书了。这表征着来华西人编译的教科书在中国人自设新式学堂中已被国人自编教科书所取代。

故而就整体而言，来华西人编译的教科书在清末国人自办新式学校中真正被广泛采用的只有 1895—1906 年短短 10 年，而后则基本上在国人自办学校中消失了。

清末使用来华西人编译教科书的人群，除了新式学堂外，就是那些对西学感兴趣的中国士人。不过这个人群更难于做精确统计，只能略分时段作一笼统的描述。

1840—1860 年，此一时段国门刚刚被打开，虽然已有林则徐、魏源等先进的中国人开始"睁眼看世界"，但大多数传统士人仍沉醉于"天朝上国"的迷梦中，对于当时来华西人编译的教科书既没有需求也不感兴趣，只有少数从事译业和对西学极度感兴趣的士人才开始接触、阅读到这些书籍。如围绕在墨海书馆周围，从事"西译中述"的笔述士人，

---

① 张元济：《答友人问学堂事书》，载璩鑫圭、童富勇编《中国近代教育史资料汇编——教育思想》，上海教育出版社 2007 年版，第 384 页。

② 《湖广总督张之洞：筹定学堂规模次第兴办折》，载璩鑫圭、唐良炎编《中国近代教育史资料汇编——学制演变》，上海教育出版社 2007 年版，第 105 页。

包括王韬、李善兰、管嗣复、张福僖等，他们在从事西书译介的工作时，也成了最早的来华西人编译西书的阅读者。这些士人无一例外都具有同样的特征，那就是身处通商口岸且属于失意文人。王韬就曾自叙其投身译业的经历："既孤，家益落，以衣食计，不得已囊笔沪上。时西人久通市我国，文士渐与往还，老民欲窥其象纬、舆图诸学，遂往适馆授书焉。"① 可见生计的困难是促使王韬进入墨海书馆的一关键因素。其他李善兰、管嗣复、张福僖等人也或多或少因经济的因素，才相继投身于此。

　　与王韬等人因译业而与西书结缘不同，徐寿、华蘅芳二人接触、阅读来华西人所编译的西书则纯粹是出于对西学的兴趣、对西方科学知识孜孜不倦地追求。徐寿与华蘅芳都为江苏无锡人，好"究察物理，推考格致"，"凡明时天主教师所著天文、算学诸书及中国已有同类之书，无不推详讨论"。后来两人"游览上海，至墨海书馆"首次见到了当时来华西人编译的西书，即合信的《博物新编》。两人读后，发现原来自"利玛窦诸人著格致书后，越有二百余年，此时内泰西格致大兴，新理迭出，而中国尚未之知也。故一获此书，犹之忽过二百年而与此新理相觏面"②。自此二人被这西学"新理"所吸引，主动成了来华西人编译各书的忠实读者。除徐、华二人外，郭嵩焘也是来华西人编译西书的较早阅读者。1856 年郭嵩焘为购买《数学启蒙》，访问了墨海书馆，并获赠《遐迩贯珍》。③

　　尽管此一阶段，已有少数中国士人或因译书或因兴趣注意到了来华西人编译的西书，但还只是个体现象，整个中国读书界的侧重点仍在传统典籍的阅读上。"风起于青萍之末"，正是这些个体的阅读体验，慢慢带动了整个读书界阅读风气的悄然转变。

　　1860—1895 年，此一阶段因为京师同文馆、江南制造局翻译馆、海关总税务司等官方机构加入出版来华西人编译教科书的行业，无形中扩大了西书在士人中的影响，使得阅读这批汉译西书的士人日益增多，逐渐成为一股风潮。表征这股风潮逐渐形成的有如下几个方面。

---

　　①　王韬：《弢园老民自传》，《弢园文录外编》，上海书店出版社 2002 年版，第 269 页。
　　②　［英］傅兰雅：《江南制造总局翻译西书事略》，载张静庐辑注《中国近现代出版史料近代初编 1》，上海书店出版社 2003 年版，第 10 页。
　　③　郭嵩焘：《郭嵩焘日记》第 1 卷，湖南人民出版社 1981 年版，第 33 页。

第一，阅读来华西人编译教科书的人群日渐增多，即便是对西学不甚感兴趣的士人也开始阅读西书。如俞樾、蒋超伯、翁同龢在此时段都不约而同地拜读过合信的《博物新编》。俞樾就曾记载："《博物新编》内载有用电气制炼字画铜板之法……按此法以之刷印书籍最佳。"① 蒋超伯在其所著的《南漘楛语》中也多次提到《博物新编》。翁同龢 1864 年的日记也表明其阅读过《博物新编》。② 而俞樾、蒋超伯、翁同龢三人都属于传统的士人，并非趋新人士，对西学也不抱特别的兴趣，但此时他们不约而同地都阅读了《博物新编》这一传教士所编的西书，只能说来华西人编译的西书已逐渐进入当时普通士人的日常阅读中。

第二，无论是民间士人还是官吏要员，此一阶段逐渐认可了来华西人编译西书的正面作用。此点最明显的表现就是京师同文馆、江南制造局翻译馆的相继成立，并开始翻译、出版汉译西书，这表明官方对翻译西书的认同。而且在这些同文馆或制造局出版的来华西人编译的教科书前，常常会出现中国政府高官或知识精英为之题写的序跋。这在 19 世纪 60 年代以前出版的汉译西书中是很少见到的。此正代表了官方与民间对来华西人编译西书的赞同与接受。

第三，从地域看，来华西人编译教科书的读者范围已不再局限通商口岸，一些内地士人也成为这些西书的阅读者。如上海格致书院 1886—1893 年每年举行面向全国的考课，所出考题主要围绕科学与时事，参与考课士子的地域分布一定程度能反映当时来华西人编译西书的传播范围。据统计，获奖且被课艺刊出的士子共 92 人，其中江苏 34 人、浙江 14 人、广东 5 人、上海 5 人、安徽 5 人、湖南 3 人、福建 2 人、天津 1 人、河南 1 人、山东 1 人，不详 21 人。③ 由此可见，参加格致书院考课的不仅有沿海通商各省，湖南、安徽、河南等内陆省份也有士人参加，且对西学的了解程度并不亚于沿海各地的士子。这至少反映当时湖南、安徽、河南等内陆省份的一部分士子应已阅读到了来华西人编译的西书，所以

① 俞樾：《春在堂随笔》，辽宁教育出版社 2001 年版，第 17 页。
② 见《翁同龢日记》第 1 册，1864 年 3 月 4 日、4 月 13 日日记条记载，中华书局 2006 年版。
③ 据熊月之《西学东渐与晚清社会》（修订版）中所列《格致书院课艺超等、特等、一等获奖者部分名录》统计所得。熊月之：《西学东渐与晚清社会》（修订版），中国人民大学出版社 2011 年版，第 387—391 页。

才能如此娴熟地利用西学知识参加格致书院的考课。

由此观之，1860—1895 年，中国已有相当一部分士子、官员接触并阅读到了这些来华西人编译的西书，而这些汉译西书也逐渐成为中国读书界日常阅读的一部分，尽管这一部分此时所占比例还是极小的。1888 年《申报》刊载的一篇论说颇能反映当时士林的这一变化："当今之世……时务之学不能不讲，泰西翻译之书不能不看。"①"泰西翻译之书"正在不知不觉中成了中国士人"不能不看"之书。而导致这一风向变化的一重要推动因素就是来华西人编译西书的免费发放，扩大了其传播面。主持这一免费发放的既有京师同文馆也有如广学会这样的传教士团体。

1895—1902 年，此一阶段来华西人编译教科书成为中国士人最为热门的阅读读物，甚而连光绪皇帝也加入这批阅读西书的大军中。②造成这一变化的就是甲午中日战争的惨败，它猛然惊醒了绝大部分中国士人，使他们开始"发愤图强，竞言新学"③。鲁迅曾描述过这一变化："甲午战败，他们自以为觉悟了，于是要'维新'，便是三四十岁的中年人，也看《学算笔谈》，看《化学鉴原》；还要学英文，学日文，硬着舌头，怪声怪气的朗诵着。"④一时之间，士林风气为之一变，争相竞读西书。

在华的西人此时也欣喜地发现"甲午战争之后，要买我们的书；以前即使白送给他们这些书，他们也不愿看一看"，而今"各行各业对西学都有极大的需求——不仅是教育方面的书籍，地理、历史、科学、旅行方面的书籍都需要"⑤。更能直观反映这一改变的，就是当时中国西书的销售量以 1894—1895 年的甲午战争为拐点，直线增加。以当时出版西书的传教士团体——广学会为例，其 1893—1897 年的销售额如下：

　　1893 年　817.97 元
　　1894 年　2286.56 元

---

① 《识时务者为俊杰论》，《申报》1888 年 7 月 4 日第 1 版。
② 据 1898 年广学会年度报告，该年年初光绪帝派人索取了 129 种来华西人编译的西书，其中包括益智书会出版的十余种教科书。
③ 顾燮光：《译书经眼录·自序》，载熊月之主编《晚清新学书目提要》，上海书店出版社 2007 年版，第 220 页。
④ 鲁迅：《重三忆旧》，《鲁迅全集》第 5 卷，人民文学出版社 2005 年版，第 342 页。
⑤ 《广学会年报（第十一次）》，《出版史料》1992 年第 1 期。

1895 年　2119.22 元
1896 年　5899.92 元
1897 年　12146.91 元①

　　短短 4 年间，广学会的销售额增加了十余倍。来华西人编译西书的受欢迎程度可想而知。与此同时，1898 年前后，科举考试制度也开始而发生变化，进一步推动了中国士人研读西书的热潮。先是 1895 年童试经古场添设时务一门，后是 1897 年清政府议开经济特科，最终 1901 年正式颁布开设经济特科的上谕。这一科场制度的变化，直接影响了以应试为目的的传统士人的阅读口味。也正是在 1895 年以后，指导士人阅读西书的西书书目也广为出现。如梁启超的《西学书目表》（1896 年）、叶瀚的《初学读书要略》（1897 年）、黄庆澄的《中西普通书目表》（1898 年）、徐维则的《东西学书录》（1899 年）、赵惟熙的《西学书目问答》（1901 年）等。正是有了这些西学书目，当时的士人阅读西书"方有门径"。在这些西学书目中，无一例外来华西人编译的西书都占据了绝对的主导。来华西人编译的教科书也因此成为许多士人的"枕中鸿宝"。

　　但就在来华西人编译西书被争相阅读的同时，对其批评也日益增多。1894 年马建忠就指出，当时同文馆、江南制造局的译书"或仅为一事一艺之用，未有将其政令治教之本原条贯，译为成书，使人人得以观其会通者。其律例公法之类，间有摘译，或文辞艰涩，于原书之面目尽失本来，或挂一漏万，割裂复重，未足资为考订之助"②，即从译书内容的选择到译笔译文都加以指责。稍后盛宣怀也认为，"西学以新理新法为贵，旧时译述，半为陈编"③。马、盛二人所言针对的虽是同文馆、江南制造局这些官局译书，但因主持这些官方译书机构主要是来华西人，所以实质也正是批评近代以来来华西人在编译西书上的失误。而马盛二人批评旧时译书的最终落脚点是提倡国人自己翻译西书，这也为之后国人自译

---

①　《广学会年报（第十次）》，《出版史料》1991 年第 2 期。
②　马建忠：《拟设翻译书院议》，载黎难秋主编《中国科学翻译史料》，中国科学技术大学出版社 1996 年版，第 214 页。
③　《光绪二十四年五月十八日盛宣怀片》，载朱有瓛编《中国近代学制史料》第 1 辑下册，华东师范大学出版社 1986 年版，第 517 页。

西书（主要是日文书）埋下了伏笔。

故而来华西人编译教科书在中国士人中的热销并没有一直延续下去。到 20 世纪初，随着国人自译西书的增多，更多更符合国人需要的日译书被国人自己翻译进来，"日本遂夺泰西之席而为吾之师"①，来华西人编译的西书自然也就被取代了。

这一转换应发生在 1902 年前后。对清末译书有详细了解的顾燮光就曾指出："壬寅（1902 年）以还，世尚游学，扶桑三岛，一苇能航，和文迻译，点窜便易成书。"② 出版于 1902 年以后的西学书目也大多没有将清末来华西人编译的西书收录。在 1903 年出版的《新学书目提要》中，这批来华西人的译书甚而被视为"陈籍"③。这正反映了当时中国读书界对来华西人编译西书的态度转移。因而 1902 年以后，来华西人编译的教科书在中国士人中影响日渐减弱，虽直到新中国成立前，这批译书在国人中仍有读者，但已不再盛行。

综上所述，整体看来，无论是在清末国人自设新式学堂中，还是在中国士人的普通阅读中，来华西人编译的教科书都只是在 1895—1902 年有过一个短暂的流行，在此前及之后，对国人的影响都比较有限。而在教会学校，因为外国原版教材的存在，来华西人编译教科书的使用也存在诸多局限。尽管如此，来华西人对新式教科书的编译对于近代中国，特别是中国近代教育而言，仍具有巨大的意义。其不仅为后续中国人自编教科书提供了示范与借鉴，而且为清末新式教育的创办、发展提供了重要的助力。

第三节　国人编译的教科书

在来华西人编译教科书数十年后，国人自身编译的教科书在 1897 年

---

① 黄节：《〈国粹学报〉序》，《国粹学报》1905 年第 1 期。

② 顾燮光《译书经眼录·序》，载熊月之主编《晚清新学书目提要》，上海书店出版社 2007 年版，第 219 页。

③ 沈兆袆：《新学书目提要·凡例》，载熊月之主编《晚清新学书目提要》，上海书店出版社 2007 年版，第 380 页。

也出现了。自此之后，在短短十余年里，国人教科书的编辑历史经历了由翻译外国教科书，到改编外国教科书，最后自行编撰教科书这一演变历程。与此前来华西人编译的教科书相比，国人编译的教科书不仅数量巨大，而且编辑出版教科书的机构众多，直接配合了清末的学制改革，促进了中国教育的初步近代化。

一 国人编译教科书的出现

按现代"教科书"的定义，教科书指的是"根据教学大纲（或课程标准）编订的、系统地反映学科内容的教学用书"。但清末国人编译的教科书却是在教学大纲即壬寅学制正式颁布前就出现了。

学界公认最早出现的由国人自编的教科书是 1897 年由南洋公学师范生陈懋治、杜嗣程、沈庆鸿等编撰的《蒙学课本》，共三编。但据《教科书之发刊概况》记载，在《蒙学课本》出版前，国人已有几种自编的教科书。最早的是 1889 年由江南制造局出版的谢家木编的《算学》；稍后 1893 年王亨统编辑了《地理问答》一种，后经江楚书局改订出版；同年周保璋也编著了《童蒙记诵》上下编，内分天文、地理、人事、刑政、六艺、文学、史事等二十余类，不过该书被批评为"不合体裁"①。这三种应该都早于南洋公学的《蒙学课本》，不过现在都难于寻觅，所以不知道确否为国人自编。

将南洋公学《蒙学课本》认定为国人最早自编教科书的是蒋维乔。据蒋维乔记载："民元前十五年丁酉（1897 年），南洋公学外院成立，分国文、算学、舆地、史学、体育五科。由师范生陈懋治、杜嗣程、沈庆鸿等编纂《蒙学课本》，共三编，是为我国人自编教科书之始。"最初出版是铅字印刷，且无图画，故被人评为"形式不佳"。但从体裁看，已模仿"外国课本"，按章节体安排教学内容。如第一编第一课，即为"燕、雀、鸡、鹅之属曰禽。牛、羊、犬、豕之属曰兽。禽善飞，兽善走。禽有两翼，故善飞。兽有四足，故善走"②。1901 年南洋公学又出版

---

① 《教科书之发刊概况》，载中华民国教育部编《第一次中国教育年鉴》（戊编·教育杂录），上海开明书店 1934 年版，第 115 页。

② 蒋维乔：《编辑小学教科书之回忆》，载李桂林、戚名琇、钱曼倩编《近代教育史资料汇编——普通教育》，上海教育出版社 2007 年版，第 188—189 页。

了一种同样以《蒙学课本》为名的教科书，不过此一教科书并不是由陈懋治等人所编，著者是朱树人，仿照的是"英美读本体例"，也"无画"①。

南洋公学是盛宣怀在上海创办的。1896 年盛宣怀在筹办完天津中西学堂后，开始筹划在上海设立一所类似的学校。不过盛宣怀在筹办过程中，认识到"师范小学，尤为学堂一事先务中之先务"，所以并没有如天津中西学堂一样将学校分为头等、二等学堂，而是率先开办师范学院以培养师资，又"复仿日本师范学校，有附属小学校之法，别选年十岁内外至十七八岁止，聪颖幼童一百二十名，设一外院学堂，令师范生分班教之"②。1897 年 2 月南洋公学师范院正式设立，同年 10 月外院也正式开办，并由师范院的学生充当教习。陈懋治、杜嗣程、沈庆鸿、朱树人等人，当时都是南洋公学师范院的学生，他们正是在教授外院学生的教学实践中，开始编辑教科书的。

由南洋公学筹设开始，盛宣怀就有编译教科书的计划。南洋公学的章程中规定"师范院及中上两院学生，本有翻译课程，另设译书院一所，选诸生之有学识而能文者，将图书院购藏东西各国新出之书课令择要翻译陆续刊行"③。当时南洋公学负责编辑教科书的，除了师范院的学生，主要集中在 1899 年增设的译书院。该译书院由张元济负责，并聘请稻村新六、细田谦藏、卢永铭、孟森、杨志洵、樊炳清、沈纮、葛胜芳、陈昌绪、周仲玉等人为译员。译书范围为"专译中西国政治、教育诸书，以应时需及课本之用"④。南洋公学编译的教科书也不是随意的，而是经过精心选择的，"专取其（外国）文部所订、教员所授之本，凡闻杂学，概不兼收。以西学佐子史之旁通，不敢以俗说代经文之正本。……但令西学课本条理秩然，促足备当世之取材，亦不忧无暇日以毕经书之业，

　　① 《教科书之发刊概况》，载中华民国教育部编《第一次中国教育年鉴》（戊编·教育杂录），上海开明书店 1934 年版，第 116 页。
　　② 《光绪二十四年四月二十四日（1898.6.12）大理寺少卿盛宣怀折（附南洋公学章程）》，载朱有瓛编《中国近代学制史料》第 1 辑下册，华东师范大学出版社 1986 年版，第 511 页。
　　③ 《光绪二十四年四月二十四日（1898.6.12）大理寺少卿盛宣怀折（附南洋公学章程）》，载朱有瓛编《中国近代学制史料》第 1 辑下册，华东师范大学出版社 1986 年版，第 515 页。
　　④ 《光绪二十八年（1902）前工部侍郎盛宣怀奏陈南洋公学历年办理情形》，载朱有瓛编《中国近代学制史料》第 1 辑下册，华东师范大学出版社 1986 年版，第 522 页。

不必遽求速化转滋流弊也"①。换言之，翻译的课本必须是经过外国"文部"审定、教学实践过的教科书；在内容安排上，必须合理安排中学与西学的比重，不能因西学而"无暇日以毕经书之业"。

据霍有光统计，至译书院结束时，共编译出版书籍60种，其中属于教科书的14种。包括《本国中等地理教科书》《万国地理教科书》《科学教育学讲义》《格致读本》《中等格致课本》《小学图画范本》《化学》《蒙学课本》《大本蒙学课本》《代数设问》《心算教授法》《物算笔算教科书》《习字范本》《几何》。②

南洋公学所编译的教科书在当时很受欢迎。有资料显示，仅南洋公学张相文编辑的地理学教科书，印行总数就在二百万册以上。③ 南洋公学也因它所编译的教科书而"四远驰名了"。

在南洋公学编辑出版《蒙学课本》的次年，由俞复、吴稚晖、丁宝书、杜嗣程等人创办的无锡三等学堂也开始编撰教科书，分为国文、修身、算学等课本，统称为蒙学课本。该套教科书"系每日自编一课，随编随教，令学生抄写，后共成七编"④。该套教科书后于1902年交文澜局出版。俞复等人创办文明书局后，又收归文明书局加以再版。此书出版后，十分盛行，据俞复自承："当此学堂萌芽时代，儿童发蒙用书，先只有南洋公学所编之《蒙学课本全书》，仅有三四册。又其他零星课本，皆不成军者。自此书出，一时不胫而走。至光绪三十年，已印十余版，而各地翻印冒售者，多至不可胜计。至光绪三十三、四年间，各家渐有国文教科本出版，而是书销售数乃渐衰落。计此书前后占我国小学教育上一部分势力者，实有五六年也。"⑤ 证诸他人之言，俞复此言确为当时实情。高梦旦曾指出："癸卯以前，是无锡三学堂编的《蒙学读本》

---

① 《光绪二十八年（1902）工部侍郎盛宣怀奏陈南洋公学翻辑诸书纲要折》，载朱有瓛编《中国近代学制史料》第1辑下册，华东师范大学出版社1986年版，第521页。

② 霍有光：《南洋公学译书院及其译印图书》，《西安交通大学学报》（社会科学版）1999年第4期。

③ 《中国现代地理学的先驱张相文》，载江苏省政协文史资料委员会、宿迁市政协学习文史委员会编《宿迁名人》，《江苏文史资料》编辑部1999年版，第317页。

④ 《教科书之发刊概况》，载中华民国教育部编《第一次中国教育年鉴》（戊编·教育杂录），上海开明书店1934年版，第116页。

⑤ 《无锡三等公学堂蒙学读本》，载朱有瓛编《中国近代学制史料》第1辑下册，华东师范大学出版社1986年版，第759页。

时代，当时最传诵一时的句子为‘花下不可戏，伤花失母意’。"①

　　之所以俞复等人所编的《蒙学读本》如此盛行，除了当时"儿童发蒙用书"的确较少这一客观原因外，主要还是因为该套教科书编辑得比较合理，由浅入深，"写画都好，文字简洁而有趣"，被时人誉为"我国自有教科书以来之最完备本"②。

　　除了南洋公学、无锡三等学堂外，在戊戌前后还出现了其他国人编译的教科书。如上海三等公学的钟天纬 1898 年编辑的《字义教科书》；同年张仲球翻译的《蒙学图说》；1899 年陆基编辑的《蒙学编》《启蒙图说》与《启蒙问答》。

　　值得注意的是，戊戌前后出现的这些国人编译的教科书因为处于初创阶段，所以常留有传统教材的痕迹。以当时流传最广的无锡三等学堂的《蒙学读本》为例。该套教科书共七编 422 课，体例上虽仿照西方教科书采用章节体，且课后设有"问辞"，具备了新式教科书的形式，但在内容上却还没有分科意识，将各科知识都融合在一种教科书中。如其前三编"就眼前浅理引起儿童读书之兴，间及地理、历史、物理各科之大端"，第四编"专重德育"，第五编"专重智育"，第六编"前半为修辞……后半为达理"，第七编"选史汉通鉴最有兴会之文，暨左国周秦诸子隽美之篇，以及唐宋迄近代名家论说"。俞复自己也承认，此套教科书前三编"为今初等小学国文教科之具体"，第四编"盖完全为今修身教科之具体"，后三编"为今高等小学国文教科之具体也"③。换言之，即便是遵循俞复自己的分类，这套教科书也包括初小国文课本、修身课本、高小国文课本三种不同的科目，课本具体内容更远不止这三科。将各种知识混杂在一书的情况其实还是延续以往蒙学读本《三字经》《千字文》的做法，这是一种混编教材，并不适宜现代的分科教学。不过当时学制还没颁布，各科课程还没确定，此种新旧杂陈的教科书并没有因此而被人诟病，反而恰好满足了当时处于过渡时期学子们的需要，从而

---

　　① 胡适著，季羡林主编：《胡适全集》第 31 卷，安徽教育出版社 2003 年版，第 26 页。
　　② 《教科书之发刊概况》，载中华民国教育部编《第一次中国教育年鉴》（戊编·教育杂录），上海开明书店 1934 年版，第 116 页。
　　③ 《无锡三等公学堂蒙学读本》，载朱有瓛编《中国近代学制史料》第 1 辑下册，华东师范大学出版社 1986 年版，第 759 页。

大为流行。

在国人编译教科书的最初出现阶段，除了书籍出版，当时还出现了以期刊为平台，连载教科书的现象。最先是叶瀚等人于 1897 年发行《蒙学报》，该报"七日一册，所译皆东西文蒙养之书"。稍后 1898 年《求我报》出版，每半月发行一次，"内容分方名、正蒙二编，由浅入深，与今日初小教科书略同"。同年朱开甲等人也创办了《格致新闻》，"报中设问答栏以便初学；并设学舍，请教师演讲，并实地试验，虽非教科书，彼时实作教科防用"。1901 年普通学报社也每月出版石印报一小册，所载分经史、文算、格致、博物及外国语等，当时学堂亦多用为教学。①当时以期刊形式连载教科书的还有罗振玉创办的《教育世界》，以及后来的《学部官报》等。这些刊物所载教科书囊括了各个学科。如《蒙学报》1897 年第 2 册就分文学类、算学类、智学类、史事类、舆地类、格致类、格致汇编 7 个栏目，分别刊载了《中文识字法》《启蒙字书》《东文读本书》《东文修身书》《西文舆地启蒙》多种教科书。每期每种教科书刊载的内容都不多，约 1 课的分量。而教科书的来源既有自编的，也有译自外国教科书的，像《东文读本书》《东文修身书》明显就是译自日本，《西文舆地启蒙》则是由曾广铨译自英文。

之所以出现这些刊载教科书的期刊，主要因为国人无论是自编教科书还是翻译教科书，都需要一定时间。如俞复等人所编的《蒙学读本》就历时三载，直到 1902 年才正式出版。如此长的编辑周期对于当时急需教科书用于教学的国人而言是等不及的，因而就出现了以刊代书的形式，7 天或半个月的出刊周期、每期每科刊载 1 课左右的内容正好可以充当一周或半月的教学量，满足了当时新设学堂的教学需求。不过这毕竟属于应急之策，随着大量国人编译教科书的出版，这一以刊代书的形式也就被淘汰了。

戊戌变法前后国人编译教科书的出现，拉开了国人自编教科书的序幕，自此之后，从事国人编译教科书编辑出版的机构、人员越来越多，成为 20 世纪初年一道别样的出版风景。

---

① 《教科书之发刊概况》，载中华民国教育部编《第一次中国教育年鉴》（戊编·教育杂录），上海开明书店 1934 年版，第 116 页。

二　国人编译教科书的出版机构

清末国人编译教科书的出版机构，按机构性质可分为两类：一是官方出版机构，一是民营出版机构。下面分别略作介绍。

（一）官方出版机构

1. 京师大学堂

最早从事国人编译教科书工作的中国官方出版机构是京师大学堂。京师大学堂成立于 1898 年。还在其筹划期间，就已对教科书的编译工作做了一定的规划。1898 年 7 月总理衙门上呈《筹议京师大学堂章程》，在该章程中就指出"西国学堂皆有一定功课书，由浅入深，条理秩然，有小学堂读本，有中学堂读本，按日程功，收效自易"，而中国因"无此等书"，所以以前开办的学堂都"不能成就人才"，"今宜在上海等处开一编译局，取各种普通学，尽人所当习者，悉编为功课书，分小学中学大学三级，量中人之才所能肄习者，每日定为一课，局中集中西通才，专司纂译"①。在《京师大学堂章程》颁布后，孙家鼐、梁启超即开始筹办编译局，"向日本东京购得美国学堂初级功课书十数种"，并计划于同年 8 月"开局编译"②。但随着戊戌政变的发生，梁启超避走海外，京师大学堂编译教科书的计划也不得不停顿了下来。

直到张百熙主管京师大学堂后，译书局才于 1902 年 10 月重新开办，同年在上海也设立译书分局，次年又成立了译学馆。这三个机构成为京师大学堂编译教科书的主要部门。译书局当时是由"严复为总办、林纾、严璩、曾宗巩、魏易副之"③。上海译书分局则是与南洋公学译书院合办的，但"仍由（北京）译书院总校兼管，以一事权"④。译书局与上海译书分局"所译各书，以教科为当务之急"，且首先侧重翻译的就是小

---

① 《光绪二十四年五月十五日总理衙门筹议京师大学堂章程》，载朱有瓛编《中国近代学制史料》第 1 辑下册，华东师范大学出版社 1986 年版，第 655 页。

② 《梁启超奏译书局事务折》，载王学珍、郭建荣编《北京大学史料》第 1 卷，北京大学出版社 2000 年版，第 192 页。

③ 《罗敦曧〈京师大学堂成立记〉（节录）》，载朱有瓛编《中国近代学制史料》第 2 辑上册，华东师范大学出版社 1987 年版，第 957 页。

④ 《上海译书分局为开办情形呈报京师大学堂》，载王学珍、郭建荣编《北京大学史料》第 1 卷，北京大学出版社 2000 年版，第 193 页。

学、中学教科书。① 不过译书局与上海译书分局存在的时间都不长，到1904 年即停办了。译学馆则是在同文馆的基础上改设的。其章程中也规定："普通学用大学堂简易科现用课本，其有未备，由本馆教员编定。法律、交涉学用外国学校课本。"② 因而该馆教员也沿袭了同文馆的传统，负责编译教科书当作教材。译学馆还特地设立了文典处，编辑"文典"以统一译名。译学馆一直延续到了清王朝灭亡。

据张运君统计，京师大学堂从 1898 年到 1911 年翻译、出版的西方教科书（包括日本）大约是 64 部 100 多册，其中属于自然科学的有 23 本（约占 36%），社会科学和人文类有 40 本（约占 62%），而属于应用科学的只有 1 本。③ 主要翻译的教科书包括《心理学讲义》《万国史讲义》《经济学讲义》《地文学》《中等矿物学教科书》《博物学教科书动物部》《博物学教科书植物部》等。译书底本来源，既有来自日本、欧美的，也有翻译京师大学堂外国教习讲义的。

京师大学堂除编译外国教科书外，也计划自己编辑教科书。为此，1902 年京师大学堂成立了编书处。据《大学堂编书处章程》可知，编书处的主要任务就是"编纂课本"，"取中国学问为学堂所必须肄习者分门编辑"，计划编辑的课本包括经学课本、史学课本、地理课本、修身伦理课本、诸子课本、文章课本、诗学课本七种。这七种课本又按中小学不同程度编为两套教科书，"一最简之本，为蒙学及寻常小学之用，二较详之本，为高等小学及中学之用"④。由上可知，编书处与前述译书局是各有分工的，"西学各项课本"是由译书局"一手办理"，编书处只负责编辑"中学"课本。编书处成立后，"以李希圣为编辑总纂，王式通、孙宝瑄、罗敦曧、韩朴存、桂埴等副之"⑤。不过从后来实效来看，该编

---

① 《京师大学堂译书局章程》，载王学珍、郭建荣编《北京大学史料》第 1 卷，北京大学出版社 2000 年版，第 194 页。

② 《奏定译学馆章程》，载王学珍、郭建荣编《北京大学史料》第 1 卷，北京大学出版社 2000 年版，第 169—170 页。

③ 张运君：《京师大学堂和近代西方教科书的引进》，《北京大学学报》（哲学社会科学版）2003 年第 4 期。

④ 《光绪二十八年（1902）大学堂谨拟编书处章程》，载朱有瓛编《中国近代学制史料》第 2 辑上册，华东师范大学出版社 1987 年版，第 861—863 页。

⑤ 《罗敦曧〈京师大学堂成立记〉（节录）》，载朱有瓛编《中国近代学制史料》第 2 辑上册，华东师范大学出版社 1987 年版，第 957 页。

书处的工作并不如人意，在 1903 年京师大学堂公布的《暂定各学堂应用书目》中似乎也没有收录该编书处出版的教科书。1904 年总理学务处成立，编书处即被其下辖的编书局所取代。

2. 学部编译图书局

继京师大学堂译书局、编书处之后，在中央负责教科书编辑的是 1904 年总理学务处下辖的编书局。不过总理学务处本就是一个过渡机构，1905 年学部成立后即被取代，所以其在教科书编辑方面也没有多大作为。学部成立后，于 1906 年 6 月设立编译图书局专门负责编辑各级各类学校所需教科书，这成为清末官方最重要的一个教科书编辑出版机构。

编译图书局最初设置为"设局长一员，总务一员，总校、覆校、编书、译书、图画、庶务若干员，书记、画师若干员"①，后机构设置有所变动，层级更为规范，在局长、副局长以下，分设总务、编书、译书、庶务四课，每课下设若干股，其中由编书课与译书课具体负责编译教科书。② 编译图书局的首任局长是袁嘉谷，其下辖的教科书编辑人员有王国维、樊炳清、高步瀛、常福元、王葆心等 39 人。③

对于教科书的编译，编译图书局有详细的规定，主要编译章程有如下几条：

　　一、教科书为现时各学堂急需，凡编书、译书俱应从教科书始。而教科之中，初等小学最先，高等小学次之，中学与初级师范又次之。

　　二、编纂教科书无论何种俱宜恪遵忠君、尊孔、尚武、尚公、尚实之宗旨。

　　三、每编一种教科书兼编教授书。

　　四、凡编一书，须先议定年限，次定各科钟点，然后从事编纂。

　　五、译书先择英日二国书籍，其余各国书籍，俟聘定妥员再行翻译。

　　六、编译之书，每七日整理一次。……

---

① 《学部编译图书局备览》，《学部官报》1908 年第 68 期。
② 《第二次学部编译图书局备览》，《学部官报》1909 年第 97 期。
③ 据《第二次学部编译图书局备览》（《学部官报》1909 年第 97 期）统计所得。

七、成书之后，由本部审定科审定，通行各省。①

由上述编译章程可知，编译图书局编辑教科书不仅有次第，先初小，后高小，中学与初级师范教科书又次之，而且完全是遵循教学大纲——癸卯学制——的规定，来安排教学内容，且在编辑教科书的同时，配套的教辅材料也相应编辑，成书后又要经过严格审定，方始出版。这与前述南洋公学、无锡三等学堂"随编随教"的编辑方式已有很大区别。可以说，编译图书局的教科书编辑已规范化与制式化，基本实现了中国教科书编辑的近代化。

编译图书局从 1906 年成立到 1911 年结束，究竟编译出版了多少教科书，限于资料匮乏已难于弄清，不过据其 1908 年、1909 年两次所编辑的《学部编译图书局备览》（下简称《备览》）可以稍加推算。截至 1908 年 10 月，编译图书局共编译教科书 45 种，包括初等小学国文、修身、图画教科书、高等小学国文、历史、地理、算术、格致、农业教科书及《辨学》《中等伦理教科书》等。到 1909 年 8 月，编译图书局编成的教科书已增加到了 55 种，正在编的有 33 种。新增加包括《初等小学算术教科书》《中学植物学教科书》《中国教育史》等。换言之，编译图书馆自 1906 年 6 月成立，到 1909 年 8 月，短短三年多的时间编成教科书 55 种，平均每年 18 种。按此推算，至 1911 年，编译图书局编译的教科书可能不过百余种。这一出书速度，当然难于应付急需用书的新式学堂。

关于当时编译图书局教科书的使用状况，也可以从其《备览》中窥知一二。图书局编译出版的教科书一部分用于出售，一部分直接寄送各省提学使。据统计，1908 年，图书局售书处售出图书 124 种，计 102720 部，寄各提学使司书籍 17 种，共 31280 册。当然，因为编译图书局所编译的图书"凡官局及本国各书坊遵守本局所订章程者，均准其随时翻印"，所以实质使用图书局编译教科书的人数应远远高于此数。

尽管编译图书局是官方专门编译教科书的出版机构，所聘任的编译人员也不乏教科书编译的名家，但编译图书局出版的教科书却不被时人所看好。江梦梅就曾指出：编译图书局编译的教科书"分配之荒谬，程

---

① 《学部编译图书局备览》，《学部官报》1908 年第 68 期。

度之参差，大为教育界所诟病"，实为"教人不足害人有余之教科书"①。
陆费逵也说：编译图书局"所出教科书大半仿商务、文明体例，且加入
许多不合儿童心理的古董材料"②。江、陆二人之言，应大致不差，但若
说所有编译图书局出版的教科书都"教人不足害人有余"则稍有太过。
至少王国维所翻译的逻辑学教科书——《辨学》，就质量不差，直到新
中国成立后仍多次再版。

但不管编译图书局教科书的质量究竟如何，其"因政府的势力，销
数却占第一位"③，成为清末最占势力的教科书之一。

3．江楚编译局

清末除了中央设立出版机构编译教科书外，当时一些地方要员在地
方也设立书局编译教科书。江楚编译局就是较早设立的一家。

1901 年张之洞与刘坤一会奏变法自强，先后上三疏，在此当中，
张、刘二人提出了兴学堂与多译东西各国书的主张。稍后张之洞认识到：
中国旧籍"博考精研之书则其多，施于教科可以刻期毕业而又按切今日
时势堪应世变者则其少，有必须另行编纂者，有不得不译用外国书
者"④。故要兴学，就必须先编译教科书。基于这一认识，1901 年 9 月张
之洞与刘坤一合作设立编译局于南京，初名江鄂编译局，后改名江楚编
译局，主要负责编译教科书，以供两江与湖广地区各级学校使用。该局
虽创办于南京，但实质是分居两处：一在南京，由"刘世珩为总办，缪
荃孙为总纂，陈作霖、姚佩珩、陈汝恭及（柳）诒徵等为分纂"，从事
教科书的编纂；一在上海，由"罗振玉居沪偕刘大猷、王国维等人"翻
译日本教科书。1904 年周馥担任两江总督后，"主译西籍，延陈季同领
局事"；陈季同逝世后，端方又聘"（陈）庆年为坐办"。1910 年编译局

---

① 江梦梅：《前清学部编书之状况》，载李桂林、戚名琇、钱曼倩编《近代教育史资料汇
编——普通教育》，上海教育出版社 2007 年版，第 200 页。

② 陆费逵：《论中国教科书史》，载李桂林、戚名琇、钱曼倩编《近代教育史资料汇
编——普通教育》，上海教育出版社 2007 年版，上海教育出版社 2007 年版，第 195 页。

③ 陆费逵：《六十年来中国之出版业与印刷业》，载张静庐辑注《中国出版史料补编》，中
华书局 1957 年版，第 277 页。对于陆氏这一论断，笔者仍稍有疑惑，因 1908 年编译图书局的
销售量不过十余万册，这与当时高达 1638884 人的学生数相比，极不相称。不过在没有更多资
料相证前，只能存疑。

④ 《湖广总督张之洞：筹定学堂规模次第兴办折》，载璩鑫圭、唐良炎编《中国近代教育
史资料汇编——学制演变》，上海教育出版社 2007 年版，第 102 页。

改为江苏通志局，一直延续至辛亥革命，方始被裁撤。①

该编译局教科书的编辑先是以编纂为主，后来发现"编纂之书势难以急就，而硕学之士力未能多延。以数人所编辑而供四省上中小各学堂之求，安得有济"，于是改弦更张，"广译书而兼编纂"②。同时该局为提高译书效率，规定"译书之人，不必拘定其数，延聘到局"，只需"择定译本，分途请人承译，计字给值，则成书速而款不虚糜"③。经过这一改革后，该局编译教科书的速度有所加快。

江楚编译局从成立到终结，大约出书70种，其中属于教科书的至少46种，占总书数的65.7%。④ 所编译的教科书主要包括《历代史略》《蒙学丛编》《初等小学国文教科书》《万国史略》《日本历史》《高等古文教科书》《江苏师范讲义》《伦理教科书》《女学修身教科书》《地理教科书》《地文学教科书》《地质学教科书》《矿物学教科书》《化学导源》《生理教科书》《高等小学算术教科书》《经济教科书》等。其中樊炳清翻译的《伦理教科书》曾被京师大学公布的《暂定各学堂应用书目》收录。

另据《民国时期总书目——中小学教材》中所收录的"清末中小学教材"可知，除了上述三家出版机构外，还有以下一些官方机构也曾或多或少出版过教科书：南洋官书局、山西大学译书院、湖北官书局、北洋官书局、湖北学务公所、浙江学务公所、直隶学务处、两广学务处、江苏宁属学务处、天津官报局等。这些官方出版机构大都由地方要员或主管学务的地方行政机构附设而来，所以多带有官僚衙门的习气，因而虽总体看来，编译教科书并不少，但得到时人认可的并不多。以1906年学部公布的《第一次审定初等小学暂用教科书目》与《第一次审定高等小学暂用教科书目》为例，其中属于官方出版机构编译的教科书仅有28种，占15.7%，远远低于当时民营出版机构所占的比例。不过官方出版机构所拟定的编译教科书章程及审定机制，对于教科书编辑的规范化、

---

① 柳诒徵：《江楚编译官书局编译教科书状况》，载陈学恂主编《中国近代教育史教学参考资料》（上册），人民教育出版社1987年版，第655—656页。

② 《江宁江楚编译书局条具译书章程并厘定局章呈江督禀》，《东方杂志》1904年第9期。

③ 《江宁江楚编译书局章程》，《东方杂志》1904年第9期。

④ 据《晚清营业书目》中收录的《江楚编译局书目》统计所得。见周振鹤《晚清营业书目》，上海书店出版社2005年版，第45—47页。

正规化仍有相当的促进作用。

（二）民营出版机构

与官方出版机构相比，从事教科书编译的民营出版机构则更多，据统计，仅在1899—1900年，出版过教学用书的民营出版机构就多达37家。① 可以说，清末绝大部分教科书都是由他们编译、出版的。

1. 商务印书馆

要谈到清末编辑教科书的民营出版机构，就不得不首先提及商务印书馆。该馆成立于1897年，创办人是夏瑞芳和鲍咸恩、鲍咸昌兄弟及高凤池等。该馆最先只是代印铅印印件，到第二年才出版第一部教科书《华英初阶》，后来又出版了《华英进阶》。据高凤池回忆，商务最初出版物中，销量最好的就有《华英初阶》《华英进阶》。② 在最初的几年中，商务印书馆因为资本有限，加上没有合适的主持编务的人选，所以在出版界并没有表现得特别出色。商务印书馆真正大放异彩，在教科书出版上大展拳脚，还是张元济进入商务后开始的。

1902年，受夏瑞芳邀请，张元济加入商务印书馆，并介绍蔡元培担任商务印书馆编译所所长。依照蔡元培的意见，商务印书馆决定改变经营方针，从事教科书的编辑出版，"此商务印书馆编辑教科书之发端也"③。

商务印书馆决意从事教科书出版后，就开始编辑《最新教科书》。《最新教科书》实为一个教科书系列，包括最新初等小学教科书、最新高等小学教科书、最新中学教科书等。该系列教科书中最先编撰的是《最新初等小学国文教科书》。正是在编撰该教科书的过程中，商务印书馆采取了许多新的措施，对以往教科书的编辑方式、编辑体例、课本内容都作了改进。首先在编辑方式上，由过去的"包办制"一变为"合议制"；在编辑体例上，率先按照学期制度编辑教科书，"每种每学期一册"；课本内容上，取材更符合教学需要；并且"按课另编教授法"。这

---

① 汪家熔：《民族魂——教科书变迁》，商务印书馆2008年版，第21页

② 高翰卿：《本馆创业史》，《商务印书馆九十五年：我和商务印书馆（1897—1992）》，商务印书馆1992年版，第5页。

③ 蒋维乔：《编辑小学教科书之回忆》，载李桂林、戚名琇、钱曼倩编《近代教育史资料汇编——普通教育》，上海教育出版社2007年版，第189—190页。

些新举措被誉为"实开中国学校用书之新纪录"①。1904 年《最新初等小学国文教科书》第 1 册出版,大获成功,"不及两周,销出五千册"②。随后,《最新教科书》其他各科也相继推出。包括《最新高等小学教科书中国史》《最新中国历史教科书》《最新地理教科书》《最新理科教科书》《最新修身教科书》《最新高等小学地理教科书》《最新初等小学珠算入门》《最新中学教科书矿物学》《最新中学教科书三角术》《最新中学教科书生理学》《最新中学教科书物理学》《最新中学教科书地质学》《最新中学教科书动物学》《最新中学教科书化学》等。在学部公布的第一次审定初等小学暂用教科书书目中就列有 26 种商务出版的最新教科书。

当然,《最新教科书》也有不足之处,陆费逵曾总结为三点:"一、程度太深,二、分量太多,三、各科欠联络,前后欠衔接。"③ 针对这些指责,商务印书馆很快又推出了《简易教科书》《简明教科书》系列。

据统计,商务印书馆自 1902—1911 年,共计出书 1006 种。④ 其中主要的教科书包括以下几种:《最新教科书》系列 29 种,《女子教科书》系列 7 种,《简明教科书》系列 7 种,《简易教科书》系列 6 种,另有配套教授书 23 种,共计有 72 种。⑤ 仅从种类看,似乎并不算多,但商务教科书的印数甚大,再版率极高。如最新修身教科书第一册到 1909 年就已出到第 25 版,而最先推出的最新国文教科书第一册到 1908 年就已重版42 次。⑥ 由此可见,其教科书的销量很大。在学部第一次审定教科书暂

---

① 庄俞:《清季兴学与最新教科书》,载陈学恂主编《中国近代教育史教学参考资料》(上册),第 656 页。

② 蒋维乔:《编辑小学教科书之回忆》,载李桂林、戚名琇、钱曼倩编《近代教育史资料汇编——普通教育》,上海教育出版社 2007 年版,第 192 页。

③ 陆费逵:《六十年来中国出版业与印刷业》,载张静庐辑注《中国出版史料补编》,中华书局 1957 年版,第 277 页。

④ 李泽彰:《三十五年来中国之出版业》,载张静庐辑注《中国现代出版史料(丁编)》下卷,中华书局 1959 年版,第 391 页。

⑤ 本数据据庄俞的《谈谈我馆编辑教科书的变迁》一文与 1935 年的《商务印书馆历年出版小学教科书概况》综计所得。前文收录于《商务印书馆九十年:我和商务印书馆(1897—1992)》(商务印书馆 1987 年版),后文收录于《商务印书馆图书目录(1897—1949)》(商务印书馆 1981 年版)。

⑥ 北京图书馆、人民教育出版社图书馆合编:《民国时期总书目——中小学教材》,书目文献出版社 1995 年版,第 362、330 页。

用书目（包括初小、高小、中学）中，商务印书馆一家就有116种，占31.1%。因而陆费逵说："在光复以前，最占势力者，为商务之最新教科书、学部之教科书两种。"[①]清末商务印书馆教科书的影响由此可见一斑。

2. 文明书局

在商务印书馆出版最新教科书之前，在中国最有影响的民营教科书出版机构是文明书局。文明书局是俞复、丁宝书、廉泉等人于1902年创办的。其最先推出的教科书就是俞复等人所编辑的《蒙学读本》，当时以《蒙学读本全书》的名称加以出版。该教科书曾提交京师大学堂审定，出版后风行一时，四年间就重版了16次。继《蒙学读本全书》后，文明书局又以"蒙学"为名推出《蒙学科学全书》系列，包括《蒙学经训修身教科书》《蒙学中国历史教科书》《蒙学中国地理教科书》《蒙学心算教科书》《蒙学天文教科书》《蒙学植物教科书》等。

除了《蒙学科学全书》外，在辛亥以前，文明书局出版的教科书还有中学教科书系列与普通教科书系列等。文明书局出版的教科书也与商务印书馆一样，每一系列教科书的科目都比较齐全，且大多编有配套的教授书。

文明书局所出教科书即使在商务印书馆推出最新教科书后，仍影响很大。在1906年学部第一次审定教科书暂用书目中，文明书局虽次于商务印书馆，但也有62种，占16.7%。在清末教科书市场上，文明书局是仅次于商务印书馆的民营出版机构。

3. 其他民营出版机构

除了商务印书馆、文明书局外，在清末从事教科书编译的民营出版机构很多。仅以《教科书之发刊概况》中所列举的就有如下一些：

文澜局：曾出版过无锡三等学堂的蒙学课本。

广智书局：1898年发行日文翻译教科书多种，包括《速成师范讲义》《支那史》《中等教育伦理学》。

---

① 陆费逵：《论中国教科书史》，载李桂林、戚名琇、钱曼倩编《近代教育史资料汇编——普通教育》，上海教育出版社2007年版，第195页。

金粟斋：1901 年出版有《地理学讲义》《西洋史》《世界地理志》。

上海藻文局：1902 年出版有《外史蒙求》。

上海蒙学书局：1902 年出版有《中国史事策》《各国艺学策》《蒙学地理辑要》等。

上海澄衷蒙学堂：1902 年编有《字课图说》。

东文学社：出版有《支那通史》《东洋史要》。

作新社：出版有《世界近世史》《世界地理》。

东亚译书会：出版有《欧罗巴通史》。

地舆学会：出版有《大地平方图》《皇朝一统图》《五大洲总图》。

教科书译辑社：出版有《物理学》。

会文学社：出版有《化学探原》。

彪蒙书室：出版有《绘图四书通成》《识字实在易》《私塾改良全书》。

新学会：出版有《初小简明历史》《小学简明物理》等。

中国图书公司：出版有《算学自修》《几何学》《化学理论解说》。

图书集成公司：1909 年出版有《心理学》《教育史》《几何学》。

河北译书局：出版有《统合外国地理》《矿务界》《生理卫生》《伦理学》。

乐群书社：1907 年出版有国文、格致、心算、笔算、历史、地理等教科书六种。

广东教育会：1910 年出版有《修身》等教科书。[①]

总计 19 家，这远远低于当时实质从事教科书编译的民营机构数。正如前述，仅在 1899—1900 年，出版过教学用书的民营出版机构就多达

---

① 《教科书之发刊概况》，载中华民国教育部编《第一次中国教育年鉴》（戊编·教育杂录），上海开明书店 1934 年版，第 115—118 页。

37 家。到壬寅癸卯学制颁布后，需求教科书更急，加入教科书出版行业的民营机构也更多。[①]

另值得一提的是，由于当时提倡留学日本，以日本为模仿对象，加上日文易学，所以不少民营教科书出版机构专以翻译日本教科书为主，如作新社、教科书译辑社、东京清国留学生会馆等。由此，在清末最后20 年间，国人编译的教科书中有相当一部分是来自日文教科书的翻译。据统计，仅数学教科书，清末译自日本的就高达 151 种，其中翻译过 5 种以上日本教科书的出版社有 9 家，包括商务印书馆（19 种）、文明书局（10 种）、益群书社（10 种）、科学书局（9 种）、上海群益书社（7种）、会文学社（7 种）、东亚公司（7 种）、昌明公司（7 种）、教科书译辑社（6 种）。[②]

当时之所以有如此多民营出版社编辑出版教科书：一方面固然是因为当时新式学堂猛增，需求新式教科书甚多，所以此时编译出版教科书有利可图；[③] 另一方面则因为清政府的鼓励。清政府 1901 年宣布实行"新政"后，"兴学堂"成为从中央到地方的要政，但师资的匮乏、教科书的短缺直接制约了新式学堂的增设与扩展。为了解决后一问题，清政府除了设立编译局等官方机构加紧编纂外，另一重要的举措就是鼓励民营机构也加入教科书的编译中。1904 年清政府颁布的《学务纲要》就特别指出"查京师现设编译局，专司编辑教科书。惟应编各书，浩博繁难，断非数年所能藏事，亦断非一局所能独任"，若是由各官书局分编，"亦需时日"，如今之计，"尤要在使私家各勤编纂，以待裁择，尤为广博而得要"。同时该纲要还进一步规定了奖励措施："如有各省文士能遵照官发目录编成合用者，亦准呈送学务大臣鉴定，一体行用，予以版权，准著书人自行印售，以资鼓励。"[④] 正是有了巨额利润的吸引，加上政府

---

① 据汪家熔统计，癸卯后新增加的教科书出版机构有 18 家，属于民营的 14 家（汪家熔：《民族魂——教科书变迁》，第 26 页）。

② 据冯立昇《中日数学关系史》统计所得（山东教育出版社 2009 年版，第 234—246 页）。

③ 有资料显示，文明书局从 1902 年创立，到 1906 年，短短 4 年间就由最初的五万元资本营业到三十余万元。可见当时编译出版教科书的确是有巨利可图（陆费逵：《六十年来中国出版业与印刷业》，载张静庐辑注《中国出版史料补编》，中华书局 1957 年版，第 276 页）。

④ 《光绪二十九年十一月二十六日（1904.1.13）张百熙、荣庆、张之洞〈学务纲要〉》，载朱有瓛编《中国近代学制史料》第 2 辑上册，华东师范大学出版社 1987 年版，第 93 页。

的鼓励，所以清末最后十年涌现出大批专以编译出版教科书为业的民营出版机构。

而无论是从出版教科书的种类，还是教科书的出版速度及教科书编译质量来看，民营出版机构都要优于官方出版机构。此点在 1906 年学部公布的第一次审定教科书暂用书目中表现得最为明显，在总计 372 种教科书中，民营机构出版的有 304 种，占总数的 81.7%。可以说，没有民营出版机构出版的教科书，清末新式教育的发展不可能如此迅猛，新式学堂的增设也不可能如此迅速。

三　国人编译教科书的统计分析

若要清晰地描述清末国人编译教科书的状况，无疑计量分析是十分必要的。但至今为止，学术界仍没有一个完整的清末教科书出版目录，所以笔者只能就已有的资料，略加分析。具体统计结果见表 1.4、表 1.5。

由表 1.4 可知，清末国人编译教科书 1260 种（当然实际数字肯定要高于此），出版高峰出现在 1905—1908 年，四年间共计出版教科书 700 种，占总数的 55.6%，而 1909 年后则逐年下降。之所以呈现如此变化趋势，主要是 1904 年癸卯学制的颁布实施与 1905 年的科举制废除，使得此后数年间学生数激增，相应教科书需求数也急剧增加，为满足教学需要，教科书出版量自然也会呈现猛增趋势。而 1909 年后，因经过此前四年教科书编译的激增，此时各科教科书的编译已基本完备，不再需要大规模编译新的教科书，故而新的教科书编译出版量自然会逐渐减少。

由表 1.5 也可发现，清末国人翻译的教科书 495 种，其中译自日本的 415 种，占翻译总数的 83.8%。译自日本的教科书实际比例可能还要高于此，因为在"翻译来源不详"的 46 种教科书中译自日本的肯定还有不少。且从整体看来，国人翻译教科书的高峰也出现在 1905—1908年，占 49.8%，与国人编译教科书的高峰正相呼应。[①] 国人翻译教科书在整个教科书出版数中，占有的比例也很高，达到了 48.7%，几占一半。这一具体比例可能会与当时实情有所偏差，但估计应相差不远。这

---

① 另据冯立昇统计，清末翻译的日本数学教科书有 151 种，其中 1905—1908 年翻译的有100 种，占 66.2%。这也可印证了 1905—1908 年确为国人翻译教科书的主要时段（冯立昇：《中日数学关系史》，山东教育出版社 2009 年版，第 234—246 页）。

表 1.4　清末国人编译各科教科书统计

类别＼时间	1898年前	1899	1900	1901	1902	1903	1904	1905	1906	1907	1908	1909	1910	1911	总计
综合教材		1		6	2	3	5	5	7	6	2	1	3		44（年代不详者 3 种）
伦理修身				1	11	11	2	11	15	15	13	4	8	2	98（年代不详者 5 种）
语文					4	4	6	15	24	19	15	20	14	8	156（年代不详者 27 种）
外语	1	1	3			1	1	1		4		2	1		19（年代不详者 4 种）
历史	2	2		6	13	22	10	11	14	8	5	4	2	1	103（年代不详者 3 种）
天文地理	5		1	3	14	19	19	20	35	20	20	12	8	8	185（不详者 1 种）
数学	1			2	1	11	11	23	41	48	31	9	5	5	204（年代不详者 16 种）
理化格致				1	4	7	5	7	9	12	2	2	5	3	60（年代不详者 3 种）
博物动植物	1				3	9	5	11	13	14	7	4	4	4	80（年代不详者 5 种）
生理卫生					1	5	2	2	6	7	2	1		2	28
农业商业					1			2	1	3	3				11（年代不详者 1 种）
音乐美术体育					1	1	3	4	6	7	2	2		4	31（年代不详者 1 种）
劳作								1	3	3	4	1			12
政治				1						1	1		1		4
论理学					4	1	1	1	3	3	4	3	1	2	23

续表

时间 \ 类别	1898年前	1899	1900	1901	1902	1903	1904	1905	1906	1907	1908	1909	1910	1911	总计
物理	10	4	1		2	4	6	2	14	11	2	2	3	1	48（年代不详者3种）
化学					3	9	6	13	18	21	13	4	3	5	98（年代不详者3种）
专业教材						5	4	8	11	9	6	6	1	2	56（年代不详者4种）
总计	10	4	5	20	64	112	87	137	220	211	132	77	55	47	1260（79种出版年代不详）

笔者依据的主要书目为张晓的《近代汉译西学书目提要：明末至1919》，王有朋的《中国近代中小学教科书总目》和《民国时期总书目——中小学教材》中的"清末中小学教材"。但这些书目收录的主要是中国国家图书馆、北京师范大学图书馆、人民教育出版社图书馆、上海辞书出版社图书馆、北京大学图书馆、上海图书馆、广东省立中山图书馆等国内图书馆的馆藏图书，日大部分收书原则是"见书才收"，因而散失的教科书都没有收录，这样一来自然缺漏甚多。但若不细究数字的精确，从这些书目仍可窥见当时教科书出版的大致情况及变化趋向。另，地理教科书参考了邹振环《晚清西方地理学在中国》一书中附录的"晚清西方地理学教科书书目"，伦理修身教科书参考了黄兴涛、曾建立的《清末新式学堂的伦理教育与伦理教科书探论》，化学教科书参考了赵匡华《中国化学史近现代卷》中的"清末化学书一览表（1902—1911年）"，数学教科书参考了冯立昇的《中日数学关系史》。

表 1.5　　　　　　　　　　　　清末国人翻译教科书统计

	日本	英国	美国	法国	其他国家	翻译来源不详	总计
1898 年前	1		1				2
1899	2					1	3
1900	3					2	5
1901	9	1					10
1902	30		4			2	36
1903	55	2	2	1	1	7	68
1904	29	1				5	35
1905	36	2	2		1	11	52
1906	60	1	3	1		11	76
1907	70	3	2			4	79
1908	37	1				2	40
1909	11		1			1	13
1910	6		1				7
1911	7		1				8
总计	416 （年代不 详者 60 种）	11 （年代不 详者 1 种）	18	2	2	46	495 （其中 61 种 年代不详）

反映国人自行编辑教科书的能力尽管在甲午以后得到迅速的提高，但在整个清末时期，国人教科书的一个重要来源就是翻译外国的教科书，若再加上那些改编自外国教科书的教材，则几乎可以说外国教科书占据了清末教科书的主导，国人真正实现教科书的自编，应是到民国以后。

另就表 1.4 中编译教科书的出版机构统计，清末参与教科书编译的出版机构至少有 113 家，其中编译教科书最多的依次为商务印书馆、文明书局与中国图书公司。这与学界以往认识正相吻合。

由此可以看出，在清末最后十年中，基于教育改革的需要，涌现出大批教科书的编译机构，且以民营出版机构表现最为突出。再就教科书出版种类而言，最后十年间国人编译出版的新式教科书远远超过了前数十年来华西人所编译的教科书。清末新式教科书的编纂，虽以来华西人编译为发端，但教科书出版大潮还是由国人自己掀起的。正是伴随着这批多达 1260 种、包罗各科的国人编译教科书的出现，中国教育近代化才得以初步完成。

综上所述，清末教科书的编辑经历了以来华西人编译为主到以国人自编为主这样一个演变历程。而无论是出版种类还是出版数量，这批近代教科书在清末出版界都蔚为可观，成为影响中国近代变迁的一重要阅读文本。正如高梦旦所言："教育之普及，常识之具备，教科书辞书之功为多。"① 清末这批数量巨大的教科书的出版发行对于近代中国而言，不仅是一次教材的更替，更是对国人思想观念的一次大洗涤。近代的众多新知识、新观念、新词汇，正是通过新式教科书源源不断地传输到每一位接受新式教育的学子的头脑中，成为他们认识世界、了解世界的一个基点。

---

① 高梦旦：《〈新字典〉缘起》，载陆尔奎等编《缩本新字典》，商务印书馆 1934 年版，第 1—2 页。

第二章

清末教科书术语的审定

正如前文所述，近代教科书对于中国而言，是一个西式的产物，而包含在其中的许多新知识、新学科、新观念，更是中国亘古未闻、亘古未见的。如何在教科书的编写过程中将这些新知识、新学科、新观念用中文词汇准确地表述出来，成为清末教科书编译者面临的一道难题。为解决这一难题，不同的编译者采取了不同的方式，或意译或音译，或利用古语制造新义或自撰新词以对译西语。八仙过海，各行其是。但如此一来，却给读者造成了更大的困惑，读者在阅读这些译名各异的教科书时，"不独读之难、记之艰，实使学者不能顾名思义"①。因而随着编译教科书的日渐增多，如何统一教科书中的术语名词也变得日益急迫。在清末，推动教科书术语统一的主要有两个机构，一是益智书会，一是编订名词馆。前者是一教会民间组织，后者则是一官方机构。两者在清末为统一教科书中的术语名词相继开展了一系列的工作，为后来术语名词的最终统一奠定了基础。

第一节　益智书会与教科书术语的统一

近代最早注意到教科书中术语混乱的是来华西人，他们在编译教科书及从事教会学校的教学实践中，察觉到术语名词的混乱既不利于西学

---

① 虞和钦：《自序》，《中国有机化学命名草》，文明书局1909年版。

的传播，也不便于学生的学习，因而较早就着手统一术语译名，但初期并不成功，直到益智书会成立后，这方面的工作才有所推进。

一 益智书会成立前的术语统一工作

术语译名统一问题，从技术层面而言，首先是一个翻译问题。正是在西书汉译过程中，这一术语混名的问题才逐步浮现出来。

明时利玛窦（Matteo Ricci）就注意到："东西文理，又自绝殊，字义相求，仍多阙略，了然于口，尚可勉图，肆笔为文，便成艰涩矣。"① 即因为中西"文理"的不同致使在进行西书汉译时，常面临在中文原有词汇中找不到能与西方术语相对译的合适词语。在这一情况下，翻译者只能或借用古语或增加新词，但无论哪一种，其实都是一种词语再造，而再造之后的词语对于旧有语言系统而言都为新词。利玛窦在《几何原本》中就创造了不少新词，如几何、平面、曲线、直角、对角线等。明清之际，因为所译西书不多，即便各个译者创制的新词各有不同，也不凸显。

进入近代，随着汉译西书的增多，这一术语译名混乱的现象日益严重，不得不引起作为翻译者——来华西人的注意。以化学术语为例，傅兰雅所译的《化学鉴原》与毕利干翻译的《化学阐原》虽然翻译底本一样，但所使用的术语译名却截然不同，以至于当时读者惊呼："（《化学鉴原》与《化学阐原》）不惟名目不同，各名之写法，亦大奇焉。……种种奇异，甚觉难读，似《鉴原》名目，愈于此也。"② 梁启超也指出"《阐原》所译原质材料各名，与制造局所定之名不同……《阐原》等书，译在《鉴原》之后，乃不从其所定之名，以至其书不可读。"③ 可见译名不一，已经直接引起了读者的不满。

来华西人有鉴于此，开始注意术语译名的统一。最初他们的做法是，在各自译书后面附录本书的英汉译名对照表，以利读者查询及后续译者沿用。如《代微积拾级》在初版时，就附有英汉名词对照表，但再版时

---

① ［意］利玛窦：《译几何原本引》，载黎难秋主编《中国科学翻译史料》，中国科学技术大学出版社 1996 年版，第 112 页。

② 孙维新：《泰西格致之学与近刻翻译诸书详略得失何者为最要论》，《格致书院课艺》，光绪己丑（1889 年）春季，第 10 页。

③ 梁启超：《读西学书法》，载夏晓虹辑《〈饮冰室合集〉集外文》下册，北京大学出版社 2005 年版，第 1161 页。

却删除了。此一附录英汉译名对照表的做法当然有利于读者了解该书所使用的术语译名，但无助于术语译名的统一。因为很多后续译者在翻译术语时，并不考虑该术语此前是否已有译名出现。傅兰雅曾描述过这一现象："如合信氏《博物新编》之名目不甚差忒，而译书者可仍其旧；因不但其名妥洽，且其书已通行中国，夫人而知。然译书西士，以为定名几若为彼一人所主，而前人所定者皆置于不论。故有以《博物新编》内之淡气当为轻气之用，若华人阅此二人著作，则淡气、轻气之义几难分辨矣。"① 正因"译书西士，以为定名几若为彼一人所主"的心理，使得术语译名混乱依然如故。

针对术语混乱现状，来华西人又采取了另一做法——编辑专门性的辞书。后来的博医会认为：许多医书译名不统一的原因是没有标准的名词，除非有权威词典出版，不然这种混乱仍将持续下去。② 因而来华西人在编译西书的同时，也开始注意专业辞书的编辑，以收集各学科的术语。

最早出版的专业辞书应是合信 1858 年刊行的《医学英华字释》。该辞书篇幅并不大，主要汇集了合信翻译的《西医五种》中的医学术语及其《博物新编》中的部分术语。按其目录，依次分为"全体部位功用""内部病证名目""外科名目""外科各器""医治外证手法""妇科名目""小儿初生病证""药品名目""药之动力""炮制之法""称药之器"和"博物之理"十二个部分，收词 2943 条。不过该辞书的许多词条并不是词汇而是短语，而是句子。兹略举数例：

The eye is the most important sense.　眼为最要之官

Eyes out of axis have double vision.　目斜者见物一形一影

The image in each eye is blended into one.　两眼二影合为一

The optic nerve transmits its impression to the brain.　脑筋传物影至脑而见③

---

① ［英］傅兰雅：《江南制造总局翻译西书事略》，载黎难秋主编《中国科学翻译史料》，中国科学技术大学出版社 1996 年版，第 418 页。

② 张大庆：《早期医学名词统一工作：博医会的努力和影响》，《中华医史杂志》1994 年第 1 期。

③ B. Hobson, *A Medical Vocabulary English and Chinese*, Shanghai: Shanghai Mission Press, 1858, pp. 12 – 13.

因而《医学英华字释》词汇化的程度并不高。不过需要指出的是，合信在厘定术语时，已注意到以同一词缀来表示同一类事物，如"一炎""一骨"等。兹略举如下。

以"炎"字为后缀的术语：

Gastritis-inflammation of the stomach　胃炎

Heart Inflammation of　心炎

Inflammation of the brain　脑炎

Inflammation of the lunge　肺炎

Inflammation of the tongue　舌炎

Inflammation of the throat　喉炎

Inflammation of the intestines　大小肠炎

Inflammation of the liver　肝炎

Inflammation of the kidneys　内肾炎

Inflammation of the bladder　膀胱炎

Inflammation of the uterus　子宫炎

以"骨"字为后缀的术语：

Bones of the head　头骨

Occipital bone　枕骨

Frontal bone　额骨

Temporal bone　耳门骨

Sphenoid bone　蝴蝶骨

Vertebral column　脊骨

Malar or cheek bone　颧骨

Sternum or breast bone　胸骨

Carpus or wrist bones　腕骨

Metacarpal or hand bones　掌骨

Phalanges or finger bones　指骨

此种以同一词缀来表示同一类事物的命名方式，既考虑到了术语之间的关联性，又使得术语命名有一定规则可循，后续译者可以沿用同样的方式继续增添新的术语，因而具有一定的合理性与科学性。故而，合信在《医学英华字释》中厘定的此类术语不少一直沿用至今，甚而直接影响了日本医学术语的厘定。

不过在益智书会成立前，此类专门性的辞书被编辑的并不多，倒是一些普通辞书对各学科术语留意收集，对于促进当时术语译名的统一起到推动作用。如罗存德1864年出版的《英华行箧便览》，其中专门列出了几个门类的术语，包括："兽类""飞禽类""鱼类""花名""乔木类""虫类""药材""金类""百病类名目""百草类""外治法"等。以今日学科分类而言，罗存德列出的这些术语名词其实主要包括生物学名词、医学名词与化学名词。如"外治法"就包括如下一些词条：

> Amputating instruments　割断器
>
> Bistoury　尖刀
>
> Forceps　钳仔
>
> Forceps，curved　弯钳
>
> Pocket case　杂器包
>
> Truss（for hernia）　捏肠夹①

这些都是医学的专用器械名词，其中一些器械名至今仍在医学中使用，如割断器、弯钳。但由于罗存德的《英华行箧便览》并非专业辞书，其面向的读者主要是普通的来华游客、商人与学生，② 所以收录更多的是日常词汇，甚而一些学术用语也尽量使用它的俗名或中国本土原有的词汇。此点在他录入的"金类"词条中表现得非常明显。如：

> Arsenic，信石［砒霜］

---

① W. Lobscheid, *The Tourists' Guide and Merchant's Manual*, Hong Kong: Daily Press Office, 1864, pp. 135－136.

② W. Lobscheid, "Preface", *The Tourists' Guide and Merchant's Manual*, Hong Kong: Daily Press Office, 1864.

      Cinnabar，砵砂［丹砂］

      Copper，铜［赤金也］

      Orpiment，（hartall），雄黄

      Loadstone，摄石［磁石、闪石］①

    上述这些名词，无论是砒霜、丹砂，还是赤金、雄黄、磁石都是中国固有的。因而就厘定术语而言，罗存德的《英华行箧便览》更侧重从中国旧有词汇中寻找西方术语的对译词，但大量俗语的收录，也不免使该辞书的学术价值大大降低。不过本来该辞书的定位就不在此，所以也无可厚非。

    除了罗存德的《英华行箧便览》外，卢公明的《英华萃林韵府》则是当时普通辞书中收录术语集最多的。

    卢公明的《英华萃林韵府》出版于 1872 年，共分两卷三部分，收录66000 个中文词组，涉及 175000 个中文单词。该辞书最有特色的地方在于其第三部分收录了多达 85 种包含各个学科的术语集。兹将收录的主要术语集列表如下：

表 2.1　　　　　　　　　**卢公明《英华萃林韵府》中的术语集**

术语集	术语集来源
Terms Used in Mechanics（机械学术语）	A. Wylie（伟烈亚力）
Terms Used in Diplomatic and Official Intercourse（外交和官方交流用语）	W. A. P. Martin（丁韪良）
Buddhist Words and Phrases（佛教名词与成语）	Rev. J. Edkins（艾约瑟）
Tauist words and Phrases（道教名词与成语）	Rev. John Chalmers（湛约翰）
Mineralogical and Geological Terms（矿物和地质学术语）	Rev. Wm. Muirhead（慕维廉）
Geographical Terms（地理学术语）	C. A. Stanley（山嘉立）
List of Printers Terms（印刷业术语）	C. W. Mateer（狄考文）

---

    ① W. Lobscheid, *The Tourists' Guide and Merchant's Manual*, Hong Kong: Daily Press Office, 1864, pp. 103 – 104. 其中［］内都是罗存德原书就有的。

续表

术语集	术语集来源
Classification of Medicine（药分类）	J. G. Kerr（嘉约翰）
Anatomical and Physiological Phrases（解剖学与生理学术语）	Selected from Dr. B. Hobson's Medical Vocabulary（合信的《医学英华字释》）
List of Musical Terms（音乐术语）	Mrs. J. B. Mateer（狄考文夫人）
Terms Used in Natural Philosophy（自然科学词条）	W. A. P. Martin（丁韪良）
Elements of Natural Science（博物之理）	Selected from Dr. B. Hobson's Medical Vocabulary（合信的《医学英华字释》）
Photographical Chemicals and Apparatus（照相用的化学药品和器械）	John Thomson（约翰·汤姆森）
Mathematical and Astronomical Terms（数学与天文学术语）	A. Wylie（伟烈亚力）
Photographical Terms（照相器材名目）	J. Dudgeon（德贞）
Chemical Terms（化学名）	J. G. Kerr（嘉约翰）
Mechanical and Nautical Terms in French, Chinese and English（机械和航海术语）	P. Giqueel（日意格）

由表 2.1 可知，卢公明的《英华萃林韵府》将当时来华西人所翻译的各科术语绝大部分收录完备了。因而有学者称卢氏的这一辞书是术语译名的"集大成"之作。① 后来益智书会统一译名时就直接从《英华萃林韵府》中选取了几个术语集作为书会出版教科书的标准词汇。②

应该说，这些附录的译名对照表与辞书的出版为来华西人统一术语译名提供了一定的基础，但仅靠来华西人个人的力量毕竟有限，而且这些由个人完成的译名对照表与辞书，若没有一个全国性的组织加以推广，也难以被其他译者所认同。因而要统一教科书中的术语译名，势必要成立一个全国性的组织。

其实在"益智书会"之前，也曾有个别传教士团体开展过统一术语

① 沈国威：《近代英华辞典的术语创造》，载邹嘉彦、游汝杰主编《语言接触论集》，上海教育出版社 2004 年版，第 249 页。

② ［英］韦廉臣：《学校教科书委员会的报告》，载朱有瓛编《中国近代学制史料》第 4 辑，华东师范大学出版社 1993 年版，第 36 页。

译名的工作，那就是前述提到过的 1834 年在广州成立的"益智会"
（The society for the Diffusion of Useful Knowledge in China）。该会拟编辑已
有的中文科学名词或译名，然后加以选择，订立标准。但该会存在时间
很短，且没有相关的辞书或译名对照表出版，所以被后来研究者认为
"实无重大成就可言"①。不过从后来"School and Text-books Series Com-
mittee"的中文名定名为"益智书会"来看，似乎该会对于后来者仍有
一定影响。

1877 年第一次基督教在华传教士大会召开，在该次会议上，传教士
们终于成立了一个可以协调在华各差会的全国性的组织——"School and
Text-books Series Committee"，即"益智书会"。自此以后，近代教科书中
术语的统一工作方有了专门的组织予以积极推动。

二 益智书会与统一教科书术语的初次尝试

益智书会如前所述成立于 1877 年，但它以 1890 年为分界点，可以
分为前后两期。前期的"益智书会"指的是"School and Text-books Se-
ries Committee"，后期的"益智书会"则指的是"The Educational Associ-
ation of China"。这两个组织间既有联系又有区别。相应的，益智书会统
一教科书术语译名的工作也可以分为前后两个时期。

（一）1877—1890 年

"School and Text-books Series Committee"成立于 1877 年第一次基督
教在华传教士大会。在该次大会上，狄考文对差会以往的办学模式提出
疑问，建议传教士进行合作与分工，建立一批高水平的学校和编辑世俗
教科书。尽管当时不少传教士对于教会兴办教育仍持怀疑态度，但接受
了合作编辑教科书的提议，于是在大会"文字与统计委员会"（the Com-
mittee on Literature and Statistics）的建议下，决定成立一个机构为教会学
校编辑一套适用的教科书。② 这个机构就是"School and Text-books Series

---

① 王树槐：《清末翻译名词的统一问题》，《中央研究院近代史研究所集刊》1969 年第
1 期。

② "Report of the Committee on Literature and Statistics", *Records of the General Conference of the
Protestant Missionaries of China held at Shanghai*, Shanghai: American Presbyterian Mission Press,
1878. p. 473.

Committee"，即"益智书会"。成员包括丁韪良、韦廉臣、狄考文、林乐知、黎力基和傅兰雅，其中丁韪良为主席，韦廉臣任总干事。1886 年，"益智书会"的成员有所变动，增加了慕维廉、颜永京与潘慎文，并改由慕维廉担任主席。傅兰雅则一直担任该会的总编辑。

益智书会成立后，就立即着手开展编辑教科书的工作。作为该书会的重要成员狄考文在益智书会成立不久，就发表了一篇题为《中国的学校用书》（School Book of China）的文章，叙述了他对教科书编辑的具体意见，其中就包括教科书术语的翻译。狄考文首先指出：术语在教科书编辑中具有重要的作用。因为每一种新的科学都会产生新的专门术语，如果把这种科学介绍进中国，则必须把这种术语转换成相应的汉语。这是必要的，而且也是不能逃避的。进而其就术语厘定的原则做了几点规定：一是，冗长而复杂的术语在实际应用中不仅是累赘，而且缺少一定的专业和统一性。二是，选择适用的科技术语将是便利和实用的。三是，一些词语与其他同类词语在相似的组成中，应该保持其相似的词根，这是十分重要的。四，科技语另外一个重要的内容是，这些术语必须有仔细且准确的定义。[①] 通过该文，狄考文说明了术语在教科书编辑中占有重要地位，并就术语的厘定提出了几点原则性的看法。

一年后，狄考文又发表了一篇题为《汉语数学》（Mathematics in Chinese）的文章。该文主要讨论的是如何编辑数学教科书，但狄考文也继续表示了对教科书术语的一如既往的重视。在文章开头，狄考文就指出：在过去的几百年间，西方数学在不同的时代以不同的方式被介绍进中国。这种混杂的介绍方式使得数学术语变得十分混乱。现在中国人对数学科学给予很高的期望，与以前相比，西方数学得到了广泛的传播，因此，确定一套合适的、一致的数学术语是十分重要的。但是到目前为止，即便是各个数学分支学科的译名都是混乱的。接着，狄考文具体分析了 algebra 在中国译名的情况，他认为中国学者用"天元"来指称 algebra 是错误的，因为现代代数和汉语中古代的天元是不同的；而清初传教士沙勿略将 algebra 译为"借根方"也犯了类似的错误，"借根方"所指

---

① C. W. Mateer, "School Booka for China", *The Chinese Recorders*, Vol. 8, 1877, pp. 428 – 432.

的不是现代的代数；傅兰雅将 algebra 命名为"代数术"也不合适，因为"术"字不是一种规则或方法；倒是伟烈亚力将 algebra 译为"代数"，是这几个 algebra 译名中表达最清楚、最好的一个。不过即便是伟烈亚力的译名，狄考文认为仍有可以改进的地方，他强调："学"似乎是最好也是最合适来表达科学分支的词语。因此，他建议 algebra 这一数学分支学科名应固定对译为汉语的"代数学"。同样在该文中，狄考文也否定了以"几何"对译 geometry，建议改译为"形学"。对于伟烈亚力将 arithmetic 译作"数学"，狄考文表示赞同。总之，狄考文认为当前数学术语译名的混乱已给读者造成极大的困扰，作为教科书编辑的一部分，现在应首先将各个数学分支学科的译名尽快地确定下来，越快越好。① 狄考文此处虽然讨论的只是数学术语，但其文中所指的状况却在其他学科中都存在，因而狄考文关于统一术语译名的建议，其实是适用于各个学科教科书的编辑的。

益智书会的其他成员对于狄考文的意见，表示了认同，经过几次会议后，做出了以下决议：

> 为适应需要，这两套书的术语应该统一，并尽可能地与现有出版物的术语相一致。为此，从有关各科的现有主要出版物（不管是本地的还是外国的）中整理出各种术语和专有名词的汇编，是切实可行的。为达到此项目的，建议：
>
> 1. 有可能的话，应要求作者或译者本人提供他们所使用的中文和英文词汇表。
>
> 2. 完全出自本地的书籍和出自外国而发行人又不在中国的中文书籍应予以仔细检阅，把使用的术语与名词分别列入不同的词汇表。并希望凡愿意承担这项工作中任何一部分的人都迅速将他们准备编制术语和专有名词表所要使用的书籍名称通知秘书。
>
> 3. 应将上述词汇表收集起来，统一划分为三类，即：（1）技术、科学和制造类；（2）地理类；（3）传记类。然后印制成册，给

---

① C. W. Mateer, "Mathematics in Chinese", *The Chinese Recorders*, Vol. 9, 1878, pp. 372 – 375.

参加这项工作的人各寄一册。

　　4. 指定傅兰雅先生负责第一类词汇表的准备工作，其他二类词汇表交由林乐知牧师负责。

　　5. 请伟烈亚力先生提供专有名词的词汇表，并请麦加缔博士提供外国著作的日文编译本中使用的术语和名词表。①

　　由上述决议可知，益智书会统一教科书术语译名的举措主要就是编辑一份包括各种术语和专有名词的译名表作为标准词汇，以供教科书编辑之用，而这份译名表的术语译名来源：一是由已有译作的译者、作者提供，一是由益智书会指派专人负责收集。为此，益智书会做了分工，由傅兰雅负责技术、科学和制造类术语译名的收集，林乐知则负责地理类与传记类术语，伟烈亚力提供专有名词的词汇表，麦加缔（Divie Bethune Mccartee）收集日文编译本中使用的术语名词表。

　　按照前述决议，益智书会也给许多传教士发出了公函，邀请他们予以合作。在这份公函中，益智书会向各科教科书的编者提出了书会对于教科书编辑的几点要求，其中之一就是强调"统一术语是另一件极为重要的事情"，书会希望各编者能提供各自的译名表，在书会对比汇编后，将给各教科书编辑者寄送一份经过书会批准的术语表。如编辑者对书会提供的术语译名有不同意见，可以自由选用自己所撰的译名，但必须在序言中加以说明。②

　　经过几年的努力，到1880年益智书会在术语统一上有所进展。在该年3月益智书会的会议上，慕维廉提议使用由英美圣经会（The British and American Bible Societies）出版的旧约新约全书文言文译本中的人名、地名作为书会的标准词，韦廉臣则提议选用卢公明《英华萃林韵府》收录的伟烈亚力编译的数学、天文、力学术语，艾约瑟的佛教名词与成语及湛约翰的道教名词与成语作为书会的标准词，这两项提议获得了通过。

---

　　① ［英］韦廉臣：《学校教科书委员会的报告》，载朱有瓛编《中国近代学制史料》第4辑，华东师范大学出版社1993年版，第34页。

　　② ［英］韦廉臣：《学校教科书委员会的报告》，载朱有瓛编《中国近代学制史料》第4辑，华东师范大学出版社1993年版，第35页。另可参见 Correspondence："the Text book Series"，*The Chinese Recorders*，Vol. 10，1879，p. 307。

由林乐知负责的术语名词此时也有了初步的成果。在该次会议上，林乐知展示了一个与日本历史有关的人名、地名表。不过该表被书会要求进一步补充，以便书会采用。而地理类名词则由李凤苞在林乐知与金楷理的协助下整理了一份大约包括25000个地理名词的术语表。该表提交给该次会议后，获得了认可。书会决定采用李凤苞整理的地理名词，并将李凤苞的名词表作为由傅兰雅负责编辑的《译者手册》（*Translator's Vade Mecum*）的一部分加以出版。傅兰雅则在该次会议上表示他已完成了部分科技类术语译名表，并希望一些译名表能在当年出版。①

由该次会议可知，益智书会在短短不到三年的时间里，已为术语统一做了大量的工作，其最初分配的各类术语译名的收集编辑工作，此时都有具体成果呈现。但原计划由麦加缔收集的日文编译本中使用的术语名词表却因麦加缔去了日本而没有下文。不过益智书会并没有放弃收集日本术语译名的努力，书会曾建议傅兰雅写信去日本江户，雇佣当地学者收集日本的术语译名，以为《译者手册》的编辑积累资料。

此后，益智书会虽继续开展统一术语的工作，但进展缓慢。1887年，益智书会不得不再次重申，由于术语命名的不一致，带来了很多不便，以后凡是没有附录中英文译名对照表的著作都不予以出版。② 由此可见，当时来华西人编译的教科书并没有全部遵循益智书会统一术语的意见，以至于益智书会只能采取更为严厉的措施。

不过由傅兰雅负责的《译者手册》的编辑，进展得相对比较顺利。到1889年，他向书会提交了 *Vocabulary on Steam*（即《汽机中西名目表》）。③ 至此，傅兰雅完成了《译者手册》中的四个译名表，包括《金石中西名目表》《化学材料中西名目表》《西药大成药品中西名目表》与《汽机中西名目表》。这四个译名表虽是傅兰雅在江南制造局翻译馆期间完成的，并由制造局出版过，但也是益智书会1890年前统一术语的最主要成果。这些译名表不仅体现了傅兰雅选定译名的思想，也代表了书会

---

① "Educational Works For The Chinese", *The Chinese Recorder*, Vol. 11, 1880, pp. 141 - 142.

② Correspondence："School And Text Book Series Committee", *The Chinese Recorder*, Vol. 18, 1887, p. 162.

③ Correspondence："School And Text Book Series Committee", *The Chinese Recorder*, Vol. 20, 1889, p. 430.

在术语厘定方面的主张与意见。

傅兰雅厘定术语译名的主张在其《江南制造总局翻译西书事略》中有详细表述，兹录如下：

（一）华文已有之名　设拟一名目为华文已有者，而字典内无处可察，则有二法：一、可察中国已有之格致或工艺等书，并前在中国之天主教师及近来耶稣教师诸人所著格致、工艺等书。二、可访问中国客商或制造或工艺等应知此名目等人。

（二）设立新名　若华文果无此名，必须另设新者，则有三法：一、以平常字外加偏旁而为新名，仍谈读其本音，如镁、钾、砒、矽等；或以字典内不常用之字释以新义而为新名，如铂、钾、钴、锌等是也。二、用数字解释其物，即以此解释为新名，而字数以少为妙，如养气、轻气、火轮船、风雨表等是也。三、用华字写其西名，以官音为主，而西字各音亦代以常用相同之华字，凡前译书人已用惯者则袭之，华人可一见而知为西名；所已设之新名，不过暂为试用。若后能察得中国已有古名，或见所设者不要，则可更易。

（三）作中西名目字汇　凡译书时所设新名，无论为事物人地等名，皆宜随时录于华英小簿，后刊书时可附书末，以便阅者核察西书或问诸西人。而各书内所有之名，宜汇成总书，制成大部，则以后译书者有所核察，可免混名之弊。①

傅兰雅这一厘定术语译名的主张在其所拟的四个名目表中有具体的体现。不过因为学科的不同，这四个名目表厘定术语译名的方式又各有侧重。其中《金石中西名目表》与《西药大成药品中西名目表》设立新名的方式就较多采用傅兰雅所说的第三种，"用华字写其西名，以官音为主"，如金鸡哪以亚（Cinchonia）、金鸡哪以弟尼（Cinchonidia）、鸡哪以尼（Quinine），鸡哪以西尼（Quinicine），鸡哪以第亚（Quinidia），鸡哪哇尼（Quinone）等。而在《化学材料中西名目表》与《汽机中西名

---

① ［英］傅兰雅：《江南制造总局翻译西书事略》，载黎难秋主编《中国科学翻译史料》，中国科学技术大学出版社1996年版，第418页。

目表》中，应用"以平常字外加偏旁而为新名""用数字解释其物，即以此解释为新名"这两种方式的则较前两名目表多，如前述傅兰雅所举的"镁、钾、砷、矽、铂、钾、钴、锌、养气、轻气、火轮船、风雨表"等新词就都分属《化学材料中西名目表》与《汽机中西名目表》。

尽管傅兰雅的卓越工作，使得益智书会到 1890 年为止获得了大约18000 个词的译名表，但益智书会统一教科书术语译名的努力却并没有达到预期目的。他们自己也承认"深感遗憾的一件事是无法统一术语"，特别是"关于科学、地理和历史方面的术语统一，都一直没有成功"。之所以如此，一部分原因是"有些作者坚持用他自己的术语；另外有些人只容许委员会有部分的修正权"①。换言之，传教士内部的不团结、不合作，导致益智书会的译名表难于推行。除此以外，另一个不容忽视的因素是，当时在益智书会中，真正热心推动术语统一工作的似乎只有傅兰雅一人，最被益智书会看重的《译者手册》几乎是由傅兰雅一人整理、编辑、出版的，而其他人所承担的术语译名收集的任务最终都没有任何成果出现。仅靠傅氏一人，结果当然可想而知。不过益智书会前期统一教科书术语译名的努力还是为后期术语统一工作的继续进行打下了一定的基础。

（二）1890—1905 年

在 1890 年第二次基督教在华传教士大会召开前，就有传教士提出了改组益智书会的建议。该年初在武昌办学的传教士巴博（W. T. A. Barber）针对当时在华各差会的教育工作一直"没有统一的规划"，"所使用书籍中的术语也不一致"，提出"应大胆地尝试将原有的益智书会扩大为一个新的委员会——考试委员会"②。巴博这一意见并非一己私见，当时许多传教士都感到，随着教会教育的发展，有必要扩大益智书会的职能。

1890 年 5 月，第二次基督教在华传教士大会在上海召开，傅兰雅就直接建议：希望能成立一个"以富有实践经验的教育家为主体的新委员

---

① ［英］韦廉臣：《学校教科书委员会的报告》，载朱有瓛编《中国近代学制史料》第 4辑，华东师范大学出版社 1993 年版，第 37 页。

② W. T. A. Barber, "A Public Examination for Western Schools in China", *The Chinese Recorder*, Vol. 21, 1890, pp. 129–130.

会"，"这个新委员会能够继续上一届委员会未完成的工作"①。于是，"The Educational Association of China" 成立了，取代了原有的 "School and Text-books Series Committee"，而 "School and Text-books Series Committee" 所积累起来的各种书籍、材料和资金也在大会上移交给了 "The Educational Association of China"。不过 "The Educational Association of China" 的中文名仍沿用 "益智书会"。益智书会由此迈入了一个新的阶段。

值得注意的是，在该次大会上傅兰雅还做了一题为 Scientific terminology：Present discrepancies and means of Securing uniformity（《科学术语：目前的分歧和走向统一的途径》）的主题报告。② 在该报告中，傅兰雅不仅分析了当前中国术语译名混乱的状态及其原因，而且再次重申了他在《江南制造总局翻译西书事略》中提出的术语译名的厘定方法，并在此基础上进一步提出了在中国建立科学术语词汇系统的一些基本原则：

一、尽可能意译，而不是音译；

二、如果确实无法翻译某一术语，而必须对其进行音译时，那么要使用可以找到的最合适的汉字；

三、新术语应该尽可能地与语言的基本结构保持一致；

四、新术语应该是简短而精炼的；

五、对新术语的定义应该是准确而清晰的；

六、新术语应该与同一类词中的其他成员保持相似性；

七、新术语应该具有灵活性。

若将这七点原则与前述狄考文所提出的关于术语译名厘定的四点主张相对比，可以发现两人意见极其相似。

在报告最后，傅兰雅还提出了解决当前术语译名混乱的对策，那就是"由大会任命一个委员会（或协会）"，由这个委员会制订"一些英语

① ［英］傅兰雅：《总编辑的报告》，载朱有瓛等编《中国近代教育史资料汇编——教育行政机构及教育社团》，上海教育出版社 1993 年版，第 611 页。

② John Fryer, "Scientific terminology：Present discrepancies and means of Securing uniformity", *Records of the General Conference of the Protestant Missionaries of China China held at Shanghai*, Shanghai：American Presbyterian Mission Press, 1890, pp. 531 – 549. 后来孙青与海晓芳将傅兰雅的这篇文章翻译了出来，刊登在《或问》2008 年第 16 期上，此节使用的即该中文译本。

和汉语的科学术语表", 并以此为基础编辑"一部尽可能完整的汉语科学词典", 而这部词典应力争让科学书籍的编译者与清政府都认可。对于傅兰雅的意见, 大会表示了认同, 并在改组后的益智书会中, 加以实施。

改组后的益智书会, 其职能已不再局限于编辑、审定、出版教科书, 而是"以提高对中国教育之兴趣、促进教学人员友好合作"为宗旨。其最初成立时, 会长为狄考文, 副会长是花之安 (Ernst Faber), 总编辑仍由傅兰雅担当。该会下设两个委员会: 一为执行委员会, 主席为傅兰雅、卜舫济, 秘书由莫尔 (A. H. Moule) 担任; 一为出版委员会, 主席为狄考文, 秘书为傅兰雅, 成员还包括谢卫楼、潘慎文、李安德 (L. W. Plicher)。教科书的编辑与统一术语的工作最初是由出版委员会负责的。

1891 年出版委员会在上海召开第一次会议, 决定继续术语译名的统一工作, 其采取的措施有两条: 一是成立一个委员会, 以"编制出一个尽量完备的中英文对照的地名、人名索引"。这个委员会的成员包括金曼 (H. Kingman)、赫士 [后辞职由施美志 (G. B. Smyth) 担任] 与那夏理 (H. V. Noyes), 主席由傅兰雅担任。在该次会议上, 还对所编制的地名、人名索引做了如下规定:

1. 尽量从英文中收录地名作为基础。

2. 然后再收入本地和外国书籍以及已由外国人出版的学校教科书、地理书和词典上的中文名称。

3. 排列一个字母顺序, 用音标标出尚未最后肯定的名称发音。它应尽量包括各地方言中发音相同的字母。

4. 对已使用的名称做一些改动, 如删减字母的数字, 改动不恰当的字母, 适用一些固定的字母来代表某些常用的词缀, 如 (堡) burgh, 前辍 (圣), san 或 saint

5. 编制一份索引, 它包括《圣经》中提到的所有地理名称以及在古代和现代历史上一些主要的地理名称。

6. 已由江戴德、谢卫楼和傅兰雅博士及其他人共同编制的地名索引, 将作为这个委员会工作的基础。①

---

① 《〈教务杂志〉记中国教育会起源》, 载朱有瓛编《中国近代学制史料》第 4 辑, 华东师范大学出版社 1993 年版, 第 40 页。

不过从后来施行情况看，益智书会地名、人名索引表编制得十分缓慢，直到 1896 年独立的人名地名术语会成立后，进度才有所加快。

二是技术术语由出版委员会成员分头收集，以"编制各种中英文对照技术术语索引"。其中狄考文负责算术、代数、几何、三角、测量、航海、解析几何、微积分、水、空气、光、热、电、蒸汽、天文、印刷、机械工具术语，傅兰雅负责化学、矿物学、气象、平板印刷术、电镀、化学仪器、哲学注解、铸造模型、射击、造船、采矿、工程学术语，李安德负责物质媒介、解剖学、手术、疾病、地学、官员头衔、国际法、神学术语，潘慎文负责生理学、植物学、动物学、音乐（器乐与声乐）、蒸汽机术语。出版委员会也对"编制各种中英文对照技术术语索引"的方式、程序做了具体的规定：

1. 根据题目，努力收集所有有关的中国著作，不管它来源于本地或是外国，并加以认真的研究。然后，将其中技术术语编成一览表，并在旁边写上相应的英文。不能遗弃或疏漏现有书籍或词典中的任何一个术语，除非从中外任何一方的观点来看，它显然是一个荒唐的术语。收集者应以恰当的方式，运用特定的符号，来指明这些术语的起源。

2. 除已出版的书籍外，还要注意手稿和即将出版书籍中的专门术语，还要在工匠、监工、商人、农民、水陆师官兵等人群中，积极地采集一些新术语，并将它们编入索引。

3. 委员会各部门的成员，应与凡能对该工作提供帮助的人联系和合作，应请出版过中文技术书籍的外国作者帮助提供一份他们曾用过的术语一览表。

4. 编好的术语索引将送交委员会其他成员审查和核准，他们每一个人发表的看法被送回编制者手中时，编制者应当再仔细加以研究，如有不同意见，可要求委员会成员投票表决。

5. 分索引编妥后，送交总编辑。由总编辑根据字母顺序，把所有索引汇编成册，以便出版一本中英对照的技术词典。

6. 由于首次出版这样一部包括中文的书籍，需要许多资金，并会碰到许多困难，因此不一定要求其中的每一个术语十分详尽和精

确。目前刚开始时，最主要的是编制出那些能反映每门科学最重要
的特点的术语，以便满足当前的需要。①

由上可知，出版委员会采取统一教科书术语的办法与前期益智书会
的方式一致，都是先要编辑一套术语译名表，作为教科书编辑使用的标
准词汇。

尽管出版委员会第一次会议就将编辑术语译名表的工作分派了下去，
但进展缓慢。一个重要的原因就是很多承担此任务的传教士并没有将此
作为他们的首要任务来对待。以当时益智书会会长兼出版委员会主
席——狄考文为例，他虽然承担了技术术语的收集编辑工作，但他"更
多的时间与精力放在了《圣经》官话和合译本以及其他一些事项上，因
此他只能把科技术语工作放在了各类事务的次要位置上"②。作为益智书
会的首要负责人对于统一术语译名的工作都是如此态度，其他人可想
而知。

1896 年，益智书会召开第二次三年会议。③ 在会议上，出版委员会
虽宣称其在术语统一上取得了一定的进步，但据其工作报告，可以发现，
它所谓的进步只是指：一是在地名、人名名词的编订方面，谢卫楼已经
拟定了一个计划准备着手进行；二是在技术术语方面，狄考文、赫士、
傅兰雅及潘慎文已经编辑了一部分译名表，只是还需要进一步补充。④
换言之，自 1891 年至 1896 年五年间，出版委员会其实没有编辑出任何
一种术语译名表，而教科书中术语译名混乱的现象也没有得到任何缓解。
作为总编辑的傅兰雅对这一状况十分不满，还在致欢迎词时，其就再次
呼吁要统一术语，反对学校用书的编写者无视前人的工作，自行翻译各

---

① 《〈教务杂志〉记中国教育会起源》，载朱有瓛编《中国近代学制史料》第 4 辑，华东
师范大学出版社 1993 年版，第 40—41 页。

② ［美］丹尼尔·W. 费舍：《狄考文传——一位在中国山东生活了四十五年的传教士》，
关志远等译，广西师范大学出版社 2009 年版，第 102 页。

③ "The Educational Association of China" 的章程规定："本会每三年开一次大会，于五月份
第一个星期三举行。会址设上海。会议主要进行人员改选和报告会务等工作。"（见《中国教育
会章程》，载朱有瓛编《中国近代学制史料》第 4 辑，华东师范大学出版社 1993 年版，第 45
页）。益智书会的第一次三年会议召开于 1893 年，至 1912 年为止，共召开了七次三年会议。

④ "Report of Publication Committee", *Records of the second triennial Meeting of the Educational
Association of China held at Shanghai*, Shanghai：American Presbyterian Mission Press, 1896, p. 28.

科术语和词汇。① 稍后，他又在该次会议上做了 The present outlook for Chinese scientific Nomenclature（《中国科学术语展望》）的主题发言。在发言中，他强烈地批评了出版委员会在统一术语方面进展缓慢，他指出：在头一个三年中，出版委员会确实沿着术语统一的方向做了大量的工作，但在后一个三年中却浪费了许多时间；现在中国正打开大门接受我们西方的指导，我们益智书会应该建立一个术语统一的总机制，使目前存在的术语尽可能统一起来。② 傅兰雅的发言引起与会人员的共鸣，李佳白、狄考文、潘慎文等人都表示对傅兰雅发言的支持。最终在该次会议上成立了两个委员会，专门负责术语译名的统一：一是科技术语委员会，成员包括狄考文、傅兰雅、潘慎文、赫士、文教治（G. Qwen）、嘉约翰（John Glasgow Kerr）与师图尔（G. A. Stuart）；二是人名地名术语委员会，成员有谢卫楼、狄考文、潘慎文、施美志（G. B. Smyth）与卫理（E. T. Williams）。③

在这两个术语委员会成立后，益智书会编订术语译名表的速度明显加快。需要指出的是，因为个人或其他缘由，这两个委员会的成员变动很大。具体情况如下表所示：

表 2.2　　1896—1902 年科技术语委员会与人名地名术语委员会成员④

	科技术语委员会成员	人名地名术语委员会成员
1896 年 第二次三年会议	狄考文、傅兰雅、潘慎文、赫士、文教治、嘉约翰、师图尔	谢卫楼、狄考文、潘慎文、施美志、卫理
1899 年 第三次三年会议	狄考文、潘慎文、赫士	谢卫楼、潘慎文、赫士、罗宾逊、卫理
1902 年 第四次三年会议	狄考文、潘慎文、师图尔、奥凌格、都春圃	谢卫楼、窦乐安、罗宾逊、季理斐、万卓志

① J. Fryer, "Address of Welcome", *Records of the second triennial Meeting of the Educational Association of China held at Shanghai*, Shanghai: American Presbyterian Mission Press, 1896, p. 24.

② J. Fryer, "The present outlook for Chinese scientific Nomenclature", *Records of the second triennial Meeting of the Educational Association of China held at Shanghai*, Shanghai: American Presbyterian Mission Press, 1896, pp. 155–161.

③ "Notes and Items", *The Chinese Recorder*, Vol. 27, 1896, p. 349. 此前人名地名术语委员会并不是一个独立的委员会，而是附属在出版委员会之下。

④ 本表据 1896 年、1899 年、1902 年益智书会三年会议记录整理所得。

由表 2.2 可知，1896—1902 年，只有狄考文、潘慎文、谢卫楼三人自始至终从事这两个术语委员会的工作，这三人也正是这两个术语委员会的骨干成员，其他成员或是中间参与进来或是中途因故离开。原来一直从事并推动益智书会进行术语译名统一的傅兰雅因为 1896 年离华赴美，所以没有参与此后益智书会统一术语的工作。

1899 年，益智书会举行第三次三年会议时，这两个委员会在术语统一上都取得了一定的成绩。人名地名委员会完成了对卓别林（Chaplin）的《地理》与谢卫楼的《万国通鉴》中所用人名、地名名词的编纂，并在厘定人名地名术语上初步总结了几条经验：一是选择的字必须是最简单，而且通常是最熟悉的，以便于书写和认识时较为容易；二是准备一个西方发音的音节表，并且配有相应的汉语，作为翻译人名、地名时的中文参考。① 科技术语委员会则在 1898 年发表了 The Revised List of Chemical Elements（即《修订化学元素表》）。② 这是益智书会在统一化学术语上的最新成果。

《修订化学元素表》是科技术语委员会与博医会通力合作的结果。其最初发表在 1898 年的《教务杂志》（*The Chinese Recorder*）上。该文署名为狄考文，但参与这项工作的应该还包括科技术语委员会的师图尔、潘慎文、赫士及博医会的嘉约翰、高似兰、博恒理、达斯维特与尼尔（Neal），其中尤以师图尔与赫士出力最多。该文分两个部分，第一部分叙述化学元素命名的原则，第二部分则列出了 73 个化学元素译名表，并对更动的元素译名做了具体的说明。其元素命名原则共列出了六条：

1. 每种元素用一个汉字表示，这些汉字的形和声都必须不同；
2. 所有的气体（包括四种卤素）及所有重要的金属和非金属元素的译名都要有意义；
3. 那些非常用的、发音有些相似的元素，在音译的情况下，很难形成一个术语，只有突出其特性才能表述出来；

---

① "Report of the committee on Geographical and Biographical Names to be used in Chinese", *Records of the third triennial Meeting of the Educational Association of China held at Shanghai*, Shanghai: American Presbyterian Mission Press, 1899, pp. 17 – 18.

② C. W. Mateer, "The Revised List of Chemical Elements", *The Chinese Recorders*, Vol. 29, 1898, pp. 87 – 94.

4．无论是表意还是表音，金属元素要有金字旁，既非气体也非金属的元素要有石字旁；

5．在为元素命名表音名称时，要避免所用汉字已经有明确含义，并最好采用形声字；

6．构成或选择代表元素的汉字，应尽可能笔画简单。

由这一命名规则可知，其与傅兰雅的化学元素命名法有相通之处，都强调使用形声字来造新名，但在具体命名时却有着许多的差异。《修订化学元素表》所命名的元素如下图：①

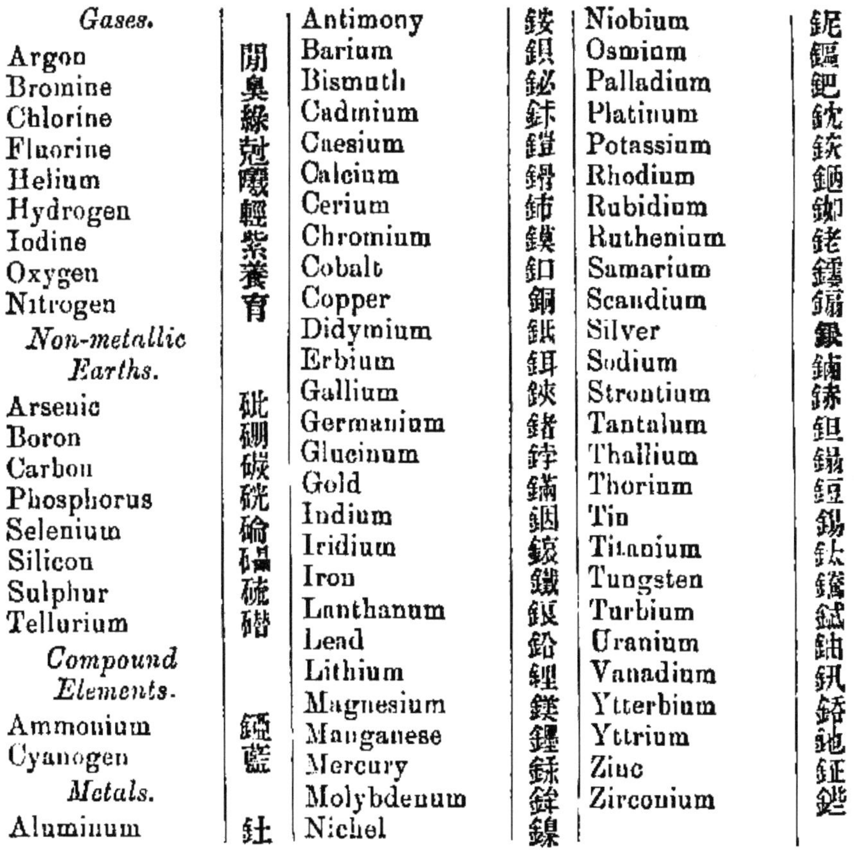

图 2.1　《修订化学元素表》的元素译名表

---

① 因为《修订化学元素表》中许多元素名是生造的，所以直接将书影附上。

由图 2.1 可知,《修订化学元素表》(以下简称"表")许多元素名都与傅兰雅的不一致,如:

Nitrogen:傅译"淡",表译"育";Phosphorus:傅译"燐",表译"砯";

Silicon:傅译"矽",表译"碏";Aluminum:傅译"铝",表译"钍";

Calcium:傅译"钙",表译"鐕";Chromium:傅译"铬",表译"镆"……①

傅兰雅对于科技术语委员会无视其前期在统一化学元素译名上所做的努力,大肆修改他在《化学材料中西名目表》中已厘定的译名,表示不满。在《修订化学元素表》发表后不久,傅兰雅即写信给狄考文表示抗议,说"您的委员会不应该改变我的名词。除非,它们完全用错或不可能使用。难道只有我的名词看来有错误、混淆或不可以使用,而其他人的名词……一点错误没有"②。傅氏此言当然不免含有私心,但平心而论,狄考文等人新造的这些元素译名并不见得比傅更为高明。据后来流传的情况来看,狄考文等人新造的译名只有铈、锗两个保留了下来,其他的都被淘汰了,反而被狄考文修改的傅的译名,如矽、铝、钙、铬等,都沿袭了下来。

除了傅兰雅外,益智书会与博医会的一些其他成员对《修订化学元素表》也提出了一些批评与建议,为此狄考文等人又对该表有所修正,不过修改的并不多,主要是将气类元素都改为了带"气"字偏旁的汉字。该表在 1898 年刊载后就没有再次发表,狄考文等人对该表的修订主要体现在他们后来所编的《协定化学名目》中。

狄考文领导的科技术语委员会与博医会的合作并不限于元素表的重

---

① 据王扬宗统计,狄考文等人最终厘定的化学元素表中沿用傅兰雅与嘉约翰的译名22个,毕利干译名 3 个,丁韪良译名 1 个,狄考文新造译名 25 个,其他人新造译名 7 个,其余是中国固有名称。王扬宗:《清末益智书会统一科技术语工作述评》,《中国科技史料》1991 年第 2 期。

② Adrian Arthur Bennett, *John Fryer*: *The Introduction of Western Science and Technology into 19th Century China*, Harvard University Press, 1967, p. 32.

新厘定，他们的计划是要建立一个完善的化学术语命名体系，并按此体
系来厘定化学术语中的无机化学部分。元素表的重新厘定只不过是实施
这一计划的第一步。在完成《修订化学元素表》后，狄考文等人开始
"准备一个完整的无机化学术语译名表，这个表以新旧对比的形式呈现。
这样做是为了给国内外的化学家、药物学家、医学人员能够自由使用这
些术语，且不致发生误解的困难"①。狄考文等人准备的这个表就是1901
年正式出版的《协定化学名目》（*Chemical Terms and Nomenclature*）。该
名目应该在1899年5月就已初步编好了，并提交科技术语委员会，获得
了委员会初步认可。当时科技术语委员会高度评价了这个名目表，认为
《协定化学名目》的完成标志着书会在统一化学术语上的巨大进步，并
且将为其他学科术语的厘定统一提供一个可以遵循的方式。②

　　《协定化学名目》分两个部分，第一部分是命名原则，第二部分是
无机化合物的英汉名称对照表。该名目的命名原则与《修订化学元素
表》基本一致，只是稍有修改。该名目在第二部分共收录了无机物近千
种，与以前无机化合物命名相比，此次有了很大的进步，不仅第一次提
出了无机化合物的中文命名原则，而且对无机物进行了系统的命名。③

　　在《协定化学名目》准备期间，科技术语委员会也开始编辑一个包
括各门学科的科技术语总表。这一总表即是后于1904年出版的《术语辞
汇》（*Technical Terms*）。负责《术语辞汇》编纂的主要是狄考文、赫士、
师图尔、潘慎文等人，但该辞汇所利用的术语资料却是益智书会经过多
年的收集整理才积累起来的。该书序言就说："印刷这样一个术语表，
是书会诸多委员连续多年来准备材料和研究的结果。"④ 因而一定意义
上，《术语辞汇》的编纂实质上是对益智书会自成立以来在统一术语方

　　① "Report of committee on Technical and Scientific Terms", *Records of the fourth triennial Meeting of the Educational Association of China held at Shanghai*, Shanghai: American Presbyterian Mission press, 1902, pp. I – III.

　　② "Report of committee on Technical and Scientific Terms", *Records of the Third triennial Meeting of the Educational Association of China held at Shanghai*, Shanghai: American Presbyterian Mission Press, 1899, pp. 15 – 16.

　　③ 关于《协定化学名目》的具体情况，可参见王扬宗《清末益智书会统一科技术语工作述评》（《中国科技史料》1991年第2期）。

　　④ C. W. Mateer, "Preface", *Technical Terms in English and Chinese*, Shanghai: The American Presbyterian Mission Press, 1904, p. 3.

面所做工作的一个全面总结。

《术语辞汇》共收录 1.2 万个英文术语和大约 1.8 万个相对应的中文术语，包括地理、语法、算术、代数、几何、三角、测量、土木工程、航海、分析几何、微积分、力学、热学、矿物学、结晶学、地质学、地理学、天文学、心理学、国际法、神学等 50 余类。① 此外，在该辞汇中还附录了一个人名译名表，收录人名大约 250 个。该辞汇以英汉对照的形式，按字母顺序依次排列，每一英文术语后通常罗列一到数个汉语译名。在译名选择上，《术语辞汇》与前述《协定化学名目》不同，主要是收录已有的术语译名，编纂者并不新拟译名。因而《术语辞汇》能反映当时术语译名的大致状况。可以说，《术语辞汇》既是益智书会统一术语译名的最终成果，也是中国第一部综合性的专门术语辞典，更是中国统一各科术语的第一次全面尝试。

也正因为这是第一次，所以《术语辞汇》也存在一些不足。科技术语委员会自己就曾指出，该辞汇的不足有两点：一是像这样大量地收录各个学科的术语辞典，不可能各个学科给出的术语译名都是十分恰当的，很多学科的术语仅能提供暂时的译名；二是这个术语词汇表还不完整，缺少有机化学术语与生物科学术语，需要后续术语委员会进一步完善与补充。② 科技术语委员会这一说法应是事实，不过其第一点不足并不仅是因为益智书会自身造成的，而跟当时中国的术语厘定状况密切相关。因为当时的中国许多学科还刚刚建立，大部分专业术语还没最终定型，所以益智书会此时收集的只能是暂时的术语译名。尽管有这些不足，但益智书会毕竟提供了一个包括各科术语的译名表，能为各科术语译名的最终厘定提供参考与借鉴，也为当时混乱的术语状况提供一个相对统一的标准词汇，对于促使术语统一是有极大的推动作用的。

另需说明的是，《术语辞汇》的术语译名除了来自益智书会自身的

①　"Report of committee on Technical and Scientific Terms", *Records of the fourth triennial Meeting of the Educational Association of China held at Shanghai*, Shanghai: American Presbyterian Mission press, 1902, p. II.

②　"Report of committee on Technical and Scientific Terms", *Records of the Fifth triennial Meeting of the Educational Association of China held at Shanghai*, Shanghai: American Presbyterian Mission press, 1906. pp. 59 – 60.

收集，博医会也提供了一部分医学术语。在《术语辞汇》初稿完成后，博医会也曾进行过审阅。① 因而，一定程度上，《术语辞汇》的编纂也有博医会的一份功劳。

《术语辞汇》在 1904 年出版后，师图尔又进行过修订与增补。师图尔的修订本最终于 1910 年出版。同 1904 年的版本相比较，该版本增加了部分生物学、矿物学和机械术语，并对部分译名做了修改，使得《术语辞汇》更趋完善。

与此同时，人名地名术语委员会在谢卫楼的带领下，在 1899 年后也有所进展。据 1902 年人名地名术语委员会的报告可知，该委员会此时已制定出了一份人名地名英汉对照表。除了编辑译名对照表外，人名地名术语委员会统一名词的另一措施就是出版历史、地理书籍，通过这些使用了该委员会统一人名、地名的书籍来推广他们所编订的译名。到 1902 年，他们已出版的这类书籍有季理斐（Donald Mac Gilfivray）翻译的怀特所著的《十九世纪的基督教》（*Nineteen Christian Centuries*）与万卓志（George Durand Wilder）修订后的卓别林（Chaplin）的《地理》（*Geography*）。② 到 1905 年，这类书籍又增加了谢卫楼编写的《教会历史》（*Church History*）。在 1905 年的三年会议上，人名地名术语委员会还建议将该委员会编辑的人名地名英汉对照表发放给在华的外国人与从事文学工作的中国人，并认为这样有利于终止目前人名地名混乱的局面。③ 总的看来，人名地名术语委员会在统一译名方面所取得的成果不如科技语委员会那么大，他们所翻译的人名地名也大多没有被沿用下来。④

益智书会统一译名的工作自 1904 年狄考文等人出版《术语辞汇》后，就停滞了下来。而"益智书会"这一中文名则早在 1902 年即被

---

① "Report of committee on Technical and Scientific Terms", *Records of the Fifth triennial Meeting of the Educational Association of China held at Shanghai*, Shanghai：American Presbyterian Mission press，1906. p. 59.

② "Report of the committee on Geographical and Biographical Names to be used in Chinese", *Records of the Fourth triennial Meeting of the Educational Association of China held at Shanghai*, Shanghai：American Presbyterian Mission press，1902.

③ "Report of the committee on Geographical and Biographical Names to be used in Chinese", *Records of the Fifth triennial Meeting of the Educational Association of China held at Shanghai*, Shanghai：American Presbyterian Mission press，1906. pp. 58 – 59.

④ 王树槐：《清末翻译名词的统一问题》，《中央研究院近代史研究所集刊》1969 年第 1 期。

"中国学塾会"所取代，① 到 1905 年又改为"中国教育会"。科技术语委员会与人名地名委员会在 1905 年的三年会议上也被改组，经师图尔提议，将这两个委员会合二为一，组建术语委员会（Committee on Terminology）。新组建的术语委员会下辖地理与科学两个工作组。其中地理工作组的成员有谢卫楼、窦乐安（J. L. Darroch）、库寿龄（S. Couling）、科纳比（W. A. Cornaby）与奥凌格（F. Ohlinger）。科学工作组的成员有：赫士、师图尔、狄考文、潘慎文与哈特（S. Lavington Hart）。② 尽管新组建的术语委员会在人员配置上并不弱于前述两个委员会，但从后来工作情况看，除了 1910 年出版过由师图尔修订的《术语辞汇》外，其余的都乏善可陈。因而可以说，益智书会从事统一译名的工作主要是在 1905 年以前。

除益智书会外，另一重要统一译名的传教士组织是博医会。该组织成立于 1886 年，其主要任务之一就是统一医学术语。为此 1890 年博医会成立了名词委员会。该委员会到 1905 年，已出版了多种医学术语词典，包括《疾病名词词汇》（1894 年）、《眼科名词》（1898 年）、《疾病词汇》（1898 年）、《解剖学词汇》与《生理学名词》等。在 1908 年，博医会在前述工作基础上又出版了《英汉医学词典》和中文的《医学字典》，为中国医学术语名词的统一奠定了基础。随着博医会医学术语词典的编辑出版，也推动了医学教科书中术语的一致，出现了一批依据博医会审定名词而编辑出版的医学教科书，如格氏解剖学、哈氏治疗学、欧氏内科学等。博医会在推动医学名词统一的同时，也对与医学相关的其他领域的名词有所关注，如前文所述其与益智书会的合作，联手厘定化学术语，即是一例。

因而，可以说，在学部编订名词馆出现以前，推动中国术语统一的主要机构就是益智书会与博医会这两个传教士成立的民间团体。而直接以推动教科书中术语名词统一为目的的则是益智书会。尽管益智书会从 1877 年成立开始，即开展术语统一工作，但到 1904 年《术语辞汇》出

① *Records of the Fourth triennial Meeting of the Educational Association of China held at Shanghai*, Shanghai：American Presbyterian Mission press，1902，p. 33.

② *Records of the Fifth triennial Meeting of the Educational Association of China held at Shanghai*, Shanghai：American Presbyterian Mission press，1906，pp. 91. 94.

版为止，其并没有最终达到在教科书中统一术语的目的，当时无论是益智书会本身出版的教科书，还是国人自编教科书，术语译名混乱的状况依然如故。

造成这一状况的原因，当然是多方面的。其一在于益智书会中，从事推动术语统一的人员与需要统一术语的学科相比还是人数太少。当时科技术语委员会与人名地名术语委员会两个机构的成员，即便合在一起，最多的时候也不过十人，甚而很多时候还在十人以下。以此十人之数，要统一当时多达数十个学科的译名，且各个学科的术语还在不断增长，当然不免心有余而力不足。

其二，更重要的是，益智书会民间社团的身份，使得它即使已编辑出比较完善的各科术语辞典，但也无力在全国范围内强制推行。对于此点，同为推动术语统一的民间社团——博医会认识得较早。故而在1908年，博医会出版《英汉医学词典》和《医学字典》后，就上呈学部，寻求清政府支持，以便推广，可惜的是，当时学部另有打算，并没有接受。与博医会相反，益智书会中虽不乏人较早意识到政府力量在统一术语中的重要，如傅兰雅在1890年即建议"委员会要尽力让北京的中央政府及地方的总督关注到他们所制定的术语系统及出版的辞典，以获得帝国官方机构的认可。作为官方的标准，及其他对于科学主题的审查标准"[1]，但显然益智书会的大多数成员并没有接受傅兰雅的意见，书会与清政府官方的合作一直未能开展。而没有政府的支持、合作，益智书会所审定的术语不但在权威性上大打折扣，而且也无从在全国全面推行。

其三，益智书会内部的矛盾也使得其开展术语统一时分歧众多，难于意见一致。益智书会的内部矛盾一方面固然有在华各国差会彼此互有芥蒂的因素，[2] 另一方面更因为译者各自的译名纷争，而这一纷争更多是出于各自的私心。正如傅兰雅所言："（译者）如此地渴望获得产生新的中文术语的荣誉，以至于我们中的部分人忽略了前辈翻译者，而替换

---

① John Fryer, "Scientific terminology: Present discrepancies and means of Securing uniformity", *Records of the General Conference of the Protestant Missionaries of China held at Shanghai*, Shanghai: American Presbyterian Mission Press, 1890, p. 531 – 549.

② 各国差会在华传教上是互为扶持，又互为竞争，因而相互之间关系极为微妙。最能说明此点的是，1890年第二次基督教在华传教士大会召开时，就特意设立了两个主席，一为英国人，一为美国人，以平衡兼顾各国差会的在华权益。

上我们自己创造的新术语。这已经到达了骇人听闻的地步。……这是一种典型的伤害，而且是外国人自己做的事情，这伤害了中国科学术语命名的合适的、和谐的基础。"① 傅氏此言一语道破了当时许多译者坚持己名的关键所在，但"获得产生新的中文术语的荣誉"的吸引力如此之大，甚而连傅兰雅也不能免俗，为维护自己创设的译名，与狄考文也多次发生冲突。也正因为这些内部矛盾，使得益智书会术语辞典的编辑一直进展不快。

其四，正如不少研究者所指出的那样，在益智书会中从事术语统一的这些来华西人，其本身的学术素养及汉语水平也使得他们无力真正完成中国术语的统一工作。如傅兰雅、狄考文、赫士、谢卫楼等人，他们并非各个学科的专家，只是普通的西方人，他们所接受的教育也只是达到了当时西方普通人或略高于普通人的水准；再加上他们作为西人，中文水平也相当有限；因而由他们来担当中文术语的厘定，势必难以胜任。

另需注意的是，统一术语对于益智书会大多数人而言只是附带的。益智书会作为一个主要由传教士组成的民间团体，他们最终目的在于传教，他们最大任务也在于传教，因而无论是兴办教育，还是翻译西书，甚而统一术语，无不是为其传教而服务。换言之，对大多数益智书会的成员而言，统一术语并非急需要做之事情，传教才是他们的主业，所以投入统一术语中的时间、精力当然极为有限。狄考文就曾抱怨，对于统一术语，当时大多数书会成员既不重视，也不愿意做。② 事实上，如前所述，就是狄考文自己对于统一术语也不重视，妄论他人了。

尽管就最终结果而言，益智书会并没有达到统一教科书术语的预期目的，但毕竟由它开始开启了中国近代第一次有组织、成系统的统一术语的工作，其编辑的术语译名表、术语辞典及其他厘定、命名术语的原则、统一术语的方式，对于后来中国术语统一工作的开展都有极为重要的借鉴与参考价值。稍后的编订名词馆，其编订名词表就多有借鉴益智

① J. Fryer, "The present outlook for Chinese scientific Nomenclature", *Records of the second triennial Meeting of the Educational Association of China held at Shanghai*, Shanghai: American Presbyterian Mission Press, 1896, p. 160.

② "Report of committee on Technical and Scientific Terms", *Records of the Third triennial Meeting of the Educational Association of China held at Shanghai*, Shanghai: American Presbyterian Mission Press, 1899, p. 16.

书会的工作方式之处。而益智书会审定的一些译名也一直沿用至今。以《术语辞汇》K 字部为例，K 字部共收词 56 条，至今仍在使用的至少有 16 条，占 28.6% 。如万花筒、高岭土、白垩、龙骨、石油、定音、钥匙、肾、肾积血、国君、国、风筝、粥厂、膝、海里、已知。① 由此可见，益智书会在统一术语译名上仍做出了不少成绩。

第二节 清政府对教科书术语的审定

在益智书会之后，清政府在编辑部编教科书的过程中，也感觉到统一教科书中术语译名的重要，故而在 1909 年设立了编订名词馆，作为其统一教科书中术语名词的专门机构。该馆存在时间虽短，却开创了官方系统审定、统一术语名词的先例，为后来历届政府所效仿，由其颁布的部定词作为近代官方公布的第一批标准词汇更是意义重大，体现了作为政府一方在术语译名选择上的考量取舍。

一 编订名词馆设立前国人对于统一术语译名的认识

编订名词馆虽成立于 1909 年，但在此前不少国人对于统一术语译名已有一定认识，并多次呼吁官方或民间设立统一译名的专门机构。

国人最早意识到统一译名重要性的是徐继畬。其在《瀛寰志略》的撰写过程中，对译名不统一就深感不便，故在《凡例》中就说"外国地名最难辨识，十人译之而十异，一人译之而前后或异。盖外国同音者无两字，而中国则同音者或数十字；外国有两字合音、三字合音，而中国无此种字。故以汉字书番语，其不能吻合者本居十之七八，而泰西人学汉字者皆居粤东，粤东土语本非汉文正音，展转淆讹，遂至不可辨识"，其不得已，只能"今将译音异名注于各国之下，庶阅者易于辨认，然亦不能遍及也"②。因为这个缘故，徐书之中，列举在各国地名之下的不同译名比比皆是，甚而有一个地名下附注十余个不同译名的。如：

---

① C. W. Mateer, ed., *Technical Terms in English and Chinese*, Shanghai：The American Pres-byterian Mission Press, 1904, pp. 234—236.

② 徐继畬：《瀛寰志略》，上海书店出版社 2001 年版，第 8 页。

俄罗斯：俄罗斯、鄂罗斯、厄罗斯、阿罗思、斡鲁思、兀鲁思、罗刹、罗车、葛勒斯、缚罗答、莫哥斯未亚、萨尔马西亚、鲁西亚、汲寿啡。

瑞国：瑞典、苏以天、瑞丁、绥林、瑞西亚、绥亦古、西费那斯科、里都亚尼亚、匪马尔加、波的亚、蓝旗。①

徐继畲不懂外文，所以对于这些不同译名无从取舍，只能将所有异名一一附注于后。这一做法当然体现了徐氏治学的严谨，但其面对译名混乱的无奈也跃然纸上。

除徐以外，当时何秋涛也注意到外国地名译名的混乱。在其《朔方备乘》中留下了一段几乎与徐继畲一模一样的记载，"然其（俄罗斯）地域之名见于纪载者，言人人殊，莫知孰是，此非诸书之故为异说也。从来外裔地名最难辨识。十人译之而十异，一人译而前后或异。盖外国同音者无两字，而中国则同音者或数十字；外国有两字合音、三字合音，而中国无此种字。故以汉字书番语，其不能吻合者恒居十之七八。如一统志、内府图及异域录所载，俄国地名皆以满洲、蒙古语译之，已多互异之处"，而西人又以粤东土语译之，致使"俄国地名歧异尤甚"，阅者"恒苦其难读"②。为此，何秋涛特意撰写了《北徼地名异同表》。

自徐、何以后，注意到译名混乱的国人渐多，如冯桂芬、王韬等，但早期因为大多不通外文，"莫知孰是"，所以也没有办法加以厘定统一，只能如徐何二人一般，辗转沿袭，附录异名。不过随着教会学校在华开设的增多及京师同文馆等洋务学堂的开办，来华西人译书日多，一些国人也开始熟习外文、研习西学，从而对于术语译名的统一有了新的需求。

曾留学法国的马建忠1881年在讨论"设立大学院以专造就"时即指出："外洋重力、格致诸学，名目繁多，迩年所翻译者，义理未能明晰，名目尤无划一。拟乘立学之时，令各院教习采取古今书籍内相当名目，厘定成书，奉为典则，庶无泥古背今，同名异义之虞。"③ 马氏此言，其

---

① 徐继畲：《瀛寰志略》，上海书店出版社2001年版，第107页。
② 何秋涛：《北徼地名异同表叙》，《朔方备乘》卷六十四，第1页。
③ 马建忠：《上李伯相复议何学士如璋奏设水师书》，载朱有瓛编《中国近代学制史料》第1辑上册，华东师范大学出版社1983年版，第581页。

实就是针对当时译名混乱的状况，提出编订译名表以归划一。因恰在此前一年，傅兰雅发表了《江南制造总局翻译西书事略》，在该文中傅提出了"作中西名目字汇"以"免混名之弊"，所以马建忠有可能是受到了傅的启发，才提出了这一建议。

马建忠的主张在当时并没有引起重视。因为此时国人阅读西书的并不多，自译西书的更少，故而译名混乱的弊端并没有被大多数国人真正感受到。时隔十余年后，马建忠于 1894 年又再次提出类似的建议。其在《拟设翻译书院议》中说："拟请长于古文词者四五人，专为润色已译之书，并充汉文教习，改削论说，暇时商定所译名目，必取雅驯，不戾于今而有徵于古者，一一编录，即可为同文字典底本。"① 虽然前后两次，马建忠建言的语境大有差池，所指重点也各有不同，但拟定名目表以统一术语译名的主张则一。

甲午战争后，国人日重西学、喜阅译书，对于译名混乱的弊端也感受日深，所以马建忠的建议此时引起一些国人共鸣。继马建忠之后，高凤谦也呼吁国人统一译名。1897 年高凤谦撰写了《翻译泰西有用书籍议》。正是在该文中，高凤谦提出了其统一译名的详细主张。其主张主要有如下两点：

> 译书之要有二。一曰辨名物。泰西之于中国，亘古不相往来，即泰西有一物一器之微，亦各自为风气。有泰西所有，中国所无者；有泰西所无，中国所有者；有中西俱有而为用各异者，至名号则绝无相通。译者不能知其详，以意为之名，往往同此一物二书异名。且其物为中国所本有者，亦不能举中国之名以实之。更有好更新名，强附文义，以为博通，令人耳目炫乱不知所从。宜将泰西所有之物，如六十四原质之类及一切日用常物，一一考据。其为中国所有者以中名名之；中国所无者，则遍考已译之书，择其通用者用之；其并未见于译书者，则酌度其物之原质与其功用，而别为一名。凡泰西所用之物，用中字西字详细胪列，刊为一书，颁布通行。后之译者

① 马建忠：《拟设翻译书院议》，载黎难秋主编《中国科学翻译史料》，中国科学技术大学出版社 1996 年版，第 315—316 页。

以此为准，不得更改。其他权衡度量，各国不同，亦宜定为一表。
如英镑合中权若干，法迈合中尺若干，详为条举以附前书之后。
（《中西权衡度量表》一书，金陵亦有刻本，但考据未尽精详耳。）

　　一曰谐声音，名物制度有义可寻，虽有异同犹可稽考。地名人
物有音无义，尤为混杂。西人语言佶屈聱牙，急读为一音，缓读为
二三音。且齐人译之为齐音，楚人译之为楚音。故同一名也，百人
译之而百异，一人译之而前与后或互异。《瀛环志略》中所载国名
之歧，多至不可纪。极宜将罗马字母编为一书，自一字至十数字按
字排列，注以中音。外国用英语为主，以前此译书多用英文也。中
国以京语为主，以天下所通行也。自兹以后，无论以西译中，以中
译西，皆视此为本。即一二音不尽符合，不得擅改，以归划一。此
书若成，可与名物之数相辅而行，译音读者皆有所据。①

　　由上可知，高凤谦的主张与马建忠类似，也是赞同通过编辑中西名
目表来统一译名。与马建忠稍有不同的是在译名具体厘定上，高凤谦主
张将译名分作两类：一类是"名物"类译名。此类译名厘定分两种情
况：一是该名物若本为中国所有，则用中国原名；二是若该名物为"中
国所无者"，则或"择其通用者用之"或"酌度其物之原质与其功用，
而别为一名"。一类是"谐声"类，包括地名人名，该类译名厘定的方
式是音译，即以"京话"译"英语"。但无论是哪一类，最终都是要汇
总为一中西译名表，"呈之译署，请旨颁行，饬令各省译局及私家撰述
一体遵照"。

　　高凤谦这一主张，其实是提出了一个初步完整的译名厘定办法，并
点明了译名统一的关键在于"呈之译署，请旨颁行"。这与前述益智书
会仅依靠自身的力量来推动译名统一又有极大的不同。

　　与此同时，梁启超在 1897 年前后也注意到了译名统一问题。1896
年梁启超在《读西学书法》中指出："泰西专门之学，各有专门之字，
条理繁多，非久于其业者，不能尽通而无谬误也。况于以中译西，方音

─────────

① 高凤谦：《翻译泰西有用书籍议》，载黎难秋主编《中国科学翻译史料》，中国科学技术
大学出版社 1996 年版，第 331—332 页。

淆舛，尤不可凭，毫厘千里，知难免矣。局译有《金石识别表》《化学材料表》《汽机中西名目表》《西药大成药名表》等书，西字译音，二者并列，最便查检。所定名目，亦切当简易，后有续译者，可踵而行之也。"① 梁启超此寥寥数语不仅说明了当时中国译名混淆的缘由，一在于西方不同学科有不同的术语，"非久于其业者，不能尽通而无谬误"，二是方言的存在使得"以中译西"并不可靠；而且也提出了解决术语混名的办法，那就是沿袭傅兰雅编辑中西名目表的做法。同年，梁启超在其《变法通议·论幼学》中再次提出"翻译西书，名号参差，宜仿辽金元三史国语解之例，整齐画一，公定译名，他日续译者毋许擅易"，建议编"名物书"②。

一年后，梁启超在《变法通议·论译书》中又将其前述主张进行了发挥。梁在该文中首先指出"译书之难读，莫甚于名号之不一。同一物也，同一名也，此书既与被书异，一书之中，前后又互异，则读者目迷五色，莫知所从"，"今欲整顿译事"就必须编辑"中西文合璧表"，统一译名。然后梁又将所译西方事物分成了五类，包括人名地名、官制、名物、律度量衡与纪年，分别叙述此五类事物不同的译名方式。在这一部分，梁启超虽多有照搬高凤谦的主张之处，但在高凤谦的基础上，也有增删。如其认为高凤谦在人名地名的翻译上，所拟的音译法及编辑中外人名地名对照表"可谓精当之论"，但又进一步指出，因"地名人名，只为记号"，所以"前此已译之名，则宜一以通行者为主"，即便"间有声读之误，亦当沿用"。而对于高翻译名物类的方法，梁启超极不赞同，认为"其论韪矣"。因为在梁看来，"新出之事物日多，岂能悉假古字。故为今之计，必以造新字为第一义"，至于造字之法，梁启超是赞同"傅兰雅译化学书，取各原质之本名，择其第一音译成华文，而附益以偏旁、属金类者加金旁，属石类者加石旁"的方法，认为"此法最善。他日所译名物，宜通用其例"。此外，同高凤谦相比，梁启超增加了官制与纪年两条。关于官制译名的厘定，梁启超主张"有义可译则译义，义不

---

① 梁启超：《读西学书法》，载夏晓虹辑《〈饮冰室合集〉集外文》下册，北京大学出版社 2005 年版，第 1160 页。

② 梁启超：《变法通议》，载璩鑫圭、童富勇编《中国近代教育史资料汇编——教育思想》，上海教育出版社 2007 年版，第 229—230 页。

可译乃译音";至于纪年,梁认为应先"以孔子生年为主,次列中国历代君主纪年,次列西历纪年,次列印度旧历纪年,次列回回历纪年,次列日本纪年,通为一表",然后在译书时,按照"名从主人之义。凡记某国之事,则以其国之纪年为正文,而以孔子生年及中国历代纪年旁注于下"①。由此可见,与高凤谦相比,梁启超对于译名统一的认识又进了一步。

由于梁启超等人统一译名的呼吁,清政府在戊戌期间也注意到了此事,总理衙门在奏设译书局时,特意强调"书中一切名号称谓,亦须各局一律"②。孙家鼐在《同文馆归并大学堂变通疏》中也指出:"中国翻译外国书籍垂四十年,月费巨金,迄无善本,以致释名训义、任意分歧,定字审音、尤多杂糅。……现在同文馆既费巨款延至各国通才,拟即令督同助教人等,于教授学生功课之外,编辑各国文典一部,垂为定本,俾睹宏编,实为一举两得。"③ 不过因为戊戌政变的发生,这些主张并没有最终落实。尽管如此,官方奏折上公开主张译名统一的举动仍极大地吸引了国人关注。

自戊戌以后,国人翻译日文书日多,随着这些日译书的大量涌入,日译名词也流行中国,但日译词入华不仅无助于当时统一译名,反而一定程度上加剧了术语译名的混乱。以生理学为例,时人就注意到,自日译书增多后,"我国所译生理学书,宗欧美者,用博医会新旧二派之名词;翻东籍者,用日本创造之名词。糅杂纷纭,不可殚究。读者茫然如堕五里雾中,每有吾谁适之叹"④。此一情况非生理学独家所遇,其他学科也多如此。在此背景下,国人要求统一术语译名的呼声自然日益高涨,主张统一译名的士人、官吏也随之增多。

与戊戌前相比,此时的中国士人对于统一术语不再停留在口头上,而是开始通过自身实践来切实推动。如虞和钦就认为当时化学名目"参

---

① 梁启超:《论译书》,载黎难秋主编《中国科学翻译史料》,中国科学技术大学出版社1996年版,第325—329页。
② 《总理衙门奏筹办京师大学堂并拟学堂章程》,载王学珍、郭建荣编《北京大学史料》第1卷,北京大学出版社2000年版,第46页。
③ 郑鹤声:《八十年来官办编译事业之检讨》,载黎难秋主编《中国科学翻译史料》,中国科学技术大学出版社1996年版,第687页。
④ 孙祖烈:《生理学中外名词对照表序》,《生理学中外名词对照表》,上海医学书局1917年版。

差百出，专业者既费参考，续译者又无所适从"，因而亲自"依东西各国化学名例，撰以今名"①。后来由虞和钦拟定的《中国有机化学命名草》成为中国有机化学术语命名的一个重要方案，直接推动了中文有机化学术语名词的统一。当然此种由国人自撰新名来统一术语的还只是少数，罗振玉则提出了另一更具操作性的推动术语统一的方式。罗认为"翻译用语必须划一。如地名、人名及银行、法律、心理、物理诸名目，必须一定，乃便观览"，而要译语"划一"最简捷的办法就是"取日本之法律字典等书，翻译备用。其日本所无者，则选通人编定辞书，并列英和汉三文，以资考核。此书一成，将来译音便易多矣。此实万不可缓之务"②。罗振玉这一翻译日本辞书的主张很快就被国人付诸实践，相继有一批日本辞书被翻译入中国，包括《汉译新法律词典》（1905 年）、《普通专用科学日语辞典》（1906 年）、《日本法规解字》（1907 年）、《东中大辞典》（1908 年）、《汉译日本法律经济辞典》（1909 年）等。这批辞书的出版对于中国近代术语的厘定、译名的统一也起到了重要的推动作用。

就在中国民间士人开始切实推动译名统一的同时，政府中人对此的关注也日益密切，并最终推动政府成立专门机构来统一译名。

戊戌后作为政府中人较早关注到译名统一的是盛宣怀。其在兴办南洋公学译书院后，就开始留心译名统一。其认为："西国专门之学，必有专字，门类极繁，东人译西文先有定名，中国译东西文尚无定名，则译字互异，阅者易滋迷误，亟宜将各国舆地、官职、度量权衡，及一名一物，撰拟名目类表，以求画一，嗣后官译私著，悉依定称。惟体例尤须精审，拟宽其岁月，责成译书院会同公学及东文学堂，分别参订，再行呈送政务处核定颁发。"③盛宣怀之所以极力主张统一译名，不仅是因为译名混乱可以使"阅者易滋迷误"，更重要的是在于其认为"自古为政必正名"，只有"同文而后得同伦"。为说明译名混乱的危害，盛宣怀更举出印度与埃及作为反面例证，说："印度以语言杂而致纷争，埃及

---

① 虞和钦：《化学定名表》，《科学世界》1903 年第 2 期。

② 罗振玉：《译书条议》，载黎难秋主编《中国科学翻译史料》，中国科学技术大学出版社 1996 年版，第 341 页。

③ 盛宣怀：《请专设东文学堂片》，载夏东元编《盛宣怀年谱长编》下册，上海交通大学出版社 2004 年版，第 734—735 页。

以文字杂而致危殆。中国语言文字，幸为籍海同风，无故自乱其例，横生障碍何为乎！"① 盛氏此言，其实表露了政府中人热衷统一译名背后暗含的政治企图，即通过统一译名来规范思想、管制人心。

另一政府中人张百熙对此也有同感，所以在其主持晚清学务时也多有涉及译名统一的。1901 年时为御史的张百熙就提出应在"京师、津、沪、鄂、粤等处设译局数所。……延请通才；定为凡例，所有官名、地名、人名、物名，以及制造、格致诸家名目，皆拟成一定之音，书作一定之字，以就指归，而免淆乱"②。不久其被任命为京师大学堂管学大臣，从而有了实施其主张的机会。1902 年张百熙上奏称："中国译书近三十年，如外洋地理名物之类，往往不能审为一定之音，书作一定之字。拟由京师译局定一凡例，列为定表，颁行各省，以后无论何处译出之书，即用表中所定名称，以归划一，免淆耳目。"③ 张百熙此言，实质就是想重设京师大学堂译书局，以此作为统一译名的官方机构。

1903 年，在张百熙的主持下，译书局顺利开办，并在编译教科书的同时，承担起了统一译名的重任。在译书局章程中，有关统一译名的有两条，具体规定如下：

> 所有翻译名义，应分译、不译两种，译者谓译其义，不译者则但传其音，然二者均须一律法，于开译一书时，分译之人，另具一册将一切专名，按西国字母顺序开列，先行自拟译名，或延用前人已译名目（国名地名凡外务部文书及瀛寰志略所旧用者从之）俟呈总译裁定后，列入新学名义表，及人地专名表等书。备他日汇总呈请奏准颁行，以期划一。

> 译书遇有专名要义，无论译传其义，如议路航路金准等语，抑但写其音；如伯理望天德哀的美敦等语既设译局，理宜订定一律，以免纠纷。法于所译各书之后，附对照表，以备学者检阅，庶新学

---

① 《光绪二十八年工部侍郎盛宣怀奏陈南洋公学翻辑诸书纲要折》，载朱有瓛编《中国近代学制史料》第 1 辑下册，华东师范大学出版社 1986 年版，第 520—521 页。

② 张百熙：《敬陈大计疏》，载璩鑫圭、唐良炎编《中国近代教育史资料汇编——学制演变》，上海教育出版社 2007 年版，第 31 页。

③ 张百熙：《奏办京师大学堂情形疏》，载璩鑫圭、童富勇编《中国近代教育史资料汇编——教育思想》，上海教育出版社 2007 年版，第 417—418 页。

风行之后，沿用同文，不生歧异。①

据此可知，京师大学堂译书局统一译名的方式：一是编辑"新学名义表，及人地专名表等书"，二是"于所译各书之后，附对照表"。不过京师大学堂译书局只存在两年，在统一译名上基本无甚成效。

除了设立译书局外，张百熙统一译名的另一举措就是设立文典处。文典处隶属京师大学堂译学馆，其主要任务就是编辑中外译名辞典（即文典）。据译学馆章程可知，文典处所编文典"应分英、法、俄、德、日本五国，每国分三种：一种以中文为目，以外国文系缀于后；一种以外国文为目，以中文系缀于后；一种编列中外专名，系以定义定音"；并规定，在文典编成后，"凡翻译书籍文报者，皆当遵守文典所定名义，不得臆造；其未备及伪误之处，应即告知本馆，续修时更正。其随时审定之名词，虽未成书，可知照译书局及大学堂润色讲义处以归画一"②。应该说，从职能设置看，文典处是清末官方设立最早的统一术语译名的专门机构。但就实效论，文典处只不过和大多数清末增设机构一样，徒有虚名而已。③

综上可知，戊戌后，尽管民间与政府都开始切实从事译名统一的工作，但成效都不明显，真正要大规模地成系统地开展此项工作还需等到编订名词馆成立后。

二　张之洞与编订名词馆的设立

在近代的野史笔记中，湖南朱德裳在其《三十年闻见录》中留有这样一则关于张之洞的记载：

　　清自庚子后，以各国清议所在，仍下明诏废科举，设学堂。各省督抚以能派学生为有体面。张孝达（之洞）改定两湖功课，派遣学生动以百计。朝廷特派专员为留学生监督，汪伯棠最先。一时日

---

① 《京师大学堂译书局章程》，载王学珍、郭建荣编《北京大学史料》第 1 卷，北京大学出版社 2000 年版，第 195—196 页。

② 《奏定译学馆章程》，载王学珍、郭建荣编《北京大学史料》第 1 卷，北京大学出版社 2000 年版，第 173 页。

③ 据王树槐称，文典处似乎只出版过一部《汉译新法律词典》（［日］三浦熙等著，徐用锡译）。

本名词，终日在士大夫之口。孝达厌之，以为此日本土语也。当日本初译西籍，定名词时，亦复煞费苦心。大半取裁内典及中国《史》《汉》诸书，非杜撰。如"禁产""准禁治产"之类，本于佛典；"能力"二字，本于《史记》，如此之比，不可胜数。至"宪法"二字，尤为古雅。中土初译西籍，谓为"万法一原"，意同而词累矣。今外务部行文中犹有"治外法权外"之语，日本人定为"治外法权"，岂不文从字顺耶？孝达在军机时，欲有以矫之，特设名词馆于学部，以严几道（复）为之长，改"原质"为"莫破"，理科书中所谓"含几原质"者，改为"几莫破"，一时传为笑柄。然西籍苟非由日本重译而来，此等笑话，不知多少。①

朱德裳此则笔记虽为私家野乘，但透露信息却颇多，特别是明确提及了张之洞与晚清学部编订名词馆之间的关系，将编订名词馆的设立归之于张之洞想要纠正当时国人流行的"日本名词"。此一论断，粗粗看来似乎并不可信。因为张之洞在 1909 年 10 月 4 日即已病逝，而编订名词馆直到该年 11 月 2 日才得以正式成立。两者在时间上存在明显的差距。但值得注意的是，另一熟悉近代掌故的徐一士也曾指出："学部之设名词馆，当亦（张）之洞之意。"② 若说单只朱德裳一人之言，还事有可疑，但同为当时人且被世人誉为"凡所著录，每一事必网罗旧闻以审其是；每一义必训察今昔以观其通。思维缜密，吐词矜慎"③ 的徐一士也持此说，则让人不得不正视此事，细究缘由。而考据史实，则可发现张之洞实为编订名词馆开设的关键人物。

编订名词馆隶属于学部，是继京师大学堂译学馆所设文典处之后的另一个官方审定名词的专门机构，甚而被不少论者视为"中国历史上第一个审定学术名词的统一机构"④。但学部在最初的行政架构中只有五司

① 朱德裳：《三十年闻见录》，岳麓书社 1985 年版，第 66—67 页。

② 徐一士：《文病偶述》，载南辕选编《长河流月——〈逸经〉散文随笔选萃》，天津人民出版社 1998 年版，第 283 页。

③ 孙思昉：《孙序》，载徐一士《一士类稿》，辽宁教育出版社 1997 年版。

④ 中国大百科全书出版社编辑部：《中国大百科全书·语言文字》，中国大百科全书出版社 1988 年版，第 363 页。另范祥涛也持此说，认为：编订名词馆是"国内第一个审定科学技术术语的统一机构"（《科学翻译影响下的文化变迁》，上海译文出版社 2006 年版，第 104 页）。

十二科三局两所，编订名词馆并没有包含在内。所谓"五司"是指学部下设的总务司、普通司、实业司、专门司、会计司，在各司下面又分别设置若干个科，共计十二科，以具体承担学部的各项事务。如总务司下就有机要科、案牍科和审定科。其中审定科的职责"掌审查教科图书，凡编译局之已经编辑者，详加审核颁行。并收管本部应用参考图书，编录各种学艺报章等事"。所谓"三局两所"是指学部所设立的编译图书局、京师督学局、学制调查局和高等教育会议所及教育研究所。① 后随着政局的变动及学部事务的增多，学部的行政架构虽也时有增改，但大体还是维持了这一"五司十二科三局两所"的框架。

从学部最初的行政架构及各司局的职能来看，显然编订术语、统一名词并不是学部成立时必需或急需处理的要务，因而自然也不可能为此设立一专门机构。但到了1909年，情况突变。该年4月18日学部向清政府提交了《分年筹备事宜折并单》，在该奏折陈列学部分年应办各事的清单中明确规定宣统元年（1909年）应"编定各种学科中外名词对照表（择要先编以后按年接续）"、宣统二年（1910年）应"编辑各种辞典（以后逐年续编）"②。这是学部首次在公文中正式提出要编定名词表和编辑各种辞典。

同年5月，学部与素有译才之名的严复接洽，央其审定各科名词，并准其"自寻帮手"。但严复觉得"此乃极大工程之事"，自身精力又不及从前，加之"帮手"难寻，所以最初对于接此重任仍有顾虑，后来觉得"（学部）来意勤恳，不可推辞，刻已许之"③。严复应承此事后，即于6月24日被任命为学部丞参上行走，开始做编订名词馆开馆前的一些准备工作，包括聘请名词馆分纂。10月13日，严复"具正辞馆节略与学部"，也就是向学部提交了关于编订名词馆的计划书。半个月后，10月29日学部正式奏请开办编订名词馆，作为"编订各科名词、各种字典"的专门机构，并委派严复为总纂；此议迅速获清政府批准。④ 四日

---

① 《学部奏酌拟学部官制并归并国子监事宜改定缺额折》，载朱有瓛等编《中国近代教育史资料汇编——教育行政机构及教育团体》，上海教育出版社1993年版，第12—15页。

② 《奏分年筹备事宜折并单》，《学部官报》1909年第85期。

③ 《与夫人朱明丽书 二十一》，载王栻编《严复集》第3册，中华书局1986年版，第747页。

④ 《奏本部开办编订名词馆并遴派总纂折》，《学部官报》1909年第105期。

后，编订名词馆正式开馆。①

从编订名词馆设立的大致经过，我们可以发现，名词馆出台的关键即在于学部所提交的《分年筹备事宜折并单》。正是在此折中，学部才有了审定名词、编辑辞典的动议，而后才有了编订名词馆的设立。因而要寻求编订名词馆究竟是由谁人推动，可以从此折决议过程窥知一二。此时主持学部的主要为张之洞、荣庆、严修、宝熙四人，其中张之洞为大学士管理学部事务大臣，荣庆为学部尚书，严、宝二人分别为学部左、右侍郎。

按照学部最初的官制设计，学部的最高长官应为学部尚书，学部决策一般经由每周例会讨论而最终由学部尚书决定，参加讨论的包括学部尚书、侍郎、左右丞参及各司官员等，"有要事则开临时会议"②。荣庆主持部务期间，因其人本就为"伴食宰相"，对于新式教育了解有限，主要依靠下属官员严修、罗振玉等人来推进各项学部事务，所以对于每周例会讨论的议决模式大体遵行。早期学部的重要文件，也"多由罗振玉起草，张元济、李家驹、范源镰、陈宝泉等参与意见，几经修改"，然后得荣庆同意，再决定奏发。③ 后人在评价学部初立时，也常提及当时学部"一切政务俱出严修擘画"④。但张之洞主管学部后，情况则又有不同。

首先是在官制上。1907年9月21日张之洞奉命以大学士管理学部事务，这实质上是"在学部尚书之上，又加一主管"⑤，从而使得原以学部尚书作为最高首脑的学部科层体系受到另一重掣肘。其次就个人个性论。张之洞少年及第，成名甚早，后又长期权掌一方，独当一面，故为人处事难免有些恃才傲物，更为强势。当时不少人就评价张之洞是"自负才地，多作度外之事，不屑拘守旧规，年愈迈而气愈骄"，且好"事事把持"⑥。加上张之洞

---

① 王栻编：《严复集》第 5 册，中华书局 1986 年版，第 1494—1495 页。

② 罗振玉：《罗雪堂先生全集 续编 二》，台北：大通书局 1989 年版，第 735 页。

③ 严修自订，高凌雯补，严仁曾增编：《严修年谱》，齐鲁书社 1990 年版，第 186 页。其时，罗振玉、张元济、李家驹、范源镰、陈宝泉都为学部职员。

④ 王芸生：《严修与学制改革》，载中国人民政治协商会议全国委员会文史资料研究委员会编《文史资料选辑》第 87 辑，文史资料出版社 1983 年版，第 106 页。

⑤ 严修自订，高凌雯补，严仁曾增编：《严修年谱》，齐鲁书社 1990 年版，第 204 页。

⑥ 胡思敬：《国闻备乘》，载荣孟源、章伯锋主编《近代稗海》第 1 辑，四川人民出版社 1985 年版，第 265、249 页。

作为"当今第一通晓学务之人"，对于兴办教育素有主见，此次清政府命其入主学部也有借其能力"冀得纠正学术"的用意，所以张之洞兼管学部后，立即大权独揽，不但将原学部尚书荣庆几乎架空，而且在学部各项决策中更是独断专行。如学部奏设大学之议就是出自张之洞一己之言。据罗振玉记载：

> 文襄（张之洞）管部后，议奏设大学。侍郎严公（修）谓学子无入大学程度且无经费，持不可。文襄曰："无经费我筹之，由高等卒业者升大学，无虞程度不足。"侍郎争之力，文襄怫然曰："今日我为政，他日我蒙赏陀罗尼经，被时君主之可也。"乃奏设经法文格致农工商七科。①

张之洞与严修此次争论，姑且不论对错是非，单就讨论过程中张之洞的言行态度，仅其"今日我为政，他日我蒙赏陀罗尼经，被时君主之可也"一语，就可想见张之洞主政之风格。张之洞在学部决策中对于时为学部左侍郎、仅在学部尚书之下的严修都如此不留情面地加以驳斥，使得其他人对于张之洞的主张即便有所异议也不敢置喙一词。张之洞如此做派，当然容易惹人非议，但张之洞此时是以枢臣而兼管学部，仕途资历远超学部众人，所以即便是满蒙权贵、时任学部尚书的荣庆也不敢逆张氏锋芒。张之洞更规定，"凡本部关于学务各折稿先由各堂阅看后"，然后由其斟酌改正，"始令缮折入奏"②。

由此可知，张之洞入主学部后，学部决策是由其一人把持。直到张之洞病重，此一情况才有所改变。据严修日记，1909 年 7 月 20 日张之洞因病请假，此后才无张之洞到部记载。③ 因而学部《分年筹备事宜摺并单》起草之时，恰为张之洞主持学部期间。学部拟"编定各种学科中外名词对照表""编辑各种辞典"，应是获得张之洞首肯，始能成事。④

---

① 罗振玉：《罗雪堂先生全集 续编 二》，台北：大通书局 1989 年版，第 745 页。

② 《张相国慎重奏案》，《大公报》1908 年 5 月 10 日。

③ 严修自订，高凌雯补，严仁曾增编：《严修年谱》，齐鲁书社 1990 年版，第 232 页。

④ 《张文襄公奏疏未刊稿》第 2 函中即收有《分年筹备事宜折并单》，这也可印证该奏稿确经过张之洞之手，然后才上奏清廷。见李细珠《张之洞与清末新政》，上海书店出版社 2003 年版，第 152 页。

而就张之洞自身思想轨迹而论，其对名词审定的注意应早已有之。1901 年，张之洞与刘坤一合办了江楚编译局。该局章程就曾指出"译书之弊，莫甚于名号之不一。同一物也，同一名也，此书与彼书异，一书之中前后又复互异，使阅者无所适从"，为革除此弊，计划"将人名、地名编为一表，而后按表以校，始能画一不讹"①。1903 年，张之洞与张百熙等人共同制定了《学务纲要》，在其中也有"戒袭用外国无谓名词，以存国文端士风"的规定。② 因而张之洞在入主学部之前，应对名词审定已有所认识。故而"编定各种学科中外名词对照表""编辑各种辞典"这一决策要获得张之洞赞同并不困难。

事实上，还在编订名词馆成立之前，在张之洞主持之下的学部就已有过某些编订术语、统一名词的举措。1908 年，学部审定科编撰了《物理学语汇》和《化学语汇》两书，由学部图书局公开发行。这两书以中、英、日对照的方式分别收录物理、化学学科术语近千条。这可视为学部推动名词统一的初步努力。但学部审定科主要的职责是负责"审查教科图书"，若再由其承担术语名词的审定统一工作，势必不堪重负。且"专科学术名词，非精其学者不能翻译"③，仅靠学部的普通官员要完成学科语的厘定，也势所不能。因而，学部要真正全面地审定名词就势必增设专门的机构。但要增设机构、扩编人员，这已非学部内部可以单独决定。因而要促使主管学部的张之洞下此决心，仍需一定机缘。

不过随后清政府公布的九年预备立宪清单，倒是为学部增设编订名词馆提供了一个契机。1908 年 8 月 27 日，清政府公布了九年筹备清单，以对此后预备立宪作一整体规划与指导。在该清单中，学部第一年与第二年应做的事就是编辑、颁布国民必读课本与简易识字课本。④ 清政府在公布这一清单后，为示慎重，特发上谕，强调清单所列筹备事宜"均

---

① 《江宁江楚编译书局章程》，《东方杂志》1904 年第 9 期。

② 《学务纲要》，载陈学恂等编《清代后期教育论著选》下，人民教育出版社 1997 年版，第 53 页。

③ 《奏定译学馆章程》，载王学珍、郭建荣编《北京大学史料》第 1 卷，北京大学出版社 2000 年版，第 173 页。

④ 《宪政编查馆资政院会奏宪法大纲暨议院法选举法要领及逐年筹备事宜折》（附清单一），载故宫博物院明清档案部编《清末筹备立宪档案史料》上，中华书局 1979 年版，第 61—62 页。

属立宪国应有之要政"，各级官员"必须秉公认真次第推行"，以后每届六个月，各部衙门还必须"将筹办成绩胪列奏闻，并咨报宪政编查馆查核"①。学部在接获这一上谕后，不敢怠慢，迅速着手国民必读课本与简易识字课本的编辑。正是在这一编辑过程中，学部发现"坊间所出"各国民必读课本与简易识字课本，弊端很多，其中包括"杂列名词，无复抉择""方言讹语，不便通行"等。② 为纠正这些弊端，按时编辑、颁布普及全国的国学必读课本与简易识字课本，学部着手编订名词、统一术语的工作自然也就提上了日程。

1909 年 4 月 13 日美国公理会传教士明恩溥拜访严修，向其提出了"学堂宜讲道德及各科名词宜划一"的建议，此点获得了严修的认同。③ 有了明恩溥的提议、严修的认同，加上张之洞对名词审定本已留意，故而五日后，在学部提交的《分年筹备事宜折并单》上就堂而皇之地出现了"编定各种学科中外名词对照表"与"编辑各种辞典"的规定。

另可值得注意的是，还在该年 4 月 8 日，学部尚书荣庆就因风疾请假，直到当年 8 月才"强起视事"④。故而从学部《分年筹备事宜折并单》提交的时间看，主导该奏折的只可能是管理学部事务大臣张之洞与学部左侍郎严修。⑤ 从这一角度而言，编订名词馆的正式开馆虽是张之洞逝后之事，但学部决定"编定各种学科中外名词对照表"与"编辑各种辞典"，并筹划编订名词馆，无疑是在张之洞主持学部期间就确定下来的，并在获得张之洞支持后，才得以推行。因而朱德裳、徐一士关于学部增设名词馆出自张之洞之意的说法，应有一定道理，但若说编订名词馆的设立完全出自张之洞个人之意，则稍有偏颇。严修在此当中，应也起了重要的推动作用。

---

　　① 《九年预备立宪逐年推行筹备事宜谕》，载故宫博物院明清档案部编《清末筹备立宪档案史料》上，中华书局 1979 年版，第 68 页。

　　② 《奏编辑国民必读课本、简易识字课本大概情形折》，《学部官报》1909 年第 78 期。

　　③ 严修自订，高凌雯补，严仁曾增编：《严修年谱》，齐鲁书社 1990 年版，第 228 页。

　　④ 撷华书局编：《宣统己酉大政记》，《近代中国史料丛刊续编》，台北：文海出版社 1983 年版，第 1189 页。王季烈：《蒙古鄂卓尔文恪公家传》，载卞孝萱、唐文权编《辛亥人物碑传集》，团结出版社 1991 年版，第 684 页。

　　⑤ 学部右侍郎时为宝熙，但其在学部向无大的作为。

关于编订名词馆设立的目的，按学部的公开说法是："查各种名词不外文实两科，大致可区六门。……惟各种名词繁赜或辨义而识其指归，或因音而通其假借，将欲统一文典，昭示来兹，自应设立专局，遴选通才，以期集事。"① 换言之，这一机构出台就是为了纠正术语、名词的混乱以"统一文典，昭示来兹"。对照前述名词馆设立的经过及当时出版界的状况，可以发现此一说法应为当时实情。

如前所述，早在1902年，筹办京师大学堂的张百熙就注意到"中国译书近三十年，如外洋地理名物之类，往往不能审为一定之音，书作一定之字"。为将名词统一，"免淆耳目"，张氏提议"由京师译局定一凡例，列为定表，颁行各省，以后无论何处译出之书，即用表中所定名称"②。基于张百熙的这一设想，京师大学堂在译学馆内设立了文典处，计划搜集"已译书籍、字典，及本馆（译学馆）外国文教科译出之文字，或外来函告所及（的译词）"，编辑成册，经学务大臣鉴定后"颁发各处学堂及各办理交涉衙门以备应用。并当另印多册，以备学者购取"③。不过从后来实施的情况看，文典处并无大的作为。以至数年后，名词混乱的现象依旧如故，甚而一些已在中国流传甚广的学科译名此时仍无法统一。

如"化学"一词即为一例。以"化学"对译"chemistry"最早出现于王韬1855年的日记，稍后出版的《六合丛谈》也使用了这一译词。受此影响，"化学"一词逐渐流传开来。到20世纪初，此一译名应该说不仅已被在华的传教士所认定，而且也被国人所认可。如1904年，作为益智书会译名统一的最终成果《术语辞汇》（*Technical terms：English and Chinese*）就是将"chemistry"译为"化学"④。而1902年由清政府颁布的《钦定京师大学堂章程》也将"化学"列为正式的大学课程，这就表明官方对于"化学"译名也已基本认定。但是后来担任名词馆分纂的曾

---

① 《奏本部开办编订名词馆并遴派总纂折》，《学部官报》1909年第105期。

② 《张百熙奏筹办京师大学堂情形疏》，载王学珍、郭建荣编《北京大学史料》第1卷，北京大学出版社2000年版，第55页。

③ 《奏定译学馆章程》，载王学珍、郭建荣编《北京大学史料》第1卷，北京大学出版社2000年版，第173页。

④ C. W. Mateer, ed., *Technical terms：English and Chinese*, Shanghai：Presbyterian Mission Press, 1904, p.80.

宗巩于 1906 年翻译出版的一本化学教科书却堂而皇之地命名为《质学课本》，以"物质学"（简称"质学"）来指称"chemistry"。更耐人寻味的是，该书是由学部编译图书馆出版发行，由京师官书局承印。由此可见，当时的学科术语远远谈不上统一。

在此背景下，学部要按时编订出普及全国的国民必读课本、简易识字课本及其他部定教科书，统一名词，特别是统一教科书中的名词，已刻不容缓。编订名词馆也由此得以设立，"统一文典，昭示来兹"也成了编订名词馆设立的主要目的。

但编订名词馆的出台是否仅是为了"统一文典，昭示来兹"呢？若联系当时张之洞入主学部后的系列举动，则可发现学部增设名词馆"统一文典"的背后还另有因由。

庚子事变后，清政府为维持自身的统治，被迫宣布推行新政，尔后又下诏"仿行宪政"。在这推行新政与宪政的过程中，兴办新式教育都被清政府视为其中重要的一环。但事与愿违，新式教育的兴办不仅不能遏制革命思潮四处流传，反而致使各处学潮不断，不少学界中人更成了革命的急先锋。在此局面下，如何挽回人心、扭转学界的革命之风成为清政府，特别是主管学务的学部急需解决的问题。

张之洞入主学部期间，恰值革命风潮日益高涨之时，因而"谨邪说暴行之大防……务期士风之丕变"[1]，阻止革命思想的流传、平息学生中暗流涌动的革命运动成为其主持部务首要考虑之事。其具体举措就包括设立存古学堂、奖励出身等。而增设名词馆"统一文典"其实也可视为这一系列举措之一。因为在张之洞看来，新名词的流行泛滥是助长"邪说暴行"的因素之一，而"统一文典"正可纠正此种弊端。

张之洞对新名词的负面观感由来已久。如前所述，还在 1903 年，由张之洞、张百熙等人共同制定的《学务纲要》中即有"戒袭用外国无谓名词，以存国文端士风"的规定。张之洞等人在当时已注意到"近日少年习气，每喜于文字间袭用外国名词谚语"，这些"外国名词谚语"或"固欠雅驯"，或"虽皆中国所习见，而取义与中国旧解迥然不同，迂曲

---

[1] 张之洞：《谢管理学部事务折》，载赵德馨、吴剑杰、冯天瑜等编《张之洞全集》第 4 册，武汉出版社 2008 年版，第 335 页。

难晓"，或"意虽可解，然并非必需此字"，而"大凡文字务求怪异之人，必系邪僻之士。文体既坏，士风因之"，所以若任由此等"外国名词谚语"流行，必"将中国文法字义进行改变。恐中国之学术风教，亦将随之俱亡"。正是基于此点判断，张之洞等人要求"此后官私文牍一切著述，均宜留心检点"，"如课本日记考试文卷内有此等字样，定从摈斥"。当然，张之洞等人也知道在当时提倡新学、兴办新式教育的背景下，完全禁止新名词并不可行，因而在反对"外国无谓名词"的前提下，他们对于创制新名词也提出了自己的标准，认为"除化学家制造家，及一切专门之学，考有新物新法，因创为新字，自应各从其本字外，凡通用名词自不宜剿袭掺杂"，而且所制新词要特别注意"雅驯"，并举日本为例，声称"日本通人所有著述文辞，凡用汉文者，皆极雅驯，仍系取材于中国经史子集之内，从未阑入此等字样"①。《学务纲要》中厘定新词的标准也被同年所设的文典处所继承。文典处的章程也认为"外国文字数十百倍于中国，且时有增益，中文势不敷用，应博搜古词古义以备审用；若犹不足，再议变通之法"②。换言之，文典处译词的首选为"古词古义"。

尽管有了官方的明令禁止，并刻意提倡"雅驯"的新词，但张之洞所反对的新名词却愈禁愈多，难于遏制。到了其入主学部前夕，据其自承：已是"至于论说文章、寻常简牍，类皆捐弃雅故，专用新词"，如此一来，"正学既衰，人伦亦废。为国家计，则必有乱臣贼子之祸；为世道计，则不啻有洪水猛兽之忧"③。直接将新名词泛滥的危害同国家危亡联系到了一起。此论粗看貌似牵强，有上纲上线的嫌疑，但却点明了清政府警惕新名词流行的实质，即在于其对清王朝统治的危害，而非只是对中国学术风俗的冲击。正如王国维所言："言语者，思想之代表也，故新思想之输入，即新言语输入之意味也。"④ 反之亦然，新言语输入的

---

① 《学务纲要》，载陈学恂等编《清代后期教育论著选》下，人民教育出版社 1997 年版，第 53 页。

② 《奏定译学馆章程》，载王学珍、郭建荣编《北京大学史料》第 1 卷，北京大学出版社 2000 年版，第 173 页。

③ 张之洞：《创立存古学堂折》，载赵德馨、吴剑杰、冯天瑜等编《张之洞全集》第 4 册，第 304 页。

④ 王国维：《论新学语之输入》，载傅杰编校《王国维论学集》，中国社会科学出版社 1997 年版，第 387 页。

同时，也伴随着新思想的输入。紧随在这些不"雅驯"的新名词后面的就包括了革命、民主等危险的政治理念。从事西学翻译，喜"自立新名"的严复也曾指出："今新学中所最足令人芒背者，莫若利权、人权、女权等名词。以所译与西文本义，全行乖张，而起诸不靖思想故也。"①可见在时人眼中，"新名词"与"起诸不靖思想"确存在某种联系。张之洞对于此点显然早已洞若观火，因而提倡"取材于中国经史子集之内"的"雅驯"的译词。

由上可知，张之洞反对新名词的出发点其实有二：一为国家计；一为世道计。为国家计，新名词的泛滥"必有乱臣贼子之祸"；为世道计，新名词的流行"将中国文法字义进行改变。恐中国之学术风教，亦将随之俱亡"。因而无论是为"国家"，还是为"世道"，张之洞都势必反对新名词。这也吻合了张之洞向来的"儒臣"理念，既考虑国家存亡，又看重名教兴衰。

当时清政府内部反对新名词的，也非张之洞一人，如端方、王先谦、叶德辉、定成、张人骏等人都曾不同程度地表示过对新名词的反对。②甚至在主持推广新式教育的学部当中，反对新名词者也大有人在。学部参事官罗振玉就曾批评他所校阅的留学生国文试卷，"几无一卷通顺，满纸膨胀、运动等新名词，阅之令人作呕"。按说王先谦、叶德辉、定成、张人骏等旧学中人，反对新名词还不难理解，但端方、罗振玉，作为提倡新学、有过出洋经历者，却也不约而同地反对新名词，实在令人愕然。不过无论如何，他们反对新名词的根源，应大致与张之洞所想类似，或为国担忧，或虑旧学延续。前述罗振玉之所以批评新名词，就是担心"新学未兴，旧学已替"，国学危亡实在堪虑。③

张之洞入主学部后，其对新名词的负面观感一如其旧，1908年初明令学部各司"嗣后无论何项文牍，均宜用纯粹中文，毋得抄袭沿用外人名词，以存国粹"④。当然要彻底根除新名词的负面效应，仅靠禁止还只

---

① 《〈名学浅说〉按语》，载王栻编《严复集》第4册，中华书局1986年版，第1055页。
② 柴小梵就曾记载："端方批某生课卷，谓其文有思想而乏组织，惜用新名词太多。"柴小梵：《梵天庐丛录》，山西古籍出版社、山西教育出版社1999年版，第1033页。
③ 罗振玉：《罗雪堂先生全集 续编 二》，台北：大通书局1989年版，第741页。
④ 《张中堂禁用新名词》，《盛京日报》1908年3月1日第3版。

是"治标"之策，要"治本"的话，最直接的就是通过审定名词、统一术语来过滤那些不"雅驯"的新名词，另立一套"雅驯"的名词取而代之。顺此逻辑，增设编订名词馆的潜藏目的也就呼之欲出了。

另可作为旁证的是，在编订名词馆最初筹划时，其拟定的名称应为"正辞馆"而非后来的"编订名词馆"①。这"正辞"二字正好暗含了学部设立名词馆的真正主旨所在。不过也许因为此一名称过于显露了清政府的本意，故而最终定名时并没有沿用前说而是取名为"编订名词馆"。尽管有此曲折，但主持名词馆的严复对此显然已心领神会。其在1911年为《普通百科新大词典》写序时，即有所表露，认为："顷年以来，朝廷锐意改弦，以图自振，朝暮条教，皆殊旧观，闻见盰盰，莫知的义。其尤害者，意自为说，矜为既知，稗贩传讹，遂成故实，生心害政，诐遁邪淫。然则名词之弗甄，其中于人事者，非细故也。"② 新名词能"生心害政，诐遁邪淫"，当然"非细故也"。革命党人章太炎对此也有所觉察，在讥讽民国建立后对一些言辞也大加禁忌时，即以"破文碎词，以为历禁如此，是即清之名词馆乎"相比拟。③

由此可见，学部奏设编订名词馆的目的并不单纯，所宣称的"统一文典，昭示来兹"只不过是表象而已，其本心所在还是企图通过审定名词，清除那些可以使人"起诸不靖思想"的新名词，以维护清王朝的旧有统治，维系中国传统的"学术风教"。而在当时新名词与"日本名词"几乎互为表里的情况下，④ 学部针对新名词的审定自然很容易被外界视

---

① 如前文所引严复的论说，都为"正辞馆"，直到编订名词馆正式开馆后，严复对"正辞馆"的称呼则一变为"编订名词馆"。从这一称呼的变化过程可知，"正辞馆"应为名词馆最初拟定的名称。

② 《〈普通百科新大词典〉序》，载王栻编《严复集》第2册，中华书局1986年版，第277页。

③ 章太炎：《参议员论》，载汤志钧编《章太炎政论选集》下，中华书局1977年版，第574页。

④ 1905年王国维曾描述过新名词进入中国的情况："十年以前，西洋学术之输入限于形而下之方面，故虽有新字新语，于文学上尚未有显著之影响也。数年以来，形上之学渐入中国；而又有一日本焉，为之中间驿骑。于是日本所译西语之汉文，以混混之势而侵入我国之文学界。"（王国维：《论新学语之输入》，载傅杰编校《王国维论学集》，中国社会科学出版社1997年版，第387页）可见1895年为一关键点，在此以前，日译新名词传入中国的并不多，而自此以后，日本译词日益流行，到了20世纪初已逐渐占据了新名词的绝大多数，以致形成了"混混之势"。故而当时所言新名词几可等同于"日本名词"。

为是对"日本名词"的纠正。① 因而朱德裳所言名词馆是张之洞为纠正"日本名词"而设，并非无因。

三　编订名词馆的成员及运作机制

编订名词馆成立后，"即派严复为该馆总纂，并添分纂各员，分任其事，由该总纂督率，分门编辑，按日程功"②。限于资料，今日已难于弄清在编订名词馆存在的两年多时间里它的具体成员有哪些。不过根据1910 年名词馆报销清册，仍可看出一些端倪。名词馆 1910 年的馆员如表 2.3。

表 2.3 　　　　　　　　　编订名词馆 1910 年馆员情况③

所任职务	姓名	字	籍贯	每月薪水（两）	备注
总纂	严复	又陵	福建侯官	200	曾留学英国
分纂	王世澄	峨孙	福建闽侯	140	1903 年癸卯科进士，出特班后赴英国入林肯法律学院，毕业后充驻英使馆随员，时为学部二等咨议官
	曾宗巩	又固、幼固	福建长乐	100	严复学生，1892 年北洋水师学堂驾驶班毕业，曾与严复同在京师大学堂译书局任事，1906 年曾译编过《质学课本》
	林志琇			60	
	常福元	伯琦	江苏江宁	50	严复学生，北洋水师学堂毕业，曾与严复同在安徽省城高等学堂任职，1906 年曾译编过《力学课本》

① 徐凌霄也认为编订名词馆就是为了"矫正东洋译名的粗陋"。徐凌霄：《古城返照记》上，同心出版社 2002 年版，第 397 页。

② （清）刘锦藻：《皇朝续文献通考》，《续修四库全书》，史部，第 817 册，政书类，上海古籍出版社 2002 年版，第 150 页。

③ 据中国第一历史档案馆藏"学部档案"卷 168 "宣统二年编订名词馆报销清册"及相关资料整理所得。

续表

所任 职务	姓名	字	籍贯	每月薪水 （两）	备注
分纂	高近宸	子镣	福建闽侯	50	1903 年福建马尾船政学堂毕业，曾留学法国
	刘大猷	秩庭	江苏丹徒	30	曾与罗振玉、王国维等人一起担任江楚编译局的日文翻译，翻译过《日本历史》等教科书
	王国维	静安	浙江海宁	30	曾与罗振玉、刘大猷等人一起担任江楚编译局的日文翻译。进入学部后，翻译出版过《辨学》
	王用舟	济若	直隶定州	20	日本早稻田预科毕业，举人，丙午十二月进入学部
	魏易	冲叔	浙江仁和	20	曾与严复同在京师大学堂译书局任事
庶务	周良熙		江苏上元	60	附生，曾与严复同在安徽省城高等学堂任职
西文 书记	林瑞田			30	
中文 书记	徐建章			12	

从表 2.3 可知，编订名词馆除总纂严复外，分纂有九人，庶务一人，中西书记各一人。编订名词馆的规模总体看来并不算大，具体承担审定、统一名词工作的总纂与分纂加起来不过十人。但这十人就当时而论，已为严复所能寻到的最佳组合。首先就分纂的知识背景而言，除身份不明的林志琇外，其余八位都精通外文，其中王世澄、高近宸、王用舟三人在进入名词馆以前还有过留学的经历，剩余五人虽此前不曾留洋海外，但都曾具体从事过编译工作。因而他们足以胜任审定、统一名词的工作。严复所言的"分纂调聘亦无滥竽"并非虚言。① 其次从人事配置而言，也利于严复开展工作。还在开馆之前，学部已允准严复"自寻帮手"，因而严复找来了与其有过共事经历的曾宗巩、常福元、魏易、周良熙四人，并由周良熙担任名词馆庶务，从而严氏班底在人数上已占据了名词馆三分之一强。王国维、刘大猷虽非严氏班底而属张之洞、罗振玉一方，

---

① 《与甥女何纫兰书 十九》，载王栻编《严复集》第 3 册，中华书局 1986 年版，第 841 页。

但大致为实干之辈，并不会与严复一方产生权益的纠葛。而王世澄、高近宸、王用舟三人，相对严复，则属后辈，更无缘质嗫严复在名词馆的举措方针。如此人事安排，当然使得严复在名词馆开馆不久，就发出"事体颇称顺手"的感叹。①

编订名词馆所需审定的名词，按照学部的分类，大致可以分为六类："一曰算学。凡笔算、几何、代数、三角、割锥、微积、簿记之属从之。二曰博物。凡草木、鸟兽虫鱼、生理卫生之属从之。三曰理化。凡物理、化学、地文、地质、气候之属从之。四曰舆史。凡历史、舆地、转音译义之属从之。五曰教育。凡论辨、伦理、心灵教育之属从之。六曰法政。凡宪政、法律、理财之属从之。"② 要将如此多的学科名词都加以审定、统一，编订名词馆所承担的任务不谓不重，再加上"部中诸老颇欲早观成效"，严复等人"不得不日夜催趱"③。作为总纂的严复更是以身作则，不仅"常日到馆督率编辑"，而且每天工作都长达六小时左右。④

具体各类名词的审定，大致是由各分纂分头进行。据严复在劝说伍光建担任名词馆分纂的信中所言："名词一宗虽费心力，然究与译著差殊；况阁下所认诸科，大抵皆所前译，及今编订，事与综录相同，何至惮烦若此？"⑤ 从严氏此言，我们可以得出如下推断：一是编订名词馆所审定的名词"大抵皆所前译，及今编订，事与综录相同"，换言之编订名词馆更多的只是对已有译名的审定，而非重新翻译。二是从"阁下所认诸科"一语可知各科名词是由分纂各自分认，分头编辑。当然就后来编订名词馆所刊印的《中外名词对照表》来看，作为总纂的严复应该对于各个学科名词的审定都有所参与。不过此点仍需更多其他材料，才能加以印证。

经过严复等人的努力，编订名词馆成立第二年即见成效。据学部奏

---

① 《与侄严伯鋆书 二》，载王栻编《严复集》第 3 册，中华书局 1986 年版，第 827 页。

② （清）刘锦藻：《皇朝续文献通考》，《续修四库全书》，史部，第 817 册，政书类，上海古籍出版社 2002 年版，第 150 页。

③ 《与甥女何纫兰书 十九》，载王栻编《严复集》第 3 册，中华书局 1986 年版，第 841 页。

④ 《与夫人朱明丽书 二十五》，载王栻编《严复集》第 3 册，中华书局 1986 年版，第 750 页。

⑤ 《与伍光建书 四》，载王栻编《严复集》第 3 册，中华书局 1986 年版，第 585 页。

呈："编订名词馆，自上年奏设以来，于算学一门，已编笔算及几何、代数三项；博物一门，已编生理及草木等项；理化、史学、地学、教育、法政各门，已编物理、化学、历史、舆地及心理、宪法等项。凡已编者，预计本年四月可成；未编者，仍当挨次续办。"① 严复在 1910 年 4 月的家书中也言道："吾此时正忙名词馆事，因开馆半年，须行缴活，经此小结束之后，再做与否，尚未可知。"② 而笔者所见的由编订名词馆刊印的《中外名词对照表》即包括了上述某些学科。由此可见，学部所言大体应属可信。

不过，如此极重极烦的名词审定工作，却在学部"诸老"的催迫下，仅用数月就完成了多个学科的审定，这与严复以前所强调的"一名之立，旬月踟蹰"的谨慎态度大相径庭，以至后人对于编订名词馆所审定的"部定词"的质量一直存在怀疑。如章士钊就曾说过："（民国）七年，愚任北大教授，蔡校长（元培）曾将先生（严复）名词馆遗稿之一部，交愚董理，其草率敷衍，亦弥可惊，计先生借馆觅食，未抛心力为之也。"③ 王蘧常所著《严几道年谱》中也有类似的表述。④ 但若详细查看由编订名词馆刊印的《中外名词对照表》，则可发现此说还有可待商榷之处，关于此点下文将详细论述。

自 1910 年，编订名词馆在完成上述那些学科的名词审定后，其馆务就有松懈的迹象。作为总纂的严复不仅一度有过离开北京的打算，而且即便后来留在馆内也大部分时间忙于其他琐事，对于名词审定的工作已不甚上心。直到 1911 年严复离京前，此一情况仍没有多大的改观。

1911 年 10 月 10 日武昌起义爆发，北京出现局势不稳的情况，京中官员纷纷离京避难。编订名词馆所属的学部也因"学部司员出京者多，以致部中公务无从举办"⑤。而作为名词馆总纂的严复更早在 1911 年 11 月 9 日就离开了北京。严复离京后，编订名词馆的工作自然也陷于停顿。随着清王朝的穷途末路，开办两年有余的名词馆也走到了尽头。民国建

---

① 《学部：奏陈第二年下届筹办预备立宪成绩折》，载陈学恂主编《中国近代教育史教学参考资料》上，人民教育出版社 1986 年版，第 760 页。

② 《与夫人朱明丽书 三十九》，载王栻编《严复集》第 3 册，中华书局 1986 年版，第 760 页。

③ 王栻编：《严复集》第 5 册，中华书局 1986 年版，第 1587 页。

④ 王蘧常：《严几道年谱》，上海商务印书馆 1936 年版，第 79 页。

⑤ 《学部之调查司员》，《大公报》1911 年 11 月 18 日。

立后，蔡元培担任教育总长。1912 年 4 月 25 日蔡元培发布《接收前清学部谕示》，其中规定编订名词馆由原任名词馆分纂的常福元负责接收，并定于 4 月 26 日上午十点正式办理。① 至此编订名词馆最终退出了历史舞台。

而本应由编订名词馆编撰的各科辞典最终并没有完成，名词馆审定、统一名词所取得的成果也仅限于各科中外名词对照表。另据赫美玲（K. Hemeling）《官话》所言，名词馆至其结束时为止共审定名词 30000 余条，其中收录于《官话》的大约 16000 条。② 《官话》由此也成了探讨编订名词馆所拟部定词的另一重要文本。下面仅就笔者所见的《中外名词对照表》，对名词馆所定部定词略加探讨。

笔者所见的《中外名词对照表》，现藏于北京师范大学图书馆。该书总计 325 面，并无版权页与目录页，其封面应为后来收藏者所加，自题名为"中外名词对照表"。该书共计收录了辨学、心理学、伦理学、外国地名、算学、代数学、形学、平三角、弧三角、解析形学十个学科的对照表。不过这些对照表究竟是本属同一本书所有，还是后来收藏者自行装订成册的，还待进一步考证。不过从书中页面中缝所印"学部编订名词馆"字样来看，这些对照表应为编订名词馆所刊无疑，且刊印时间应在民国以前，而表中所录的那些学科名词即为由编订名词馆所审定的"部定词"。

这十个中外名词对照表的编排体例大致类似。首先是"名词对照表例言"，说明该对照表定名的标准、主要词源以及排列顺序等。个别对照表例言还会对该学科的形成有一定的回溯，并说明已有哪些重要的关于该学科的著作。紧接"例言"之后就是各个学科具体名词的对照表，主要包括三个内容：一是"定名"，即中文译名；二是"西文原名"；三是"定名理由"。

各个学科名词对照表的具体情况如下。

（1）《辨学名词对照表》，该表共收逻辑学术语 209 条，表中西文原名"取诸穆勒 System of logic、耶芳 Element legson in logic 二书，而以耶

---

① 高平叔撰著：《蔡元培年谱长编》第 1 卷，人民教育出版社 1999 年版，第 437 页。

② K. Hemeling, "Preface", *English-Chinese Dictionary of the Standard Chinese Spoken Language and handbook for Translators*, Shanghai：The Presbyterian Mission Press, 1916.

氏书为多"①，中文译名主要采用严复《穆勒名学》与王国维《辨学》中所使用的译词及少量日译词。

（2）《心理学、伦理学名词对照表》，表前有一《心理学名词引》与《心理学、伦理学名词对照表例言》，该表共收心理学术语252条，伦理学术语70条。其收词范围在例言中特别做了说明：凡是心理学名词关于名学、伦理学、生理学及哲学知识论的都不列入，本表"所订以关于心之现象者为限"；而伦理学名词如"世所习用不容更定"的、"本馆所编法律名词表"中有收录的及关于哲学的，也都不录入。② 其所定译名一部分来自严译词，一部分来自日译词。如觉、内主、内籀法、觉性、信等词就都是来自严译词，概念、判断、义务、观念等，则是典型的日译词，甚而心理学、伦理学这两个学科名也都是日译词。之所以编订名词馆不用严复所翻译的"心学"，而采用日译词"心理学"，是因为"希腊语Psyche本训灵魂，即训心，而Logos训学，故直译之当云心学。然易与中国旧理学中之心学混，故从日本译名作心理学"③。

（3）《外国地名对照表》，表前有一《外国地名对照表例言》，详细规定了外国地名命名的方法。该表共收录外国地名一千余条，按字母顺序依次排列，并在每一地名下都加一简明注释，说明该地大致位置，使读者不易产生混淆。

（4）《算学、代数名词对照表》，该表共收录算学名词153条，代数学名词125条。表中译名多从"旧有算书，如《数理精蕴》《算经十书》及徐、李、梅、戴诸家著作采辑，遇有后出名词乃行译补"④。

（5）《形学名词对照表》，该表收录的名词"以欧几里得形学应有者为断"，中文译名主要依据徐光启所译的《几何原本》与狄考文的《形学备旨》，如果此两书"原定之名欠切合，或后出之名为原书所未载者"，则"搜索古义、依据新说而酌订之"。该表共收形学名词437条，各词排列次序是"各以类从。先之以总论，继之以点、线、面、体，而以浑员面终焉"⑤。

---

① 《辨学名词对照表例言》，《中外名词对照表》，北京师范大学图书馆所藏铅印本。
② 《心理学、伦理学名词对照表例言》，《中外名词对照表》，北京师范大学图书馆所藏铅印本。
③ 《心理学名词对照表》，《中外名词对照表》，北京师范大学图书馆所藏铅印本。
④ 《算学、代数名词对照表例言》，《中外名词对照表》，北京师范大学图书馆所藏铅印本。
⑤ 《形学名词对照表例言》，《中外名词对照表》，北京师范大学图书馆所藏铅印本。

（6）《平、弧三角名词对照表》，该表共收录平三角名词 76 条，弧三角名词 23 条，按"先总名，次测角法、三角率，次各率真数造法"次序排列，选词范围"以近日适用之三角教科书为准"，中文译名则"多从旧有算书，如《三角数理》《八角备旨》及诸名家著作中采辑，遇后出者则补译"①。

（7）《解析形学名词对照表》，该表共收录解析形学名词 213 条，选词范围"以初等解析形学应有者为断"，中文译名主要来自李善兰的《代微积拾级》与潘慎文的《代形合参》，不过由编者自拟的约 65 条。②

统观各表，由《中外名词对照表》可得出以下信息。

首先，《中外名词对照表》共收词 2500 余条，其中文译名来源主要有三：一是，严复译词，因严复为编订名词馆总纂，所以名词馆收录严复译词自属应当，收录严复译词最多的是《辨学名词对照表》。二是，来华西人所拟译词，从各表例言可知，《形学名词对照表》《平、弧三角名词对照表》与《解析形学名词对照表》，这三个对照表的中文译词主要来源于《几何原本》《形学备旨》《三角数理》《代微积拾级》与《代形合参》。而上述诸书无一例外都是由来华西人与中国士人采用"口译笔述"的方式翻译出来的。之所以如此，是因为来华西人翻译诸书中以数学类书籍最佳，所定译名也最为合适。梁启超就曾指出："西人政学，日出日新，新者出而旧者废。然则当时所译，虽有善本，至今亦率为彼所吐弃矣。惟算学一门，西人之法，无更新于微积者。而当时笔受诸君，又皆深于此学，不让彼中人士。故诸西书中，以算书为最良。"③ 梁氏此论应是时人共识。另一近代藏书家徐维则也有类似的表述，说："算学一门，先至于微积，继至于合数，已超峰极，当时笔述诸君类皆精深，故伟烈氏乃有反索诸中国之赞，是西书中以算学书为最佳。"④ 证诸史实，也确如此，甚而不少来华西人所翻译的数学类著作还东传日本，直

---

① 《平、弧三角名词对照表例言》，《中外名词对照表》，北京师范大学图书馆所藏铅印本。

② 《解析形学名词对照表例言》，《中外名词对照表》，北京师范大学图书馆所藏铅印本。

③ 梁启超：《读西学书法》，载夏晓虹辑《〈饮冰室合集〉集外文》下册，北京大学出版社 2005 年版，第 1159 页。

④ 徐维则：《增版东西学录叙例》，载熊月之主编《晚清新学书目提要》，上海书店出版社 2007 年版，第 4 页。

接影响了日本数学术语的近代厘定。因此，编订名词馆厘定数学术语译名时，自然以来华西人所拟译名作为首选。当然，除了数学术语外，名词馆在厘定其他一些学科术语对照表时，对来华西人所拟译词也多有采用，其中采用较多的还有化学类术语（详见后文）。三是日译词，尽管作为名词馆总纂的严复是比较排斥使用日译词的，但因不少名词馆的分纂都是日文翻译者，如王国维、刘大猷、王用舟等，再加上当时"日本所造译西语之汉文"已"以混混之势而侵入我国之文学界"，欲使日译词弃而不用已不可能，甚至就是严复自己的译著中，使用日译词的也不在少数，① 在此背景下，编订名词馆所厘定的学科术语中自然也少不了采用日译词的。而且日译词在名词馆所定译名中分布广泛，各科对照表中或多或少都可以见到其踪影。

其次，尽管如前所述，编订名词馆所厘定的名词"大抵皆所前译，及今编订，事与综录相同"，编订者并不需自撰译词，证诸《中外名词对照表》也确如此，前人已有译词占据了绝大部分，但除此之外，编订者自撰译词也不少，而这些自撰词恰恰反映了名词馆编订者在译名择定上的某些倾向。以《解析形学名词对照表》为例，由编者自拟的译词约65 条。具体名词如下：

> 解析形学、狄嘉尔形学、立体解析形学、圆锥曲线学、圆锥曲线割锥、经纬、定位法、经距、纬距、角距定位法、定轴、向角、辐距、几何、不变几何、可变几何、原定之不变、臆定之不变、自变几何、因变几何、方程、截轴、坡切、经纬直方程、经纬斜方程、角距方程、直线之截轴方程、直线之垂距方程、圆之影切线、圆之影法线、圆之枢点、圆之纽线、等切轴、等切心、毕弗、毕弗之勺点、勺辐、毕弗之通弦、椭圆之长轴、椭圆之短轴、副圆、小副圆、椭角、椭圆之导圆、交俪径、交俪弦、椭圆之导线、勺点之纽线、拨弨、拨弨之属轴、等势拨弨、钜形拨弨、鹿独曲线、外鹿独曲线、内鹿独曲线、贝鲁利曲线、阿烈细曲线、拨弨螺线、毕弗螺线、戴

---

① 据朱京伟统计，在严复译著中，被使用的日译词多达 201 个。朱京伟：《严复译著中的新造词和日语借词》，载冯天瑜主编《人文论丛（2008 年卷）》，中国社会科学出版社 2009 年版，第 76 页。

俄克利斯曲线、挂藤曲线、尼柯米地斯曲线、蚌甲曲线、卜杖螺线。

在上述名词中，编订者之所以弃原有译名不用而自拟译词，大致有以下几种情况。

一是，原有译名与英文原词意义不合。如"解析形学"英文名为"analytical geometry"，"旧译作，代数几何，《代形合参》近译作解析几何、经纬几何"，名词馆的编订者认为"analytical 之译解析最妥"，但geometry 却不能翻译为"几何"①。因为"几何一字在英文为 quantity，而几何学一字在英文为 geometry。几何者，物之大小多寡之谓也，论之者不专属 geometry，下而算学上而微积，皆为论几何之书。而 geometry 之所论者，不过几何之一种耳。乌得以全体之名，名其一部分之学。考 geometry 一字，乃由 Geo、metre 相合而成。Geo 者，地也。metre 者，测量也。是其初义乃专指地。顾测地则不能无形，而测山陵丘壑又不能无体。故其界说曰：geometry 者，论点线面体之本德状态及其度量也。而点线面体之总称在英谓之 Figure，在我则为形。故定名为形学"②，故而 analytical geometry 应定名为"解析形学"。诸如此类的还有不少。又如 quantity，原译作"量"或"数量"，但按英文原义则应定名为"几何"；Lituns spiral or litmus，"近译作利窦螺线，误以 Lituns 为人名"，而 Lituns 实为"古罗马卜官所执之杖上端卷曲"，故该词应定名为"卜杖螺线"③。

二是，原有译名与中文名词习惯不合。如 Polar system of Co-ordinates，旧译作"极角距"，就被名词馆编订者认为该译名"不成名词"，因而"今取旧译而去极字，下缀定位法三字"，定名为"角距定位法"。又 Co-ordinates，"近译作坐标"，也被编订者认为"不词"，而改定名为"经纬"；Supplemental chords，"近译作补弦。按 Supplemental 之译补，虽与原文尚合，但用之于弦字之上，在中文则费解"，故编订者将之改译为"交俪弦"。值得注意的是，名词馆编订者在译名厘定时，除了考虑

　　① 《解析形学名词对照表》，《中外名词对照表》，北京师范大学图书馆所藏铅印本，第1 页。

　　② 《形学名词对照表》，《中外名词对照表》，北京师范大学图书馆所藏铅印本，第 1 页。

　　③ 《解析形学名词对照表》，《中外名词对照表》，北京师范大学图书馆所藏铅印本，第 3、14 页。

译名本身与中文习惯吻合与否外，还常考虑由此译名衍生的其他相关词是否也与中文习惯吻合，若不合，则也另拟译名。如 Parabola，就是突出一例。Parabola，"新旧译都作抛物线"，名词馆编订者也认为这一译名与英文原义相合，但是因若将 Parabola 定名为"抛物线"，则 Parabolic Mirror 将译为"抛物镜或抛物线镜"，这在中文词汇中是"不可通矣"，所以将之改译为"毕弗"①。随之相关 Parabola 的英文术语都做了修改，包括毕弗方程、毕弗之直方程、毕弗之角距方程、毕弗之轴等。

三是，原有译名不雅。如 Cartesian，"旧译作代加德，不甚通行，近译作笛卡尔，字面太俗"，于是编订者将之改译为"狄嘉尔"，Cartesian geometry 相应定名为"狄嘉尔形学"。本来 Cartesian 为一人名，音译为"笛卡尔"或"狄嘉尔"都属恰当，但名词馆编订者却仅仅因为前者"字面太俗"而特意另拟译名，由此可见在名词馆编订者眼中这译名雅否也是其重要的一择定标准。为了追求这一"雅"字，编订者自拟译名中甚而有不少直接取自中国古代典籍的。如前述"毕弗"就是如此。据编订者自承，"按《诗·小雅》：'觱沸槛泉'，觱沸泉涌出。貌凡泉水涌出，布满四垂"，未有不成 Parabola 者。又玉篇，觱作滭。今用滭沸以传其义，而简作毕弗，以便书写。又"拨弰"，因为 Hyperbola（今译双曲线）形如"两弓反背"，而"说文足剌也，读若拨。今即以拨字代之。弰反弓也。以拨字存两支相背之意，以弰字象其形"，故定名为"拨弰"②。

此外，还有些是因为与其他名词术语有相混淆的嫌疑而另拟译名的。如 Auxiliary circle，《代形合参》将之译为"外切圆"，编订者以为这一译名"与英文 Circumscribing circle 混"，故另拟译名为"副圆"。Normal equation of a straight line，旧译作"法线方程"，因与"Equation of the normal to a curve 混"，改译为"直线之垂距方程"③。

由上可知，编订者自拟译词既有因为术语厘定本身需要而另撰的，

---

① 《解析形学名词对照表》，《中外名词对照表》，北京师范大学图书馆所藏铅印本，第2、10、7页。

② 《解析形学名词对照表》，《中外名词对照表》，北京师范大学图书馆所藏铅印本，第1、7、10页。

③ 《解析形学名词对照表》，《中外名词对照表》，北京师范大学图书馆所藏铅印本，第9、6页。

也有因编订者喜好而改译的，且在这些自拟译词中，明显有受总纂严复影响的痕迹。严复厘定译名讲究的即"翻艰大名义，常须沿流讨源，取西字最古太初之义而思之，又当广搜一切引伸之意，而后回观中文，考其相类，则往往有得，且一合而不易离"①。此与前述编订者所讲究的要与英文原词意义相合、追求译词雅驯正相对应。不过，不可否认的是，上述这些自拟译名尽管在理论上有其定名、改译的某些合理性，但在后来实践中却都被淘汰了，而取代它们的恰恰是原有译名。如"解析形学"今译为"解析几何"，"毕弗"今译为"抛物线"，"拨弨"今译为"双曲线"，"副圆"今译为"外切圆"，甚而"狄嘉尔"都仍被"笛卡尔"所代替。因而就流传、沿袭而言，编订名词馆的自拟译名大多是失败的。

以往学界常沿袭章士钊的观点，对名词馆的评价一直不佳，但据《中外名词对照表》所定各科名词，可知章士钊之说并不可靠。

章士钊之言最先刊载于《青鹤》杂志上，说："（民国）七年（1918年），愚任北大教授，蔡校长（元培）曾将先生（严复）名词馆遗稿之一部，交愚董理，其草率敷衍，亦弥可惊，计先生借馆觅食，未抛心力为之也。"②章氏所言，证诸当时史实，应确有其事。据1917年2月5日《晨钟报》报道："蔡子民氏近因中国科学名词向不统一，研究学术，殊多困难，特于昨日商同教育部范总长，取前清名词馆所编各科名词草稿五十六册，分发文、理、法、工各科学长、教员，请其分别审定。闻拟俟审定之后，即编订成书，呈请颁布，以为统一科学名词之基础。"③因章氏该年正担任北京大学逻辑学教授，兼图书馆主任（即馆长），所以作为北大校长的蔡元培计划整理名词馆所编各科名词时，章士钊应也为蔡元培拟请的整理人员之一。但章士钊仅据其所见名词馆遗稿的一部分就断言严复所定名词"草率敷衍"则不免过于孟浪。

严复出任编订名词馆总纂，虽有"借馆觅食"的经济因素，但却绝非如章士钊所言"未抛心力为之"。据严复自陈：自名词馆开馆后，因

---

① 《与梁启超书》，载王栻编《严复集》第3册，第519页。
② 章士钊：《孤桐杂记》，载章伯锋、顾亚主编《近代稗海》第13辑，四川人民出版社1989年版，第313页。
③ 高平叔撰著：《蔡元培年谱长编》中卷，人民教育出版社1999年版，第12页。

"馆事极繁重",所以其"日日到部到馆",并表示"既受责任,不能不认真去做耳"①。严复在此并非虚言,据其日记考察,仅 1909 年 11 月 2 日至 1910 年 2 月 9 日间,严复记载的"到馆"记录就多达 55 次。由于后续 1910 年的日记遗失,所以此后严复的行踪无法具体考察。但至少可以肯定,在名词馆开馆初期,严复的确为审定名词花费了不少精力,而名词馆其他分纂在严复以身作则的带领下,应也不会太过敷衍。此点从前述《解析形学名词对照表》的自拟译名也可看出。这些自拟译名尽管后来大多没有沿袭下来,但每一译名都是经过编订者反复考求才最终确定的。若名词馆编订者确为"草率敷衍",那么就不可能自寻烦恼,在名词对照表中厘定出如此多的自拟译名。而此一情况也非《解析形学名词对照表》独有,其他各科名词对照表都或多或少地有自拟译名存在。而更能说明名词馆编订者工作态度的,就是他们编订出来的各科名词对照表确有不少可取之处,从中能看出他们为之付出心力绝不为少。

《外国地名对照表》在《中外名词对照表》中所占篇幅最大,所审定的名词也最多,下面即该表编订的相关情况来探讨编订者为此所做的种种努力。

关于外国地名的厘定,从徐继畲开始国人就已留意,后高凤谦、梁启超等人从理论层面又探讨过外国地名翻译、定名的原则,益智书会在出版委员会成立后也进行过外国地名统一的初步尝试,并为此成立了人名地名术语委员会,专门负责推动此事。因而,在名词馆编订《外国地名对照表》之前,国人对于外国地名的命名、统一已有一定的规则可循。名词馆编订者显然并不满足于此,而是在前人基础上,制定了一个更为系统、更为完善的地名命名规则,然后以此为标准审定已有的外国地名,将之加以规范与统一。名词馆编订者制定的外国地名命名规则有如下几条:

> 1. 本编定例:凡地名转音至多不得过五字。其间或用译义或用摄音,所求便事、易记忆而已。
> 2. 各书所转译地名往往音义相乱,益增纷乱。本编为统一起见

---

① 《与夫人朱明丽书 三十一》,载王栻编《严复集》第 3 册,第 755 页。

定例：凡东西南北大小内外新旧，以至山川河海诸字皆别求他字不复用以译音，专供译义之用，但有通行日久、人人所熟、势不可变者，则亦听之。

3. 一名有通行日久，虽人人所熟而实极不便者，则如西班牙一名。盖西字本非译义，已犯前条之例，一也。而中国行文称辞利趋简便，如英吉利则云英国，德意志、俄罗斯、法兰西则称德国、俄国、法国之类。今西班牙必不可以称西国，即约章改称日斯巴尼亚。若竟呼日国，亦嫌与日本相贸，二也。又凡专名转音，不欲以无义之音译为有义，而无谓者则如葡萄牙一名。是已《原富》译本遇此名皆转作波陀牙，则亦为此。

4. 一名有同一拼切在甲国呼读则为某音，而在乙国其呼读之音又相绝异，有时同在一国而读名之变音不同。本编名从主人，所转之音多从本国或从其最通行者。

5. 中国各省土音繁异，故同一名往往粤闽人所转与吴楚所转者大异绝殊，尤难画一。本编所定概从京音。

6. 专名虽无涵义可言，然古代相传其中亦多义意，如 Burg 者，邑也；Ton 者，镇也；Rio 者，水也河也；Monte 者，山也；Sk 者，俄言省也；Stan 者，西域之言国也；Daria、kul、nor 者，西域之言水也、湖也、泊也。夫其义意既同，则所转之音，应从一律。本编遇 Burg 皆转作堡，不从不尔尼等累译，如圣彼得堡、威尔颠堡之属；遇 Ton 皆转作敦；遇 Sk 皆转作斯科。他若斯坦达里雅、库勒、淖尔之类，皆煞费斟酌，其他如圣字及由教徒之名而以名其地，皆有会通不从纷乱。

7. 本编于旧转之音，相传已久，虽与今音不甚相合，大抵不复更动。其有过不雅驯则仍酌改。[①]

由上可知，名词馆编订者制定的外国地名命名规则已远远超出前述高、梁二人及益智书会所拟的外国地名命名方案，其不仅吸收了前述方案的一些优点，如采用音译时中文译名以官话为准，使用一些固定的汉字来代表某些常用的地名词缀等，而且提出了很多有开创性的地名命名

---

① 《外国地名对照表例言》，《中外名词对照表》，北京师范大学图书馆所藏铅印本。

原则，如名从主人、地名字数加以限定、将东西南北大小内外新旧山川河海等字都规定为义译等。若对照现行由 1979 年中国地名委员会颁布的《外国地名汉字译写通则》，则可发现，编订名词馆拟定的这七条规则，除了第三条，其余的都被沿袭了下来。① 因而无论是操作性还是科学性，名词馆编订者制定的外国地名命名规则都十分可取。而这一方案也成了我国第一个由官方制定的系统的外国地名命名方案，它的完成与实施标志着我国外国地名命名的初步规范化。

依据这一方案厘定的《外国地名对照表》，其中所定的许多地名也都延续了下来。以《外国地名对照表》中 A 字部为例：该表 A 字部共收词 119 条，通过与《外国地名译名手册》相对照，可发现其中沿用至今的有 28 条，包括亚琛、阿公加瓜、亚当桥、亚当峰、亚丁、爱琴海、阿富汗、阿非利加、阿拉斯加、阿尔卑斯、亚美利加、黑龙江、安第斯、安多拉、安哥拉、安南、亚平宁山、阿拉佛拉、咸海、北冰洋、爱珲、亚细亚、小亚细亚、雅典、阿特巴拉、大西洋、奥格斯堡、阿瓦；与现译名仅一字之差的有 17 条，如阿比沁尼亚、亚尔萨斯、亚马孙、亚烈山大、阿剌伯、阿根庭等；另外未被《外国地名译名手册》收录的有 14 条。② 若除去未被收录的，则《外国地名对照表》中 A 字部厘定的地名中被沿袭的占据了 26.7%，仅一字之差的占据了 16.2%，两者相加占据了 42.9%。可见《外国地名对照表》所厘定的译名与现行译名重合率已非常之高。这也反证了章士钊指责严复主持名词馆时"草率敷衍"，并非实情，应是章只据一部分名词馆遗稿而作的误判。再以《伦理学名词表对照表》为例，也可得出类似的结论。《伦理学名词表对照表》共收词 70 条，其中被现行《伦理学大辞典》沿用的有 23 条，占 34.3%。③

因而就《中外名词对照表》所审定的各科名词来看，严复及编订名词馆诸人应为统一名词花费了相当心力。虽然名词馆最终因时局变动及某些学科名词厘定方针的失误，并没有实现其统一名词的预期目标，但不能以此就全然抹杀严复等人为编订名词表及各科辞典所做的种种努力。

---

① 《外国地名汉字译写通则》，载中国地名委员会编《外国地名译名手册》，商务印书馆 1983 年版，第 556—559 页。

② 参见中国地名委员会编《外国地名译名手册》，商务印书馆 1983 年版。

③ 朱贻庭编：《伦理学大辞典》，上海辞书出版社 2002 年版。

此外，值得注意的是，名词馆所拟的各科名词对照表应是直接针对教科书的。此点在一些学科的名词对照表中就有所呈现。如《外国地名对照表例言》就曾指出："本编所集地名，依原议，先为对照表，义取简明，以敷中学堂以下之用。"① 《算学、代数名词对照表例言》也言："本编所列名词系照原议备中学堂以下之用。"② 由此可见，名词馆所拟的各科名词对照表从一开始就明确了其规范的主要对象，即中学以下的教科书，但后来此一规范对象应有所扩大，因为不少学科是中学以下没有的，如逻辑学、伦理学等，所以编订名词馆编订的名词对照表相当程度上是主要针对教科书的。

不过，清政府在编订名词馆成立后不到三年就被民国政府所取代，这使得名词馆所编订的名词表有可能未能及时公布。赫美玲就宣称：名词馆所编审的这些名词术语在其编辑的《官话》出版以前，未曾被政府正式公布过。③ 赫美玲的这一说法应大致不差，但名词馆所编订的名词表没有正式公布并不等于其在社会上就完全没有流传。事实上，名词馆在编订完名词对照表后应刊出过铅印本，笔者所见的北京师范大学图书馆所藏的《中外名词对照表》即属于此类，但这些名词对照表铅印本的发行范围、刊印数量，限于资料已难于弄清，现只能就这些名词对照表在国内的收藏情况稍加推测。仅据笔者所知，其中《辨学名词对照表》及《心理学、伦理学名词对照表》除北京师范大学图书馆外，国家图书馆、上海图书馆、中山大学图书馆都有收藏，另国家图书馆还收藏了《中外名词对照表》中没有的《植物学名词对照表》。因而从这些铅印本收藏地点分布来看，名词馆刊印的名词对照表其流传范围应不止于名词馆内部及北京一地，但刊印数量应不会太多。

尽管编订名词馆编辑的名词对照表在当时流传不多，但其在近代中国名词统一进程中却影响深远。一方面，编订名词馆着手编辑名词对照表及各科辞典，实为近代中国官方统一名词的第一次大规模尝试，开启了官方介入名词统一的先河。自此以后，历届政府都沿袭清政府的做法，

① 《外国地名对照表例言》，《中外名词对照表》，北京师范大学图书馆所藏铅印本。
② 《算学、代数名词对照表例言》，《中外名词对照表》，北京师范大学图书馆所藏铅印本。
③ K. Hemeling, "Preface", *English-Chinese Dictionary of the Standard Chinese Spoken Language and handbook for Translators*, Shanghai：The Presbyterian Mission Press, 1916.

设置专门官方机构负责审定、统一名词，如后续民国的大学院译名统一委员会、国立编译馆，一直到如今的全国科学技术名词审定委员会。另一方面，编订名词馆审定、统一的各科术语名词，也是中国官方完成的第一份标准词汇，为后来各科术语名词真正统一提供了借鉴与基础，一些学科的术语也正是经过编订名词馆的审定后而被正式确定了下来。而后来从事名词统一的民间机构或团体也正是受编订名词馆的启发，看到了政府力量是实现统一名词的一大关键，因而加强与政府的合作，从而在民国期间呈现出民间团体与政府机构互相配合、共同推进名词统一的融洽局面。

综上所述，清末教科书术语的统一工作主要由益智书会与编订名词馆这两个机构一前一后相继进行。经过各自的努力，这两个机构分别编辑出了一批术语辞典与中外名词对照表，极大地推动了近代中国术语统一的进程。但由于各自的局限，这两个机构都未能最终实现中国术语名词的真正统一，这一工作只能留待后来者继续进行。

第三章
清末教科书术语的中西日互动管窥

自古以来，东亚及越南等国因为地缘的因素加上汉字文化圈的存在，很早就连成了一个知识的传播网络。中国则处于这个传播网络的中心，长期担当了文化输出国的重任。进入近代后，此一情况发生了变化。由于西方各国的扩张与殖民，东亚与世界连接到了一起，西方文化借助着"船坚炮利"跃居于强势地位，取代了中国在汉字文化圈知识传播网络中的文化输出国地位。原来由"中国—东亚及越南各国"的知识传播模式一变为由"西方—东亚及越南各国"的知识输入方式。而在"西方—东亚及越南各国"的知识传播模式中间，还有一个环节，那就是西方文化的中转国。这一中转在近代早期是由中国担当的，但自甲午以后，中日文化逆转，日本成了东亚西方文化传播的中转站。这一变化趋向在近代教科书的东亚传播上也有具体反映。

第一节　清末教科书的跨国旅行

近代教科书在汉字文化圈的传播，以 1895 年为界可分为两个时期，前期主要是来华西人编译的教科书在东亚及越南的传播，后期则主要是日本教科书在中国的传播。

一　来华西人编译教科书在东亚及越南的传播

在东亚诸国中，较早被西方敲开门户的就是中国。鸦片战争之后，五口通商，外国传教士再次大量来华，他们为了扩展其传教事业，翻译出版了数量不菲的汉文西书，从而使中国成了当时东亚西方知识的汇集区。日本、朝鲜等国因为开国晚于中国，所以相当一段时间内，他们获取西方知识的一个重要的中转来源地就是中国。这也造成了在近代初期来华西人编译的教科书由中国源源不断地流向东亚及越南等其他国家。

（一）日本

在 19 世纪中叶以前，日本人了解的西方知识主要来自到长崎贸易的荷兰人和他们带来的荷兰文书籍。日本人在此基础上形成了"兰学"。但荷兰文对于日本人来说还是过于艰难，翻译、学习荷兰文书籍并不容易。到 19 世纪中叶以后，随着来华西人编译出大量汉文西书，日本人很快就将其学习西方知识的来源转向了中国，因为同属汉字文化圈，许多日本人都能直接阅读、书写汉字，所以汉文西书迅速在日本流传开来。明治初年，日本吸收西方知识的主要途径也由学习"兰学"转向引入来华西人编译的汉文西书。

日本引入近代来华西人编译的汉文西书最早可追溯到佩里舰队来日。1854 年佩里舰队第二次来日，舰队中的一位船员就曾向琉球人赠送了两册《遐迩贯珍》。后来这两本《遐迩贯珍》又辗转流传到了萨摩藩，以抄本的形式在日本各藩间广为传播。① 以此为开端，日本引入的汉文西书越来越多。

当时日本引入汉文西书的途径多种多样，既有来华日人的主动购买，也有来日传教士的顺道带入。1862 年千岁丸首航上海，随其来华的一些日本人就采购了不少汉文西书。如高杉晋作就购买有《联邦志略》《数学启蒙》《代数学》等书。② 同来的另一位日本人中牟田仓之助也搜购了一些汉文西书，包括《代微积拾级》《谈天》《重学浅说》等。来日传教士看到汉文西书在日本备受欢迎，所以在传教的同时，也附带贩卖一些汉文西书。据美国圣公会的林约翰记载：当时慕威廉的《地理全志》《大英国志》，裨治文的《联邦志略》，伟理哲的《地球图说》，合信的

---

① 关于《遐迩贯珍》由佩里舰队带入日本的情况，参见刘建辉《魔都上海——日本知识人的"近代"体验》，上海古籍出版社 2003 年版，第 46 页。

② ［日］高杉晋作：《游清五录》，载冯天瑜《"千岁丸"上海行》，武汉大学出版社 2006 年版，第 392 页。

《西医略论》《博物新编》，韦廉臣的《植物学》等书在"日本上流社会人士"之中就"卖掉了一千部以上"。另一传教士黑本 1860 年也宣称自己卖掉了伟理哲的《地球图说》"二百五十册左右"①。因为需求量大，这些直接出版自中国的汉文西书远远供不应求，于是日本很快出现了这些汉文西书的翻刻本、训点本甚而手抄本。日本人正是从这批汉文西书中了解、吸收了大量的西方知识，为他们后来的明治维新、脱亚入欧提供了必备的养分。因而某种意义上，来华西人编译的汉文西书虽出版于中国，受惠最大的却是日本。

那么究竟在明治期间有多少汉文西书被引入了日本呢？据八耳俊文《19 世纪汉译西洋书及和刻本藏书目录》所载，共有 156 种汉文西书被引入了日本，其中和刻本的有 37 种，具体包括《化学鉴原》《化学初阶》《格物探原》《格物入门》《器象显真》《航海金针》《古今万国纲鉴录》《重学》《重学浅说》《儒学医门》《植物学》《数学启蒙》《西医略论》《全体新论》《大英国志》《代数学》《代数术》《代微积拾级》《大美联邦志略》《谈天》《智环启蒙塾课初步》《地球说略》《地理全志》《天道溯原》《内科新说》《内科阐微》《博物新编》《万国公法》《皮肤新编》《妇婴新说》等。② 从这些书目中，可以发现，日本引入的汉文西书包括了来华西人翻译西书的各个科目，既有自然科学类的数学、化学、物理、植物学、医学、地理，也有人文科学的历史、法律。不少汉文西书在中国刚出版，日本这边就有了和刻本。如合信的《西医略论》1857 年在上海由仁济医馆出版，第二年日本江户老皂馆即出了和刻本。这反映了当时日本人希望从汉文西书中吸收西方知识的急切心情。

这些被日本引入的汉文西书，特别是有和刻本的，相当一部分是来华西人为中国新式学校所编的教科书，它们被引入日本后充当的也正是教科书的角色。有资料显示：明治初期，《地理全志》《地球说略》《大英国志》《联邦志略》等书的翻刻版被许多藩校（例如：金泽、福井、出石、田边、神户、淀、延冈、武雄、伊势度会等学校）当作"教科

---

① 转引自刘建辉《魔都上海——日本知识人的"近代"体验》，上海古籍出版社 2003 年版，第 47 页。

② ［日］八耳俊文：《19 世纪汉译西洋书及和刻本藏书目录》，载沈国威编《六合丛谈：附解题·索引》，上海辞书出版社 2006 年版，第 185—219 页。

书"来使用。① 其实除了上述几本外，《智环启蒙塾课初步》《植物学》
《数学启蒙》《代微积拾级》《万国公法》等汉文西书都曾在日本充当过
教科书。直到 1871 年，日本刊行的《全译中学西校改订普学规则》仍
规定："环海各国，皆我国同井之邻也。……且初学者未通其语言，未
习其文字，故宜先就汉人所译之书，加以研习，以得其略。"② 可见汉文
西书在当时日本的定位就是学校用书。

在明治初年，不少日本教科书还改编自汉文西书。如塚本桓甫的
《笔算训蒙》，就是以《数学启蒙》为蓝本改编的。该书出版于 1869 年，
由沼津学校刊行，出版后不久即被官方指定为小学数学教科书。若对照
该书与《数学启蒙》的目录及术语，则可发现两者极为相似，应存在直
接的关联。塚本桓甫除了改编《数学启蒙》外，还翻译过同由伟烈亚力
与李善兰合译的《代数学》。瓜生寅的《启蒙智慧之环》则是对理雅各
《智环启蒙塾课初步》的删订。瓜生寅删除的主要是与基督教宣传有关
的部分，并在原书基础上增加了一篇"日本论"③。瓜生寅的《启蒙智慧
之环》出版后深受读者的欢迎，也被用作了小学教科书。

伴随着这些汉文西书在日本的传播，由来华西人创译的各个学科的
术语也被日本人所吸纳，成为日本近代术语的一部分。日本数学家长泽
龟之助就曾在其翻译的《微分学》一书中宣称："算书之出，近世为最，
然其书率皆卑近而已，至高等之书则缺然无有。……且如算语之译字，
世有先例者鲜，故仅据支那译之《代微积拾级》《微积所溯源》等二三
书，或参考代威氏数学字典，探其义以附新译。"④ 换言之，长泽龟之助
所用的数学术语有相当一部分来自来华西人编译的《代微积拾级》与
《微积所溯源》。长泽龟之助作为近代日本重要的数学家，曾编辑过大量
的数学教科书，后又出版过一系列的数学辞典，在日本数学术语的厘定

① 刘建辉：《魔都上海——日本知识人的"近代"体验》，上海古籍出版社 2003 年版，第
49—50 页。
② 转引自冯天瑜《新语探原——中西日文化互动与近代汉字术语生成》，中华书局 2004
年版，第 336 页。
③ ［日］增田涉：《西学东渐与中日文化交流》，由其民、周启乾译，天津社会科学院出版
社 1993 年版，第 16 页。
④ 长泽龟之助：《微分学绪言》，载［英］突兑翰多尔《微分学》，长泽龟之助译，东京：
丸屋善七 1881 年版。

上起到过重要的作用，因而他对汉文西书中术语的借鉴、采用正可从侧面反映在近代日本术语的创制、厘定过程中，汉文西书中的术语是产生过关键的影响的。对于这一情况，中国的相关资料也有反映。钱基博所作《徐寿传》中就说："（徐寿）在（江南制造）局翻译汽机、化学等书，成数百卷。日本闻之，派柳原前光等赴局考访，购载寿译本以归。今日本所译化学名词，大率仍袭寿本者为多，人以此服其精审云。"[①] 尽管钱氏此言不免有过誉之嫌，但所言日本采用徐寿等人创译化学术语之事，却并非空穴来风。柳原前光的确曾购阅过江南制造局出版的汉文西书，并向外务省报告过相关情况，建议日本国内如有需要，可通过日本驻华领事馆购买。[②] 而日本一些化学术语也的确来自汉文西书，最突出的一例就是"化学"这一学科名。Chemistry 在日本原名"舍密"，在中国汉文西书传入后，方定名为"化学"，并沿用至今。[③]

不过汉文西书在日本充当教科书的情况只延续了一段时间。至 1887年以后，日本就不再翻刻来自中国的汉文西书了。[④] 这说明日本吸收西方知识的主要途径已发生了转移，由其派出赴欧美的留学生及日本国内西文翻译者已能承担起直接从西方引入西学的重任。尽管汉文西书在日本的地位自 19 世纪 80 年代中叶已开始下滑，但中国汉文西书在日本的引介一直持续到 1895 年前后，一些 19 世纪末出版的汉文西书也仍被输入到了日本，如《决疑数学》（1896 年）、《化学工艺》（1898 年）等。

由此观之，19 世纪 80 年代以前，不少汉文西书曾被日本引入，并充当其教科书之用；80 年代以后，汉文西书传入日本逐渐减少，但直至1895 年，仍是日本吸收西方知识的重要媒介之一。

（二）朝鲜

朝鲜是东亚另一深受中国影响的国家，其对西方知识的学习也主要

---

① 钱基博：《徐寿传》，载汪广仁主编《中国近代科学先驱徐寿父子研究》，清华大学出版社 1998 年版，第 124 页。

② 《出使清国柳原公使等给日本外务大丞的报告》（节录），载汪广仁主编《中国近代科学先驱徐寿父子研究》，清华大学出版社 1998 年版，第 182 页。

③ 关于"化学"取代"舍密"的过程，可参加沈国威的《"化学"：新译名的诞生》，载沈国威《近代中日词汇交流研究——汉字新词的创制、容受与共享》，第 530—532 页。

④ 冯天瑜：《新语探原——中西日文化互动与近代汉字术语生成》，中华书局 2004 年版，第 332 页。

来自中国。朝鲜从中国引入汉文西书，自明清之际即已开始。据统计，当时传入朝鲜的汉文西书多达41部，但其中关于西方科学知识的仅有10部。具体书名如下：利玛窦的《乾坤体义》；利玛窦、徐光启的《几何原本》；南怀仁的《坤舆图说》；艾儒略的《职方外纪》《西学凡》；熊三拔的《泰西水法》；邓玉函、王征的《奇器图说》；阳玛诺的《天问略》；利类思的《西方要纪》以及中国李之藻所译的《同文算指全编》。① 正是这些早期汉文西书的流传带给了朝鲜最初的西方知识。

进入近代后，朝鲜在19世纪前半期执行的是禁压西学的攘夷政策，但随着中国闭关锁国被打破，作为中国藩属国的朝鲜也不能不受到冲击。当时朝鲜获取中国信息的一个重要渠道，就是其每年派往中国的燕行使节。这些来华的朝鲜燕行使节通过亲身感受与切身体验，感到了西方侵略的威胁，为应对时局采纳了中国洋务派的主张，于是有了开化思想的萌芽。如被誉为朝鲜开化派导师的朴珪寿，本来是"攘夷"政策的坚定拥护者，但在1872年其出使中国后，就一改其以往主张而变成了开化思想的倡导者；而促使他这一思想转变的契机，正如后人所表述的那样"有赖他曾经以奉命使节赴燕京，而获得了见识和购买了泰西译书"②。因而助长朝鲜"开化"思想萌芽的一个重要因素正是晚期汉文西书。

1876年日本迫使朝鲜签订《江华条约》后，朝鲜不少有识之士更感形势危急，于是提倡朝鲜学习西方、实行开化的主张更为高涨。伴随着朝鲜开化思想的高涨，作为学习西方的重要读本——晚期汉文西书在朝鲜也日益盛行。1881年，就有朝鲜守旧儒生注意到，当时"所谓中西闻见、泰西闻见、万国公法等，许多异类之邪书，充满于国中。而所谓名士硕儒、好新尚奇之辈，沦胥而入，乐而忘返，更相称美"③。这所谓的"中西闻见、泰西闻见、万国公法"就是近代来华西人编译的汉文西书。

当时朝鲜获得汉文西书的途径应该也有多种：一是由朝鲜燕行使节自行购买带回。如曾多次出使中国的吴庆锡，其在出使期间，"见闻世界各国角逐的情况而有所感想。而后研究列强的历史与各国的兴亡交替，

---

① 杨昭全：《中国·朝鲜·韩国文化交流史3》，昆仑出版社2004年版，第1021—1022页。

② 陈尚胜：《中韩交流三千年》，中华书局1997年版，第159页。

③ 转引自［韩］李光麟《韩国开化史研究》，陈文寿译，香港社会科学出版社1999年版，第43页。

了解自国政治的腐败及落后于世界大势的情形，且得领悟自国将总会发生悲剧的局面而慨叹。所以，他从中国归国时，携带各种新书"①。吴庆锡购买的新书中就包括《博物新编》等汉文西书。二是来自中日两国政府的赠书。中日两国政府出于各自国家利益的考虑，都曾劝导朝鲜应主动对外开放。为此，两国政府也不约而同地向朝鲜赠送过介绍西方知识的汉译西书。如1877年，日本外交官花房义质就曾将《万国公法》和《星轺指掌》赠送给朝鲜礼曹判书赵宁夏。② 三是通过商贸往来流入朝鲜的。在1882年中朝两国签订《中国朝鲜商民水陆贸易章程》后，中朝之间贸易往来十分频繁。当时中国向朝鲜输出的商品主要有：小青布、绸缎、棉花、棉布、皮张、羊裘、青鼠皮、马、驴、书籍等。③ 因而有理由相信在中国与朝鲜交易的书籍中有相当一部分是来华传教士编译的汉文西书。

此一时期，朝鲜究竟从中国引入了多少晚期汉文西书，目前学界并没有一个确切的数字。不过仅在《承政院日记》中出现的就有如下几种：祎理哲《地球说略》、丁韪良的《万国公法》与《格物入门》《万国公报》《中西闻见录》及《格致汇编》。由此可见，当时朝鲜引入的晚期汉文西书既有译著，也有报纸杂志。当然《承政院日记》中所记载的晚期汉文西书仅是当时传入朝鲜的一小部分，实际数量、种类应远远超过上述这些。另可作为侧面印证的是现今首尔大学奎章阁所藏的中文书籍中就有相当一部分是当时流传入朝鲜的晚期汉文西书。据沈国威调查，奎章阁所藏的西学书共258种（包括早期汉文西书、晚期汉文西书与一部分中国士人的相关著作）。④ 笔者在沈所拟目录的基础上进行进一步统计，发现属于近代来华西人编译汉文西书的共164种，其中出版于19世纪50年代的7种，60年代的6种，70年代的24种，80年代的74种，年代不详的53种。以此推断，朝鲜引入晚期汉文西书的高峰应在1870—1890年，且就数量而论，与前述日本引入汉文西书的种类大致相当。晚期汉文西书在朝鲜的传播广度也可见一斑。

---

① 陈尚胜：《中韩交流三千年》，中华书局1997年版，第157页。

② 李光麟：《〈万国公法〉在韩国之受容及其影响》，载台湾韩国研究学会编《中韩关系史国际研讨会论文集》，台北：易承打字印刷事业公司1983年版，第492页。

③ 杨昭全：《近代中朝贸易（1840—1918年）》，《社会科学战线》1989年第4期。

④ 沈国威：《汉城大学奎章阁所藏汉译西书》，《或问》2002年第4期。另奎章阁的具体书目可通过 http：//147.46.103.182/index. jsp 网址查询。

与日本不同的是，朝鲜很少以晚期汉文西书充当教科书。之所以如此，是因为朝鲜新式学校的设立是在 1882 年《朝美通商条约》签订之后，在美国的帮助下设立的，其师资都是由美国人担任的，自然使用的教材不会是中文编写的汉文西书。①

尽管如此，在甲午以前，朝鲜人获得西方知识的主要来源仍是来华西人编译的汉文西书，因为绝大多数朝鲜人能轻易地阅读中文。

（三）越南

越南虽然不属于东亚，但它也是汉字文化圈的一员。汉字一直是越南人使用的主要文字之一。近代来华西人编译的汉文西书也传入了越南，成为越南人了解西方、学习西方的重要媒介。笔者据《越南汉喃文献目录提要》及《越南汉喃文献目录提要补遗》统计，当时传入越南的晚期汉文西书有六种，具体书目如下：《航海金针》《万国公法》《博物新编》《开煤要法》《西艺知新》《泰西新史揽要》，都是据中国译本的重抄或重印。

越南重抄或重印的晚期汉文西书，与中国原本相比，并没有作任何改动，只是在书前增加了由越南人撰写的序或跋等。其中前四种应是在范富庶的推动下，于 1877 年在海阳省翻印的。范富庶是越南近代早期重要的主张革新改革的官员，曾于 1863 年出使过法国，著有《西行日说》《西浮诗录》等书。范富庶推动前述四书在越南翻印的时间，恰是法国对越南不断蚕食之时，故而其针对当时时局、提倡学习西学的用意至为明显。陈仲恭在《博物新编》越南重印版前所作的序言对此也有表露，说："格物之理，学者先务尽物之性，学者极功。此（博物）新编之书，其于博物洽闻，不为无助。范大臣（即范富庶）致意良深也。有志于经世之学者，睹是编而指为外国书，不置诸心目之间，乌乎！"② 从陈氏此言，也可窥见当时越南士风的闭塞，即便是越南的"经世之学者"对于

---

① 《朝美通商条约》签订后的第二年，朝鲜就向美国派遣了使节团。在使节团停留美国期间，美国国务院向其表达了愿意为朝鲜创办新式学堂提供援助的意见。因而使节团回国后就筹划开设新式学堂，即育英公院，并计划聘请美国人担任教师。1886 年，随着三名美国教师的到来，育英公院正式设立。同年，美国监理教传教士亚扁薛罗（H. G. Appenzeller）与时奇兰敦夫人（Mary F. Seranton）分别设立了培材学堂与梨花学堂。具体情况可参见［韩］李光麟《韩国开化史研究》，陈文寿译，香港社会科学出版社 1999 年版，第 129—158 页。

② 陈仲恭：《重镌博物新编序》，《博物新编》观文堂藏版 1909 年版，第 1—2 页。

《博物新编》也以"外国书"视之，而"不置诸心目之间"。因此，《博物新编》等汉文西书在越南的翻印对于开阔越南人的眼界、冲破旧有世界观的局限起到了极大的作用，以至 20 世纪初越南维新运动高涨时，《博物新编》又被重印。《西艺知新》与《泰西新史揽要》两书引入越南的年代不详，不过大致应该与前述四书时间相当。

　　1885 年中法战争后，越南沦为法国殖民地，法国为了消除中国对越南的影响，强制性地在越南全境推行拼音文字，中国晚期汉文西书向越南的传输自然也就中断了。

　　综上所述，尽管近代来华西人编译的汉文西书在东亚及越南等国传播程度不一，且延续时间也有差池，但在甲午以前应对各国认识西方、学习西学都起到了重要的启蒙作用。中国也因这批晚期汉文西书的存在，在甲午以前成了东亚传播西学的中心。

二　汉译日本教科书在中国的盛行

　　甲午一战，中日两国强弱易位。东亚的传统政治格局也发生了变化，朝鲜沦为了日本的殖民地，中国则丧失了其在东亚的主导权。原被中国人视为"蕞尔小国"的日本，一跃成为汉字文化圈中效法西方最为成功的典范，日本因此取代中国成为东亚西方知识传输的中心，甚而刚刚战败的中国也转而以日本为中介来学习西方。在这股以日为师的潮流中，不仅大批留日学生负笈东瀛，而且众多的日本教习也西来中国，更带来了前所未有的翻译日本书籍的热潮。据统计，1896—1911 年，中国翻译日文书籍至少 1014 种。[①] 不过这一数字应远远低于真实情况，因为在前人的统计中，遗漏了一类书籍，即汉译日本教科书。教科书因为大多数图书馆都不收藏，众多藏书家也少有留意，所以无论是徐维则的《东西学书录》、顾燮光的《译书经眼录》，还是谭汝谦的《中国译日本书综合目录》都收录教科书甚少。但恰恰这一部分汉译日本教科书不仅数量巨大，而且对于中国影响深远。正如有的学者所指出的那样，这批汉译日本教科书是各类翻译材料中对中国思想及社会最具渗透力和持久影响的。[②]

---

① 熊月之：《西学东渐与晚清社会》（修订版），中国人民大学出版社 2011 年版，第 640 页。
② ［美］任达：《新政革命与日本——中国，1898—1912》，李仲贤译，江苏人民出版社 1998 年版，第 132—133 页。

1895 年后，中国之所以大量翻译日本教科书，固然与当时以日为师的大环境有关，但也同国人自身的提倡与日本人的推波助澜不无关联。

最早提出要翻译日本书籍的是康有为与梁启超。1897 年康有为在《日本书目志》中率先指出："泰西诸学之书其精者，日人已略译之矣，吾因其成功而用之，是吾以泰西为牛，日本为农夫，而吾坐而食之。费不千万金，而要书毕集矣。"① 同年梁启超也说："日本自维新以后，锐意西学，所翻彼中之书，要者略备。其本国新著之书，亦多可观。今诚能习日文以译日书，用力甚鲜，而获益甚巨。"② 基于这一认识，梁启超等人筹资成立了大同译书局，准备翻译的西书即"以东文为主，而辅以西文"。大同译书局计划翻译的书籍具体包括以下几类："本局首译各国变法之事，及将变未变之际一切情形之书，以备今日取法。译学堂各种功课，以便诵读。译宪法书以明立国之本。译章程书以资办事之用。译商务书以兴中国商学，挽回利权。大约所译先此效类。自余各门，随时闲译一二。"③ 其中"译学堂各种功课"指的就是翻译教科书。从这一译书计划，可以发现，梁启超此时应已注意到翻译日本教科书了。不过因为大同译书局成立第二年就发生了戊戌政变，所以这一翻译教科书的计划并没有得以实施。

其实即使没有戊戌政变的发生，大同译书局在当时要马上翻译日本教科书也有一定困难。原因在于当时中国缺乏可以翻译日文书籍的译才。1897 年梁启超在办《时务报》的过程中就已察觉，"日本书同文几半，似易译于西文，然自顷中国通倭文者不过数人，皆有馆地领厚薪"，并不会从事译书工作；若从日本寻觅翻译者，则"日本维新三十年中，读中国书者几绝。其有一二，则皆守旧之徒，视新学如仇敌，必不肯翻我欲翻之书"，在此译才难求的情况下，"无宁多聘一二通英文者，多译英文之为得也"④。正因有此认识，所以 1898 年梁启超筹办京师大学堂译

---

① 康有为：《日本书目志自序》，载姜义华、张荣华编校《康有为全集》第 3 集，中国人民大学出版社 2007 年版，第 263 页。

② 梁启超：《论译书》，载黎难秋主编《中国科学翻译史料》，中国科学技术大学出版社 1996 年版，第 330 页。

③ 梁启超：《大同译书局序例》，载张静庐辑注《中国出版史料补编》，中华书局 1957 年版，第 53 页。

④ 丁文江、赵丰田编：《梁启超年谱长编》，上海人民出版社 1983 年版，第 78 页。

书局时，其计划翻译的教科书仍以西方教科书为主。据其自呈："今拟于七月即行开局编译，已向日本东京购得美国学堂初级功课书十数种，次第开译。"① 这正充分说明当时翻译日本教科书的条件并不成熟。中国要真正大规模引入日本教科书，第一步就必须培育出一支精通或者至少粗通日文的翻译队伍。

当时培育翻译日文译才的途径有二：一是国内建立系统地学习日语的学校。1897 年京师同文馆增设东文馆，标志国内日语教育的正式开始。② 同年广东同文馆加以仿效，也增设东文馆。一年后罗振玉在上海又聘请日本教员，开设东文学社。与此同时，北京的蔡元培也与友人计划"辟东文学馆"③。可见戊戌前后，国人已着手日语教育的开展。此后，各地增设东文学堂日多，不少普通学校也在原有科目基础上加设日文。如绍兴中西学堂就于 1898 年，"外国文除英法两国外，添课日本文"④。广州时敏学堂开设科目中也有日文。

不过日语作为正式科目进入中国学校课程体系，还是在癸卯学制中加以确定的。1902 年壬寅学制颁布，在《钦定中学堂章程》中规定："所习外国文，以英文为主，法文、日文科任择一国兼习。"⑤ 显然此时日文还是以选修科目出现的。不过两年后，癸卯学制颁布时，日文科的地位有了明显提升。《奏定中学堂章程》规定："中学堂学科目凡分十二：一、修身，二、读经讲经，三、中国文学，四、外国语（东语、英语或德语、法语、俄语），五、历史，六、地理，七、算学，八、博物，九、物理及化学，十、法制及理财，十一、图画，十二、体操。但法制、理财缺之亦可。"由"外国语（东语、英语或德语、法语、俄语）"一语可知，日文已排在了英文的前头。而该章程在各科分科教法中更言明：

---

① 《梁启超奏译书局事务折》，载王学珍、郭建荣编《北京大学史料》第 1 卷，北京大学出版社 2000 年版，第 192 页。

② 在京师同文馆增设东文馆之前，中国驻日公使馆也曾开设过东文学堂，培养翻译日文的人员，不过这一学校设在日本东京，对国内似乎并没有产生多大的影响。

③ 中国蔡元培研究会编：《蔡元培全集》第 15 卷，浙江教育出版社 1998 年版，第 149 页。

④ 《章景鄂记绍兴中西学堂》，载朱有瓛编《中国近代学制史料》第 1 辑下册，华东师范大学出版社 1986 年版，第 737 页。

⑤ 《钦定中学堂章程》，载璩鑫圭、唐良炎编《中国近代教育史资料汇编——学制演变》，上海教育出版社 2007 年版，第 273 页。

"习外国语之要义，在娴习普通之东语、英语及俄、法、德语，而英语、东语为尤要。"① 换言之，日语已与英文并列，甚而其重要性还在英文之前。除《奏定中学堂章程》外，癸卯学制在师范学堂的章程中也有关于日文科的相关规定。其中《奏定初级师范学堂章程》基本沿袭《奏定中学堂章程》的规定，只不过是将外文科放于加习科目中。《奏定优级师范学堂章程》则将东文科置于公共科目中，规定"公共科凡入此堂之学生均须加以学习"②。由此，日语教育正式纳入中国学校教育体制中，成为中学教育及师范教育的一部分。

对于中国人热心学习日文、开展日语教育，日本是乐见其成的，并刻意加以引导。当时就有日本媒体呼吁："我国人应在中国各地自建日语学校教诲新进俊秀之子弟，若我国如能有足够力量，进一步在其它要地也应该建设。……彼中国人自知学、读日语之易，故欲授彼等以知识，应首先始自日语学校。"③ 为实践这一主张，日本人相继设立金陵东文学堂（1897 年）、福州东文学堂（1898 年）、杭州东文学校（1898 年）、苏州东文学堂（1899 年）、北京东文学社（1901 年）等日语学校，专门招收中国子弟，教授日文。

正是中日两国共同发力，使得短短数年间，日语教育得以在中国广泛开展，为汉译日本教科书提供了一批急需的翻译人才。如罗振玉创办的东文学社就培养出了王国维、樊炳清、沈纮等人，而此三人成了早期翻译日本教科书的骨干。据任达统计，樊炳清译书在 10 种以上，沈纮译书多达 15 种。④ 不过任达这一数字是据谭汝谦《中国译日本书综合目录》一书统计而来，而谭书如前所述，对于汉译日本教科书的收录遗漏甚多，因而樊、沈二人翻译日书的实际数量应远不止于此。仅就笔者所见，樊炳清在清末翻译的日本教科书至少有 20 种，具体书目如

---

① 《奏定中学堂章程》，载璩鑫圭、唐良炎编《中国近代教育史资料汇编——学制演变》，上海教育出版社 2007 年版，第 327—329 页。

② 《奏定优级师范学堂章程》，载璩鑫圭、唐良炎编《中国近代教育史资料汇编——学制演变》，上海教育出版社 2007 年版，第 419 页。

③ ［日］竹中宪一：《北京历史漫步》，天津编译中心译，中国文史出版社 1991 年版，第 107 页。

④ ［美］任达：《新政革命与日本——中国，1898—1912》，李仲贤译，江苏人民出版社 1998 年版，第 132 页。

下：《东洋史要》《西洋史要》《筑城学》《步兵工作教范》《学校造林法》《昆虫志略》《中等植物教科书》《近世化学教科书》《理化示教》《近世博物教科书》《普通动物学》《新编小物理》《万国地志》《社会学》《历代中外史要》《伦理教科书》《伦理书》《伦理学教科书》《伦理教科书总说》《几何画法》《地文学简易教科书》《植物学实验初步》。由此可见，当时国内日语教育的开展对于汉译日本教科书助力甚大。

　　清末培育翻译日文人才的第二个途径就是派遣留日学生，由他们向国人传递日本最新的书籍信息，并搭建起中日译介教科书的桥梁。就数量而言，这批清末留日学生人数更多，至 1906 年竟达 1.2 万人。① 这些留日学生抵达日本后，在学习之余，纷纷从事译书活动，以向国内传达新知，开启民智。在这些留日学生翻译的日本书籍中，日本教科书占据了相当的比例。为翻译日本教科书，留日学生还自己组织了译书社，如译书汇编社、教科书译辑社、湖南编译社等。关于留日学生翻译日本教科书的具体情况，前辈学人已有颇多论述，笔者在此不再赘述。②

　　需要指出的是，中国正式开展日语教育是起于 1897 年，而大规模派遣留日学生更是到了 1900 年以后，因而在 1895—1900 年，承担翻译日本教科书工作的有一部分是日本人。甚而第一部汉译日本教科书也不是由中国人翻译的，而是由日本人用汉文编写的。据笔者所知，第一部汉译日本教科书应是 1898 年河野通之、石村贞一合著的《最近支那史》，该书由振东室学社出版，曾被京师大学堂认定为各学堂暂定用书。③ 第二年上海东文学社又出版了那珂通世的《支那通史》，该书同样被京师大学堂认定

---

① 熊月之：《西学东渐与晚清社会》（修订版），中国人民大学出版社 2011 年版，第 638—639 页。

② 关于留日学生翻译日本教科书的具体情况，可参见［日］实藤惠秀《中国人留学日本史》，谭汝谦、林启彦译，生活·读书·新知三联书店 1983 年版，第 217—225 页。另，也可参见王晓秋《近代中日文化交流史》，中华书局 1992 年版，第 398—422 页。

③ 有研究者曾据《教科书发刊之概况》，认定 1889 年江南制造局印行的日人饭盛挺造编、藤田丰八译的《物理学》为中国第一部汉译日本教科书。但该书显然不可能于 1889 年出版，因为藤田丰八 1895 年方从东京帝国大学汉文科毕业，然后于 1897 年才来华担任由罗振玉主持的《农学报》的专职日文翻译，且藤田丰八所译《物理学》的底本是来自明治 31 年（1898）《物理学》的日文版，所以藤田丰八翻译、刊行的《物理学》应出版在 1898 年之后，不可能在此以前出版。

为各学堂暂定用书，也可视为清末最早使用的汉译日本教科书之一。不过随着中国日语教育的开展，很快这一翻译日本教科书的工作就由国人自己接替了。1899年东文学社出版了第一本由中国人翻译的汉译日本教科书，即桑原骘藏原著、樊炳清译的《东洋史要》。此后国人翻译的日本教科书才日渐增多。

正是随着国内日语教育的开展与留日学生的急剧增长，近代翻译日文书籍人才缺乏的现象迅速得到缓解，为清末最后十年大量引入日本教科书提供了必需的人员支持。

但要真正掀起翻译日本教科书的热潮，仅有翻译日文的人才还不够，还需要官方、民间的共同提倡。继康梁以后，张之洞也提倡翻译日本书籍。张在其著名的《劝学篇》中说："至各种西学之要者，日本皆已译之，我取径于东洋，力省效速，则东文之用多。……学西文者，效迟而用博，为少年未仕者计也。译西书者，功近而效速，为中年已仕者计也。若学东洋文，译东洋书，则速而又速者也。是故从洋师不如通洋文，译西书不如译东书。"① 若比较康梁前述引文，可以发现，张之洞提倡翻译日本书籍的理由与康梁几乎如出一辙，不过张之洞的身为士林领袖兼地方要员的身份，使得他这一言论所产生的效力、影响远非康梁二人所能比拟。张之洞的《劝学篇》不仅迅速在士林中传阅，而且直接上呈朝廷。1898年7月，清政府下令将《劝学篇》分送给各省总督、巡抚及学政。这一举措表明在张的推动下，学习日本、翻译日书已获得了中国官方的认可。在此背景下，随着《劝学篇》的风行，国人开始扭头向东，以日为师。

不过，张之洞撰写《劝学篇》时，虽已倡导翻译日书，但并没有将日本教科书单列出来。张之洞留心翻译日本教科书应是到了1901年。该年张之洞不仅与刘坤一合办了江楚编译局，翻译日本教科书，而且特意派遣罗振玉前往日本考察教科书。张之洞在给罗振玉的指示中说："连日与仲弢、念劬谈编教科书，此教育根基，关系极重，著手极难，非亲往日本以目击为考定不可，似非专恃购来图书所能模仿。鄙人极注重于此，欲请阁下主持，率四五人如陈士可等，即日东渡，

---

① 张之洞：《劝学篇》，上海书店出版社2002年版，第46页。

竭数月之力，见实事，问通人，创立稿本。回鄂后，鄙人再以全力速编成书，则期速而书适用。"① 至此，显然张之洞已有了翻译、模仿日本教科书的打算了。次年张之洞更坦言要"访求日本教科书，拟酌采其意编纂之"②。

当时在清政府内部如张一样，主张翻译日本教科书的并不在少数。另一兴学最有力的晚清重臣袁世凯也持这一打算。1901 年山东巡抚袁世凯就上奏朝廷，请求搜罗日本书籍，"汇辑成编，发交京外各学堂，循序购买，以期学术一律，而免分歧"③。次年，袁世凯即将这一主张付诸实践，在保定办师范学堂，"先取日本译成西学普通各书，转译中文，颁发肄习，俾其易于通晓，易于成效"。在其拟定的直隶小学堂章程中也规定："此次筹办学堂，务期速收实效。若俟先通西文，再习西学，未免旷日持久。拟专取日本译成西学各书，转译中文，以资教授。"④ 而担任出洋学生总监督的夏偕复更直接建议，今日中国编辑教科书"欲求一至速至多至廉之术，宜即日本东京设一大译书局，翻译东籍"⑤，也就是直接采用汉译日本教科书。

不仅官方中人持这一见解，民间士人对此也多有呼应。其中倡导翻译日本教科书最有力的是罗振玉。罗振玉 1901 年创办了《教育世界》，在该刊序例中就宣称：该杂志"所译各学教科书，多采自日本，考各种教科书有可通用者（如动植理化之类），有须待撰者（如读本地理历史之类），兹译日本教科书为蓝本"⑥。对于这一主张，罗振玉还撰文详加论述。其在讨论学制时，就提出：中国采用的教科书可"悉以日本教科

① 张之洞：《致上海罗叔芸》，载璩鑫圭、唐良炎编《中国近代教育史资料汇编——学制演变》，上海教育出版社 2007 年版，第 122 页。

② 张之洞：《致京张冶秋尚书》，载璩鑫圭、唐良炎编《中国近代教育史资料汇编——学制演变》，上海教育出版社 2007 年版，第 136 页。

③ 《山东巡抚袁世凯：遵旨敬抒管见备甄择折（节录）》，载璩鑫圭、唐良炎编《中国近代教育史资料汇编——学制演变》，上海教育出版社 2007 年版，第 9 页。

④ 袁世凯：《奏办直隶师范学堂暨小学堂折》，载璩鑫圭、唐良炎编《中国近代教育史资料汇编——学制演变》，上海教育出版社 2007 年版，第 77、81 页。

⑤ 夏偕复：《学校刍言》，载璩鑫圭、唐良炎编《中国近代教育史资料汇编——学制演变》，上海教育出版社 2007 年版，第 191 页。

⑥ 《〈教育世界〉序例》，载朱有瓛编《中国近代学制史料》第 2 辑上册，华东师范大学出版社 1987 年版，第 20—21 页。

书为蓝本"，因为中日两国"国体相近"，故可以"仿用"；而仿用日本教科书又分三种形式，一是"译用全书"，如算术、图画、体操、理科之类，二是"依其体例编辑"，如本国历史、地理之类，三是"译日本书而修改用之"，如博物之类，宜改其与中国不合者。① 应该说，与此前只是单纯提倡翻译日本教科书的见解相比，罗振玉这一按不同学科分别采用不同的方式利用日本教科书是极具科学性与合理性的。罗氏后来也多次重申这一主张，强调："今中国编定教科书，宜先译日本书为蓝本而后改修之。如算学、理化、体操、图画等可直用东书。若本国之历史、地理，亦必先译东书，师其体例而后自编辑之。至博物等科亦必修改，譬如动、植、矿三者，必就本国所产及儿童所习见者教授之，故不能全用他国成书也。又中国今日编教科书，不可草率，亦不可太矜慎。草率则大体多乖，改良不易；太矜慎则旷日过久，误事亦多。宜预定于一年期内，遴选明习此事者，陆续编印成中小学课书，其有未能完善之处，随后逐渐更改。因教科书之善否，不能仅凭理想断定，必征诸实用，乃能明其利弊所在而改良之也。"②

罗振玉这一主张，经过其宣传提倡后，应被国人所注意。1904 年有媒体也提出了类似的看法，认为"理科者，各国所同者也，故学成之后，可翻译外国教科书，以教授国民。文科者，一国所独者也，虽学成之后，非自编辑历史、地理、伦理等教科书，必不足以养成国民资格"③。尽管已有国人注意到此点，但清末日本教科书的译入仍以"无组织、无选择，本末不具，派别不明，惟以多为贵"的"梁启超式"的输入为主导，以至于很多汉译日本教科书只是对其原本的直译，并没有罗振玉所言的"而后改修之"这一环节。

就在中国官方、民间都纷纷倡言翻译日本教科书之时，日本方面也采取了主动配合的姿态。罗振玉赴日考察时，就感到"彼邦教育家，甚愿助我国编定教科书"，"意欲合中日之力，译印教科书，而定版权之法

---

① 罗振玉：《学制私议》，载璩鑫圭、唐良炎编《中国近代教育史资料汇编——学制演变》，上海教育出版社 2007 年版，第 168 页。

② 罗振玉：《日本教育大旨》，载璩鑫圭、唐良炎编《中国近代教育史资料汇编——学制演变》，上海教育出版社 2007 年版，第 235 页。

③ 《光绪三十年〈时报〉论中国成就师范之难》，载朱有瓛编《中国近代学制史料》第 2 辑下册，华东师范大学出版社 1989 年版，第 276 页。

制，并出教科书十余种见赠"①。后来《教育世界》所刊载的不少教科书就来自这些日本教育家的赠书。一些日本人还直接在《教育世界》上撰文，提议："学堂功课书，则于图书局尽购东西各国之尽善尽美者，参酌折衷，适宜编纂，版藏局中，书颁境外，以便教育子弟，并宜借助外人；而参考书则应时时译著有用之书。"② 日本方面之所以如此配合，既有确出于同文同种、睦邻友好的考虑而真心提携的，但作为日本政府而言，更多的则是基于本国利益的考量，试图以"思想的侵略取代武器的侵略，教育的宣传取代压迫"，以此来"征服中国"③。但不管是出于好意还是私心，日本方面这一主动配合的策略，极大地助涨了中国翻译日本教科书的热情。

正是有了中国官方、民间的倡导，日本方面的主动配合，加上翻译日文人才的日益充裕，在清末最后十年出现了翻译日本教科书的热潮。据笔者统计，清末引入的日本教科书高达 410 种。具体情况见表 3.1。

若对照第一章清末国人编译各科教科书统计，可以发现汉译日本教科书占国人编译教科书总数的 40.8%，占翻译教科书总数的 83.8%。后人所言"最初的教科书，几乎都是从日文翻译过来的"，并非妄言。④ 从汉译日本教科书分布科目来看，除了国文外，每一门学科都有汉译日本教科书，甚而连英文科，也不例外。译自日本的英文教科书有斋滕秀三郎原著的《正则英文教科书》与《英语捷径》、田乃武原著的《高等英文典》等。其中《正则英文教科书》在清末比较盛行。据陆殿舆回忆，他在重庆府中学堂学习时，使用的就是"日本人编的《正则英语》"。该书"首列拼音，对拼音规则讲得很详，用符号标音，如 A 字七个音，E 字五个音，I 字六个音等等。……每课首列生字，次列正文，……再次是文法。由名词、代名词等由浅入深地慢慢讲解。最后是汉译英练习"⑤；因

---

① 罗振玉：《扶桑两月记（节录）》，载璩鑫圭、唐良炎编《中国近代教育史资料汇编——学制演变》，上海教育出版社 2007 年版，第 118 页。

② 辻武雄：《清国两江学政方案私议》，载璩鑫圭、唐良炎编《中国近代教育史资料汇编——学制演变》，上海教育出版社 2007 年版，第 198 页。

③ A. P. Parker, "A New Japanese Invasion of China", *The Chinese Recorder*, Vol. 32, 1901, p. 356.

④ 汪向荣：《日本教习》，中国青年出版社 2000 年版，第 171 页。

⑤ 陆殿舆：《清末重庆府中学堂》，载朱有瓛编《中国近代学制史料》第 2 辑上册，华东师范大学出版社 1987 年版，第 536 页。

表 3.1

清末引入日本教科书情况①

科目＼年代	1898	1899	1900	1901	1902	1903	1904	1905	1906	1907	1908	1909	1910	1911	总计
伦理修身				1	4	5		3		1	2		1		17
外语			1											1	7 （年代不详者 4 种）
历史		2	1	3	7	12	4			1		1			33 （年代不详者 1 种）
天文地理	1		1	1	8	12	5	3		3	1	1	1		41 （年代不详者 1 种）
数学				3	1	8	6	16	27	35	23	6	3	4	146 （年代不详者 14 种）
理化格致					2	1	3	1		3	1			1	9 （年代不详者 1 种）
博物动植物									5						16
生理卫生							1		3	6					6
音乐美术体育					1	2	1	1	2	1	1				8 （年代不详者 1 种）
劳作							1								1
政治								1		1	2				
论理学					4	1			3	2	2	1			13
物理			1			2	3	1	4	3					15 （年代不详者 1 种）
化学			2		3	6	9	12	7	9	13	2	1	1	80 （年代不详者 15 种）
专业教材			1	1	1	2			4	4					16
总计	1	2	6	9	31	52	35	40	60	70	43	11	6	7	410 （年代不详者 38 种）

① 本表统计资料主要来自《民国时期总书目——中小学教材》，张晓的《近代汉译西学书目提要：明末至 1919》，王有朋的《中国近代中小学教科书总目》，谭汝谦的《中国译日本书综合目录》，邹振环的《晚清西方地理学在中国》，黄兴涛、曾建立的《清末新式学堂的伦理教育与伦理教科书探论》，赵匡华的《中国化学史近现代卷》，赵匡华的《中国化学史探论》，冯立昇的《中日数学关系史》，王冰的《明清时期（1610—1910）物理学译著书目考》及笔者自身辑录的相关书目。

而编写得十分科学，学生使用也十分方便。

首先，就整个汉译日本教科书而言，以数学、化学、地理、物理等自然科学类翻译得相对较多，而人文社科类翻译得较少。值得注意的是，此点与当时中国翻译日文书的总体趋势有所差异。据谭汝谦统计，在1896—1911年中国译日文书共958种，其中总类8种，哲学32种，宗教6种，自然科学83种，应用科学89种，社会科学366种，中国史地63种，世界史地175种，语文133种，美术3种。①换言之，各类人文科学、社会科学的译书高达778种，占总数的81.2%，而自然科学、应用科学只有172种，占17.9%，恰与汉译日本教科书各学科分布相反。②出现此种差异的原因，应是因为教科书的特殊性。正如时人所指出的那样："普通学乃养成国民之基础，其中如地理、历史、伦理、国文等，最足发生人爱国心，若以此等教育授诸外人，则国民基础必难坚固。"③基于这一认识，诸如地理、历史、伦理、国文之类的人文社会科学自然应少用或不使用外国教科书，汉译日本教科书在这些学科中分布相应也就较少；而自然科学、应用科学因为不涉及国家、民族问题，则可以借鉴使用。这也正是前述罗振玉为何一再强调要按不同学科分别采用不同方式来使用日本教科书的原因所在。

其次，就时间段而言，汉译日本教科书翻译出版的高峰集中在1903年、1906年、1907年三个年份。其中1903年，可能是因为该年会文学社出版了多达一百种的《普通百科全书》，从而直接提升了该年出版汉译日本教科书的数量。该套丛书分"首编""中编""末编"三个系列，

① 谭汝谦编：《中国译日本书综合目录》，香港中文大学出版社1980年版，第45—49页。

② 另据毕苑统计：1890—1915年，汉译日本教科书的数目为507种，其中修身类2种，外文类18种，历史类76种，算术类14种，代数类22种，几何类36种，三角类17种，物理类19种，化学类27种，地理类38种，矿物类9种，博物类5种，植物类19种，动物类20种，生理卫生类14种，经济类13种，法制类19种，美术类4种，音乐类2种，体操类2种，家事类7种，手工类1种，农学类3种，教育类88种，心理学类12种，伦理学类11种，论理学类9种（毕苑：《汉译日本教科书与中国近代新教育的建立（1890—1915）》，《南京大学学报》2008年第3期）。若依此数据，可以发现，人文社科类教科书共261种，占51.5%；自然科学类与应用科学类的教科书共246种，占48.5%，两者相差不远。不过毕苑的统计明显数学与化学教科书遗漏的不少。因而据笔者估计，当时出版界真实的状态应是自然科学类与应用科学类的汉译日本教科书要超过人文社科类的教科书，不过此点仍需更多的书目加以印证。

③ 《光绪三十二年二月 上江督周玉帅禀》，载朱有瓛编《中国近代学制史料》第2辑上册，华东师范大学出版社1987年版，第724页。

虽名为《普通百科全书》，但绝大部分可用作教科书或学校用书。其中"首编"17种，皆"可为小学校完善之课本"，"不独便于学童之记忆，且由是以进则于诸学门径，皆已了然于胸"；"中编"21种，"皆为研究普通学之必要部分，如教育学、生理学、物理学、动植物学、历史、地理、算数等学"，实际上就是可应用为中学教科书；"末编"62种，"皆为研究专门学之资料，分级以进，有完全无缺之科目，得渐次养成专门学者之资格"，也就是相当大学用书或教学参考书。① 1906、1907年则是因为1904年清政府公布了癸卯学制，1905年又正式废除科举制，使得此后数年间新设学校数与新增学生数都有了较大增长，从而直接带动了教科书的需求，汉译日本教科书自然在这两年也出版较多。另外1906—1907年，也是中国派遣留日学生人数最高的两个年份，此点应对汉译日本教科书的增多也有一定的推动作用。

最后，从清末引入日本教科书的底本来源来看，这期间翻译的日本教科书不少都出自名家之手。如数学类，有菊池大麓的《几何学教科书》（包括平面几何与立体几何）、藤泽利喜太郎的《数学教科书》、林鹤一的《重译足本几何学教科书》、长泽龟之助的《初等代数学教科书》、上野清的《高等代数学教科书》等，化学类有大幸勇吉的《改订近世化学教科书》、龟高德平的《中学化学教科书》、高松丰吉的《最新化学实验教科书》等，物理类有本多光太郎的《物理学教科书》、中村清二的《近世物理学教科书》、后藤牧太的《新编理化示教》等，地理类有横山又次郎的《地质学简易教科书》、神谷市郎的《中学地文教科书》、山上万次郎的《最新地文学教科书》等，历史类有桑原骘藏的《东洋史要》、松平康国的《世界近世史》、那珂通世的《支那通史》等，植物学类有宇田川榕庵的《植学启原》、松村任三的《植物学教科书》。从上述所列这些人名可知，不少汉译日本教科书的原作者或为日本该学科的先驱，或为日本各大学的知名教授。如菊池大麓就是日本近代数学的奠基者之一，后担任过东京帝国大学总长、日本文部大臣；高松丰吉则是日本化学的重要创始人之一，曾为厘定日本的化学术语做出

---

① 《〈普通百科全书〉本书之内容》，转引自邹振环《20世纪上海翻译出版与文化变迁》，广西教育出版社2000年版，第78—79页。

过突出贡献，编有《化学语汇》；本多光太郎则是日本早期重要的物理学家，曾担任过东北帝国大学校长、东京理科大学校长等职务；桑原骘藏与那珂通世则是日本近代著名的历史学家；而藤泽利喜太郎、大幸勇吉、松平康国则分别为东京帝国大学、东京高等师范学校、早稻田大学的教授。而且在清末汉译日本教科书中，不少是经过日本文部省审定后的教材，所以在实用性与严谨性上优于此前来华西人编译的教科书。以物理、化学教科书为例，日本 1886—1901 年审定的中学物理、化学教科书分别为 13 种与 12 种，其中被翻译为中文的各有 6 种；1902—1911 年日本国定中学物理、化学教科书分别为 35 种与 18 种，其中译介入中国的物理学教科书有 7 种、化学教科书 5 种。① 前文列举的后藤牧太的《新编理化示教》就是 1901 年日本文部省审定的物理学教科书。

　　清末最后十年大批汉译日本教科书的出版，可以说极大地缓解了近代中国学制改革初期教科书缺乏的局面。当时全国各级学堂在相当一段时间内使用的都是汉译日本教科书，甚而在国人自编教科书出现后，这一情况仍没有改变。1903 年京师大学堂颁布暂定各学堂应用书目，其中属于汉译日本教科书的至少有 15 种，② 科目包括修身、中外史学、中外舆地、理财学、博物学、物理化学等。1910 年学部又公布《中学堂暂用书目》，汉译日本教科书也占了相当一部分，具体书目包括《西洋史要》《万国史纲》《世界地理志》《新译算学教科书》《新译中学代数教科书》《理化示教》《近世物理学教科书》《最新中学教科书植物学》《黑板图画教科书》等。③ 而这些还仅是通过政府审定的汉译日本教科书，那些被学校采用却未通过审定的教科书更多。如文明书局出版的麦鼎华译、日本元良勇次郎著的《中等伦理学》，虽被政府查禁，"但各省中小学堂仍多用之"④。后人的回忆也多印证了此点。蒋维乔后来就曾指出：癸卯

---

　　① 樊洪业、王扬宗：《西学东渐：科学在中国的传播》，湖南科学技术出版社 2000 年版，第 185—186 页。

　　② 据《教科书之发刊概况》（中华民国教育部编：《第一次中国教育年鉴》（戊编·教育杂录），上海开明书店 1934 年版，第 118 页）统计所得，但该记录只是暂定各学堂应用书目的一部分。

　　③ ［日］多贺秋五郎编：《近代中国教育史资料：清末编》，台北：文海出版社 1972 年版，第 540—542 页。

　　④ 《教科书之发刊概况》，载中华民国教育部编《第一次中国教育年鉴》（戊编·教育杂录），上海开明书店 1934 年版，第 121 页。

年间，对于汉译日本教科书，"国人因知识之饥荒，多喜购阅，故极畅销"[①]。郭沫若回忆其中学时代，也承认"我们当时又翻译了大量的日本中学用的教科书。我个人来日本以前，在中国的中学所学的几何学，就是菊池大麓先生所编纂的。此外，物理学的教科书则是本多光太郎先生所编的"[②]。因而可以断言汉译日本教科书在当时课堂的使用是十分普遍的。

汉译日本教科书的盛行对于中国而言，不仅仅是解决了当时教科书缺乏的现实问题，而且对于更新国人的观念、知识，甚而词汇都起了极大的作用。特别是词汇，正是借助于这批数量巨大的汉译日本教科书，日制汉字术语大量地进入到中国人的语言系统中，成为构筑国人近代思想、建构现代学科的主要元件。下面以物理学为例，来探讨一下汉译日本教科书出现后对于中国术语的厘定带来了怎样的冲击。

在汉译日本教科书出现以前，近代来华西人编译的西书中就有不少有关物理学的著作，具体书目包括伟烈亚力的《谈天》，艾约瑟的《重学》、傅兰雅的《重学须知》、丁韪良的《格物入门》等。伴随这些物理学著作的出现，也诞生了一批由来华西人及其合译者共同厘定的物理学术语。且如前所述，由来华西人组建的益智书会，还对早期的物理学术语进行了初步的统一。1880年，益智书会决定将收录在卢公明《英华萃林韵府》中的伟烈亚力编译的力学术语作为标准词汇。1904年益智书会出版的最终统一术语的成果——《术语辞汇》，在该辞书中也收录了一批物理学术语，包括力学、流体力学、气体力学、声学、热学、光学、电学、磁学等词汇千余条。这些由来华西人厘定的术语成了近代国人早期探讨物理学的基本词汇。不过汉译日本教科书进入中国后，却给国人带来了大批日制汉字物理学术语，从而使国人在物理学术语使用上有了另一种选择。最终国人选择的结果是：绝大部分由来华西人厘定的物理学术语被日制汉字术语取代。

以卢公明《英华萃林韵府》中收录的伟烈亚力编译的力学术语集为例。在该术语集中，后来被学部颁布的《物理学语汇》收录的术语有30条，但译名相同的却仅有6条。具体情况如表3.2所示。

---

① 蒋维乔：《编辑小学教科书之回忆（1897—1905年）》，《商务印书馆九十年：我和商务印书馆（1897—1992）》，商务印书馆1987年版，第56页。

② 转引自［日］实藤惠秀《中国人留学日本史》，谭汝谦、林启彦译，生活·读书·新知1983年版，第233页。

表3.2 《英华萃林韵府》《物理学语汇》《术语辞汇》力学术语比较

现用名	《英华萃林韵府》	《术语辞汇》	《物理学语汇》	
			中文译名	日文译名
加速度	渐加速	增速率	加速度	加速度
气泵、抽气机	恒升车	吸气筒、抽气筒、撤气筒	抽气机，空气唧筒	排气机
沸点	沸度		沸腾点、沸点	沸腾点、沸点
振动点	摆心	摆心	摆动之中心	振动之中心
悬点	悬点		悬点	悬点
圆柱	圆柱	圆柱体	圆筒，圆柱	圆筒，圆柱
力学	动重学	动力学	力学	力学
效率	功用	功用	有效率	有效率
弹性	凸力	颤力，凹凸力	弹性	弹性
定滑轮	静滑车		定滑车	定滑车
流体	流质		流体	流体
支点	定点	定点	支点	支点
气体	气质	气、虚质	气体，加斯	瓦斯
重力	地心力	地心力	重力	重力
斜面	斜面		斜面	斜面
惯性	不肯动之性	抵力，本阻，动静不自易，质阻	惯性	惰性
液体	流质	流质，液质	液体	液体
磁铁	磁石	磁铁、吸铁	磁石	磁石
动量	重速积	动力、重速积	运动量	运动量
动滑轮	动滑车		动滑车	动滑车
着力点	力点		着力点	着力点
压力	抵力	压力	压力	压力
滑轮	滑车	滑车	滑车	滑车
辐射	热发散	散热	辐射	辐射
固体	定质	实体。凝体	固体	固体
距离	路	地实	距离	距离
匀速运动	平速行		等速运动	等速运动
匀加速运动	平加速		均等加速运动	均等加速运动
蒸汽	气		蒸汽	蒸汽
液化	镕	镕	液化	液化

由表 3.2 可以发现，伟烈亚力所拟的力学术语中与现译名完全重合的仅有 3 条，分别为：悬点、圆柱、斜面，即便加上《术语辞汇》中改正的译名，也只增加了一条，即"压力"。而《物理学语汇》厘定的中文译名被沿用的则多达 20 条，且这 20 条术语中有 19 条是与当时的日本译名完全吻合。由此可见，中国后来使用的物理学术语绝大部分是借鉴了日制汉字术语。当然关于此点，前辈不少学人已有关注。不过笔者更感兴趣的是，在这一来华西人所撰译名让位于日制汉字术语的过程中，汉译日本教科书又扮演了怎样的角色。

要弄清此点，就必须对译名发生转变期间的物理学教科书中使用的术语情况，详加探讨。第一部汉译日本物理学教科书出现在 1900 年，即由饭盛挺造编、藤田丰八译、王季烈润词的《物理学》。该书被后来研究者视为"我国最早以物理学命名的、具有现代物理学意义的物理学著作"[①]。而日制汉字物理学术语大规模的、成系统的输入中国也自此书开始。经 1908 年学部刊印中英日对照的《物理学语汇》后，日制汉字物理学术语基本确立了其在中国物理学术语中的主导地位。到 1908 年为止，清末共出版汉译日本物理学教科书 21 种（包括理化、格致），国人自编或译自其他国家的物理学教科书 43 种，不过国人自编的教科书中有相当一部分应是改编自日本教科书。下面选取其中 5 种教科书中使用的部分物理学术语稍加分析。在具体分析前，先将选取的这 5 种教科书的基本信息稍作交代（见表 3.3）。

表 3.3　　　　　　　　　　　　五种物理学教科书编辑概况

书名	著者	译者（或编者）	出版社	初版年代
物理学	［日］饭盛挺造	［日］藤田丰八译、王季烈润词	江南制造局	1900
中学物理教科书	［日］水岛久太郎	陈榥	教科书译辑社	1902
蒙学格致教科书		钱承驹	文明书局	1903
物理学		严保诚	商务印书馆	1906
最新物理学教科书	［日］本多光太郎	译书公会	上海科学书局	1907

---

① 咏梅：《中国第一本〈物理学〉内容研究》，《内蒙古师范大学学报》2006 年第 4 期。

之所以如此选取，主要基于以下几点考虑：第一，尽量选取不同年代不同出版社的教科书，以便更有代表性；第二，选取时，兼顾国人编、译教科书的两种不同方式，以更全面地反映当时教科书中物理学术语的真实情况；第三，优先选取大出版商出版的教科书，因为由它们出版的教科书一般销量大、影响面宽。

为方便比较，下面将选取的 5 种教科书中使用的部分物理学术语列表（见表 3.4）。

由表 3.4 可知，仅就上述列举的物理学术语而言，所选取的 5 种教科书中使用的术语与现用名的重合率，依次分别为：24.1%、79.1%、43.8%、81.3%、81.8%。而《术语辞汇》《物理学》（1900 年）日文版及《物理学语汇》与现用名的重合率分别为 19.2%、53.6%、75%。尽管这只是统计了一部分物理学术语，但大致还是反映了现今所用的物理学术语绝大部分在 1900—1908 年的物理学教科书中就被确定了，且过半的术语应是直接来自汉译日本教科书。

来华西人所厘定的术语与日制汉字术语的竞争交锋在这一时段的教科书中也有明显的体现。其中尤以藤田丰八译《物理学》表现最为明显。藤译《物理学》虽翻译自日本教科书，但在其术语使用中又保留了相当一部分来华西人所定译名的痕迹，如不灭性、质点、凹凸性、定质、流质、气质、合力、分力、摩阻力、摄力、工程。这些名词或是直接来源于来华西人所厘定的译名，或是明显受到了来华西人译名的影响。正因如此，藤译《物理学》与其翻译的日文底本在术语使用上存在较多差异，两者完全吻合的术语名词仅有 7 条，甚而还比不上其沿用来华西人所定术语译名的数量。这一现象正折射了来华西人所定译名初期对于日制汉字术语还有一定的抵抗力。不过随着汉译日本教科书的日渐增多，来华西人所定译名很快就败下阵来。

1902 年陈榥所译的《中学物理教科书》，其中使用来华西人所定译名就明显减少，只有不灭性、合力、分力、摩阻寥寥数条，而绝大部分是采用日制汉字术语。这一情况也很快蔓延到国人自编教科书中。1903年钱承驹自编的《蒙学格致教科书》中还保留有不少沿自来华西人所定的译名，如格致、原质、吸力、地心吸力、重学；但在 1906 年严保诚所编的《物理学》中，来华西人所定译名都被淘汰了。至 1907 年，译书公

表3.4　清末物理学教科书中的术语比较①

重学(1859)	术语辞汇(1904)	物理学(1900)日文版	物理学(1900)中文版	中学物理教科书(1902)	蒙学格致教科书(1903)	物理学(1906)	最新物理学教科书(1907)	物理学语汇(1908)	现用名
	格物学，物理学	物理学	物理学	物理学	格致	物理学	物理学	物理学	物理学
	质，微质，质体，物质	物质	物质		物质	物质	物质	物质	物质
	不相入，不相容	碍性	碍性	不可入性	拒性		不可入性		不可入性
	不灭	无尽性	不灭性	不灭性	无尽性		不灭	不灭性	不灭性
速	速，动速	速率	速率	速度		速度	速度	速度	速度
加速	增速率	加速率	加速率	加速度				加速度	加速度
	元点，微点	原子	原质点	原子	原质		原子	原子	原子
	合点，质点，微体	分子	质点	分子	分子	分子	分子	分子	分子
质		品质	实重率	质量				质量	质量
等体重	体，体积，体质	比重	重率较			比重	比重	比重	比重

① 另，为更好说明物理学术语在教科书中的演变情况，在该表中也附带例举了《重学》《术语辞汇》《物理学语汇》及《物理学》（1900年）日文版中相应的术语名词以作对照。

续表

重学（1859）	术语辞汇（1904）	物理学（1900）日文版	物理学（1900）中文版	中学物理教科书（1902）	蒙学格致教科书（1903）	物理学（1906）	最新物理学教科书（1907）	物理学语汇（1908）	现用名
	密率	密度	疏密度	密度				密度	密度
摄力	吸力，摄力	引力	摄力	引力	吸力	引力	引力	引力	引力
	结力，摄力	凝聚力	凝聚力			凝聚力	凝聚力	凝聚力	内聚力
	颤力，凹凸力	弹性	凹凸性	弹性	弹性	弹性	弹性	弹性	弹性
	粘力	粘着力	黏力			黏着力	附着力	粘着力	附着力
	地心力	重力	重力	重力	地心吸力	重力	重力	重力	重力
摄力	摄力，地心摄力	宇宙引力	宇宙摄力			宇宙引力	万有引力	宇宙引力	万有引力
定质、实质	实体，凝体	固体	定质	固体	固体	固体	固体	固体	固体
流质、浮质	流质，液质	液体	流质	液体	液体	液体	液体	液体	液体
气质、虚质	气，虚质	气体	气质	气体	气体	气体	气体	气体	气体
	抵力，本阻，动静不自易，质阻	惰性或习惯性	恒性（或习惯性）	惯性		惯性	惯性	惯性	惯性

续表

重学（1859）	术语辞汇（1904）	物理学（1900）日文版	物理学（1900）中文版	中学物理教科书（1902）	蒙学格致教科书（1903）	物理学（1906）	最新物理学教科书（1907）	物理学语汇（1908）	现用名
	分析，析分，可剖分	分性	分性	可分性	分性			可分性	可分割性
	含微腺，微腺	松性	隙积性	穴性	穴性			有空性	多孔性
重学	力学，重学				重学				力学
合力	合力	合成力	合力	合力			合力	合力	合力
分力		成分力	分力	分力			分力	分力	分力
阻力、面阻力、抵力	摩阻，摩擦，面阻力	摩擦	摩阻力	摩阻			摩擦力	摩擦	摩擦力
程功	工	作业	工程	功用			功用	工作	功
全动能		运动ノエホルキー	运动之储蓄率	动能力				运动之能力	动能
	重心	重心	重心	重心	重心	重心		重心	重心

会翻译的《最新物理学教科书》出版，在该教科书中，日制汉字术语完全占据了主导。后来出版的物理学教科书，无论是翻译还是自编，采用的主要就是日制汉字术语。

来华西人所定译名之所以被日制汉字术语所取代，很难说都是因为两者之间存在明显优劣之别。如来华西人将物体三态翻译为"定质、流质、气质"，单从翻译技术层面而言，并非不佳，且在清末国人中使用也比较普遍。如谭嗣同在《仁学》中就有这样的用例："谓皆是我，则有万万我，而我又当分裂。由胚胎以至老死，由气质、流质以成定质，由肤寸之形以抵七尺之干，又由体魄以终于溃烂朽化，转朽变为他物。"[1] 从谭氏此言，可以发现其对"定质、流质、气质"已有明确的了解，且将之涵化为自身的语言，加以熟练的运用。又如康有为也曾在多处使用过"定质、流质、气质"[2]。除这些士林精英外，清末上至科场文字，下至稗官野史都曾有使用"定质、流质、气质"的记录。如光绪丁酉科（1897年）顺天乡试朱卷中就出现有这样一段文字："夫物有原质者焉，极格致家考察之勤，立名数十而无歧混。而质□质精悬以霄壤，质坚质脆判以径庭，况定质流质之差殊有厥轻厥重之成例也，则其情不可诬也。"[3] 吴稚晖在笔记小说《上下古今谈》中写道："前年上海有一位上海的京官问我，他说，你们开的是干药铺，明明是卖着定质的东西，为什么又卖火酒，这是流质的东西，是有名无实，混杂的厉害了。……我那时节，不懂他那定质流质气质的字眼。"[4] 众多"定质、流质、气质"用例的存在，既说明了当时来华西人所定译名经过数十年的传播，已有一定的受众基础，也表明此一术语词汇并不存在翻译上的不妥之处。但是清末如此盛行的术语译名，在日制汉字术语传入中国后，却迅速地被日译词"固体、液体、气体"所取代，此中因由不能不令人费思。

汉译日本教科书因为本身就来自日译，所以首选日制汉字术语理所

① 谭嗣同著，加润国选注：《仁学》，辽宁人民出版社1994年版，第38—39页。

② 具体用例见康有为著，姜义华、张荣华编校：《康有为全集》第12集，中国人民大学出版社2007年版，第25、29页。

③ 文蔚：《夫物之不齐物之情也，或相倍蓰或相什伯或相千万》，载顾廷龙编《清代朱卷集成》（127），台北：成文出版社1992年版，第442页。

④ 吴稚晖：《上下古今谈》，《笔记小说大观》三十九编第9册，台北：新兴书局1986年版，第283页。

当然。而为何国人自编的教科书也舍弃来华西人已定的译词呢？这可能是由于多个方面造成的。一方面，国人最初自编教科书时，因无前例可循，只能模仿外国教科书，而国情与中国类似、语言相较西文为易的日本教科书无疑是模仿的首选对象。以历史教科书的编撰为例，后人回忆时即指出："当时新教育正在萌芽之时，从前细读资治通鉴的老办法既为时间事实所不许，而书肆老板又为急于供应市面的要求，日迫对于历史没有何等素养的编者，限其于短促时内完成全稿，于是桑原骘藏的中等东洋历史教科书便成为唯一样本。据吾记忆所及，有樊炳清氏的译本，有陈庆年氏的编著本，樊氏明曰译本，用者当能小心。陈氏号曰编著，用者往往堕其术中。民国以后新出各历史教科书，大概全属这一个系统。"① 从这一材料，可以发现国人最初宣称的自编教科书，其实或多或少都参考、模仿了日本教科书。由此以来，自编教科书中也难免不借用日本教科书中的术语译名。另一方面则是因为日本本身也属于汉字文化圈一员，所以由它制定的汉字术语，无论字形，还是意义，都十分契合国人心理，容易被国人接受。对于此点国人多有注意，认为：日本学者翻译名词、术语，"类能以本国固有之名词选充之。即近来坊间所出之新书籍，凡为日本留学生所翻译者，多是文通字顺，名词、术语亦非常适合本国人之心理与习惯；凡西洋留学生所翻译者，每每生硬盘曲，多不可卒读"②。所谓的"本国固有之名词"在相当大程度上指的就是来自汉语典籍中的词汇。③ 清末教科书的编者杜亚泉也承认："吾等编译中小学校教科书，或译自西文，或采诸东籍，遇一西文之植物学名，欲求吾国固有之普通名，辄不可得，常间接求诸东籍。"④ 可见当时教科书的编者是颇偏爱日制汉字术语的。而且此时的日制汉字术语经过日本学者数十年的淬炼，已形成了比较完整的术语体系。此前来华西人尽管也厘定了不少术语名词，但在系统性及全面性上还相对欠缺。以《术语辞汇》为例，该书收录的词条虽多达 18000 条，但有相当一部分是日常词汇而

① 郑师许：《中等学校本国史教科书之编撰问题》，《贵州教育》1942 年第 10 期。

② 朱昊飞：《中等化学教科书之批评（续）》，《新教育评论》1927 年第 6 期。

③ 关于日本创制新语中借用中国古典词的具体情况，参见冯天瑜的《新语探源——中西日文化互动与近代汉字术语生成》（中华书局 2004 年版，第 348—419 页）。

④ 杜亚泉：《序言》，载孔庆来编辑《植物学大辞典》，商务印书馆 1918 年版。

非学科术语，而且收录的各学科术语词汇也不完全，欠缺的甚多，如化学术语，就缺失了有机化学这一部分。两相对比，日制汉字术语自然比来华西人厘定的译语更具吸引力。即便某些单个术语，来华西人所定的译名更为优越，却难敌日本已成系统的日制汉字术语的集群优势。故而无论是汉译日本教科书，还是国人自编教科书都竞相采用日制汉字术语也就不难理解了。

日制汉字术语在教科书中占据主导后，又反过来极大地助长了这些日制汉字术语在中国的流行、传播。实藤惠秀曾以"经济"一词为例，来考察日本词汇如何融入中国词汇中的。他说："中国人虽然对这个日本词汇（即经济）反感，而且企图改用其他词汇，可是在日本书的中译本内，却到处可以看见'经济'一词。最后他们还是照日本词汇的老样子使用。"① 实藤惠秀这一说法应有一定道理。荀子也曾言："名无固宜，约之以命，约定俗成谓之宜，异于约则谓之不宜。"词汇的反复出现、使用，的确容易造成既定的"约定俗成"的事实。而在近代社会中最佳的能强迫受众反复阅读的读本当然非教科书莫属。现代教育以学校课堂教学为主，教科书则是最主要的教学工具。通过学校的制度化体系及考试机制、升学机制，使得学生不管愿意与否都得或被动或主动地反复进行教科书的阅读。这一反复阅读的过程，使得教科书中的知识、概念、词汇不断地在学生头脑中得以强化、巩固、定型。此点对于占据教科书主导地位的日制汉字术语而言，无疑是其在清末名词竞争中取得胜利的一大关键。换言之，率先将日制汉字术语引入中国教科书的汉译日本教科书对于日译词在清末的盛行，正起到了重要的媒介作用。

尽管日制汉字术语在清末教科书中占据了主导地位，汉译日本教科书也在清末学堂中广泛使用，但国人对于汉译日本教科书及日制汉字术语的批评却一直没有停止。对于汉译日本教科书，国人的批评主要集中在两个方面。

一是基于民族、国家的立场，反对使用汉译日本教科书。正如屠寄

---

① ［日］实藤惠秀：《中国人留学日本史》，谭汝谦、林启彦译，生活·读书·新知三联书店1983年版，第311页。

所言："国民教育，以本国之伦理、语言、文字、地理、历史、宗教及法制经济为精神。此类教科书，必由本国学术家苦心斟酌编定，方为适用。"① 若使用翻译的教科书不免有"雇东邻之乳母，育西邻之小孩"的嫌疑。另一教科书编者丁宝书则说得更为具体，认为："近岁以来，各学堂多借东邦编述之本。若支那通史，若东洋史要，以充本国历史科之数。夫以彼人之口吻，述吾国之历史，于彼我之间，抑扬不免失当，吾率取其书用之。勿论程级之不审，而客观认作主位，令吾国民遂不兴其历史之观念，忘其祖国所自来，可惧孰甚。"② 换言之，丁氏对汉译日本教科书的批评其实是出于民族主义的立场，担心使用汉译日本教科书会使本国教育日本化，达不到培育本国观念的目的。国人在民族危机日趋严重的近代，对于此点甚为留意，甚而对于与民族、国家观念牵连不深的自然科学，国人也不提倡使用翻译的教科书。朱昊飞在评价中国化学教科书时，就特地指出："中等化学教科之编辑，其教材取舍，自不能专以纯粹科学的统系为标准，盖在中等教育上，除介绍本科所应获之知识与技能外，并有社会的、国家的、人类的、期望于个人之最大、最要之目的也。……要而言之：无非是表扬本国工业及产物之优良，并嫉忌邻邦，藐视弱小国之证据耳。故在本国人读之，尚可以遂其偏私之目的；若使弱小国民读之，必醉心于该国之繁荣，渐萌自卑、奴化之恶念矣。"③ 进而朱氏断言："世界任何一国之中等著名教科书，只能限用于其国或其国内一部分区域，若勉强用之于他处或他国，不但变其为废物，而且便化为毒物，用原本如此，即用译本亦是如此。"④ 朱氏此言其实点明了教科书除了作为知识传授的载体外，更是国家、社会塑造个人的国家意识、民族意识、世界观念的场域所在，所以即便是号称"科学无国界"的自然类教科书也不免要注意本国与他国之别。应该说国人对于此点认识是有一定道理的，看到了教科书实为教育、文化与政治改造交织的一个复杂文本。

二是这些日本教科书中本身也有不少错误，加上当时译书者良莠不

---

① 屠寄：《中国地理学教科书·凡例》，《中国地理学教科书》，商务印书馆 1905 年版。
② 《编辑大意》，载丁宝书《蒙学中国历史教科书》，文明书局 1903 年版，第 1 页。
③ 朱昊飞：《中等化学教科书批评（续）》，《新教育评论》1927 年第 10 期。
④ 朱昊飞：《中等化学教科书批评（续）》，《新教育评论》1927 年第 11 期。

齐，很多系直译，口气生硬，不太适合教学。如商务印书馆在以桑原骘藏的《东洋史要》为蓝本编辑教科书时，就特地指出原书有"（七处）伪缪之显然者，其余尚多，兹并随事订正"①。因翻译问题被学部批驳的日译教科书更多，像 1909 年四川速成师范学生所译的《地理总论》《外国地理》《行政法大意》等讲义，就因"取材过于日本化"而被学部批斥。同年文明书局出版的《小学校训练法》《平民教育法》也因"日文语气太重"受到学部批驳。② 梁启超所谓日译书的"无组织，无选择，本末不具，派别不明"其实也是对当时译书界的批评。

造成汉译日本教科书翻译质量不高的原因，相当一部分是翻译者个人的因素。因为当时国人普遍都认为日文易学，"学日本语者一年可成，作日本文者半年可成，学日本文者数日小成，数月大成"③，故而不少译者常常在接触日文不久就匆忙上阵翻译日书，从而出现"新学小生，手《东文典》《和文汉读法》等书，未及三日，或且并イロハ四十八假名未识，亦嚣嚣然谈译书"④ 的诡异现象。曾翻译过大量日本小说的鲁迅后来就反省道："那时我初学日文，文法并未了然，就急于看书，看书并不很懂，就急于翻译，所以那内容也就可疑得很。而且文章又那么古怪，尤其是那一篇《斯巴达之魂》，现在看起来，自己也不免耳朵发热。但这是当时的风气。"⑤ 鲁迅此言虽不免过谦，但道出了当时译书界的实情。另可作为例证的就是梁启超。梁启超翻译的第一本日本小说是《佳人奇遇》，该书是梁启超逃亡日本之时，在日本军舰上"随阅随译"，"其后登诸《清议报》，翻译之始，即在舰中"。而此时的梁启超可能连日文还不曾系统学习，因为直到 1899 年梁启超还"不谙假名"，为读日本书，不得不向罗普请教学习。⑥ 由此可以推断，梁启超翻译《佳人奇遇》之时，日文水平应相当有限，但就在这可能连粗通日文还谈不上的

① 《凡例》，《中学堂教科书东洋史要》，商务印书馆 1909 年版，第 1 页。
② 《教科书之发刊概况》，载中华民国教育部编《第一次中国教育年鉴》（戊编·教育杂录），第 121—122 页。
③ 梁启超：《论学日本文之益》，《饮冰室合集》第 1 册文集之四，中华书局 1994 年版，第 81 页。
④ 《翻译与道德心之关系》，《新民丛报》1903 年第 25 号。
⑤ 鲁迅：《集外集·序言》，《鲁迅全集》第 7 卷，人民文学出版社 2005 年版，第 4 页。
⑥ 丁文江、赵丰田编：《梁启超年谱长编》，上海人民出版社 1983 年版，第 158、175 页。

情况下，梁启超却已勇于下笔，开始翻译日书了。梁氏这一做派，经过其大力鼓吹，迅速被其他国人所效仿。又如前述樊炳清，其学习日文的东文学社是于 1898 年 3 月创办的，但到第二年他就翻译出版了《东洋史要》，因而其学习日文的时间其实也不长。只经过如此短暂的学习就匆忙翻译日书，这些汉译日书的质量当然值得怀疑。故而严复曾不无轻蔑地认为："上海所卖新翻东文书，猥聚如粪壤，但立新名于报端，作数行告白，在可解不可解间，便得利市三倍。此支那学界近状也。"① 就是赞成使用日制汉字术语的王国维也不得不承认：当时的日书翻译者，"其有解日文之能力者，十无一二焉；其有国文之素养者，十无三四焉；其能兼通西文、深知一学之真意者，以余见闻之狭，殆未见其人也"，由此等人翻译的译著只能是"但以网一时之利耳"，"其所作，皆粗漏庞杂，佶屈而不可读"②。

正因这些批评，所以国人在翻译日本教科书的同时，更多的是改编或自编教科书，至 1908 年以后，汉译日本教科书的数量就明显减少。

国人对于日制汉字术语的批评，学界已有许多研究，笔者在此不再赘述。③ 不过需要指出的是，国人在汉译日本教科书时，对于日本教科书的术语并非一味加以承袭，还存在一些国人自撰或沿用旧名的。这可以分两种情况。

一是那些参用假名的日本术语，汉译日本教科书都弃而不用。其实明治以来，日本创制近代学术术语，借用汉字词汇（即日制汉字术语）的只是一部分，另一部分却是用假名音译西方术语的。显然这些用假名音译的术语并不适合中国人使用。当时国人就注意到"东人以其假名强配西国字母，原音多舛误，又往往将其语尾不读之音亦全录出。故一地名、一人名，动长至五六字，且有十余字"，所以"和文名词勿多用译"④。汉译

---

① 《致熊季廉·八》，王庆成等编《严复合集》第 5 册，台北：辜公亮文教基金会 1998 年版，第 22 页。

② 王国维：《论新学语之输入》，傅杰编校《王国维论学集》，中国社会科学出版社 1997 年版，第 388 页。

③ 具体可参见冯天瑜《新语探源——中西日文化互动与近代汉字术语生成》（中华书局 2004 年版，第 504—524 页）与沈国威《近代中日词汇交流研究——汉字新词的创制、容受与共享》（中华书局 2010 年版，第 285—320 页）。

④ 《读金陵卖书记》，《新民丛报》1903 年第 28 号。

日本教科书的翻译者基本认同此一观点，所以将参用假名的日本术语都另撰汉语词汇以作对应。仍以藤田丰八所译的《物理学》为例，其中日文底本参用假名的术语大约89条，占总数的17.1%。略列举如下。

表3.5　　　　藤译《物理学》中部分参用假名的日文术语中译

英文名	《物理学》日文版	《物理学》中文版	现用名
Meter	メートル	迈当	米
Vernier	ノニウス	物逆	游标尺
Spherometer	スフエロメートル	司非罗迈当	球径计
Ether	エーテル	以脱	以太
Absolute weight	绝对のノ重サ	重率	实重
Potential energy	位置ノエホルキー	位置之储蓄率	势能
Kinetic energy	运动ノエホルキー	运动之储蓄率	动能
Grame	クテム	格兰姆	克
Parabola	ハヲーベル	抛物线	抛物线
Pycnometer	ヒクノメートル	量杯	比重瓶
Syren	シレーネ	测音器	测音器
Aberration of the light	光ノフバラナオーン	光行差	光行差
Spectrum	スバクトルム	光带	光带
Anode	アノーデ	进电路	阳极
Kathode	カトーデ	出电路	阴极
Properties of the gases	气体通有ノ性质	气质通有之性质	气体性质
The nature of the light	光ノ本性	光之性情	光本性
Hypothesis	二般ノ想说	二臆想	假说

　　由表3.5可知，当时汉译日本教科书的翻译者采取了三种方式来处理这些参用了假名的日本术语：一是用汉字音译西文术语，如迈当、物逆、司非罗迈当、以脱、格兰姆等；二是对西文术语进行意译，如重率、抛物线、量杯、光行差、光带、出电路、出电路等；三是对日本术语中参用有只是表示连接词的假名的，则在日本术语基础上稍加转换，如气质通有之性质、光之性情、二臆想。其他汉译日本教科书对于参用假名

的日本术语处理方式也大都类似。

另一种情况是日本教科书中的日制汉字术语，国人认为有不妥的或有更好译名的，所以也没有沿袭。据学部所颁的《物理学语汇》统计，此类术语有 131 条，可列举一些如下:①

一摆动（一振动）　上击水轮（上击水车）　下击水轮（下击水车）　内被（内装）

内阻力（内抵抗）　砝码（分铜）　回声（反响）　推力（斥力）　凝缩器（冷却器）

自感应（自己感应）　音趣（音色）　易传体（良导体）　阻力（抵抗）　浪（波）

旋转动（廻转动）　刻度（度盛）　活塞（活栓）　应力变形（歪）　平衡（钧合）

照相术（写真术）　电报（电信）　垂直（铅直）　凝聚力（凝集力）　接口（继目）

从上述列举的术语可以发现，有些是因为中国已有沿用已久的译名，如电报，有些是由于中日两国语言习惯的不同，如刻度、接口等。这一方面说明日制汉字术语入华后，国人又经过了一定的删改、调适，以适合本国的语言习惯；另一方面也反映了少量原有词汇对于日制汉字术语的持续抵制。

尽管汉译日本教科书中存在这些没有沿用日译词的术语，但总体说来，日制汉语术语被采用的仍占绝大多数。这构成了中国近代学科术语的重要组成部分。

综上所述，在近代东亚，中日两国的教科书存在着一个互相传播的过程，只不过这一传播在 1895 年以前，主要是中国的来华西人编译的教科书传入日本，1895 年以后是日本教科书传入中国。而伴随着这一教科书的流传，中日两国近代术语交流也相继进行，为两国近代学术术语的创制都起到了重要的推动作用。

----

① （）内为日制汉字术语。

第二节　从马礼逊的《华英字典》到李提摩太的《哲学术语词典》①——中文术语命名权的权势转移

正如上节所述，随着汉译日本教科书的传入，日制汉字术语取代了来华西人所厘定的译名。在这一术语更替过程的背后，其实正包含着中文术语命名权的转移，即由原来主要为来华西人主导的中文术语命名一变为由日本掌握。对于这一转变，学界已有所论及，但对来华西人，特别是传教士他们的反应却仍论及的不多。下面即以此为视点，稍加探讨。

一　来华西人与近代早期东亚术语命名

近代东亚对于西方知识的引进，在中日朝三国的进程是不一致的。中国打开国门最早，所以与近代西方知识最早接触的也是中国。不过甲午以前，引导西学在中国传播的主要是来华西人，他们通过翻译西书、担任新式学堂教习、编辑新式报刊占据了向中国输入西方知识的主导地位。作为表征的就是，甲午前，中国主要的译书机构，无论是官方的还是民间的，担任主译的多是来华西人，国人往往只是笔述者；而当时中国官方设立的最高新式学校——京师同文馆，包括总教习在内的绝大部分教习是由来华西人担当的，宣传西学的几种主要报刊，如《六合丛谈》《格致汇编》《万国公报》等，也都是由来华西人创办、主持的。正因为来华西人占据了中国近代早期传输西方知识的主导地位，加上当时中国翻译西书的方式是来华西人口述、中国人笔录，所以西方术语的中文译名相当大程度是由来华西人掌握的。当然作为笔录者的中国人也起到了协助作用，但由于大部分笔录者都不懂外文，所以只能凭借来华西人的口译加以润色。对于这一西译中述的方式，傅兰雅有过详细的记载。其具体记录如下：

---

①　即 *A Dictionary of Philosophical Terms*。

至于馆内译书之法，必将所欲译者，西人先熟览胸中而书理已明，则与华士同译，乃以西书之义，逐句读成华语，华士以笔述之；若有难言处，则与华士斟酌何法可明；若华士有不明处，则讲明之。译后，华士将初稿改正润色，令合于中国文法。有数要书，临刊时华士与西人核对；而平常书多不必对，皆赖华士改正。①

傅兰雅这一记载应为当时"西译中述"的实情，若再对照当时笔录者的观感，则口译者与笔录者的主次关系看得更为明白。华蘅芳曾记载当时翻译西方数学著作的情景：

笔述之时务须将口译之字一一写出，不可稍有脱漏，亦不可稍有增损改易也。至滕出清本之时，则须酌改其文理字句，不可因欲求古雅，致与西书之意不合也。所译之书若能字字确切，则将华文再译西文，仍可十得八九，所以译书之人务须得原著之面目，使之惟妙惟肖，而不可略参私意也。原书本有谬误，自己确有见解，则可作小注以明之，不可改动正文。②

由傅兰雅与华蘅芳的记载可知，"西译中述"大致分三个步骤：第一步是由来华西人将西书"逐句读成华语，华士以笔述之"，完成初稿；第二步是"滕出清本"，此时由笔录者"酌改其文理字句"；第三步临刊前核对，"所译之书若能字字确切，则将华文再译西文，仍可十得八九"，换言之，是由来华西人将翻译的文本稍作回译，以便验看翻译的是否准确。

在这三个步骤中，笔录者能发挥主观能动性的余地并不多，因为"笔述之时"只是"将口译之字一一写出"，而"不可稍有增损改易"；"滕出清本"时，也只是"酌改其文理字句"，而不能"与西书之意不合"；最后临刊核对，即便发现"原书本有谬误"，但也只能"作小注以

---

① ［英］傅兰雅：《江南制造总局翻译西书事略》，载黎难秋主编《中国科学翻译史料》，中国科学技术大学出版社1996年版，第419页。

② 华蘅芳：《论翻译算学之书》，载华蘅芳《学算笔谈》卷十二，上海文海书局1896年版，第29—30页。

明之"而"不可改动正文";总之,一切以"不可略参私意"为原则。与此相对,作为口译者的来华西人则占据了主导地位,一切都有赖于其口译的初稿,后续步骤才得以进行,在最后核对时,也主要是由其回译才能验看翻译的准确与否。就翻译中西书术语命名的过程看,最初的术语译名应是在来华西人口译过程中完成的,然后在第二个步骤中由笔录者修改斟酌,最后经来华西人的回译核对,才最终确定。因而,西书翻译中的术语命名权主要是由口译者——来华西人掌握的。

另可作为例证的是,近代中国最早的术语命名原则也是由来华西人提出的。傅兰雅在《江南制造总局翻译西书事略》中就总结了早期术语命名的三大原则,后来在 1890 年第二次基督教在华传教士大会上,傅兰雅又对这一原则进行了修正。[①] 傅兰雅的这一原则经过益智书会推广后,成为近代早期来华西人翻译西书时较为通用的准则。而最早在中国开展术语统一工作的,如第二章所述,也是来华西人。

因而,种种迹象表明,在近代早期,中文术语命名权是由来华西人掌握的,当时的中国人要论述、运用西学相关知识时,使用的主要是这批来华西人厘定的译名。不过稍有例外的是在外国地名的使用上,中国官方遵循的主要是徐继畲《瀛寰志略》中所定的译名。

日本开国晚于中国,直到《日美友好通商条约》签订后,1859 年才开放神奈川、箱馆和长崎三个港口。此时中国已被迫打开国门将近 20 年,来华西人已翻译、积累了一批汉译西书。因而日本开国后,来自中国的汉译西书在一段时间内成为其了解西方、学习西学的主要来源。不过不同的是,日本在开国前,有过一段翻译、学习"兰学"的经历,对于译介西学、厘定新语,日本人自己形成了一套法则,包括采取直译、义译和对译。[②] 其中借用汉语词汇来翻译西方术语是"兰学"时代日本厘定新名的一重要途径。这些借用的汉语词汇既包括中国的古典词汇,也包括东传过去的早期汉文西书中厘定的译词。进入近代后,在明治初年,日本拟定术语新名的方式也沿袭了兰学时代的做法,只不过借用的汉语词汇,变成了中国古典词汇与晚清汉文西书(即近代来华西人编译

---

① 可详见本书的第二章第一节的相关内容。

② 具体可参见冯天瑜《新语探源——中西日文化互动与近代汉字术语生成》(中华书局 2004 年版,第 318—329 页)。

的西书）中所厘定的译名。关于晚期汉文西书在日本的传播，上节已有详述。但在此要特别指出的是，除晚期汉文西书外，还有一类来华西人编译的著作对日本术语的厘定产生了重要的影响，那就是早期的英华辞书。

在中国近代最早编辑英华辞书的是马礼逊。他在 1815—1823 年，出版了 3 册 6 卷本的马礼逊字典，该字典共分 3 个部分：第一部分题名为《字典》，共 3 卷，所收字汇主要参照的是《康熙字典》；第二部分题名为《五车韵府》，共 2 卷，按照汉语注音顺序排列；第三部分共 1 卷，题名为《英华字典》，按照英文字母顺序排列。该字典是马礼逊遵循伦敦会的指示为来华传教士学习汉语编撰的。该字典出版后，在中国人当中并没有引起多少人的注意，似乎只有林则徐、黄宽、容闳等有限的几个中国人使用过；① 但在传教士及来华西人中流传广泛，如卫三畏、麦都思等人编辑英汉字典时都或多或少借鉴过马礼逊字典。甚至该字典出版三十年后，赫德于 1855 年还曾托其父亲购买过马礼逊字典。②

与中国人不同，日本人较早就使用马礼逊字典了。1828 年 11 月 18 日，马礼逊在一封信中写道："今天遇到一位从日本来的外科医生叫布尔格（Burgher），他在荷兰人中服务过。他告诉我，日本翻译家正在把我的《华英字典》译成日文。"十天后，马礼逊在另一封信中又提到这件事，并说布尔格还告诉他：在长崎的日本人喜欢摘录他《华英字典》的部分内容，并按字母顺序写在扇子上作为装饰，彼此间互相赠送。马礼逊对这一消息十分高兴，曾写信去日本要求购买他的字典的日文版。1831 年澳门东印度公司的德庇士也提到："马礼逊博士所编纂的《华英字典》已由日本学者使用，并将其译成日文出版。东印度公司的大班梅乔里班先生称之为'完全正确'。日本学者对字典的第二部分是按照字母顺序来编排特别高兴，这有利于他们把荷兰文的释义转为日文。"③ 由此可见，在 1831 年以前，日本已有人将马礼逊的字典翻译出版了，不过

① 钟少华：《中国近代新词语谈薮》，外语教学与研究出版社 2006 年版，第 87 页。

② ［英］赫德：《步入中国清廷仕途：赫德日记（1854—1863）》，傅曾仁等译，中国海关出版社 2003 年版，第 161 页。

③ Eliza A. Morrison, *Memoirs of the Life and Labours of Robert Morrison*, Vol. Ⅱ, London: Longman, Orme, Brown, Green, and Longmans, 1839, pp. 412 – 413、442.

此时日本人翻译马礼逊字典的用途似乎还出于学习兰学的需要。

不过 19 世纪中叶后，日本开始由学习兰学扩大为学习"洋学"，马礼逊字典则成为早期日本人学习英语的教材。1855 年，长崎奉行劝告唐事通们停止兼学的满语而改学英语时，要求购买的学习用书中就有马礼逊的《五车韵府》。① 伴随着马礼逊字典的传入，马礼逊厘定的一些术语译名也流传到了日本，有些甚至沿用至今，如磅、风化、合法、奇数、上告、品质、胎生、宇宙、真理等。②

继马礼逊字典之后，来华西人编译的辞书中传入日本的较重要的还有如下几部：卫三畏的《英华韵府历阶》（*An English and Chinese Vocabulary，in the Court Dialect*）（1844）、麦都思的《英汉词典》（*English and Chinese Dictionary*）（1847—1848）、罗存德的《英华字典》（*English and Chinese Dictionary：with the Punti and Madarin Pronunciation*）（1866—1869）、卢公明的《英华萃林韵府》（*Vocabulary and Handbook of the Chinese Language，Romanized in the Mandarin Dialect*）（1873）。这几部字典都曾被日本人翻刻、训点。其中卫三畏《英华韵府历阶》的一部分于 1869 年由柳泽信大加上训点，以《英华字汇》之名出版；麦都思的英华字典在日本的翻刻本其实依据的是邝其照在麦都思基础上的增订版，由永峰秀树 1881 年翻刻；罗存德的《英华字典》在日本有两次翻刻，第一次是在 1879 年由津田仙、柳泽信大、大片镰吉以《英华和译字典》之名出版，第二次是在 1884 年由井上哲次郎以《订增英华字典》之名出版；卢公明《英华萃林韵府》的第三部分，也就是包括人文、科技等学科的术语集，先是于 1881 年被片山平三郎等人以《英华学艺辞书》之名翻刻出版，三年后又由早川新三郎改名为《英华学术辞书》加以再版。③

当时日本之所以大量引入来华西人编辑的英华辞书，一个很重要的原因就是要利用这些辞书学习英语。因为此前日本只有兰日字典，并没有英日字典，甚而日本第一部英日字典还是从英荷字典翻译而来的，日

---

① 谭树林：《马礼逊与中西文化交流》，中国美术学院出版社 2004 年版，第 81 页。

② 黄河清：《马礼逊辞典中的新词语（续）》，《或问》2008 年第 16 期。

③ 关于近代来华西人编译辞书在日本出版的详情可参见陈力卫《从英华辞典看汉语中的日语借词》（载陈少峰主编《原学》第 3 辑，中国广播电视出版社 1995 年版，第 316—335 页）。

本编辑的第一部英日字典是 1862 年由堀达之助等人编辑的《英和对译袖珍辞典》，使用的底本是英荷辞典（*A New Pocket Dictionary of the English and Dutch Languages*）；所以当时的日本并没有可供学习英语之用的合适的辞书。而明治初年的启蒙学者大都经受过汉学的严格训练，对于汉语十分熟悉，这使得他们能够方便地利用来华西人编辑的英华字典，而不会存在语言上的困难。中村正直就曾为学习英语，特地将英华字典抄写了一遍。西周、井上哲次郎等活跃在明治时代的洋学家也都有过使用英华字典的记载。这点在他们拟定的日本术语译名中也留下了一些痕迹。

日本引入的英华字典除了供日本学者学习英语之用，还对当时日本英日辞典的编撰产生过深刻的影响。许多明治初年编辑的英日辞典都曾借鉴、参考过来华西人编辑的英华字典。1872 年由吉田贤辅等人编辑的《英和字典》就承认该字典"采用了罗布存德（即罗存德）的大字典中的英汉对译译词，才编纂成《英和字典》译本"①。另外如《英和对译袖珍辞典》（1862）、《附音插图英和字汇》（1873）等也都从来华西人编辑的英华字典中吸收了不少术语译名。其中尤以罗存德的《英华字典》与卢公明的《英华萃林韵府》对日本影响最大，当时日本辞书中的许多词条都直接借用上述两辞书的释义。

来华西人编辑的英华字典直到 1885 年以后，在日本的影响才逐渐减弱。因为此时的日本已培养出一批精通英文的外语人才，不再依靠从中国引入西学，而直接转向学习西方。但 1859—1885 年，来华西人编辑的英华字典及汉文西书对日本的影响，特别是在术语译名的使用上，是十分明显的。一些在兰学时代就已厘定的译名此时也被传入的来华西人所定译名所取代，如"植学"改为"植物学"，"健全"改为"卫生"，"解休"改为"解剖"，等等。因而在一定意义上说，1885 年以前的东亚是来华西人掌控中文术语命名的时代并无不可。

但来华西人主导的术语命名权并不牢靠。因为日本人在翻译西书上，采取的是与中国不一样的路径，他们从兰学时代"直就彼邦书横文，抗颜强译"②，这使得他们从一开始就掌握了学习西学的主动权，而不需要

---

① 吉田贤辅：《序言》，《英和字典》，东京知新馆 1872 年版。
② 杉田玄白译，大槻玄泽校：《重订解体新书》卷十二，东京须原屋茂兵衞 1826 年版，第 31 页。

依靠西人作为中介，此点对日本术语命名影响甚大。故而尽管明治初年他们也借鉴近代来华西人所厘定的译名，但与此同时他们也自撰新语。随着日本海外留学生的归来以及日本国内英语教育的开展，日本最终摆脱了主要依靠汉文西书学习西方的被动局面，相应的术语拟定也主要转移到自身手中。1885 年后，日本人自己就出版了一系列的专业术语辞典，如《工学字汇》（1886）、《物理学术语和英佛独对译字书》（1888）、《数学用语英和字书》（1889）、《矿物字汇》（1890）、《化学译语集》（1891）等，从而初步完成了近代日本术语体系的构建。甲午以后，这批由日本人拟定的日制汉字术语传入中国，最终取代了来华西人厘定的译名，从而促使中文术语命名权的转移，日本在一段时期内成为中文术语命名的主导者。

二 来华西人与日制汉字术语入华

其实在日制汉字术语大规模输入中国之前，来华西人就已注意到当时日本在术语厘定上所做的种种努力，并曾有过吸纳日本术语命名的成果以统一两国术语的尝试。为说明此点，笔者将按时间顺序来追溯来华西人关注、引入日本术语的大致历程。

1877 年益智书会成立，还在成立大会上，就决议开展统一术语的工作，并指派麦加缔负责收集"外国著作的日文编译本中使用的术语和名词表"[1]。

1880 年 3 月，益智书会建议傅兰雅写信去日本江户，雇佣当地学者收集日本的术语译名，以为《译者手册》的编辑积累资料。[2]

1884—1887 年，德贞编辑出版了 6 卷本的《医学词汇》，其中将日本解剖学名词也加以收录，以与他所厘定的译名相对照。

1890 年在第二次基督教在华传教士大会上，庄内（C. E. Garst）指出："最近的 1200 年以来，日本人一直从中国借用术语，现在他们用汉字为自己的语言创造了许多科学术语，这两个国家的术语应该统一起来。"[3]

---

① The Shanghai Missionary Conference，*The Chinese Recorder*，Vol. 8，1877，p. 248.

② Educational Works for the Chinese，*The Chinese Recorder*，Vol. 11，1880，p. 142.

③ John Fryer，"Scientific terminology：Present discrepancies and means of Securing uniformity"，*Records of the General Conference of the Protestant Missionaries of China held at Shanghai*，Shanghai：American Presbyterian Mission Press，1890，p. 549.

1893 年在益智书会的第一次三年会议上，福开森提议："许多西方书籍都由日本当地学者翻译成日文。由于其中大部分术语都用汉字表示，这就为我们提供了如何根据东方人的思维来表达观念的最好方法，我们可以利用日本学者的劳动成果，使我们的术语与他们保持一致。"①

1897 年，博医会在审定医学名词时，决定采用日本名词"细胞"来翻译 cell，"腺"来对译 gland。②

1909 年，中国教育会筹组七人名词顾问委员会时，规定其中至少有一位日本人。③

由上可知，来华西人对于引入日制汉字术语并不反感，甚而还主动收集、利用日本厘定的术语名词。不过显然直到 1909 年，当时来华西人最主要的统一术语的机构——中国教育会（即益智书会）引入日制汉字术语只是为了更好开展其推行的术语统一工作，并没有以日制汉字术语作为其标准词汇的打算。此点从 1904 年出版的《术语辞汇》中有明显的表现。据陈力卫统计，在《术语辞汇》中来自日本的术语译名只有三个，即 philosophy——哲学、Metaphysics——形而上之学、gland——腺。④其中"腺"应是博医会提供的译词。换言之，尽管从 1877 年益智书会就注意到日本术语，后又多次提倡借鉴日本术语，但实质上最终采用的只有两个日本译名，绝大部分还是来华西人自撰译词。这反映了来华西人实际上仍以自定译名为主导，对于日制汉字术语只是参考、借鉴而已，反而中国教育会不时有试图以其审定的术语名词来统一中日两国术语的举动。1905 年，中国教育会的人名地名术语委员会就报告，其已将采用该委员会人名地名的卓别林《地理》的修订版在日本印刷，而该委员会制定的地理学术语表也将由长老会的出版社销售。⑤ 人名地名术语委员

---

① John C. Ferguson, "The work of our Association", *Records of the triennial Meeting of the Educational Association of China held at Shanghai*, Shanghai: American Presbyterian Mission Press, 1893, p. 19.

② 张大庆：《中国近代解剖学史略》，《中国科技史料》1994 年第 4 期。

③ 王树槐：《清末翻译名词的统一问题》，《中央研究院近代史研究所集刊》1969 年第 1 期。

④ 陈力卫：《从英华辞典看汉语中的日语借词》，陈少峰主编《原学》第 3 辑，中国广播电视出版社 1995 年版，第 330 页。

⑤ "Committee on Geographical and Biographical names", *Records of the Fifth triennial Meeting of the Educational Association of China held at Shanghai*, Shanghai: American Presbyterian Mission press, 1906, p. 58.

会的这一举措就是为了在日本推广其审定的术语。

事实上，在 1900 年以后，随着日本在华影响的扩大，已经让来华西人，特别是长期把持中国近代教育的传教士们感到了威胁。在甲午战后最初的几年里，来华西人还没有意识到日本将会是一个竞争的对手，所以还不断地向中国人介绍日本学习西方的经验，以推动中国也采取同样的措施。1899 年在益智书会的第三次三年会议上，还有传教士以"日本的官方教育"（Government Education in Japan）为题，做了专场发言，向与会代表介绍日本政府的教育政策、教育制度、课程方法等。① 但到 1901 年敏锐的潘慎文已经注意到：日本将在中国政治和教育事务中占据主导地位。他们将成为中国教育中一支不可忽视的力量，我们却必须与之共处共事。② 应该说潘慎文的感觉是正确的，义和团运动之后，由于日本在此次事件中的表现赢得了中国人的好感，于是在晚清新政中，日本在中国的影响陡然增强。不仅在京师大学堂中，日本教习很快取代了原来的来华西人，而且在晚清政府中，日本军事顾问、法律顾问的数量也迅速增加，新政中的众多举措包括学制章程更直接照搬自日本，再加上大批留日学生的派遣，这都表明日本的影响已逐渐超过了来华传教士。

在此背景下，来华传教士们对于日本的态度悄然发生了变化。1901 年林乐知针对当时"中国诚欲习日本语言文字，译日人自著之书"以学习西学的现象表示了公开的不满。他认为"日人之译西书也，吾不敢谓其竟无善本，然其旧者固为西人所吐弃，即近译之新者，亦未必能将西人新制最有益之书，具大见识，择要取精而译之"，"况以日文译西文，于西国语意曲折，已属未达一间。而著书家亦有用其私心，臆为删定，以合本国政俗之宜者。中国又从日文译出，反指为西国原书，其能免隔膜哉？"林乐知建议："为今之中国计，果有翻译西书之意，不必借径于日文。而亟应多设西文馆，专教西文。"③ 林氏此言虽是主要反对中国通过翻译日书来学习西方，但已隐隐透出了与日本竞争的意味。1902 年益

---

① K. Ibuka，"Government Education in Japan"，*Records of the Third triennial Meeting of the Educational Association of China held at Shanghai*，Shanghai：American Presbyterian Mission Press，1899，pp. 88 – 95.

② A. P. Parker，"A New Japanese Invasion of China"，*The Chinese Recorder*，Vol. 32，1901，p. 359.

③ 《论日本文》后的"本馆附跋"，载朱维铮主编《万国公报文选》，生活·读书·新知三联书店 1998 年版，第 667—669 页。

智书会第四次三年会议召开，传教士们为了挽回其影响下降的趋势，呼吁各差会和关心在华传教事业的团体派遣更多的师资来华从事教育工作。他们坦承这样做的目的是确保"中国未来的教育系统仍受教会学校的影响，并以教会学校为榜样"。这表明传教士们已开始采取措施进行反击。

但是传教士们很快发现，他们所做的一切都无法阻止日本在华影响的增强，也无法挽回他们原有的占据中国新式教育的主导地位，而在术语统一领域更是如此。自 1904 年《术语辞汇》出版后，中国教育会面对汹涌而来的日制汉字术语已无能为力，只能被迫接受这一现实。1909 年，教育会成立的七人名词顾问委员会，特意规定其中至少须有一位日本人。这表明来华西人已放弃了自拟译名的努力，而转以日制汉字术语作为其统一术语的标准词汇。1905 年林乐知就表示："中国今日于译书之中，苦名词之枯窘而借日本所已译者用之，正如英文借德文法文之比例。且日本之文原祖中国，其译书则先于中国。彼等已几费酌度，而后定此新名词，劳逸之分，亦已悬殊，何乐而不为乎？"① 这一改其 4 年前反对翻译日本书籍的态度。

更能作为表征的是 1913 年由广学会出版的《哲学术语词汇》（*A Dictionary of Philosophical Terms*）。该书学界提及不多，但在笔者看来意义重大。因为该书是传教士们引入的第一本日文辞书，标志着来华西人已完全接受由日制汉字术语充当中文术语标准词汇。

该辞书的编者是李提摩太与季理斐。据前言可知，他们编辑该辞书的目的是获得广学会编译书籍所必须使用到的术语，原本这一提供术语的工作应该由中国教育部门来承担，但中国教育部门至今仍无法满足人们所需术语的需要，而日本术语却已被广泛使用，因而他们决定将日本《哲学大辞书》中的主要条目翻印过来。季理斐在前言中指出："我们当然并不是同意这些术语都是十分适当的，但它们像潮水一样的涌入。我们不得不了解它们。"② 换言之，日制汉字术语的大量涌入与中国教育部门在术语厘定上的进展缓慢，是李提摩太等人不得不选择日本辞书的主

---

① 林乐知、范祎：《新名词之辨惑》，载朱维铮主编《万国公报文选》，生活·读书·新知三联书店 1998 年版，680 页。

② D. Macgillivray, "Preface", Timothy Richard, Donald Macgillivray, *A Dictionary of Philosophical Terms*, Shanghai: Christian Literature Society for China, 1913.

要因由。该辞书总计收录了 2482 个哲学术语。每个词条都只有对应译词，没有释义与例句。以 A 字部前十个词条为例：

Abnormal 异常（不法，反则）

Abnormal child 异常儿童

Abnormal psychology 变态心理学

Absent-mindedness 放心（不在，不注意）

Absolute and relative 绝对—相对

Absolute concept 绝对概念

Absolute dualism 绝对的二元论

Absolute idealism 绝对的观念论，绝对的唯心论

Absolutism and relativism 绝对论，相对论

Absolute self 绝对我

从体例看，《哲学术语词汇》与益智书会出版的《术语辞汇》十分相似。而李提摩太等人此时编辑出版《哲学术语词汇》应也有配合传教士们统一术语工作的意图。因为在此前益智书会与博医会统一术语的工作中主要侧重科技、医学术语的厘定、统一，较少涉及人文学科。

李提摩太等人选用的《哲学大辞书》应是 1912 年由大日本百科辞书编辑部编辑、东京同文馆出版的。若将日文版与广学会版对比就会发现，李提摩太等人虽然对《哲学大辞书》的大部分条目加以采录，但仍放弃了其中一小部分词条。以 A 字部为例，《哲学大辞书》A 字部的词条多达 343 条；而《哲学术语词汇》A 字部共收词 238 条，占 69.4%。其中没有被《哲学术语词汇》收录的词条，可略举如下：

Abscissa 横线

Absolute pessimism 绝对的厌世观

Absorption 专心

Abulia 意志缺乏

Accent アクセシト Achromasy 无色视

Adam アダム Added determinauts 附性法

Allness 统一　Alogical 非论理的

Amon アモシ　Antagonism 对立

Appreciation 评价

　　由上可以发现，使用了假名的日本术语，《哲学术语词汇》都没有收录，另外一些可能李提摩太等人觉得不太重要的术语也没有收录。值得注意的是，在一些词条中，《哲学术语词汇》提供的中文译名是不仅限于《哲学大辞书》的。如表 3.6 所示。

表 3.6　　　　　《哲学术语词汇》沿用《哲学大辞书》例证

西文原名	《哲学术语词汇》	《哲学大辞书》
Apologetics	护教派（辨证论）	护教派
Appearance	假象 or 相（现象，外观）	假象
Apperception	统觉（自觉）	统觉
Appetite	体欲（情欲）	体欲

说明：（）为原书即有的。

　　由上述几例可知，《哲学术语词汇》虽然大部分沿用了日本《哲学大辞书》中的日制汉字术语，但在某些不妥的译名后面，往往会缀上其他的译名，以供读者选择。不过整体而言，出现这一情况的术语不多，在 A 字部中仅有 29 条，占 12.1%。且因为《哲学大辞书》使用的术语译名绝大部分是日制汉字术语，所以正如季理斐所言，他们只是复制术语（copied out the terms），实质上并不需要翻译。这也反映了当时中国利用日本辞书是十分便利的。

　　自此之后，除了博医会在民国期间仍与中国人合作继续进行厘定术语的工作外，大部分来华西人、传教士已放弃了自拟术语的努力，转而使用日制汉字术语。民国后，这一术语厘定统一工作更多转由国人自身承担，但清末传入中国的日制汉字术语有相当一部分被沿袭了下来，成为我国现代语汇当中不可或缺的一部分，影响至今。

　　综上所述，来华西人中文术语命名权的转移既是术语自然选择的客观规律所导致的，一定程度上也是由来华西人自身造成的。正如王国维所言："日人之定名，亦非苟焉而已，经专门数十家之考究，数十年之改正，以有今日者也"。[①] 日制汉字术语有它自身的严谨性与科学性，再加上字形的相同，取义的类似，这些都使得中国人在心理上、文化上更倾向于日制汉字术语。因而来华西人所厘定译名的被取代也就不可避免了，来华西人中文术语命名权的转移也就顺理成章。另外，来华西人本身对于日本术语从一开始就不甚反对，甚而主动引入，这也加快了日制汉字术语取代来华西人厘定译名的步伐。而来华西人之所以没有如一部分中国人一样坚决抵制日制汉字术语，关键在于，对于来华西人，特别是传教士而言，在中国采用何种术语都只是一语言的表达工具而已，不会涉及诸如中日民族立场、国家利益等意识形态的难题。加上他们开展厘定统一术语的工作主要就是为了其在华传教事业服务，所以只要术语统一，无论是以日制汉字术语还是以中国人自拟译词作为标准词汇，对于他们来说并无太大差异。而甲午以前长达半个多世纪的中文术语命名权由来华西人掌握，则是由于"西译中述"的特殊翻译方式，及早期国人外语教育不足等原因造成的。

由上可知，近代中日之间，伴随着两国教科书的流传，两国术语之间也存在着复杂的互动关联；而近代中文术语命名权也伴随着中日文化的逆转，传教士在华影响的日趋减弱，有一由来华西人转移到日本人手中的变迁过程。

---

① 王国维：《论新学语之输入》，载傅杰编校《王国维论学集》，中国社会科学出版社1997年版，第387页。

清末教科书与学科术语生成的个案考察

清末教科书涉及学科众多，有些是中国传统教育中已有的科目，有些则是西学东渐后才出现的。因学科不一，教科书中的术语演变也各不相同，既有沿袭已有术语的，也有借用日制汉字术语的，还有来华西人或国人自拟的。但总体看来，术语演变与学科建立有着直接的关联，往往术语厘定的过程也就是这一学科日益明晰、逐渐确立的过程。若要全面详细地呈现出当时各科教科书术语变迁的轨迹，实属难能。笔者只能就手中已有资料，以化学、逻辑学、数学为例，对教科书术语演变及厘定情况稍加探讨，以窥一斑。

第四章

清末化学教科书编纂与近代化学术语的生成

我国虽然由于炼丹术的存在，化学知识古已有之，但现代意义的化学学科及其相应术语的确立却是伴随着清末西学东渐逐渐形成的。在此过程中，化学教科书起到了不可替代的作用。

第一节　清末化学教育的引入

一　我国近代化学教育的发端

科举制下，我国传统教育注重的是四书五经的研读，并没有为包括化学知识在内的科学知识的传授留下可能的空间。清代科举取士，主要是"承明制用八股文。取'四子'书及《易》《书》《诗》《春秋》《礼记》五经命题，谓之制义"①，所以当时无论是官学还是私学，其所授、所学均围绕科举考试内容展开。如清代国子监所习之书仅为"'四书'、'五经'、《性理》《通鉴》诸书，其兼通'十三经'、'二十一史'"，课士之法为"月朔、望释奠毕，博士厅集诸生，讲解经义。上旬助教讲义。既望，学正、学录讲书各一次。会讲、覆讲、上书、覆背，月三回，周而复始"②。

因而尽管西方的化学知识早在明末清初之际即由耶稣会士零星传入

---

① 《清史稿选举志（节录）》，载汤志钧、陈祖恩、汤仁泽编《中国近代教育史资料汇编——鸦片战争时期教育》，上海教育出版社 2007 年版，第 3 页。

② 《清史稿选举志（节录）》，载汤志钧、陈祖恩、汤仁泽编《中国近代教育史资料汇编——鸦片战争时期教育》，上海教育出版社 2007 年版，第 110 页。

中国，但并没有引起近代以前国人的特别关注。如明末耶稣会士高一志（Alfonso Vagnone）撰写的《空际格致》就向国人介绍了亚里士多德的"四元素说"，指出"行也者，纯体也，乃所分不成他品之物，惟能生成杂物之诸品也。所谓纯体者何也？谓一性之体，无他行之杂。盖天下万物，有纯杂之别，纯者即土、水、气、火四行也"①。而另一传教士汤若望（Johann Adam Schall Von Bell）翻译的《坤舆格致》，虽是一本矿业著作，但也介绍了包括金属与非金属的分离、各种镪水的制造等在内的西方化学知识。② 而随着明清鼎革，清政府闭关锁国政策的实行，即便这些零星的西方化学知识的传输也被迫暂时中断了。直到鸦片战争之后，中国国门被重新打开，西方传教士再次大规模来华。如第一章所述，再次来华的传教士为了扩大教会影响，继承了明清耶稣会士"学术传教"的模式，也以开办新式学校、传播新知作为其重要的传教手段。我国最初化学教育的引入即是通过这批来华传教士完成的。

近代我国开办较早的教会学校包括马礼逊学校、英华书院、宁波女塾、上海清心男塾等。来华传教士开办这些教会学校的最终目的虽然都是"想通过学校来争取众多的异教徒男女孩童，使他们在基督教真理的影响下皈依上帝"，但为完成这一目标，他们也在这些学校中开设了相应的科学课程，因为"它能够十分有效地促进正义事业"。正如清末来华传教士狄考文指出的那样，在他们看来"所有科学都属于教会，这是合乎情理的，它是上帝特别赋予教会去打开异教邪说的大门的工具和争取人们信仰福誉的手段。中国人把近代科学的发展看作近乎奇迹，惊叹不已。因此，我认为基督教传教士不仅有权开办学校，教授科学，而且这也是上帝赋予他们的使命"③。基于这一认识，这些教会学校往往开设一些科学课程，其中就包括化学。如1839年开办的马礼逊学校，在1846年就开设了一个学期的化学课程。④ 后来的诸如上海中西书院、福

---

① ［意］高一志撰，韩云订：《空际格致卷上》，载黄兴涛、王国荣编《明清之际西学文本——50种重要文献汇编》第3册，中华书局2013年版，第1397页。

② 张晓编著：《近代汉译西学书目提要：明末至1919》，北京大学出版社2012年版，第585页。

③ ［美］狄考文：《基督教会与教育》，载朱有瓛编《中国近代学制史料》第4辑，华东师范大学出版社1993年版，第85—92页。

④ 顾长声：《从马礼逊到司徒雷登——来华新教传教士评传》，上海人民出版社1986年版，第98页。

州鹤龄英华书院、登州文会馆等也均开设有化学相关课程。如林乐知主持的中西书院，制定的八年课程，在第六年就安排有"化学重学，微分积分讲解性理，翻译诸书，乃于西学之益，更上一层矣"[①]。登州文会馆在其正斋课程安排中，分别在第五年有化学、第六年有化学辨质。[②] 值得注意的是，来华传教士将化学引入其创办的教会学堂，并非特例，甚而在一些女子学校中也有开设。1900 年对华南、华东、华中、华北五所美国教会女塾的课程调查就显示，其中有两所女塾开设有化学课程。[③]

　　与此同时，伴随着时局的变化，清末早期一些新式学校也开始引入化学课程。最早的就是京师同文馆。1862 年，为培养"熟悉外国语言文字之人"，清政府创办了京师同文馆，并限定"抵学语言文字"[④]。但很快，面对"数千年未有之变局"，清政府发现仅语言学习已难以应对"师夷长技"的需要。1866 年主持总理各国事务的奕䜣上奏，"因思洋人制造机器、火器等件，以及行船、行军，无一不自天文、算学中来。现在上海浙江等处，讲求轮船各项，若不从根本上用著实功夫，即学习皮毛，仍无俾于实用"，请求在同文馆中再"添设一馆"[⑤]。因而 1867 年京师同文馆又增设了天文、算学二馆。1888 年，"察格致一门，为新学之至要，富国强兵，无不资之以著成效"[⑥]，同文馆又加设了格致馆。换言之，京师同文馆从最初的单纯外语学校的设定逐渐扩充为一所传授实用科学的学校。其师资、课程安排也随之调整。

　　按照京师同文馆课程设置，其根据学生情况的不同，分别安排了八年课程和五年课程。其中"由洋文而及诸学共须八年"，具体课程内容如下：

---

　　① 海滨隐士：《上海中西书院记》，载朱有瓛编《中国近代学制史料》第 4 辑，华东师范大学出版社 1993 年版，第 281 页。

　　② 《〈文会馆志〉记齐鲁大学前身登州文书馆的创立规章等》，载朱有瓛编《中国近代学制史料》第 4 辑，华东师范大学出版社 1993 年版，第 458 页。

　　③ 《褚季能记宁波女塾》，载朱有瓛编《中国近代学制史料》第 4 辑，华东师范大学出版社 1993 年版，第 266 页。

　　④ 《同治元年七月二十五日总理各国事务奕䜣等折》，载朱有瓛编《中国近代学制史料》第 1 辑上册，华东师范大学出版社 1983 年版，第 6 页。

　　⑤ 《同治五年十一月初五日总理各国事务奕䜣等折》，载朱有瓛编《中国近代学制史料》第 1 辑上册，华东师范大学出版社 1983 年版，第 13 页。

　　⑥ 《〈同文馆题名录〉记光绪十四年开设格致馆》，载朱有瓛编《中国近代学制史料》第 1 辑上册，华东师范大学出版社 1983 年版，第 18 页。

首年：认字写字。浅解辞句。讲解浅书。

二年：讲解浅书。练习文法。翻译条子。

三年：讲各国地图。读各国史略。翻译选编。

四年：数理启蒙。代数学。翻译公文。

五年：讲求格物。几何原本。平三角。弧三角。练习译书。

六年：讲求机器。微分积分。航海测算。练习译书。

七年：讲求化学。天文测算。万国公法。练习译书。

八年：天文测算。地理金石。富国策。练习译书。①

而那些"其年齿稍长，无暇肄及洋文，仅藉译本而求诸学者"，则只需五年，具体课程如下：

首年 数理启蒙。九章算法。代数学。

二年 学四元解。几何原本。平三角、弧三角。

三年 格物入门。兼讲化学。重学测算。

四年 微分积分。航海测算。天文测算。讲求机器。

五年 万国公法。富国策。天文测算。地理金石。②

由上可知，京师同文馆无论是八年课程还是五年课程都安排有化学课程。为了教授化学课程，京师同文馆先后聘请了法国的毕利干、德国的施德明（Carl Stuhlmann）担任化学教习。此外，英国的欧理斐（C. H. Oliver）也曾兼授过化学课程。③ 除了这三位外国教员外，承霖、王钟祥还曾担任过同文馆的化学副教习。④ 至于京师同文馆教授的化学内容，主要包括六十七种化学元素的介绍、矿物的冶炼、各种化学

---

① 《光绪二年公布的八年课程表》，载朱有瓛编《中国近代学制史料》第 1 辑上册，华东师范大学出版社 1983 年版，第 72 页。

② 《光绪二年公布的八年课程表》，载朱有瓛编《中国近代学制史料》第 1 辑上册，华东师范大学出版社 1983 年版，第 72—73 页。

③ 《〈同文馆题名录〉记历任汉洋教习》，载朱有瓛编《中国近代学制史料》第 1 辑上册，华东师范大学出版社 1983 年版，第 39—40 页。

④ 《〈同文馆题名录〉记历任副教习》，载朱有瓛编《中国近代学制史料》第 1 辑上册，华东师范大学出版社 1983 年版，第 41 页。

反应等。①

　　除了京师同文馆之外，当时洋务派兴办的其他新式学校也多有引入化学课程的。如曾入学福州船政学堂的严复，其在马江学堂所学的课程中就包括化学。② 北洋水师学堂也要求它的学生在校四年应学习"化学格致"③。江南水师学堂将学生分为"驾驶管轮两门"，驾驶学生除了"以精求英国文法为第一要义"外，还需"次第授以几何、代数……格致、化学，凡为兵船将领应知应能之事均应学习"④。此外，上海广方言馆将"生徒分上下二班"，上班"专习一艺"，其中就包括有"辨察地产、分炼各金，以备制造之材料"等涉及化学知识的学习内容。⑤

　　当时之所以清政府兴办的新式学校会引入化学课程，关键是看重化学的实用性。正如张之洞1889年所言，"查西学门类繁多，除算学曩多兼通外，有矿学、化学、电学、植物学、公法学五种，皆足以资自强而裨交涉"，并指出"提炼五金，精造军火，制作百货，皆由化学而出，今各省开局制造之事甚繁，而物料之涉于化学，不能自制自修者仍必须取资外洋，且不通其理，则必不尽其用，此化学宜讲也"⑥。1896年张之洞改订自强学堂章程时，更直言："查西学事事原本化学，凡一切种植畜牧及制造式食式用之物，化学愈精则能化无为有，化无用为有用，而

---

　　① 据《清会典》记载，京师同文馆化学课程的教授内容为"凡化学，以原行之质为本. 共六十七质，分大类二：一曰非金属，一曰金属。每质各秉一性，性相近者为一家，二类各五家。原质入养气有生酸者，有生反酸者。反酸与酸相合为盐类。凡矿产备诸质，验质必以化分，有消而化者，有熔而化者，消化视强水，熔化视火力。有分金银铅三质之法。有炼铁之法。有炼铜之法。有炼银之法。有炼金之法。有炼铂之法"。朱有瓛编：《中国近代学制史料》第1辑上册，华东师范大学出版社1983年版，第75—77页。

　　② 《〈严几道年谱〉记船政学堂课程》，载朱有瓛编《中国近代学制史料》第1辑上册，华东师范大学出版社1983年版，第443页。

　　③ 《〈北洋海军章程〉招考学生例》，载高时良编《中国近代教育史资料汇编——洋务运动时期教育》，上海教育出版社1992年版，第454页。

　　④ 《〈万国公报〉：江南水师学堂简明章程》，载高时良编《中国近代教育史资料汇编——洋务运动时期教育》，上海教育出版社1992年版，第492—493页。

　　⑤ 《同治九年三月初三日总办机器制造局冯、郑上督抚宪禀》，载高时良编《中国近代教育史资料汇编——洋务运动时期教育》，上海教育出版社1992年版，第224页。

　　⑥ 张之洞：《增设洋务五学片》，载高时良编《中国近代教育史资料汇编——洋务运动时期教育》，上海教育出版社1992年版，第474—475页。

获利亦因之愈厚，是以总理衙门同文馆亦设有专科。"① 关于此点，京师同文馆的历年堂谕也多有表露。如：

> 光绪二十一年八月奉堂谕：设立同文馆之本意，原为通晓各国语言文字，办理交涉事宜，馆中诸生自当以习学洋文为重。然得洋文之奥窍，必赖杂学以贯通，如天文、算学、格致、化学、医学等类，泰西各国皆恃此为策富强之本。
>
> 光绪二十二年十月堂谕：查泰西各学堂固以语言文字为重，而其尤重者，则在算术、格、化诸学，专为富国强兵之助。
>
> 光绪二十三年正月奉堂谕：查西人各项艺学，俱关实用，较之语言文字尤为精切，自宜加意讲求，俾臻才艺之选。……凡无汉文功课学生，具于每日午前九点钟到馆学习天文、格致、算学、化学等艺，其教艺学之洋教习，亦于午前到馆教授。②

由上可知，无论是将化学视为"为策富强之本""专为富国强兵之助"，还是强调其"俱关实用"，清末官办新式学校对于化学课程的引入都是出于"自强求富"的现实考虑，而非着眼于对传统教育体制的反思。也正因此，这一阶段我国化学教育的实施效果并不能过于高估。时人郑观应就曾评价道："广方言馆、同文馆虽罗致英才，聘请教习，要亦不过只学语言文字，若夫天文、舆地、算术、化学直不过初习皮毛而已。"③ 另一熟知西学的徐维则也观察到"声、光、化、电诸学，非得仪器试验、明师指授不易为功，虽英儒傅兰雅所译格致诸书详尽可读，卒无裨于风气者，以既乏明师又鲜仪器也"④。即便是主持兴办新式学校的总理衙门自身也认为"近年各省所设学堂，虽名为中西兼习，实则有西

---

① 张之洞：《札道员蔡锡勇改定自强学堂章程示》，载高时良编《中国近代教育史资料汇编——洋务运动时期教育》，上海教育出版社1992年版，第275页。

② 高时良编：《中国近代教育史资料汇编——洋务运动时期教育》，上海教育出版社1992年版，第119—120、126、127页。

③ 郑观应：《西学》，载朱有瓛编《中国近代学制史料》第1辑上册，华东师范大学出版社1983年版，第588—589页。

④ 徐维则：《增版东西学书录·叙例》，载熊月之主编《晚清新学书目提要》，上海书店出版社2007年版，第7页。

而无中，且有西文而无西学"①。总理衙门此语虽然是在戊戌变法的特殊语境下作出的判断，但"有西文而无西学"一语还是表明了总体对于当时新学教育程度的不满。

尽管如此，甲午以前清政府官办新式学校及来华传教士教会学校对于化学课程的引入，还是起到了风向标的作用，推动了我国近代化学教育的发端。随着化学教育在我国的开展，部分国人开始关注到化学学习，甚而有士人认识到"化学尤要于诸学，其为用甚博也。近之能体验一身，远之可觉察力物，大之足搜测山海，小之能辨析毫芒。循天地自然之变化而化察庶物，虽物类万殊，形性千变，莫不可考其所以然，且能分合变化，以发造化之元机，化学实为诸学之根"②。基于这一认识，甲午之后，部分国人发出了"化学当学"的呼声，③ 一些民间士人在开办新式学校中也引入了化学课程。如盛宣怀设立的天津中西学堂在头等学堂的第二、第三年都开设有化学。④ 梁启超等人创办的时务学堂将格致须知中的化学须知、格物质学列为溥通学的涉猎之书，将化学鉴原、化学鉴原续编补编、化学分原、格物质学列为专门学格算门的专精之书。⑤ 除了这些新设的新式学校引入化学课程外，一些旧有的书院也改弦更张，开始开设包括化学在内的西学课程。如清江崇实书院1897年为"讲求西学，以裨实用"，特"延订算学兼光电化重学教习二人"，到第二年该书院"化电学入门者三四人"⑥。两湖学院的课程在1898年"除经史文学外，尚有天文、地理、数学、测量、化学、博物学、兵法史略学及兵操

---

① 《光绪二十四年五月军机大臣总理衙门〈筹议京师大学堂章程〉》，载朱有瓛编《中国近代学制史料》第1辑上册，华东师范大学出版社1983年版，第602页。

② 孙维新：《泰西格致之学与近刻翻译诸书详略得失何者为最要论》，载王扬宗编校《近代科学在中国的传播》上册，山东教育出版社2009年版，第347页。

③ 如1897年《万国公报》第105册刊登了张丰年的《化学当学论》；次年董祖寿在《蜀学报》也昌言"学之最要者，莫如化学"，"化学为一切格致工艺之权舆也"。具体见王扬宗编校《近代科学在中国的传播》上册，山东教育出版社2009年版，第378、369页。

④ 《光绪二十一年盛宣怀拟设天津中西学堂禀》，载朱有瓛编《中国近代学制史料》第1辑下册，华东师范大学出版社1986年版，第499页。

⑤ 梁启超：《湖南时务学堂学约》，载汤志钧、陈祖恩、汤仁泽编《中国教育史资料汇编——戊戌时期教育》，上海教育出版社2007年版，第344—349页。

⑥ 《光绪二十四年七月三十日嘈运总督松椿折》，载朱有瓛编《中国近代学制史料》第1辑下册，华东师范大学出版社1986年版，第449页。

等新学科"①。

但在科举制度没有根本改变的情况下，我国这一阶段的化学教育仍处于无体系化的自发开设状态。早在 1874 年，洋务要员李鸿章就指出："现在京师既设同文馆，江省亦选幼童出洋学习，似已辟西学门径，而士大夫趋向犹未尽属者何哉？以用人进取之途全不在此故也。"② 中国延续一千多年的科举制度，构建了传统士人"学而优至仕"的制度通道。在"用人进取之途全不在此"的情况下，即便是进入官办新式学堂的士子，在意的仍是科举、仕途，而对于与举业无关的西方科学自然关注有限。如京师同文馆从光绪四年到二十二年的四次大考，均有 1/2—1/3 的学生未考西学科目，其余也只应一二科。而该馆到 1898 年已有 13 人考取举人进士。③ 故而曾任京师同文馆总教习多年的丁韪良感叹，同文馆开设之"目的只在养成定量的官吏，并不想把整个的员吏制度加以改革"④。化学等西方科学教育要真正在中国体系化、制度化，只能是在癸卯学制颁布、科举制度废除之后。

二 "癸卯学制"中的化学教育

经过庚子之变后，中国朝野上下均要求变法。1901 年张之洞、刘坤一在著名的"江楚会奏"中指出，今日要"育才兴学"，就必须"一曰设文武学堂，二曰酌改文科，三曰停罢武科，四曰奖劝游学"。所谓"设文武学堂"就是"令州、县设小学校及高等小学校"，"省城应设高等学校一区"，"京城设文事大学校、水军陆军大学校各一"，并"参酌东西学制分为七专门"，分别为经学、史学、格致学、政治学、兵学、农学、工学；所谓"酌改文科"就是"按科递减科举取士之额，为学堂取士之额"⑤。清政府迅速接受了张之洞、刘坤一等人的意见，认同

---

① 《黄兴在两湖书院》，载朱有瓛编《中国近代学制史料》第 1 辑下册，华东师范大学出版社 1986 年版，第 405 页。

② 《同治十三年十一月初二日李鸿章筹议海防》，载朱有瓛编《中国近代学制史料》第 1 辑下册，华东师范大学出版社 1986 年版，第 17 页。

③ 桑兵：《晚清学堂学生与社会变迁》，学林出版社 1995 年版，第 51 页。

④ 朱有瓛：《中国近代学制史料》第 1 辑上册，华东师范大学出版社 1983 年版，第 189 页。

⑤ 《湖广总督张之洞、两江总督刘坤一会奏变法自强第一疏（节录）》，载璩鑫圭、唐良炎编《中国近代教育史资料汇编——学制演变》，上海教育出版社 2007 年版，第 12—17 页。

"兴学育才，实为当今急务"，因而在 1901 年先后下发了以策论试士、"着各省所有书院，于省城均改设大学堂，各府及直隶州均改设中学堂，各州、县均改设小学堂"，令"各省派学生出洋肄业"等上谕。①特别是该年年末，清政府任命张百熙为管学大臣，"将学堂一切事宜，责成经理"，"应如何裁定章程，并着悉心妥议"②，从而拉开了晚清学制改革的序幕。

　　1902 年 8 月张百熙主持制定的《钦定学堂章程》（即壬寅学制）正式公布，但因系草创，仍不完备，所以并没有在全国推行。次年在张百熙的提议下，清政府又重新进行人员安排，"着即派张之洞会同张百熙、荣庆，将先办大学堂章程一切事宜，再行切实商定；并将各省学堂章程，一律厘定，详悉具奏"③。正是在"当今第一通晓学务之人"——张之洞的主持下，清政府 1904 年 1 月颁布了《奏定学堂章程》，即"癸卯学制"，并推行全国。这是我国第一个正式由国家颁布并在全国施行的现代学制，共包括《奏定初等小学堂章程》、《奏定高等小学堂章程》、《奏定中学堂章程》、《奏定高等学堂章程》、《奏定大学堂章程》、《奏定蒙养院章程及家庭教育法章程》、《奏定初级师范学堂章程》、《奏定优级师范学堂章程》、《奏定任用教员章程》、《奏定译学馆章程》、《奏定进士馆章程》、《奏定初等农工商实业学堂章程》、《奏定实业补习普通学堂章程》、《奏定艺徒学堂章程》、《奏定中等农工商实业学堂章程》、《奏定高等农工商实业学堂章程》、《奏定实业教员讲习所章程》、《奏定实业学堂通则》、《奏定各学堂管理通则》、《奏定学务纲要》、《奏定各学堂考试章程》、《奏定各学堂奖励章程》二十二项章程制度。根据"癸卯学制"，我国整个教育体系从纵向看分为三段七级：第一段为初等教育，分为蒙养院、初等小学及高等小学三级；第二段为中等教育，只有中学堂一级；第三段为高等教育，分为高等学堂或大学预科、大学堂及通儒院三级。从横向看，除普通教育外，另有师范教育及实业教育两系。师范教育

---

　　① 璩鑫圭、唐良炎编：《中国近代教育史资料汇编——学制演变》，上海教育出版社 2007 年版，第 5—7 页。

　　② 《光绪二十七年十二月初一日谕切实举办 京师大学堂并派张百熙为管学大臣》，载璩鑫圭、唐良炎编《中国近代教育史资料汇编——学制演变》，上海教育出版社 2007 年版，第 8 页。

　　③ 《张百熙、荣庆、张之洞：重订学堂章程》，载璩鑫圭、唐良炎编《中国近代教育史资料汇编——学制演变》，上海教育出版社 2007 年版，第 297 页。

分初级及优级两等，分别与中学堂、高等学堂平行。实业教育则将实业补习学堂、艺徒学堂和初等农工商实业学堂与高等小学平行，中等实业学堂与中学堂平行，高等实业学堂与高等学堂并行。[1] 由此构成我国初等、中等、高等三级衔接，普通、师范、实业三足并行的整体教育格局。

癸卯学制使我国化学教育正式体系化、规范化，并规定了其在各级各类教育的具体要求。

在初等小学阶段，化学教育主要涵盖在格致课程中，"其要义在使知动物、植物、矿物等类之大略形象、质性，并各物与人之关系，以备有益日用生计之用"[2]。在高等小学阶段，化学课程虽仍涵盖在格致科目中，但对于化学知识的讲授有了更明确的规定，要求高等小学第二年"格致授寻常物理、化学之形象"，第三年格致课讲授"原质及化合物，简易器具之构造作用"[3]。在中学堂阶段，化学教育包含在理化科目中，要求第四年讲授化学，教授内容为"先讲无机化学中重要之诸元质及其化合物，再进则讲有机化学之初步，及有关实用重要之有机物"，并明确要求"本诸实验，得真确之知识"[4]。

按照癸卯学制规定，高等学堂学科分为三类，分别为"第一类学科为预备入经学科、政法科、文学科、商科等大学者治之；第二类学科为预备入格致科大学、工科大学、农科大学者治之；第三类学科为预备入医科大学者治之"。其中第二类、第三类学科均要求第二年学习化学总论、无机化学，第三年学习有机化学。[5]

大学堂则参照日本大学的设置，内设分科大学堂，每分科大学堂又下设若干门。其中医学科、格致科、农科、工科都安排有相应化学课程。具体如表4.1所示：

---

[1] 具体可见陈青之《中国教育史》，东方出版社 2008 年版，第 481 页。

[2] 《奏定初等小学章程》，载璩鑫圭、唐良炎编《中国近代教育史资料汇编——学制演变》，上海教育出版社 2007 年版，第 296 页。

[3] 《奏定高等小学章程》，载璩鑫圭、唐良炎编《中国近代教育史资料汇编——学制演变》，上海教育出版社 2007 年版，第 312 页。

[4] 《奏定中学堂章程》，载璩鑫圭、唐良炎编《中国近代教育史资料汇编——学制演变》，上海教育出版社 2007 年版，第 322 页。

[5] 《奏定高等学堂章程》，载璩鑫圭、唐良炎编《中国近代教育史资料汇编——学制演变》，上海教育出版社 2007 年版，第 329—336 页。

表4.1　　　　　　　　　　**大学堂分科化学课程安排**[①]

科	门	课程	备注
医学科	医学门	医化学实习	补助课
	药物学门	制药化学、制药化学实习、检验化学、卫生化学、检验化学实习、卫生化学实习	主课
格致科	物理学门	物理化学、化学实验	主课
	化学门	无机化学、有机化学、分析化学、化学实验、应用化学、理论及物理化学、化学平衡论	主课
	动、植物学门	生理化学及实验	补助课
	地质学门	化学实验	主课
农科	农学门	农艺化学实验	主课
	农艺化学门	有机化学、分析化学、农艺化学实验、生理化学、酿酵化学、化学原论	主课
	林学门	森林化学、森林化学实验	主课
工科	机器工学门	火器及火药	补助课
	造船学门	火器及火药	补助课
	造兵器门	化学实验	主课
		火药学	补助课
	电气工学门	化学实验、电气化学	主课
	应用化学门	无机化学、有机化学、化学史、制造化学、化学分析实验、电气化学、制造化学实验、试金术及试金实验	主课
		火药学大意	补助课
	火药学门	火药学、无机化学、有机化学、制造化学、化学分析实验、制造化学实验、	主课
	采矿冶金学门	化学分析实验、试金术、试金实习	主课

通儒院实为大学堂学生毕业后的研究生阶段，并没有安排相应课程，只规定"凡通儒院学员，视其研究之学术系属某分科大学之某学科，即

---

① 据《奏定大学堂章程》制定，见璩鑫圭、唐良炎编《中国近代教育史资料汇编——学制演变》，上海教育出版社2007年版，第339—381页。

归某分科大学监督管理，并由某学科教员指导之"①。而在师范教育和实业教育中，癸卯学制对于化学课程也有相应安排。

初级师范学堂要求在第二年、第三年、第四年都安排化学学习，具体要求为"化学先讲无机化学中重要之诸元质及其化合物，再进则讲有机化学之初步，及有关实用重要之有机物。次讲为师范者教物理学、化学之次序法则。凡教理化者，在本诸实验，得真确之知识，使适于日用生计及实业之用"。即便是初等师范学堂的简易科（即速成科）也要求每周三个钟点"讲理化示教"②。优级师范学堂主要是为了培养初级师范学堂及中学堂的教员、管理员，第一年共同学习公共科课程，第二年再按照四类学业，分别学习分类科课程。化学属于分类科课程，是以算学、物理学、化学为主的第三类系必须学的科目。按照奏定章程规定，以算学、物理学、化学为主的第三类系第一年需要学习化学总论、无机化学、实验，第二年学习无机化学、有机化学、实验，第三年学习理论及物理化学、实验。译植物、动物、矿物、生理为主的第四类系则将化学列入其随意科目中，可酌量安排。③

实业教育因涉及不同类型的实业，所以对于化学课程的安排因类型不同各有不一。具体如表4.2所示。

表4.2　　　　　　　　　　各实业教育学堂化学课程安排④

层次	类型	课程	备注
初等农工商实业学堂	初等农业学堂	格致	普通科目
	初等商船学堂机轮科	化学	

---

① 《奏定大学堂章程》，载璩鑫圭、唐良炎编《中国近代教育史资料汇编——学制演变》，上海教育出版社2007年版，第389页。

② 《奏定初级师范学堂章程》，载璩鑫圭、唐良炎编《中国近代教育史资料汇编——学制演变》，上海教育出版社2007年版，第406—411页。

③ 《奏定优级师范学堂章程》，载璩鑫圭、唐良炎编《中国近代教育史资料汇编——学制演变》，上海教育出版社2007年版，第414—423页。

④ 根据《奏定初等农工商实业学堂章程》《奏定实业补习普通学堂章程》《奏定艺徒学堂章程》《奏定中等农工商实业学堂章程》《奏定高等农工商实业学堂章程》编制，见璩鑫圭、唐良炎编《中国近代教育史资料汇编——学制演变》，上海教育出版社2007年版，第444—468页。

续表

层次	类型	课程	备注
实业补习普通学堂	农业科	化学	
	工业科	化学	
	水产科	化学	
艺徒学堂		化学	普通科目
中等农工商实业学堂	中等农业学堂农业科	化学	普通科目
	中等农业学堂水产科	化学	普通科目
	中等工业学堂	化学	普通科目
	中等商船学堂	化学	普通科目
高等农工商实业学堂	高等农业学堂农学科	化学及农艺化学	
	高等农业学堂森林学科	化学	
	高等农业学堂兽医学科	化学	
	高等农业学堂土木工学科	化学	
	高等工业学堂应用化学科	特别应用化学、电气化学	化学、一切应用化学为高等工业学堂所有学科的普通科目
	高等工业学堂电气化学科	特别应用化学、电气化学	
	高等商业学堂预科	应用化学	
	高等商船学堂	化学	

此外癸卯学制还规定：译学馆将化学列入其普通学科目中，要求第二年学习化学；进士馆要求第二年学习化学大要。[1]

总体而言，癸卯学制从初等学堂到高等学堂，从普通教育到师范教育、实业教育，均对化学课程有了规范化的设置，并依据不同阶段、不同类型的教育要求，对化学课程讲授内容、授课时间做了细致的规定。这使得我国化学教育真正步入正轨，也为近代化学学科的建立及相应术语的制订奠定了良好的基础。

---

[1] 《奏定译学馆章程》《奏定进士馆章程》，载璩鑫圭、唐良炎编《中国近代教育史资料汇编——学制演变》，上海教育出版社 2007 年版，第 432、440 页。

第二节　清末化学教科书的计量分析

　　伴随着化学教育在我国的开展，我国对化学教科书的编辑也相应开始。大体而言，清末我国化学教科书的编纂分为两个阶段，1900 年以前主要以来华西人编译为主，1900 年以后国人编译成为主导。据统计，截至 1911 年，我国总计编撰的化学教科书至少有 154 本。[①] 其中 1900 年以前 21 本，1900 年至 1911 年为 133 本。

　　（一）1900 年以前编译的化学教科书

　　1900 年以前我国编译的化学教科书具体如表 4.3 所示。

表 4.3　　　　　　　　　1900 年以前我国编译化学教科书书目

书名	作者及译者	出版社	时间
化学入门	［美］丁韪良编译	京师同文馆	1868
化学初阶	［英］韦尔司著，［美］嘉约翰编，何了然笔述	博济医局	1870
化学鉴原	［英］韦尔司著，［英］傅兰雅，徐寿述	江南制造局	1871
化学分原	［英］包曼著、［英］蒲陆山增订，傅兰雅译，徐建寅述	江南制造局	1871
化学指南	［法］马拉古蒂著，［法］毕利干、联振合译	京师同文馆	1873
化学鉴原续编	［英］蒲陆山著，［英］傅兰雅译，徐寿述	江南制造局	1875
化学鉴原补编	［英］韦尔司著，［英］傅兰雅译，徐寿述	江南制造局	1879
格致启蒙·化学	［英］罗斯古著，［美］林乐知译，郑昌棪述	江南制造局	1879
化学入门	［美］厚美安著	广州	1880
化学易知	［英］傅兰雅著	益智书会	1881
化学器	［英］格里芬著，［英］傅兰雅译	上海格致书室	1881
化学阐原	［德］富里西尼乌司著，［法］毕利干、承霖、王钟祥译	京师同文馆	1882

---

　　① 笔者根据王有朋的《中国近代中小学教科书总目》（2010 年）、《民国时期总书目——中小学教材》（1986 年）、张晓的《近代汉译西学书目提要：明末至 1919 年》（北京大学出版社 2012 年版）统计得来。因为"癸卯学制"初级教育阶段，是将化学教育放在格致科目中，因而笔者统计的 1900 年以后的化学教科书包括了部分格致、理科教科书。

续表

书名	作者及译者	出版社	时间
化学考质	［德］富里西尼乌司著，［英］傅兰雅译，徐寿述	江南制造局	1883
化学求数	［德］富里西尼乌司著，［英］傅兰雅译，徐寿述	江南制造局	1883
化学材料中西名目表	［英］傅兰雅等译编	江南制造局	1885
化学启蒙	［英］罗斯科著，［英］艾约瑟译	总税务司署	1886
化学须知	［英］傅兰雅辑译	江南制造局	1886
化学卫生论	［英］真司腾著，［英］傅兰雅、栾学谦译	上海格致书室	1890
化学新编	［英］福开森著，李天相译	金陵汇文书院	1896
分化津梁	［德］施德明口译，王钟祥笔述	京师同文馆	1897
化学辨质	［美］聂会东口译，尚宝臣笔述	上海美华书馆	1898

　　由上可知，从出版机构看，1900 年以前编译的化学教科书，几近一半（9 本）是由江南制造局出版的，其他由京师同文馆出版的有 4 本，上海格致书院出版 2 本，博济医局出版 1 本，益智书会出版的 1 本、总税务司署出版 1 本，金陵汇文书院出版的 1 本、上海美化书院出版的 1 本。另外还有 1 本出版社不详。这表明当时化学教科书编纂的主要机构就是江南制造局和京师同文馆。从编撰方式看，此一阶段的化学教科书绝大部分是翻译本，仅有《化学入门》（厚美安）《化学须知》、《化学材料中西名目表》等数种是由来华西人自著或辑编的。而这些翻译的化学教科书大都采取的是"西译中述"（即西人口译，华人笔述）的方式完成的。最为典型的例子就是傅兰雅与徐寿合作，一起翻译了《化学鉴原》《化学鉴原续编》《化学鉴原补编》《化学考质》《化学求数》等一系列化学教科书。当时之所以需要中西两方通力合作，主要在于一方面"中国语言文字最难为西人所通，即通之亦难将西书之精奥译至中国，盖中国文字最古、最生而硬"①，另一方面此时国人通外文的"不过通酬

---

　　① ［英］傅兰雅：《江南制造总局翻译西书事略》，载王扬宗编校《近代科学在中国的传播》下册，山东教育出版社 2009 年版，第 492 页。

语言，只能译书札尺牍"①；因而需要双方合作，才能完成译书的工作。即便是包括《化学入门》在内的《格物入门》，虽然主要是由丁韪良独自编译，但完成后，"仍恐词句有未适者，即经大兴生员李光祜、河间贡生崔士元襄之润色，脱稿后复蒙大司马董加之斧正"，然后才付梓出版。②

从翻译的原著来源看，以英国的最多，德国的次之，再次为法国的。但无论是译自哪国的化学原著，选用的均是当时著名化学家的著作。如《化学初阶》和《化学鉴原》都翻译自韦尔司（David Ames Wells）1858年出版的《韦尔斯化学原理及应用》（*Wells's Principles and Applications of Chemistry*）一书的无机化学部分。该书至1868年已发行十余版，是当时美国流行的化学教科书。③《化学阐原》与《化学考质》则都翻译自德国的富里西尼乌司（Carl Remiguius Fresenius）的《定性分析化学入门》（*Manual of Qualitative Chemical Analysis*）。富里西尼乌司是德国著名的分析化学家，被视为近代分析化学之父，其所著的《定性分析化学入门》曾重版数次，英、荷、法、意、西班牙、匈、俄、日等国均有译本，影响极大。④ 其他原著的作者，诸如包曼（John E. Bowman）是伦敦国王学院第一位实验化学教授，真司腾（James Finlay Weiy Johnston）是英国著名农业化学家和生理化学家，罗斯科（Henry Enfield Roscoe）是英国曼彻斯特欧文斯学院化学系主任，蒲陆山（Charles Loudon Bloxam）是英国伦敦国王学院教授，均是当时欧洲化学界的专家。因而当时来华西人编译的化学教科书对于译本来源还是经过慎重考虑的。

最后从这批化学教科书的影响看，各书所起到的作用不一，但都切实为推动清末化学教育的开展提供了便利。评价最高的是傅兰雅、徐寿所译化学诸书。如《化学鉴原》，被时人誉为"中译化学之书，殆以此

① 张之洞：《上海强学会分会序》，载黎难秋主编《中国科学翻译史料》，中国科学技术大学出版社1996年版，第139页。

② 《凡例》，［美］丁韪良《格物入门》水学卷一，京师同文馆1868年版。

③ 见张晓编著《近代汉译西学书目提要：明末至1919年》第488页（北京大学出版社2012年版），及邹振环《影响中国近代社会的一百种译作》第63页（中国对外翻译出版公司1996年版）。

④ 张晓编著：《近代汉译西学书目提要：明末至1919年》，北京大学出版社2012年版，第497页。也可参见白寿彝主编《中国通史 第11卷 近代前编（1840—1919）》下册，上海人民出版社2007年版，第1832页。

为善本"①。黄庆澄也评价道："近日已译化学之书，惟徐氏本最佳"，"《化学鉴原》提挈纲领，具见本领"，《化学鉴原补编》《化学考质》《化学求数》"均极佳，宜全阅"②。其他化学教科书，大多也有较好的反响。如同为化学教科书编者的谢洪赉1904年曾对此前化学教科书有个总体评价，认为"已译化学书，虽未完备，然亦足资观赏"，其中傅兰雅译著（包括鉴原正续补三编、分原、考质、求数等），"近译新书，无出其右者。名目表与化学器甚要。须知为初学书，易知为中学教科书"，丁韪良著的《化学入门》"设为问答，论理清晰"，厚美安著的《化学入门》"为便初学"，聂会东的《化学辨质》"图表清楚，不可不备"，林乐知、艾约瑟各自翻译的《化学启蒙》都是"为初学设"。谢洪赉仅对毕利干所译的《化学指南》《化学阐原》稍有微词，认为"以上二种，皆同文馆由法文书译出，名目怪异"③。谢氏这一感觉并非特例。曾获得上海格致书院乙丑（1890年）年春季课艺超等第一名的孙维新也评价《化学指南》《化学阐原》，"不惟名目不同，各名之写法亦大奇焉"，"种种怪异，甚觉难读"④。当然谢洪赉、孙维新主要是从毕利干所使用的术语译名与傅兰雅等人厘定的译名不一致，而导致读者不适应的角度来提出异议。若从翻译准确性来看，毕利干的译本还是有一定可取性。1898年任户部员外郎的恩裕就指出："总署同文馆教习毕利干，所译指南阐原两书，虽未能尽穷底蕴，颇真确无误，东洋未闻有此善本。"⑤ 当然恩裕之语稍显夸大，但毕利干译本"颇真确无误"应具有一定可信性。

　　另外值得注意的是，当时来华西人所编译的化学教科书基本涵盖了现代化学的各个分支。《化学初阶》《化学鉴原》和《化学鉴原补编》属

---

　　① 　徐维则：《增版东西学书录》，载熊月之主编《晚清新学书目提要》，上海书店出版社2007年版，第106页。

　　② 　黄庆澄：《中西普通书目表》，载王扬宗编校《近代科学在中国的传播》下册，山东教育出版社2009年版，第678页。

　　③ 　《教授要言》，载中西译社编译，谢洪赉校订《最新中学教科书化学》，商务印书馆1904年版。

　　④ 　孙维新：《泰西格致之学与近刻翻译诸书详略得失何者为最要论》，载王扬宗编校《近代科学在中国的传播》上册，山东教育出版社2009年版，第356页。

　　⑤ 　《户部员外郎恩裕片》，载黎难秋主编《中国科学翻译史料》，中国科学技术大学出版社1996年版，第92页

于无机化学，《化学鉴原续编》属于有机化学，《化学阐原》《化学考质》《化学求数》属于分析化学。各书之间又大体形成了一个逐级递进的承序关系。正如时人观察到的"化学者宜从是书（林乐知的《化学启蒙》）及《化学入门》《化学须知》入手，然后读《鉴原》诸书，方为有序"，"论学问阶级则《鉴原》及《续编》《补编》为入手功夫，《分原》《考质》《求数》《阐原》为精深地步。学者拾阶而上"①。换言之，此时来华西人编译的化学教科书虽因为我国现代学制没有建立导致分阶段教学一时还难于形成，但在实践摸索下，还是有意识地形成了难易有序的化学教科书体系。这一定程度上应与益智书会编辑教科书的主张有关。如前所述，1877 年益智书会成立后就决定筹备编写初级、高级两套教材，"以应当前教会学校的需要"。故而来华西人编译化学教科书时，也稍有侧重。如《化学易知》就是傅兰雅负责为益智书会编写的中级水平的化学教科书，《化学须知》则是根据初学者能力需要编写的。②

总体言之，1900 年以前来华西人主导编译的化学教科书不仅成为清末国人获取化学知识的重要来源，而且也为我国相当一段时期的新式学校开展化学教育提供了必备的教材。即便甲午以后已有不少国人意识到"言学诸书皆彼土二十年前旧说，新理日出，旧者吐弃"，但"以无新译之本，今姑载之，籍备学者省览"③。故而来华西人编译的化学教科书也一再被重版再印。以《化学鉴原》为例，其自 1871 年刊刻以来，先后被《西学大成》（1888 年）、《西学富强丛书》（1896 年）、《西学自强丛书》（1898 年）、《富强斋丛书》（1899 年）等收录重印。④ 甚至 1903 年京师大学堂刊布暂定各学堂应用书目时，也仍将傅兰雅编译的《化学须知》列入其中。⑤ 来华西人编译化学教科书的影响可见一斑。

---

① 徐维则：《增版东西学书录》，载熊月之主编《晚清新学书目提要》，上海书店出版社 2007 年版，第 105、107—108 页。

② ［英］傅兰雅：《益智书会书目》，载王扬宗编校《近代科学在中国的传播》下册，山东教育出版社 2009 年版，第 622 页。

③ 徐维则：《增版东西学书录·叙例》，载熊月之主编《晚清新学书目提要》，上海书店出版社 2007 年版，第 5 页。

④ 施廷镛主编：《中国丛书目录及子目索引汇编》，南京大学出版社 1982 年版，第 37、41、48 页。

⑤ 《教科书之发刊概况》，载张静庐辑注《中国近代出版史料初编》，中华书局 1957 年版，第 230 页。

（二）1900 年以后化学教科书的编译情况

庚子事变后，国人昌言新学。伴随新式学校的增设、化学教育逐渐纳入新式教育体系，我国 1900 年以后编译的化学教科书也日趋增多，且国人自身成为编译化学教科书的主导者。此一时期编译的化学教科书，具体见表 4.4。

表 4.4　　　　　　　　1900 年以后我国编译的化学教科书

书名	作者及译者	出版社	时间
化学源流论	［英］方尼司著，王汝骐译述	江南制造局	1900
化学原质新表	杜亚泉译	上海亚泉杂志本	1900
化学定性分析	［日］山下顺一郎校，［日］平野贯一、河村汪编，亚泉学馆译	普通学书室	1900
化学器图说	［英］孟席斯制作，［英］傅兰雅撰，袁俊德校		1901
化学初桄	（泰西）李姆孙著，杨学斌译述		1901
蒙学理科教科书	无锡三等学堂编译	上海文明书局	1902
中国理科教科书	无锡三等学堂编译	上海文明书局	1902
理化示教	樊炳清译	上海教育世界	1902
中学校初年级理化教科书	［日］和田猪三郎编纂，虞辉祖译述	上海科学仪器馆	1902
化学实用分析术	［日］山下胁人编，虞和钦、虞和寅译	上海科学仪器馆	1902
格致教科书	王化成编译	上海商务印书馆	1903
中等格致读本	［法］包尔培著，徐兆熊译	南洋公学	1903
近世化学教科书	［日］大幸勇吉编，樊炳清译	上海教育世界	1903
最新中学教科书化学	［美］史砥尔著，中西译社编译，谢洪赉订定，商务印书馆编译所校阅	上海商务印书馆	1903
无机化学	［日］真岛利行著，范迪吉等译	上海会文学社	1903
有机化学	［日］龟高德平著，范迪吉等译	上海会文学社	1903
最新化学理论	［日］中谷平三郎著，钟观光等译	上海科学仪器馆	1903
化学导源	［英］罗式吉著，孙筠信译	江楚书局	1903
化学问答	日本富山房编，范迪吉等译	上海会文学社	1903
分析化学	［日］内藤游、藤井光藏著，范迪吉等译	上海会文学社	1903
化学探原	［美］那尔德著，范震亚译	上海会文学社	1903

续表

书名	作者及译者	出版社	时间
高等小学理科教科书	王季烈原译，董瑞椿重编译补	上海文明书局	1904
高等小学理科教科书	［日］棚桥源太郎著，王季烈译编	上海文明书局	1904
澄庆学堂格致读本	澄庆学堂译编	澄庆学堂	1904
蒙学格致教科书	钱承驹著	文明书局	1904
理化示教	杜亚泉译	上海商务印书馆	1904
中等最新化学教科书	［日］吉田彦六郎著，何燏时译	东京教科书译辑社	1904
最新化学	虞和钦译	上海文明书局	1904
普通教育化学教科书	［日］龟高德平原著，杨国璋编译	北京鋆受书局	1904
最近普通化学教科书（订正本）	［日］龟高德平著，长沙三益社编译	长沙三益社	1904
最新化学问题例解	［日］三泽力太郎编，李家诠译	上海昌明公司	1904
普通实验化学	经亨颐编辑	留学生会馆	1904
化学矿物篇	［日］樱井寅之助著，杨国璋译编	北京鋆受书社	1904
最新高等小学理科教科书	谢洪赉编，杜亚泉、张元济校订	上海商务印书馆	1905
新理科书（订正本）	［日］滨幸次郎、稻叶彦著，由宗龙、刘昌明译	东京云南留学生监督处	1905
高等小学理科教授法	董瑞椿著	上海文明书局	1905
绘图蒙学格致实在易		上海彪蒙书室	1905
初等小学堂格致教科书	高步瀛、陈宝泉编	天津宫北东华石印局	1905
化学	［日］三泽力太郎、太郎英则讲授，简郁书等编译	湖北官书局	1905

续表

书名	作者及译者	出版社	时间
中等化学教科书	［日］高松丰吉，王荣树译	湖北译书官局	1905
化学新教科书	［日］吉田彦六郎编，杜亚泉译订，杜就田参订	上海商务印书馆	1905
中等教育化学矿物教科书	［日］滨幸次郎、河野龄藏著，唐士杰译述	上海普及书局	1905
中等化学教科书	［日］吉水曾贞编著，傅寿康校阅	上海中国公学	1905
最新化学讲义	［日］池田清著，史浩然译	上海文明书局	1905
最新化学教科书	杜亚泉译	上海商务印书馆	1905
中等化学教科书	［日］小藤雄次郎编，余呈文译	长沙湖南作民译社	1905
最新实验化学教科书	［日］高松丰吉原著，张修爵、彭树滋编译	启新书局	1905
最新无机化学	［瑞典］新常富讲授，习观枢等译	山西大学堂	1905
实验化学教科书	［日］大幸勇吉著，虞辉祖、虞翼祖译述	上海科学仪器馆	1905
无机化学	［日］丹波敬三著，萧湘译	上海时中书局	1905
简易格致课本	杜亚泉编纂	上海商务印书馆	1906
初等小学格致教科书	储星远编	上海震东学社	1906
最新初等小学格致教科书	杜亚泉编纂	上海商务印书馆	1906
初等小学格致教科书	王艺编辑，钟宪模鉴定	上海会文学社	1906
最新化学教科书	彭廷烘编译	上海古今图书局	1906
蒙学化学教科书	赵印著	文明书局	1906
蒙学化学教科书	顾澄编，杨振校	上海科学书局	1906
化学（江苏师范讲义第10编）	［日］中村为邦讲授，江苏师范生编辑	江苏宁属学务处	1906
初等化学教科书	张景良编著	上海文明书局	1906
最新化学教科书	沈景贤译	上海点石斋	1906
质学课本	［英］伊那楞木孙编，曾宗巩译	学部图书局	1906
中等化学教科书	［日］龟高德平著，虞和钦译	上海文明书局	1906
最新化学教科书	［日］大幸勇吉著，王季烈译	上海文明书局	1906

续表

书名	作者及译者	出版社	时间
中等化学教育	［日］大幸勇吉编，林国光译	上海广智书局	1906
化学讲义实验书	［日］龟高德平著，虞和钦译	上海普及书局	1906
中等教育工业化学	［日］近藤会次郎编，敏智斋主人译	上海广智书局	1906
化学	［日］杉本正直讲授，四川师范生编	四川教育会	1906
小学理科读本	张修爵撰	上海普及书局	1907
小学理科教材	［日］棚桥源太郎、佐藤礼介原著，杜子彬译，严保诚校	上海商务印书馆	1907
理科大要	（清）天津学务公所图书科编辑	天津学务公所	1907
简易理化课本	吴传绂编，沈恩孚、华国铨校订	中国图书公司	1907
简易理化教授参考书	吴传绂编，沈恩孚、华国铨校订	中国图书公司	1907
小学教科初等理科教科书	钱江著，夏清贻校，李文蔚图画	上海集成图书公司	1907
小学教科初等理科教授案	钱江著，夏清贻校	上海集成图书公司	1907
最新高等小学理科教科书教授法	谢洪赉编	上海商务印书馆	1907
高等小学格致教授本	吴传绂、吴家熙编，沈恩孚、华国铨校订	中国图书公司	1907
初等小学格致教科书	王艺编，丁谦校	上海科学编译书局	1907
格致课本	商务印书馆编译所编纂	商务印书馆	1907
最新化学理论解说	［日］池田清著，吴传绂译	上海中国图书公司	1907
无机化学	任允编纂，林先民、金保康校	东京清国留学生会馆	1907
化学教科书	［日］和田猪三郎讲述，［日］金太仁作等翻译	东京，东亚公司	1907
近世化学教科书	［日］池田菊苗原著，虞和寅译编	上海科学仪器馆	1907
化学表解	上海科学书局编译所编译	上海科学书局	1907
化学	张桐瑞编	上海科学书局	1907

续表

书名	作者及译者	出版社	时间
化学	［日］加纳清三、小林盈一原著，杨祥麟、吕义铭编译	上海宏文馆	1907
中等化学教科书	［日］吉水曾贞	清国留学生会馆	1907
普通化学教科书	［日］原田氏、藤堂氏合编，钱承驹译	上海文明书局	1907
初级师范学校教科书化学	严保诚编译	上海商务印书馆	1907
最新初等化学矿务教科书	［日］滨幸次郎、河野龄藏著，华文琪译	上海文明书局	1907
理化学教授指南	孙佐、严保诚编译	上海商务印书馆	1908
小学理科新书	王季点译		1908
初等小学理科书	华申祺编	上海文明书局	1908
小学教科初等理科教授案	钱仁著，黄守恒校	上海集成图书公司	1908
理化学教程	［日］后藤牧太编	东京东亚公司	1908
无机化学萃	［日］山田董著，余贞敏译	上海宏文馆	1908
中等化学	［日］杉谷佐五郎编，薛凤昌译	上海宏文馆	1908
（改订）近世化学教科书	［日］大幸勇吉著，王季烈译	上海商务印书馆	1908
新撰化学教科书	［日］吉田彦六郎著，钟衡臧编译，孙仲清校	上海商务印书馆	1908
有机化学讲义	［日］藤本理编，范迪吉、张观光译	上海均益图书公司	1908
无机化学讲义	［日］藤本理编，范迪吉、张观光译	上海均益图书公司	1908
新体普通化学教科书	［日］龟高德平著，华申祺、华文祺译补	上海文明出版社	1908
最新化学教科书	［日］龟高德平著，陈家灿译述	上海群益书社	1908
初等实验化学教科书	［日］饭冈桂太郎著，华申祺译补	上海文明书局	1908
实验化学教科书	杜就田编辑，杜亚泉校订	上海商务印书馆	1908
新译无机化学教科书	［英］琼司著，徐兆熊译述	江南制造局	1908
分析化学原理	［德］亚斯特原著，［日］龟高德平原译，叶与仁转译	上海万有学报社	1908

续表

书名	作者及译者	出版社	时间
化学方程式	［日］藤井乡三郎编，尤金镛译	上海翰墨林书店	1908
化学计算法	［日］近藤清次郎编，尤金镛译	上海翰墨林书店	1908
广州乡土格致教科书	林骏编辑，司徒枢校阅	广州萃文书报社	1909
最新实验化学	［美］马福生、韩德生原著，史青译	上海科学会编译部	1909
公民必读理科纲要（第8册化学纲要）	钱承驹编辑	文明书局	1909
小学理科教材：理化编	［日］棚桥源太郎，安东寿郎、岩本浩编，孔庆莱译述	上海商务印书馆	1910
理科教授指南	商务印书馆编译所编	上海商务印书馆	1910
化学	［美］麦费孙、罕迭生著，屠坤华等译	上海商务印书馆	1910
新撰实验定性分析化学	顾树森译	上海商务印书馆	1910
理化教科书化学	吴传绂编	上海中国图书公司	1910
初等小学格致课本	商务印书馆编译所编纂	商务印书馆	1911
高等小学格致课本	吴传绂、吴家煦编辑，沈恩孚、华国铨校订	中国图书公司	1911
学部第一次编纂高等小学格致教科书	学部编译图书局编纂	南京两江南洋官书局	1911
化学精义	［日］池田清化著，史浩然译	上海群益书局	1911
重订汉译麦费孙、罕迭生化学	［美］极白重订，许传音编译	上海商务印书馆	1911
高等小学格致课笔记	学部编译图书局编纂		1911
中等化学教科书	［美］伦孙氏原著，马君武译	上海科学会编译部	1911
化学讲义	钟观光编	上海商务印书馆	1911
化学教科书	福建陆军小学堂编		

续表

书名	作者及译者	出版社	时间
最新蒙学理科读本		上海科学书局	
化学教科书	［日］吉田彦六郎著，何时译	两广初级师范简易科馆	
化学讲义	［日］藤乡秀树讲述	两广速成师范馆	
化学讲义	胡君复编述	惠州初级师范简易科馆	
化学新书	徐有成译	上海启文社	
格物课程	［法］亨利华百尔著，陈箓编译	湖北洋务译书局	
格致读本	［英］莫尔显著，时中书局编译所译	上海时中书局	
化学新理	［日］大幸勇吉著，王季烈译		

　　由上可知，我国在1900—1911年12年编辑的化学教科书至少有133本，是此前三十余年我国出版化学教科书的6.2倍。且除了《化学源流论》《化学器图说》《最新无机化学》（新常富）等寥寥数本仍由来华西人主导编译外，其余均由国人主动以自编或译编的方式编辑而成。从出版分布年代看，1911年前我国化学教科书出版的最高峰出现在1907年。从整体时段看，1900—1902年和1909—1911年每年出版的化学教科书数量均在个位数，而1903—1908年，每年我国化学教科书出版数均达到两位数，且1905—1908年四年间每年出版化学教科书数量都超过了15本。之所以呈现如此分布，与壬寅学制、癸卯学制的制定有关。1902年壬寅学制虽没有全国推行，但正式公布了。这导致我国新式学校数、学生数激增。有统计显示，1899年国人自己开设的新式学校数不到200所，但到1909年仅中学堂就有460所、小学堂更多达50301所；学生数也由1902年的6912人增加到1909年的1638884人。① 新式学堂的大量增加自然对于教科书有着极其迫切的需求。时人就观察到"自奉明诏，考试改章，学堂偏立，文士弃其所习，务求实学，需用之

──────────

　　① 桑兵：《晚清学堂学生与社会变迁》，学林出版社1995年版，第2页。另参见李桂林、戚名琇、钱曼倩编《中国近代教育史资料汇编——普通教育》上海教育出版社，第89—91、316页。

书，日多一日"①。而清末兴学有三难，"一曰经费难，二曰师资难，三曰教科图书难。而教科图书之难得，尤为教育上之阻碍"②。故而朝野上下均倡言编辑教科书。1902年不仅京师大学堂动议设立译书局，以翻译包括化学在内的各科教科书，③而且民间也纷纷成立诸如教科书译辑社、文明书局等以编译教科书为主业的出版机构。如教科书译辑社就坦言"本社创办教科书，专为中学校之用"④。正是在这一背景下，1902年以后，我国编译出版的化学教科书呈现出逐年增长的趋势，到1907年达到最高峰，为22部。但作为教科书，其出版的特性就是在教学大纲或学制没有大的变动的情况下，可以重印。所以数年高产出后，我国化学教科书的需求逐渐趋于平稳，在1909—1911年我国新编化学教科书的数量有了较大的回落。具体分布情况如图4.1所示。

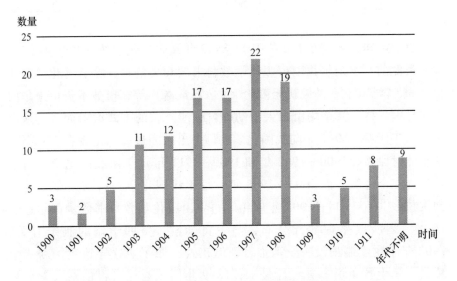

图4.1 1900—1911年我国化学教科书出版情况分布

① 《上海文明编译印书局章程》，载黎难秋主编《中国科学翻译史料》，中国科学技术大学出版社1996年版，第489页。
② 郑鹤声：《三十年来中央政府对于编审教科图书之检讨》，载李桂林、戚名琇、钱曼倩编《中国近代教育史资料汇编——普通教育》，上海教育出版社2007年版，第217页。
③ 《光绪二十八年大学堂谨拟译书局章程》，载朱有瓛编《中国近代学制史料》第2辑上，华东师范大学出版社1987年版，第861页。
④ 《教科书译辑社广告》，载黎难秋主编《中国科学翻译史料》，中国科学技术大学出版社1996年版，第488页。

而从化学教科书的编辑方式看，又可分为编著和译著两种。其中属于国人编著的为 39 本，占 29.3%，属于译著的为 92 本，占 69.2%，后者是前者的 2.3 倍。另外还有 2 本情况不明。可以说这一阶段我国编辑的教科书以译编外国教科书为主。编著、译著年份分布情况具体如图 4.2 所示。

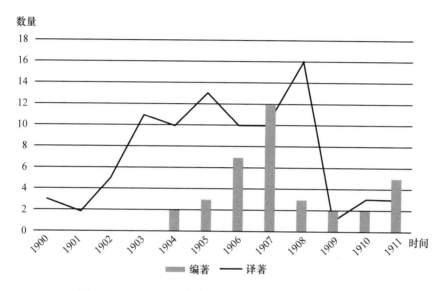

图 4.2 1900—1911 年我国化学教科书编著和译著分布

由上图可知，从各个年份来看，1904 年以前我国编辑的化学教科书都是译介之作，1904 年以后才逐渐有了国人独立编著的化学教科书。对于当时国人编辑化学教科书之所以大部分为译著而非编著，王季烈有过详细的解说：

　　化学教科书之编纂厥有数难，请试述之：化学现象人所注意者甚少，学者无预备之知识，而骤语以非所习闻之事，则断然不能领会，必就其所已知者引伸之，则可供教授之材料又苦无多。此编纂之始即患无从入手，其难一也。教科书之要点，贵乎能执简驭繁使学者易于归纳，而化学则各种反应殊鲜，定则既不能一一铺叙，又不能牵强归并，此排比之际每苦不能简赅，其难二也。吾人日常所述化学变化，似是而非之处甚多，如金银皆系原质、水中有轻养二气、食盐由盐酸与苛性曹达化合而成等语，乍听之似无不合，细按之毕竟欠妥。然而此等语病避之非易，此文字之间不易求其的当，其难三也。有此三难，是以与其编纂新书，无宁翻译旧本。①

换言之，在王季烈看来，我国最初编纂化学教科书由于既无预备知识的积累，又存在编撰排列及文字术语上困难，因而"与其编纂新书，无宁事翻译旧本"。再加上时人普遍认同"理科者，各国所同者也，故学成之后，可以翻译外国教科书，以教授国民"②。所以清末最后十年我国国人编辑化学教科书初期主要以译介为主。但很快在教学实践中，国人发现"然而译本虽善，其编纂目的究非为我国学生而设，移甲就乙，终不免少有扞格"③。于是我国国人编辑的化学教科书很快由全盘照译变为改译。

如 1904 年何燏时翻译的《中等最新化学教科书》，原著作者为日本的吉田彦六郎。何氏译本基本忠于原著，"于原书之序次文义，处处吻合"。而两年后杜亚泉翻译出版的《化学新教科书》，其译本来源同样来自日本的吉田彦六郎，但杜氏译本与原著相比，已"有增补改窜之处"。因为杜亚泉此时已注意到："凡教科书欲其适于本国教科之用，殆非以新意编纂不可。仅用译本，则其材料之排列，叙述之先后。未必全无窒碍。譬诸一物质，在彼国为习见者，可提出之，而由此以推出种种之新材料。若在此国，此物未必习见，则其次序即不能强同。"④ 故而杜亚泉在翻译过程中，"此书大旨，虽悉从原书，而间有增补改窜之处"。对于杜亚泉这种改译，国人是表示赞同的。顾燮光曾对杜亚泉的译本与何燏时的译本做过比较，认为"本书（杜亚泉的《化学新教科书》）与何氏燏时所译同，惟较原书间有增补窜改之处，盖译者取合近日中国教科之用，故特加以订正，其精诣处固未尝删去也"，"其晰理明审似较何译为善"⑤。因

---

① 《序言》，王季烈编：《共和国教科书·化学》，商务印书馆 1919 年版，第 1 页。
② 《光绪三十年〈时报〉论中国成就师范之难》，载朱有瓛编《中国近代学制史料》第 2 辑下，华东师范大学出版社 1989 年版，第 276 页。
③ 《序言》，王季烈编：《共和国教科书·化学》，商务印书馆 1919 年版，第 1 页。
④ 《译例》，杜亚泉译订：《化学新教科书》，上海商务印书馆 1906 年版。
⑤ 顾燮光：《译书经眼录》，载熊月之主编《晚清新学书目提要》，上海书店出版社 2007 年版，第 300 页。

而这一时段很多国人翻译的化学教科书，虽名为翻译实为改译或译编之作。如 1907 年虞和钦译自龟高德平的《中学化学教科书》，就对原作也有改编，据虞和钦在译例所言："是书原本为日本化学教科书中最新而最完全者，且于我国亦甚相宜，故一切章段，悉仍原书之旧。惟其记载工业处，有追述日本古法者，略增改之。……原书第二编记述金属矿物处，多附记其本国产地，今既译成汉文，本宜以中国产地易之。惟因我国矿产，一时未易调查、姑从省略。"①

但要使化学真正内化为我国之化学，仅靠译介，还远远不够，最终还需国人能够自编教材。作为清末化学教科书的重要编撰者——杜亚泉就曾指出："今日学者，欲将世界之学，消化之而为我国之学，则其责任有二：一曰输入，一曰精制。输入者，求新知识于他国以为材料。精制者，取外国之新理新法而考订之，于是为教科以普及于国民。又搜罗本国之材料，以充实之，至于使斯学中有所新发明，以贡献于世界，而后斯学乃为吾国之学。"② 于是国人在通过译介输入化学教科书的同时，也开始尝试精制，即自编化学教材。最初国人自编的化学教科书主要集中在蒙学或小学部分，比如钱承驹编辑的《蒙学格致教科书》（1904年）、谢洪赉编的《最新高等小学理科教科书》（1905 年）、张脩爵的《小学理科读本》（1907 年）等，稍后才逐渐出现国人自编中学化学教科书，如杜就田编、杜亚泉校的《实验化学教科书》（1908 年），吴传绂编的《理化教科书化学》（1910 年）等。当然此时由于我国自身化学研究还不发达，所以即便是国人自编的化学教科书一定程度参照的还是国外的教材。

再从这一阶段国人译介化学教科书的底本来源看，以日本的最多，有 67 本，占全部翻译化学教科书的 72.8%；其次是英国和美国，各有 6本，分别占全部翻译教科书的 6.5%。具体情况如图 4.3 所示。

之所以这一时期我国化学教科书的译介以日本为多，前述第三章第二节已有分析。还需要强调的是，在译介日本化学教科书的过程中，中国留日学生起到了不可忽视的作用。这点从汉译日本化学教科书的译者

---

① 《译例》，载［日］龟高德平《中学化学教科书》，虞和钦译，文明书局 1907 年版，第1 页。

② 《序言》，载杜亚泉译订《化学新教科书》，上海商务印书馆 1906 年版。

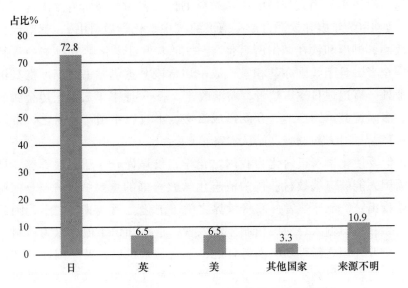

图 4.3　1900—1911 年我国翻译化学教科书来源分布

分布即可窥知一二。据不完全统计，这一时期翻译并出版过日本化学教科书的中国译者至少有 43 人，其中确定有过留日学习经历的至少有 21人，占到了几近一半（48.8%），具体包括虞和钦、虞和寅、范迪吉、王季点、何燏时、薛凤昌、史浩然、张修爵、杨国璋、王荣树、萧湘、彭树滋、唐士杰、林国光、刘昌明、由宗龙等。如虞和钦 1905 年考入日本东京帝国大学，就读化学，1908 年毕业；他的弟弟虞和寅则在日本攻读工科，1911 年毕业回国。① 何燏时则是留学日本工科大学的毕业生，后曾任北京大学校长。正是有了这批留日学生，1900 年以后我国化学教科书的译介由原来学习欧美转向师法日本。1906 年同样是留日学生的陈榥就发现："比年以来，士夫之担簦负笈东渡者，岁以倍计，而课余之暇手一编，而辑之蔚然成帙，所以为祖国谋书籍者，亦岁以倍计。诚哉，吾国前途之一大幸也。"② 他这一观察应该是比较准确的。事实上，这一时期大部分译介过日本化学教科书的留日学生并不是以翻译为业，更多

---

① 谢振声：《近代化学史上值得纪念的学者——虞和钦》，《中国科技史料》2004 年第 3 期。

② 陈榥：《序》，载任允编纂，林长民、金保康、钱家澄校订《无机化学》，中国图书公司1913 年版，第 1 页。

只是"课余之暇手一编"。如王荣树翻译《中等化学教科书》的初衷仅是"第以备温习免遗忘耳"①。彭树滋、张修爵合译《最新实验化学教科书》只能利用其"樱花假期之三四星期"②。更能说明这一问题的是，尽管这一阶段至少有43人曾译介过日本化学教科书，但翻译出版超过2本日本化学教科书的却仅有11人。具体人员名单如表4.5。

表4.5　　　　　1900—1911年主要译介日本化学教科书的人员名单

译者	化学教科书	数量
范迪吉	无机化学（1903）、有机化学（1903）、化学问答（1903）、分析化学（1903）、有机化学讲义（1908）、无机化学讲义（1908）	6
杜亚泉	化学原质新表（1900）、化学定性分析（1900）、化学新教科书（1905）、最新化学教科书（1905）、理化示教（1904）	5
虞和钦	化学实用分析术（1902）、最新化学（1904）、中等化学教科书（1906）、化学讲义实验书（1906）	4
王季烈	高等小学理科教科书（1904）、最新化学教科书（1905）、（改订）近世化学教科书（1908）、化学新理（具体年份不明）	4
樊炳清	理化示教（1902）、近世化学教科书（1903）	2
虞和寅	化学实用分析术（1902）、近世化学教科书（1907）	2
虞辉祖	中学校初年级理化教科书（1902）、实验化学教科书（1905）	2
华申祺	新体普通化学教科书（1908）、初等实验化学教科书（1908）	2
尤金镛	化学方程式（1908）、化学计算法（1908）	2
史浩然	最新化学讲义（1905）、化学精义（1911）	2
张观光	有机化学讲义（1908）、无机化学讲义（1908）	2

不可否认的是，这些留日学生的"课余之暇手一编"，却让我国汉译日本化学教科书"岁以倍计"。有研究显示，1886—1901年日本出版了12种中学化学教科书，中国人翻译了其中6种。1902—1911年，日

———————

① 《序文》，载［日］高松丰吉《中等化学教科书》，王荣树译，湖北译书官局1905年版，第2页。

② 《绪言》，载［日］高松丰吉《最新实验化学教科书》，彭树滋、张修爵编译，挹记图书馆1905年版，第3页。

本出版了 18 种中学化学教科书，其中 5 种被译成汉语。① 这有力地推动了近代我国化学教育及化学学科的发展，并为后续化学术语的竞争埋下了伏笔。

而从这一阶段汉译日本化学教科书的原作者看，可以发现当时国人选择翻译最多的是龟高德平（8 种），其次是大幸勇吉（6 种），其余依次包括吉田彦六郎（4 种）、滨幸次郎（3 种）、高松丰吉（2 种）、棚桥源太郎（3 种）、池田清（2 种）、和田猪三郎（2 种）、吉水曾贞（2 种）、池田菊苗（1 种）等。在这当中不乏日本近代著名的化学家。如大幸勇吉是日本高等师范学校教授，曾与池田菊苗一起留学德国，并将新型的物理化学引入日本。② 他被译介到中国的化学教科书就有 6 种译本，分别为王季烈翻译的《化学新理》《（改订）近世化学教科书》《最新化学教科书》，樊炳清翻译的《近世化学教科书》，林国光翻译的《中等化学教育》和虞辉祖、虞翼祖翻译的《实验化学教科书》。其中王季烈翻译的《最新化学教科书》和虞辉祖、虞翼祖翻译的《实验化学教科书》被晚清学部确定为中学堂审定用书。③

最后从这一阶段化学教科书的出版机构看，可以发现共有 55 家出版机构参与了化学教科书的出版，属于官办书局的有 10 家，民营出版机构的 45 家。两者出版化学教科书所占比例分别为 11% 和 89%。其中出版化学教科书最多的是商务印书馆，有 23 种；其次是文明书局，17 种；再次是中国图书公司和会文学社，都是 6 种。具体如表 4.6 所示。

表4.6　1900—1911 年出版化学教科书在 3 本及以上的出版机构一览

出版机构	出版数量
商务印书馆	23
文明书局	17
上海会文学社	6

---

① ［美］本杰明·艾尔曼：《中国近代科学的文化史》，王红霞等译，上海古籍出版社 2009 年版，第 207 页。

② 大连外国语学院编：《外国科技人物词典·（数学　物理　化学卷）》，江西科学技术出版社 1990 年版，第 2 页。

③ 《学部审定中学教科书提要》，《教育杂志》1909 年第 2 期。

续表

出版机构	出版数量
中国图书公司	6
上海科学仪器馆	5
上海科学书局	4
清国留学生会馆	3
上海普及书局	3
上海宏文馆	3
上海集成图书公司	3

总之，清末最后十年，在民营出版与官办书局的共同努力下，我国化学教科书的编辑逐渐形成规模，为化学教育体系化开展提供了必备条件。

第三节　教科书视野下化学术语的生成及演变

如前所述，现代化学在我国是清末西学东渐外来知识输入的产物。故而化学引入中国碰到的第一个难题，就是如何确定一套既适合中文语言习惯，又符合化学学科规律的化学术语名词。"教科图书为教育上最重要之工具"[1]，其对术语名词的传播、规制有着不可替代的影响。故而我国近代化学术语的厘定也可视为清末教科书中化学术语名词的竞争。总体来看，清末教科书中化学术语的演变与清末化学教科书的编辑阶段相一致，被划分为两个阶段。即 1900 年以前主要是来华西人致力于化学教科书中术语译名的厘定工作，1900 年以后国人自身才开始参与其事。

（一）1900 年以前化学教科书中的术语译名之争

来华西人编译化学教科书最初是各行其是，因而对于化学术语译名的选择也各有差异，致使"如制局之化学书与广州及同文馆同出一书而

---

① 郑鹤声：《三十年来中央政府对于编审教科图书之检讨》，载李桂林、戚名琇、钱曼倩编《中国近代教育史资料汇编——普通教育》，上海教育出版社 2007 年版，第 209 页。

译文异，所定之名亦异，骤涉其藩易滋迷误"①。此处所言的"制局之化学书与广州及同文馆"实质分别指傅兰雅、嘉约翰、毕利干（包括丁韪良）三人在化学术语译名选择的不同。

傅兰雅对于化学术语命名的原则后来被其归纳在《化学材料中西名目表》中，其主要原则如下：

> 所有原质，多无华名，自必设立新者，而以一字为主。或按其形性大意而命之，或照西字要声而译之。
>
> 所有杂质之名，率照西国之法，将其原质之名与数并而成之。中国有者，另为释注。
>
> 所有生物质之名，或将其原意译其要略，或按其西音译以华字。因此不免字多，名似过长。②

这实质是分别对元素、无机化合物、有机化合物的命名作了系统的规定。在元素译名选定上，傅兰雅认为对于"无华名"的元素应通过"设立新者"，即另造新字来解决。至于制造新字的原则，傅兰雅在《化学鉴原》中有详细的介绍："此外（元素）尚有数十品，皆为从古所未知，或虽有其物而名阙如，而西书赅备无遗，译其意殊难简括，全译其音苦于繁冗，今取罗马文之首音，译一华字，首音不合，则用次音，并加偏旁以别其类，而读仍本音。"③ 如鉮、钙、镉、钴、锶、钾、镍等。而对于那些"中华古昔已有者"与"昔人所译而合宜者"的元素名，则依旧沿用。如金、银、铜、铁、铅、锡、汞、硫、燐、炭及养气、淡气、轻气。

对无机化合物的译名方法，傅兰雅是"将其原质之名与数并而成之"。如炭养、铝铜、钠绿、淡轻$_-$水、铝$_-$绿$_=$等。部分化合物如果是"中国有者"，则将中国原有的名词也并列写上。如"铁养硫养$_=$，即青

① 徐维则：《增版东西学书录·叙则》，载熊月之主编《晚清新学书目提要》，上海书店出版社2007年版，第4页。

② 《小序》，载［英］傅兰雅、徐寿编《化学材料中西名目表》，江南制造局1885年版，第1页。

③ ［英］傅兰雅口译，徐寿笔述：《化学鉴原》卷一，江南制造局1871年版，第20—21页。

矾""鉮硫$_二$，即雄黄"①。对于有机化合物的翻译，傅兰雅采取的主要是音译的方式，如阿西多尼（acetone）、阿西台里（acetyle）、迷以脱里（methyle）、迷以脱里克阿勒弟海特（aldehyde methylic）等。而音译有机化合物的弊端也很显然，就是"不免字多，名似过长"。傅兰雅的有机化合物译名仅有少数采用的是"或将其原意译其要略"的意译的方式，如醋酸（acetic acid）、草酸（Oxalic acid）、苹果酸（malic acid）等。

嘉约翰对于化学元素和化合物的命名方式与傅兰雅有类似之处。嘉约翰译名思路大致如下：

> （中国）已知的物质的原名以及先前的译名，予以保留，有些元素名取自傅兰雅先生提供的一个单子。若无合适译名，则新拟译名。有些洋名是音译的，这是出于明显的需要。
>
> 可以看到，元素表中以每一个单字代表一个元素。以此为基础，化合物的名称很易定名。当某物质内某元素有几当量时，则在该元素右下角用小数字表明。当需要表示某化合物的两当量或更多当量时，则在加在组成该化合物的汉字的括弧的后括弧上角用小数字表明。②

从嘉约翰的表述，可以发现他的元素译名一部分借用了傅兰雅的译名，并保留了"（中国）已知的物质的原名以及先前的译名"，另一部分则是新拟的。因而嘉约翰与傅兰雅有 34 种元素名是一致的。属于嘉约翰新拟的译名有 31 个，都是用一个单字表示一个元素。③ 如钒、鉐、**鏎**、鎘、銅、铣、磺、钛、釟、鏑等。而对于无机化合物命名，嘉约翰显然采取的也是将分子式用元素名加数字表示出来。如轻$_二$磺养$_四$、钒$_二$绿$_六$、银淡养$_二$等。由于嘉约翰与傅兰雅一部分元素的译名不同，自然两者无机化合物的命名方法虽然一致，但呈现出来的无机化合物名称却差别很

---

① ［英］傅兰雅、徐寿编：《化学材料中西名目表》，江南制造局 1885 年版，第 15、29 页。

② ［美］嘉约翰：《〈化学初阶〉英文序言》，载王扬宗编校《近代科学在中国的传播》上册，山东教育出版社 2009 年版，第 215 页。

③ 具体可以参看王扬宗《关于〈化学鉴原〉和〈化学初阶〉》，《中国科技史料》1990 年第 1 期。

大。在有机化合物命名方面，嘉约翰没有特殊的考虑。有研究表明，他在有机化合物命名上音译与意译所占比例相当。① 因而嘉约翰与傅兰雅尽管就化学术语的翻译有过沟通，但两者仍极不统一。

毕利干的命名原则与前述两者又有区别。其命名方式大体如下：

> 其在原行之质中，多有中国未悉其名者，若仍以西音命名，诚恐音声错乱，致多游移，犹虑中国各省土音，亦多有不同者，故以物之形性造名，以公同好，较昔人之徒观物外形状随意命名，其为益似多矣。
>
> 其在中国有名者，仍用华名，即不必另造名目。至如硫磺、黑铅等质，系二字合成名者，即检其有实意之字为名。即如硫磺以磺为名，黑铅以铅为名。至中国未见之原质，命名尤难。今或达其意，或究其源，或本其性，或辨其色，将数字凑成一字为名。虽字画似出于造作，然读者诚能详其用意之所在，庶免辛羊亥豕之误。在西学原质总分有二，一金类，一非金类。今以金字偏旁，特别金类，以石字偏旁，特别非金类。有此金、石二偏旁之分，不致颠倒错讹。虽其中末尽如此，然如此者居多。再原质有按其形性不能命名者，即检其他质相合，于形色之最显著者命名。
>
> 凡原质彼此交感，有生酸者，有生反酸者，有生味淡而薄者。此三者为化学中之最要者。其非金属与养气相合，多寡之不同者，即以强酸极次等名别之。如西语尾音系"伊葛"者，知其内含之养气必多，华名曰"强"；尾音系和者，知其内含之养气必少，华名曰"酸"。在昔人仅知有强、酸之分，初不知强之外别有强，酸之外别有酸。今于强、酸之外，另设极、次二字，以别强外之强，酸外之酸。读者能详参代字表之用，即知各质交感之理；查西语尾字之音，则强酸不难立辨。
>
> 化学不专讲金石等类各质，并兼论生物之理。其金石多由化学家推出者，其规模有一定，尚易遵循。至生物多系炭轻养硝四质合成者，亦兼有四质内之二三质合成者。因配搭率数不同，形性亦异，

---

① 参见张澔《傅兰雅的化学翻译的原则和理念》，《中国科技史料》2000 年第 4 期。

遂至千变万化，层出不穷。究不如金石类有条不紊，不难于讲求。
然于何物内取出之质，即以何物命名，犹虑混含不清。是以味酸者
名曰强、名曰酸，味淡薄者与味躁者名曰精，即体纯净者，亦皆名
之曰精，以别鱼目跗砆。读者宜详察焉。[1]

应该说，毕利干作为这一阶段少见的化学专业出身来华西人，其对
于化学术语译名的考虑，有他的专业性。首先他认为元素译名若仍以西
音命名，可能会发生"音声错乱"，再加上中国各地方言的干扰，因而
建议"以物之形性造名"。为此，毕利干在为元素选择译名时，"或达其
意，或究其源，或本其性，或辨其色，将数字凑成一字为名。虽字画似
出于造作，然读者诚能详其用意之所在"。如毕利干就将 I（碘）译名为
鏷，因为"其色深紫"[2]；将 Ca（钙）译名为鏹，则是由于"此质状似
金类"，且 CaO"即石灰"[3]。

其次毕利干明确提出在为元素译名"另造名目"时，应依据元素的
分类，分别加上不同的偏旁，"今以金字偏旁，特别金类；以石字偏旁，
特别非金类"。对于此点，傅兰雅其实也注意到了，指出对于新拟的元
素名词要"加偏旁以别其类"，只不过不如毕利干说得这么明白。这一
为元素拟定新名的原则后来一直被沿袭了下来。到 1933 年国立编译馆公
布《化学命名原则》时，仍要求"元素之名各以一字表之。气态者从
气，液态者从水，金属元素之为固态者从金，非金属元素之为固态者从
石"[4]。

再次毕利干注意到非金属与氧气相合的化合物可以按照强弱的程度，
加以类属区分，因而主张"以强酸极次等名别之"。即根据化合物西语
的后缀"伊葛""和者"，分别加以"强""酸"，对于超过或弱于"强"
"酸"程度的再另加上极、次。如次绿酸（id hypochloreux）、绿酸（id
chloreux）、绿强（id chlorique）、极绿强（id perchlorique）[5]。另外，毕利

---

① ［法］毕利干：《〈化学指南〉凡例》，载王扬宗编校《近代科学在中国的传播》上册，
山东教育出版社 2009 年版，第 217—218 页。

② ［法］毕利干译：《化学指南》卷二，京师同文馆 1873 年版，第 4 页。

③ ［法］毕利干译：《化学指南》卷四，京师同文馆 1873 年版，第 7 页。

④ 国立编译馆：《化学命名原则》，国立编译馆 1933 年版，第 3 页。

⑤ ［法］毕利干译：《化学指南》卷九，京师同文馆 1873 年版，第 2 页。

干对于有机化合物的译名选择使用了三个表示类属的后缀名词,即"是以味酸者名曰强、名曰酸,味淡薄者与味躁者名曰精,即体纯净者,亦皆名之曰精"。如靛精、檞果精、酒精、醋强、蚁强、葡萄强。① 应该说,毕利干虽然同样认为有机化合物比无机化合物更难于系统性地命名,但仍然尝试用"强、精"等确定类名或属名的方式将有机化合物归类命名;同时在无机化合物命名中引入"强酸极次"等修饰属名的词头,以表明同类化合物之间的联系。这可以说开创了化合物采取类属化命名的方式。后续益智书会 1901 年公布的《协定化学名目》即借鉴并进一步发展了这一类属式命名的方法,并被杜亚泉等人所接受。②

来华西人也注意到其所编化学教科书术语译名的混乱。因而 1877 年益智书会成立后,就开始术语厘定工作,并安排傅兰雅负责技术、科学和制造类词汇表的编制。截至 1890 年,益智书会在化学术语统一上完成的最重要工作,就是傅兰雅编辑的《化学材料中西名目表》。但傅兰雅的工作并没有促成来华西人教科书中化学术语的统一。

1895 年来华传教士聂会东仍对于教学中使用何种化学术语译名感到苦恼:"我所采用的(化学)词汇表是嘉约翰博士的,而非傅兰雅博士的。因为教学用书绝大多数采用的都是嘉约翰博士的词汇表。在实验室中使用一套词汇。教学中不得已使用另一套,从我的角度看来造成了不必要的苦恼。"③ 益智书会做的一项调查也表明当时来华西人编辑的化学教科书中译名混乱的现象依旧。调查显示:"最近,福开森先生用雅致的风格出版了一本化学书,他没有完全遵循任何人的术语,而采取折中态度,遇到傅兰雅和嘉约翰不同的地方,遵循嘉约翰的有 5 次,遵循傅兰雅的有 9 次,有 2 次谁的术语他都没有采用,而是用了毕利干的。聂会东博士最近出版了一本初级分析化学的著作,有 10 处采用了傅兰雅的术语,3 处采用了嘉约翰的。"④ 1896 年益智书会召开第二次三年会议,负责推进术语工作的狄考文更直接说,"最主要的困难是化学术语",建

---

① [法]毕利干译:《化学指南》卷十,京师同文馆 1873 年版,第 23、26 页。

② 可参见何涓《益智书会与杜亚泉的中文无机物命名方案》,《自然科学史研究》2007 年第 3 期。

③ 转引自关西大学文化交涉学教育研究中心、出版博物馆编《印刷出版与知识环流:十六世纪以后的东亚》,上海人民出版社 2011 年版,第 417 页。

④ [美]戴吉礼编:《傅兰雅档案》第 2 卷,广西师范大学出版社 2010 年版,第 444 页。

议"如有可能，嘉约翰博士、傅兰雅博士、丁韪良博士、亨德博士应该就化学术语的统一问题坐在一起，共同商议，达成共识"①。另一参与益智书会术语译名统一工作的赫士也指出"在术语统一上，困难在于几个最能干的人都坚持己见，认为自己是最好的"②。其实狄考文与赫士都对傅兰雅坚持使用自己的化学术语译名有所指责。因为傅兰雅一再强调术语译名的"优先权应该被承认"，并要求"我们书会应在尽量不改变已有术语的基础上，确定一套翻译各种术语的通用体系，出版一本权威词典"③。但此时部分来华西人，特别是包括狄考文、赫士、师图尔在内的科学术语委员会成员已开始不太倾向于选择傅兰雅的化学术语译名。

1896 年福开森在《教务杂志》上发表文章指出："参与开发和制定中国术语命名制度的工作者即将面临意见引人关注的现象，因为现在（清）政府正在介入，来决定有关化学和物理学的词汇翻译"，"裁决将采用毕利干的化学词汇和丁韪良博士译书时采用的物理词汇"，"如果毕利干博士的化学词汇被政府采用，那么此后的书籍采用他的标准是正确的做法"④。狄考文、赫士也认为："傅兰雅博士的化学书籍出版后，同文馆毕利干教授出版了一本化学书，所用术语全部是新的，表明他和他的政府顾问不满意傅兰雅博士的译作。"⑤ 正因为有了清政府至少对傅兰雅化学术语译名不满意的印象，1898 年益智书会发布的《修订化学元素表》就与傅兰雅的元素译名有极大的差异，两者仅有绿、轻、铁、养、硫、钡、铬、铜、铅、锂、铋、镍、银、锡、镕、铌、铒、铟、镍、钯、铷、钽、铽、铀、钒 25 个元素名是一致的。除去沿用已有译名轻、铁、养、硫、铜、铅、银、锡 8 个元素，《修订化学元素表》继承傅兰雅元素译名的只有 17 个。换言之，《修订化学元素表》将傅兰雅绝大部分元素译名否定了。

但这也并不意味着《修订化学元素表》采用的是毕利干或嘉约翰的

① ［美］戴吉礼编：《傅兰雅档案》第 2 卷，广西师范大学出版社 2010 年版，第 427 页。

② ［美］戴吉礼编：《傅兰雅档案》第 2 卷，广西师范大学出版社 2010 年版，第 428 页。

③ ［美］戴吉礼编：《傅兰雅档案》第 2 卷，广西师范大学出版社 2010 年版，第 386、423 页。

④ 转引自关西大学文化交涉学教育研究中心、出版博物馆编《印刷出版与知识环流：十六世纪以后的东亚》，上海人民出版社 2011 年版，第 418—419 页。

⑤ ［美］戴吉礼编：《傅兰雅档案》第 2 卷，广西师范大学出版社 2010 年版，第 444 页。

译名。事实上，《修订化学元素表》与毕利干元素译名一致的也只有绿、轻、铁、养、硪、铱、硫、硼、铜、铅、锡 11 个元素，与嘉约翰元素译名一致的有绿、轻、铁、养、铱、镭、钡、硼、铜、铅、锂、铋、银、锡、铒、钯、铊、鿏 18 个元素。正如《修订化学元素表》自身指出的那样，"此名目表几乎改变了所有稀有元素的名称以避免音节重复。以下重要元素的名称也作了调整"，包括臭（Br）、尅（F）、紫（I）、育（N）、碏（Si）、钍（Al）、鐪（Ca）、镤（Cr）、镝（Au）、镖（Mn）、鈗（Pt）、铼（Sr）、鉦（Zn）等。之所以有如此大的改变，是因为在他们看来"委员会如果要使用新的化学符号体系，并需要改变诸如原子、分子、原子价、酸、盐等术语的话，重印大部分化学著作无论从哪个角度来说都是必要的。考虑到修订、重印化学著作是必须的，修改术语就应该是全面的"①。

对于更换元素译名的理由，《修订化学元素表》也作了说明。比如Br 元素被认为是气体而不是液体，所以用"臭"代替原有的译名"溴"。I 元素则被认为原来译名"碘"是个误导，因为 I 不能被视为土性，而是具有挥发性，应该偏向于气体，属于卤素，所以按照它的颜色，被重新翻译为"紫"。Si 被傅兰雅翻译为"矽"，被认为不能接受，因为其与锡的发音有些类似。嘉约翰用"玻"来对译 Si，也被否定，因为一是"玻"被经常用作"玻璃"的缩写，而玻璃正在被越来越广泛地使用；二是按照元素译名拟定规则，Si 应该有一个偏旁"石"。毕利干将Si 翻译为"砂"，但沙子在化学上也被广泛使用，容易混淆。所以《修订化学元素表》最终将 Si 的译名定为碏。甚而一些中国原有的元素译名也被改变了，最典型的就是"金"。《修订化学元素表》认为"金"的意思是金属而不是"gold"，所有的金属都能归类为"金"，所以"镝"被从字典中找出来，它包含了"黄金"和"精炼金"的意思。②

傅兰雅对《修订化学元素表》大肆更换其化学元素译名表示极度不满。但狄考文等人在后续《术语辞汇》中仍坚持他们新的元素译名。而

---

① ［美］戴吉礼编：《傅兰雅档案》第 2 卷，广西师范大学出版社 2010 年版，第 436—441 页。

② ［美］戴吉礼编：《傅兰雅档案》第 2 卷，广西师范大学出版社 2010 年版，第 437—440 页。

《修订化学元素表》中厘定的新化学术语也被一些来华西人编辑的教科书所使用。如赫士编写的《天文初阶》就承认:"凡书中所用原质名目,皆从益智书会新定,非敢杜撰也。"① 其编写的《光学揭要》《热学揭要》,"所用原质名目,乃益智书会新定"②。

值得注意的是,狄考文等人除对化学元素译名做了厘定外,对于部分化学概念性术语也做了厘定。作为益智书会早期统一化学术语译名的成果——傅兰雅的《化学材料中西名目表》,主要是对化学元素、无机化合物、有机化合物等化学材料的译名做了厘定,对于化学概念性术语译名收集的不多,仅有质体(matter)、质点(Atom)、原质(element)、气质(gas)、死物质(inorganic substances)等寥寥数条。③ 在 1902 年前后,狄考文、赫士一起致信给术语委员会,报告将部分化学概念术语也做了厘定,包括元点(现译原子)、合点(现译化合物)、元重(现译原子量)、合重(现译分子量)、配能(现译原子价)、爱力(现译化合力)、酸(现译酸)、辞(现译碱)、酸效(现译酸化)、无效(现译中立性)、辞效(现译碱化)等。④ 具体可见表 4.7。

表 4.7 **早期化学术语译名对照**

嘉约翰译名	傅兰雅译名	狄考文译名	现译名
微点	质点	元点	原子
	杂	合点	化合点
定数	分剂数	元重	原子量
总数	体积分剂	合重	分子量
级数	体积分剂	配能	原子价
化力	爱力	爱力	化合力
强水	强水	酸	酸

① [美]赫士:《〈天文初阶〉例》,载王扬宗编校《近代科学在中国的传播》上册,山东教育出版社 2009 年版,第 242 页。

② [美]赫士:《〈热学揭要〉序》,载王扬宗编校《近代科学在中国的传播》上册,山东教育出版社 2009 年版,第 208 页。

③ 具体见[英]傅兰雅、徐寿编《化学材料中西名目表》,江南制造局 1885 年版。

④ [美]戴吉礼编:《傅兰雅档案》第 2 卷,广西师范大学出版社 2010 年版,第 468 页。

续表

嘉约翰译名	傅兰雅译名	狄考文译名	现译名
哈利	辞	辞	碱
酸味	酸味	酸效	酸化
	中立性	无效	中立性
哈利末	辞味	辞效	碱化
底类	本质	阳段	盐基
酸类	配质	阴段	根基

1901 年狄考文等人在《修订化学元素表》的基础上，编订出版了《协定化学名目》（*Chemical Terms and Nomenclature*）。这是益智书会在化学术语译名统一上的另一次努力。《协定化学名目》分两个部分，第一部分是命名原则，第二部分是无机化合物的英汉名称对照表。该名目提出了第一个系统的中文无机化合物命名方案，采用的是类属式命名方案，制定了如酸、盐、礬、锈、汕、洽等表明化合物一般性质的类名或属名。① 尽管从后来无机化合物的译名确定看，《协定化学名目》无论是命名原则还是具体译名沿袭都失败了，但毕竟开启了我国无机化合物命名原则的探讨。

总之，清末来华西人在编辑化学教科书的过程中，注意到了化学术语译名的统一问题，并试图通过建立益智书会、编制中西名目表等方式来实现化学术语的规范化，但最终并未能实现化学教科书中术语的统一。不过来华西人厘定化学术语的某些原则，比如元素译名的造字方式，一直影响后来我国化学术语译名的厘定。

（二）1900 年以后国人编译化学教科书中的术语厘定

1900 年以后，国人编译化学教科书日多，但教科书中化学术语译名混乱仍一直存在。1907 年张修敏观察到："吾国已出之各化学书中，所可姑认为命名法者，有四种：（1）制造局所译之书，以挂漏之意译，为原素之命名。以原素之分子式，为化合物之命名。如轻气、淡气及轻淡

---

① 关于《协定化学名目》的具体情况，可参见王扬宗《清末益智书会统一科技术语工作述评》（《中国科技史料》1991 年第 2 期）和何涓《益智书会与杜亚泉的中文无机物命名方案》（《自然科学史研究》2007 年第 3 期）。

养三、铁养硫养三之类是也。（2）由日本直译之书。以和文假名或假名汉字，为元素之命名，以无意义之音译和名，为化合物之命名。如麻倔涅叟谟、格鲁儿加尔叟谟及沃度加里炭酸、曹达藏化水银之类是也。（3）商务书馆所出版之中学化学，改窜一二无意义之新译，为元素之名。仍用分子式之旧习为化合物之命名。如育养硒砷及育轻三、育轻四、养镁养硒养五之类是也。（4）杜亚泉氏所著化学教科书，以全用制造局之旧译，为元素之命名。杜撰无根据之新称，为化合物之命名，如轻养及镁礬银硝铁锈之类是也。"①虽然张修敏对于四种命名法的评价有可商讨的地方，但大致可以发现1900年以后国人编译的化学书中，包括化学教科书，是存在多种化学术语译名的，既有江南制造局的旧译，又有来自日本的译名，还有杜亚泉新撰的，以及几种混合在一块的。此一阶段化学术语译名混乱的情况可见一斑。

如1904年中西译社编译、谢洪赍校订的《最新中学教科书化学》就是"是编原质名目，概从益智书会新定名目表。其有机物质之名，则仍从傅兰雅所译为多"②。该书译自美国人史砥尔德著作，在化学术语译名选择上使用的就是来华西人的旧译。该教科书论述到元素时，仍然说："中国化学家所用之（原质）名目，多按以下三例：一依中国已有之名，如镴银铜铁铅锡等是也。二旧无此名，则译西名之意以名之，如轻养育绿等。三旧无此名，依西字之音，另造新字。如镖、铤、钛、镰等。读字之法，按其右旁之音读之。金类则左旁从金，非金类则左旁从石。"③其中镴、育、镖、铤、钛等都是《修订化学元素表》中被厘定的元素译名。在化学概念术语使用上，谢洪赍校订的《最新中学教科书化学》也多用益智书会厘定的译名，如準箇、合点、元点、爱力、原质、杂质等。其中準箇是Unit的译名，日本当时译为单位，严复译为么匿。準箇是益智书会对Unit的译名。④直到民国建立，仍有些化学教科书还是坚持沿用傅兰雅的元素译名。如文明书局民国元年编辑出版的《中学校用化学

---

① 张修敏：《无机化学命名法汎论》，《医药学报》1907年第2期。
② 《译序》，中西书社编，谢洪赍校订：《最新中学教科书化学》，商务印书馆1904年版。
③ 中西书社编，谢洪赍校订：《最新中学教科书化学》，商务印书馆1904年版，第4页。
④ 《释名》，载中西书社编，谢洪赍校订《最新中学教科书化学》，商务印书馆1904年版，第1页。

教科书》就认为"我国原质名，以江南制造局所定者，最称完美，今从之。惟轻、淡、养、绿、弗五原质名，与其定例金属从金旁，非金属在普通温度为气体者从气、液体从水、固体从石等，不相符合。且易与轻、淡、养、绿、弗等字之不用作原质名者相混。故在制造局本，常下加气字，以区别之。称作轻气、淡气等，殊觉烦赘。今改作氢氨氰氮氟等，以归一律。又其中如炭金等通用之名，锡铯等伺音之字，以及新得原质，为制造局本所无者，则采诸他书，或断自臆见，别立新名"①。

但随着汉译日本化学教科书的增多，不少教科书使用更多的是化学术语的日译词。如长沙三益社编译的《最近普通化学教科书》就翻译自日本龟高德平著的化学教科书。该译本所用的术语就都是日本译名，"因日本已译成汉字之名词，皆较华译旧名为切当，如水素、酸素等是也。又日本原系假名者，则译以同音汉字，而旁注假名，如亚莫尼亚（アモニア）及亚尔艮（アユン）是也"，甚至书中的度量权衡虽"以法名为主，间亦参用日名"②。当时认为日本译名较华译旧名为切当者不在少数。如萧湘 1905 年翻译的《无机化学》，也直接说："窃谓理化二科，我国程度远逊日本，亦无容深译，何必以一知半解，参杂鲁鱼，故本篇定名审义，概从日译而附注泰西原名于下，间有日无汉译者，如化合物数类，则仍其名。"③ 萧湘所言"我国（理化）程度远逊日本"实点名了当时国人在化学教科书中采用日本译词的关键。杜亚泉也曾指出，"我国译化学书，已三四十年，然至今日……举一名目，而不能适当其物之性质例类；述一理论，而无表白其细微曲折之言词。自日本译籍输入，其译名适于汉文之例者较多。于是稍有端绪"，特别是"近世化学之进步既速，故中学教科，亦不得不改其面目也。旧日译籍，于此理论，有未具端倪者，故其译名不能不就日本原文"④。事实上，1900 年后最早将日本元素译名系统引入我国的就是杜亚泉。其在《亚泉杂志》1900 年的第 1 期上就刊登了《化学原质新表》。该表表头分原质、拉丁名、西

---

① 《化学教科书凡例》，载文明书局编《中学校用化学教科书》，文明书局 1912 年版，第 1—2 页。

② 《例言编者识》，载长沙三益社编译《最近普通化学教科书》，长沙三益社 1904 年版。

③ 萧湘：《〈无机化学〉译例》，载王扬宗编校《近代科学在中国的传播》上册，山东教育出版社 2009 年版，第 224 页。

④ 《译例》，载杜亚泉译订《化学新教科书》，上海商务印书馆 1906 年版，第 3 页。

号（即元素符号）、日本译名、日本译音、译本异名、原点重率7栏，通过中日元素译名并列的方式，将当时已知的76种元素的日本译名系统地介绍至我国，如水素（H）、利丢谟（Li）、别利留谟（Be）、硼素（B）等。

那些由在华日本教习讲授，中国学生辑录而成的化学教科书采用的更是日本译词。如1906年四川教育会出版的《四川师范讲义·化学》，就是四川师范生整理来华日本教习彬本正直讲授的讲义。该化学教科书中使用的所有元素译名都是日译名词，如水素、炭素、窒素、酵素，甚而包括海里乌姆（He）、里替武母（Li）、别利留谟（Be）、麻倔涅叟谟（Mg）等以日文假名翻译的元素译名。在化学概念术语译名使用上，该书大量使用的也是日本译名。具体如表4.8所示。

表4.8　　　　　　　　　　　　异名对照[①]

中国旧有译名	日本译名	中国旧有译名	日本译名
质点	原子	结成质沈下	沈澱
微点、微点式	分子、分子式	放出养气、收入养气	还原、酸化
元质	元素	气质	气体
生物、非生物	有机、无机	流质	液体
质点排列式	构造式	实质	固体
颗粒形	结晶	微生物	细菌
消化、融化	溶解	卡里、沙达	加里、曹达
消化液	溶液	对换体、脱胎体	置换体、诱导体
本质、配质	盐基性、酸性	化散、发散	蒸发、挥发

不过由于日本假名的存在，日本化学术语译名中也有不少不合中文习惯的。因而国人编译的化学教科书往往多种术语译名混用。如何燏时翻译吉田彦六郎的《中等最新化学教科书》，即便被认为是"于原书之序次文义，处处吻合"，但在术语译名选择上，却是"是书术语参用日

---

① 《附录：异名对照表》，载［日］彬本正直讲授，四川师范生编《四川师范讲义·化学》，四川教育会1906年版。

名，暨华译旧名间附己意。如水素、盐素等袭用日名，以其较华名为切当，且与原意相合也。镍素、锰素等，则沿用华名，此处惟加素字，以示其为元素之意。其他酌用音译者，则如亚莫尼亚、阿戎美打等是也"①。换言之，何译本使用的化学术语译名有日名、华译旧名和其自身改译的新译名。又如严保诚编译的《初级师范学校教科书化学》也是如此。该书并不是翻译某一日本化学教科书，而是取材于多种日本教科书。据其自身统计，"本书取材于日本森山辰之助之新编化学教科书十之六，取材于龟高德平之普通教育化学教科书十之三。其他参考摘录用者，亦五六种。录如左：大年男吉著《近世化学教科书》，松井元治郎、林梁合著《化学教科书》，高松丰吉著《化学教科书》，中谷平四郎著《化学精义》，池田清著《化学理论解说》，池田菊苗著《中学化学教科书》"。严保诚在其编译的化学教科书的术语译名采用上，也是"本书名词大半沿用制造局译名，间亦迳从东译。不过就编者个人意见，择其较为通行者用之，新陈错杂，殊无条理，深自歉然"②。此种在同一教科书中采用不同来源的化学术语译名，带来的一个显然的弊病就是化学术语译名不成系统，"新陈错杂，殊无条理"。要解决这一弊病，最好的途径就是国人自行探索一个适合中文语境的化学术语命名系统。于是在此阶段，虞和钦、杜亚泉、张修敏等人都开始探讨如何建立一套化学术语命名系统，致力于推进化学术语译名的统一。

国人最早致力于推进化学术语译名统一的是杜亚泉。如前所述，其于 1900 年公开发表了《化学原质新表》。他之所以编纂该表，就在于有感"我国已译化学书虽不多，然名目参差百出。肄业者既费参考，续译者又无所适从，且近世检出之新原质名目未立，无可稽考"，于是"平日寒斋批阅，常作表以便检。偶有记录，即籍表以为准。其旧有之名大都从江南制造局译本者居多，并列他书译名之异者，若未有旧名，不得已而杜撰之，有'米'记者皆是，非敢自我作故。亦冀较若画一耳"。从其最后一句可知，杜亚泉编辑并公开发表《化学原质新表》的目的就

---

① 《译例》，载［日］吉田彦六郎《中等最新化学教科书》，何燏时译，教科书译辑社 1904 年版。

② 《编辑大意》，载严保诚编译《初级师范学校教科书化学》，商务印书馆 1907 年版，第 1 页。

是"画一"化学名目。因而杜亚泉在该表中也公开要求"以后本杂志中有记述化学者，悉准是表"①。具体从《化学原质新表》看，属于杜亚泉新撰的元素译名，包括铍（Be）、锏（Se）、镓（Ga）、锗（Ge）、锭（Ndi）、镨（Prd）、镨（Sa）、钆（Gd）、铥（Tu）、镝（Dp）、镱（Yb）、钠（Mg），共十二种元素。其中铍、镨、铥、镱四种元素译名一直被沿袭了下来。因为《亚泉杂志》只办了不到一年，就停刊了，所以杜亚泉希望通过杂志来"冀较若画一"的目标自然难以达到。

而杜亚泉对于推进清末化学术语统一更有影响的，还在于其编译的化学教科书，特别是1906年其译订出版的《化学新教科书》。他在《化学新教科书》的附录《本书中无机物命名释例》（以下简称"释例"）中，提出了一整套无机化合物的命名方案。在杜亚泉看来，"旧日合质，多用分子式以为名，于教科必多窒碍。盖初学者既未知分子式之用意，而骤以分子式示之，必难索解，且用分子式为名，既不便于称诵，又不适于记忆"，"惟欲更立新名，已有通行者，岂能废而不用。故用心斟酌，以求合于旧日通行之例，且便于称述记忆者而为之名。……卷末附无机物命名释例及名目表，以便检核"②。

从杜亚泉所拟的无机物命名方案看，他主要继承了益智书会《协定化学名目》提出的类属式命名方式。其"释例"除绪论外，共包括九节。绪论主要表明杜氏对于拟定无机化合物命名法的思考及原则。杜亚泉认为"命名之定理：一曰简便，二曰能表明合质之组成（成分及分剂）"。杜氏之所以如此考虑，就在于原来"连书原质之名"的无机化合物命名方式"不免字多，名似过长"。因而他"乃就旧日已有之一二名目及日本之名词，与广学会新立之名词，推而演之，以求其近于简便明了之目的者，成一种名词以译此书"③。第一节杜亚泉主要是就书中几个不同于江南制造局译本的元素译名做了解释，包括育、砷、镭、锶、铗、锗、氰等。从第二节开始到第九节，杜亚泉集中说明了无机化合物命名的各项原则。其中最重要的就是确定了几类"常见之酸根"的属名，包括：

---

① 杜亚泉：《化学原质新表》，《亚泉杂志》1900年第1期。

② 《译例》，载杜亚泉译订《化学新教科书》，上海商务印书馆1906年版，第3页。

③ 《本书中无机物命名释例》，载杜亚泉译订《化学新教科书》，上海商务印书馆1906年版，第13—14页。

强硫酸根，礬。向例称强硫酸之合质为礬，如青礬、胆礬、明礬之类是也。故取为根名；

强育酸根，硝。向例称强育酸根之合质为硝。如朴硝、智利硝之类，故取为根名；

炭酸根，垩。炭酸与钙之合质，曰垩，今为炭酸根者之通名；

次强绿酸根，䤚。其字见字书义在盐与硝之间。凡含次强绿酸者，其放养近于硝，其含绿近于盐，故以为根名；

矽酸根，砂。砂为矽与养之合质。故以为矽酸之根名从本义也。至寻常称沙石等字，尚有沙字可用，以为区别；

强燐酸根，䃧。䃧为燐之别名，今假为强燐酸之根名；

强砷酸根，砒。砒为砷与养之合质。故为砷酸之根名，从本义也。

石布酸根，硼。硼为含硑酸之盐类，今以为通名，与垩同。①

此外，杜亚泉也制订了一套词头来表明无机化合物中“各原质之化合价于合质甚有关系”。比如用“亚、次、下价”和“中、过、上价”分别对应表述正价减一、二、三价的和正价增一、二、三价的；“凡强价、高价、低价中有增减者，则以过强、次强、过高、次高为价名”②。这实质也是沿袭并发展了益智书会命名类属式命名无机化合物的方法。杜亚泉的无机化合物命名具体实例如次强硫养、过硫养、强硫养、中育养、低铁锈、高铁锈、合铁锈、上锰锈、强銻锈等。③

正如杜亚泉自己所言“命名之当不当，只能就应用之便不便论之，不能就学理之合不合言之”④。从后来无机化合物命名的应用来看，即便是杜亚泉自己到1908年编辑《实验化学教科书》时，也放弃了这一类属式的无机化合物命名方法，“其所用术语物名，皆从近时通行之译本，

① 《本书中无机物命名释例》，载杜亚泉译订《化学新教科书》，上海商务印书馆1906年版，第21—22页。

② 《本书中无机物命名释例》，载杜亚泉译订《化学新教科书》，上海商务印书馆1906年版，第15—16页。

③ 具体可见《本书名目表》，载杜亚泉译订《化学新教科书》，上海商务印书馆1906年版，第25—26页。

④ 《本书中无机物命名释例》，载杜亚泉译订《化学新教科书》，上海商务印书馆1906年版，第13—14页。

间有新名，下附西文以便参考"①。其《实验化学教科书》中大量使用的是当时"通行之译本"的某化某式的命名方式：如亚养化淡、绿化轻、二养化炭、一养化炭、二养化硫、硫化轻等。

另一致力于探讨我国化学术语译名规范化的是虞和钦。1902 年虞和钦在《普通学报》上公开发表了《化学命名法》，第一次系统向国人引入某化某式的无机化合物命名方式。《化学命名法》共分三个部分，分别为"根基及残基""自二原素合成化合体之命名法""自三原素以上命成化合体之命名法"。这一无机化合物命名法的特点就是：一方面在二元化合物的命名中引入了"化"字，即"于其成分之一元素，加一化字"，如二盐化锑、五酸化砒素等。如果"同一元素化合体，其二种现成时，有化合体不满其亲和价者，则加一亚字"，如亚盐化汞亚酸化锰等。另一方面对于三元及三元以上化合物，也就是酸碱盐的命名法也作了详细的说明。② 稍后 1903 年虞和钦又编制了《化学定名表》连载在《科学世界》上，分别列出了 793 个化学名词的中文定名、英文名和化学式。虞和钦除了对无机化合物的命名做了系统的探讨外，1908 年起还出版了《中国有机化学命名草》，是我国第一个系统的有机物命名方案，改变了清末长期用音译来翻译有机化合物的命名方式。③ 虞和钦也将其无机化合物和有机化合物的命名方式应用到他编译的化学教科书中。1910 年他翻译的《中学化学教科书》再版时，"书内无机物名，俱依拙著科学世界化学定名表中所列新名。……书内有机物名，初版俱依制造局旧译本。其未谬译者，则刻新译之。惟有机命名，旧时译音居多，往往一名译至十余字、且方音各殊，歧异叠出。鄙人近著有机化学命名草，凡有机物名，概从义译，其无机物名，亦间有改易旧定名称者。兹故于再版修正之际，将命名草中已定名者易之，未定名者仍旧"④。具体修改可见表 4.9。

———————————

① 《编辑大意》，载杜就田编，杜亚泉校《实验化学教科书》，商务印书馆 1908 年版。

② 虞和钦：《化学命名法》，《普通学报》1902 年第 3 期。

③ 关于虞和钦《中国有机化学命名草》的情况及影响可参见何涓《有机化合物中文命名的演进：1908—1932》（《自然科学史研究》2014 年第 4 期）和王细荣《虞和钦的〈有机化学命名草〉及其学术影响》（《自然辩证法通讯》2012 年第 2 期）。

④ 《译例》，载［日］龟德高平著，虞和钦译《中学化学教科书》，文明书局 1910 年版，第 1—2 页。

表4.9   有机名称改易对照（节录）①

初版原名	迷脱尼	以脱尼	布路比尼	以脱里尼	阿西台里亚	以脱里醇	以脱里基	迷脱里醇	阿埋里醇
再版改名	一炭矫质	二炭矫质	三炭矫质	二炭赢质	二炭亚赢质	二炭醇	二炭矫质	一炭醇	五炭醇

除了杜亚泉、虞和钦，这一阶段张修敏、侠民等人也都关注过我国化学术语译名的规范问题。② 尤其值得注意的是清政府学部审定科公开出版了《化学语汇》。这是清末唯一一部由官方发布的化学术语表。该语汇按照中、英、日对照的方式收集了化学术语 900 余条。具体以 A 字部为例，《化学语汇》共收 A 字部词条 106 条。其中与益智书会所编《术语辞汇》完全一致的仅有 5 条，分别为酸、玛瑙、空气、酒精、锑；更多是两者译名完全不同，如：Alkali，化学语汇翻译为"鹻、阿尔加里"，术语辞汇翻译为"锌，阿蛤利"；Anion，化学语汇翻译为"阴伊洪"，术语辞汇翻译为"副叚"；Antimony chloride，化学语汇翻译为"绿化锑"，术语辞汇翻译为"锑绿三"。值得注意的是《化学语汇》在元素译名上大部分采用了傅兰雅的译名。③ 而《化学语汇》中 A 字部中文译名与日语译名不同的有 53 条，占 A 字部总数的 50%。《化学语汇》中与日语译名不同的词条是因为该日语译名使用了假名，所以不适合国人的语言习惯。但大量化字词的存在，可以证明《化学语汇》的译名大多数遵循了某化某式的无机化合物命名方式，如绿化阿西脱尔、轻养化铝、养化铝、绿化錏等。因而总体来说，《化学语汇》更多采用的是日译词，但也保留了小部分来华西人化学术语译名。

《化学语汇》公布后，对于国人编译化学教科书也产生了一些影响。如许传音翻译的《汉译麦费孙、罕迭生化学》所用的术语就是"以前清名词馆所编之《化学语汇》为准，以期一律。其未译者，则参酌他书以补之"④。

---

① 《有机名称改易对照表》，载［日］龟德高平著，虞和钦译《中学化学教科书》，文明书局1910年版。

② 见侠民《化学命名法》（《理学杂志》1906年第2期）、张修敏《无机化学命名法汎论》（《医药学报》1907年第2期）和《有机化学命名法》（《医药学报》1908年第12期）。

③ 可参见何涓《清末民初化学教科书中元素译名的演变》（《自然科学史研究》2005年第2期）。

④ 许传音：《麦费孙、罕迭生〈化学〉序言》，载王扬宗编校《近代科学在中国的传播》上册，山东教育出版社2009年版，第226页。

但从整体而言，清末化学教科书中译名混乱的局面依然如故。此种原因很多，必须强调的一点是，当时化学学科在世界范围内还处于一飞速发展的时期，化学术语也正处于快速增长期，加上化学术语本身就较其他学科复杂。因而从世界范围看，"日内瓦国际化学会议，集世界著名化学家，相与精密商讨，虽得一比较严整之命名系统，然全部命名，则亘四十年，而未能蒇事。是在欧美各国，用字尚未统一也。其在日本，殚数十化学专家之力，所发表之化学语汇，亦仅无机化学而止，至于有机化学名词，概从音译"①。故而若要求化学尚不太发达的我国，在清末就完成化学术语的规范化则是过于苛刻。清末化学教科书作为化学术语出现频率最高的载体，自然成为当时来华西人译名、日译名与国人自拟译名的竞争之所。

---

① 《序》，载国立编译馆《化学命名原则》，国立编译馆 1933 年版，第 iii 页。

第五章

术语演变与学科建立
——以逻辑学为例

西方逻辑学虽自明末即开始传入中国，但作为独立的学科在中国真正得以建立却是近代以后的事，是随着近代西方（包括日本）逻辑学著作的大量译入才逐渐确立起来的。换言之，中国逻辑学学科的建立是中西文化对接、西学东渐的产物。而要完成这一学科由西而东的对接历程，其术语的中文厘定必不可少。早期承担此一工作的主要是那些翻译者，其中既有西方来华的传教士，也有投身译业的中国士人。对于此点，各种关于近代逻辑史的著作及相关论文都已有所述及，① 但从术语角度来探讨近代中国逻辑学建立过程的仍不多见。

第一节　逻辑学东来的表述难题

尽管严复曾言"名学为术，吾国秦前，必已有之，不然，则所谓坚

---

① 目前学界关于近代逻辑学引入的探讨已比较充分。相关论著包括：李匡武主编《中国逻辑史》近代卷（甘肃人民出版社 1989 年版）、彭漪涟《中国近代逻辑思想史论》（上海人民出版社 1991 年版）、郭桥《逻辑与文化——中国近代时期西方逻辑传播研究》（人民出版社 2005 年版）、高圣兵《LOGIC 汉译研究：跨文化翻译中的"格义"、视域融合与接受》（上海译文出版社 2008 年版）等。相关论文则有：曾昭式《逻辑学东渐与现代中国逻辑史》（《社会科学》2002 年第 8 期）、顾有信《语言接触与近现代中国思想史——"逻辑"中文译名源流再探讨》（载邹嘉彦、游汝杰主编《语言接触论集》，上海教育出版社 2004 年版）、熊月之《〈清史·西学志〉纂修的一点心得——晚清逻辑学译介的问题》（《清史研究》2008 年第 1 期）等。这些论著尽管对于逻辑学术语的厘定也有所涉及，但将术语厘定与学科建立联系到一起，进行系统论述的还不多见。

白同异、短长挥阖之学说，末由立也"①，但作为学科的逻辑学实为一西学东渐的产物。而逻辑学东来首先遇到的就是表述层面的问题，即如何在中文语境中叙述异质的逻辑学知识、概念。最早向中国介绍逻辑学的是艾儒略（Giulio Aleni）。他在论述逻辑学时，就呈现出某种表述上的困窘。其在《西学凡》中写道："夫落日加者，译言明辩之道，以立诸学之根基，辩其是与非、虚与实、表与衷之诸法，即法家、教家必所借径者也。"②"落日加"指的就是逻辑学，因为在中文词汇中，艾儒略找不到对应的词汇，只能用音译方式加以表达。而这正表明了逻辑学东来的最初困境。

艾儒略还只是对西方逻辑学略作介绍，所以此点还表现不明显。李之藻与傅汎际合作翻译第一部西方逻辑学专著——《名理探》时，中文表述的难题更为凸显。李之藻的儿子就曾指出：其父翻译《寰有诠》"两载削稿"，而翻译《名理探》却五年始成，原因在于"盖《寰有诠》译论四行天体诸义，皆有形声可晰。其于中西文言，稍易融会"，而《名理探》"意义宏伟，发抒匪易，或只字未安，含毫几腐；或片言少棘，证解移时。以故历数年所竟帙十许"③。李子之言其实就透露出，西方逻辑学作为外来的人文科学，其与中国原有的知识系统、语汇系统差异很大，所以首译此类著作的李之藻"发抒匪易"，进展缓慢。尽管如此，在李之藻、傅汎际的努力下，还是厘定了一批中国最早的逻辑学术语。

《名理探》厘定的术语大致可以分作两类：④ 一是音译词，如斐录琐费亚（哲学）、玛得玛第加（数学）、薄利第加（政治）、络日伽（逻辑）、博厄第加（诗）、勒读理加（文艺）、默第际纳（医学）、斐西加（物理学）等；二是意译词，如名理探（逻辑）、直通（概念）、断通（判断）、推通（推论）、五公、宗（类）、类（种）、殊（种差）、独（特有性）、依（偶有性）、十伦、自立体（实体）、几何（数量）、互视（关系）、何似（性质）、施作（主动）、承受（被动）、体势（姿势）、

---

① ［英］耶方斯：《名学浅说》，严复译，商务印书馆1981年版，第46页。

② ［意］艾儒略：《西学凡》，载（明）李之藻等《天学初函》第1册，台北：台湾学生书局1965年版，第31页。

③ 《〈名理探〉又序》，载徐宗泽《明清间耶稣会士译著提要》，上海书店出版社2006年版，第150页。

④ （ ）中为今译名，后文都依此例。

何居（位置）、暂久（时间）、得有（情况）、公（公理）、德（性质）等。由这些译词可以发现，李之藻使用了大量中国原有的词汇来对译西方逻辑学术语。显然面对异质的知识，中国士人最先的反应是希望借用原有的知识资源来理解、表达、涵盖、包容这些异质的文化。

但这些中国旧有词汇对译西方术语后，其义项却已悄然发生了改变，或扩大或引申，大多已非原来的意思。这给初读该书的读者带来不少困惑。后人就曾评价《名理探》说："其价值不在欧几里得《几何》下，而不甚见称于世，则以读者之难其入也。"① "读者之难其入也"，应该有相当一部分是这些既熟悉而又陌生的新术语造成的。从后来术语的沿袭情况看，李之藻、傅汎际历时五载所厘定的这些术语多被淘汰了。这也反映了术语厘定并非一简单的对译过程，而是需要经过漫长的双向选择，才会真正融入原有的词汇系统中。

明清鼎革后，清政府很快就实行了禁教与闭关锁国的政策，致使西方逻辑学的东传被迫中断，直到鸦片战争之后，才重新得以接续。近代最早翻译的西方逻辑学著作是艾约瑟的《辨学启蒙》。该书翻译的底本来自耶方斯的《逻辑学初级读本》（*Primer of Logic*），是作为"西学启蒙十六种"之一出现的，出版于1886年。而在该书出现之前，西方逻辑学在中国的传播已中断百余年，所以中文表述的难题依旧在该书中存在。此点从艾约瑟所拟的术语译名即可察觉。艾约瑟所拟的术语译名可略举如下：

> 即物察理之辨法（归纳）
>
> 凭理度物之分辨（演绎）
>
> 界语（概念）
>
> 次第连成之论断语（三段论）
>
> 有体质实物之界语（具体概念）
>
> 语句（判断）
>
> 贴附实物加以形容之界语（抽象概念属性概念）

---

① 陈垣：《浙西李之藻传》，载黎难秋主编《中国科学翻译史料》，中国科学技术大学出版社1996年版，第592页。

界语之精密意（内涵）

界语之扩大意（外延）

数分语句（特称判断）

全分语句（全称判断）

辨学（逻辑）

用如若等虚拟字样之语句（假言判断）

同名（普遍概念）

搜求情节相符处（契合法）

推阐辩论语（推理）

总名（集合概念）

由上可知，艾约瑟所拟的许多术语不是词汇，而是短语，也就是如章士钊所言的"名为译名，实则为其名作界说"①。艾约瑟之所以采取如此方式，一方面固是因为其作为来华西人对于中文词汇难免不太熟悉，另一方面也是由于中文词汇中原有的逻辑学术语太过缺乏，所以其不得不采取这样一种表义的方式来对应西方逻辑学的概念。如此一来，《辨学启蒙》所拟的这些短语虽然与西方术语原义比较吻合，但在行文上则不免有些艰涩与拖沓，且与术语要求的简洁也相去甚远。故而《辨学启蒙》所拟的这些译名也大多数没有被沿袭下来。不过与《名理探》厘定的术语相比，《辨学启蒙》基本上没有使用单音词，所以表义更为准确、明白。时人对其评价也较高，认为"是书所列条理仅举大略，足以窥见辨学之门径，亟宜考究其理由，浅入深详，列问答以成一书，借为课蒙之用"②。

继艾约瑟之后，傅兰雅于1898年翻译出版了《理学须知》。该书是傅兰雅编辑的《格致须知》丛书中的一种，曾被益智书会作为教科书推荐给教会学校。该书笔者未见，但据熊月之的研究来看，《理学须知》所拟的术语译名已十分简洁，如定名（独用名）、揣拟法（假言推理）等。③ 由

① 章士钊：《译名》，载章含之等编《章士钊全集》第3卷，文汇出版社2000年版，第68页。

② 徐维则：《增版东西学书录》，载熊月之主编《晚清新学书目提要》，上海书店出版社2007年版，第139页。

③ 熊月之：《〈清史·西学志〉纂修的一点心得——晚清逻辑学译介的问题》，《清史研究》2008年第1期。

此可见，在逻辑学中文术语的命名上，《理学须知》已有相当进展。不过，就当时影响看，无论是《辨学启蒙》，还是《理学须知》，都没有引起国人太多注意，所以两书所厘定的逻辑学术语自然难以普及。近代逻辑学要真正在中国确立，还需国人自己的推动。

近代提倡逻辑学最积极的是严复。严复在甲午战后率先指出："不为数学、名学，则吾心不足以察不遁之理……盖名数知万物之成法"，而西方"二百年学运昌明，则又不得不以柏庚氏（培根）之摧陷廓清之功为称首"①。因而严复不仅大力翻译逻辑学著作，而且通过公开演讲、成立"名学会"等方式，宣传逻辑学。正是在严复的倡导下，甲午以后，逻辑学在中国日益盛行。章士钊就曾指出："为国人开示逻辑途径者，侯官严氏允称巨子。"② 郭湛波也认为："自明末李之藻译《名理探》，为论理学输入中国之始，到现在已经三百多年，不过没有什么发展，一直到了严几道先生译《穆勒名学》、《名学浅说》，形式论理学始盛行于中国，各大学有论理学一课。"③

严复翻译的逻辑学著作有两部，即《穆勒名学》与《名学浅说》。其中《穆勒名学》曾作为京师大学堂审定的暂定各学堂用书。《名学浅说》则是严复在教授吕碧城逻辑学的过程中编译的教科书。此二书在清末影响都很大。严复曾留学英国，能熟练使用英文，归国后又曾师从桐城大家吴汝纶学习古文，所以中西兼通。吴汝纶就曾评价严复"集中西之长"，"能熔中西为一冶者，独执事一人而已"④。逻辑学也正是在严复手中，初步解决了中西对译的表述难题。

首先是文体。吴汝纶曾指出，当时"士大夫相矜尚以为学者，时文耳，公牍耳，说部耳。舍此三者，几无所为书"，时人翻译西书时，也采用这三种文体，"译而传之"，但"有识者方鄙夷而不知顾，民智之瀹何由？此无他，文不足焉故也"。换言之，以吴氏为代表的士林主流对于前述三种文体翻译西书都不满意，认为"文不足焉"。而吴氏理想的

① 《原强修订稿》，载王栻编《严复集》第 1 册，中华书局 1986 年版，第 17、29 页。

② 章士钊：《逻辑指要·例言》，载章含之等编《章士钊全集》第 7 卷，文汇出版社 2000 年版，第 295 页。

③ 郭湛波：《近五十年中国思想史》，山东人民出版社 1997 年版，第 183 页。

④ 《吴汝纶致严复书》，载王栻编《严复集》第 5 册，中华书局 1986 年版，第 1561 页。

译文文体应是如何呢？据吴氏自呈："凡吾圣贤之教，上者，道胜而文至；其次，道稍卑矣，而文犹足以久；独文之不足，斯其道不能以徒存。六艺尚已，晚周以来，诸子各自名家，其文多可喜，其大要有集录之书，有自著之言。"也就是在吴氏看来，晚周诸子之文多有可取之处。严复受吴汝纶影响，选择的恰是这种文体，首译《天演论》"乃駸駸与晚周诸子相上下"。严复如此行文，立即获得了吴汝纶的大加赞赏，认为"文如几道，可与言译书矣"①。后来蔡元培也回忆说："他（严复）的译文又很雅训，给那时候的学者，都很读得下去。"② 从当时读者反映来看，严复的译文获得了一定成功。

　　稍后，严复翻译《穆勒名学》时，仍沿袭前述做法。《穆勒名学》也被黄遵宪视为"雋永渊雅，疑出北魏人手。于古人书求其可以比拟者，略如王仲任之《论衡》，而精深博则远胜之。又如陆宣公之奏议，而切实尚有过之也"③。黄氏此言，评价不谓不高。不过，尽管严复"几如读周、秦古书"的翻译文体获得了当时士林精英如吴汝纶、黄遵宪等人的青睐，但质疑其文体的也不少。梁启超就曾在《新民丛报》上指出："其（严复）文笔太务渊雅，刻意摹仿先秦文体，非多读古书之人，一翻殆难索解，夫文界之宜革命久矣。况此等学理邃颐之书，非以流畅锐达之笔行之，安能使学僮受其益乎？著译之业，将以播文明思想于国民也，非为藏山不朽之名誉也。文人积习，吾不能为贤者讳。"④ 梁启超此言点明了严复"刻意摹仿先秦文体"的受众局限，即"非多读古书之人，一翻殆难索解"。吴汝纶、黄遵宪、蔡元培等旧学出身之人，阅读严复的文体当然不成问题，但在新学日盛，"适当吾文学靡敝之时"，后进普通学子在旧学功底上已有所欠缺，解读严复"几如读周、秦古书"文体时难免吃力。即便偏好古文的鲁迅，也承认："据我所记得，译得更费力，也令人看起来最吃力的，是《穆勒名学》和《群己权界论》的一篇作者自序。"⑤ 甚而校对过《穆勒名学》的包笑天也表示："坦白说

---

① 《〈天演论〉吴序》，载王栻编《严复集》第5册，中华书局1986年版，第1318页。
② 蔡元培：《五十年来中国之哲学》，载中国蔡元培研究会编《蔡元培全集》第5册，浙江教育出版社1997年版，第102页。
③ 《黄遵宪致严复书》，载王栻编《严复集》第5册，中华书局1986年版，第1571页。
④ 梁启超：《绍介新著〈原富〉》，《新民丛报》1902年第1号。
⑤ 鲁迅：《关于翻译的通讯》，《鲁迅全集》第4卷，人民文学出版社2005年版，第389页。

一句话，我是校对过《穆勒名学》一书的人，我也仍似渊明所说的不求甚解。"① 鲁迅、包笑天这些当时后进学人中的佼佼者阅读《穆勒名学》时，都已感吃力，其他普通学子更是可想而知。

不过诡异的是，尽管当时不少读者都反映《穆勒名学》比较难读，但并不妨碍其风行全国。个中缘由，因《天演论》暴得大名的严复的名人效应应起到了相当的作用。朱执信就曾毫不客气地指出："然吾窃观世之读名学者，什九震于严氏之名而已；以云深喻，殆未可也。"② 朱执信这一观察应属实情。前述包笑天也曾谈到，严复到上海举办"名学讲演会"时，就有许多人前来听讲，但其中不少人"不是来听讲，只是来看看严又陵，随众附和趋于时髦而已"③。但不管当时读者是否接受严复"几如读周、秦古书"的翻译文体，或因出于趋众心理而购买严译著作，《穆勒名学》的出版仍极大地推动了国人学习逻辑学的热潮。西方逻辑学也由此日益被国人所接受。

严复对于梁启超等人对其文体的指责，并不认同，反而辩称："窃以谓文辞者，载理想之羽翼，而以达情感之音声也。是故理之精者不能载以粗犷之词，而情之正者不可达鄙倍之气。"言外之意，文章本有雅俗之别，"若徒为近俗之辞，以取便市井乡僻之不学，此于文界，乃所谓陵迟，非革命也"。严复进而宣称："不佞之所从事者，学理邃颐之书也，非以饷学僮而望其受益也。吾译正以待多读古书之人。使其目未睹中国之古书，而欲稗贩吾译者，此其过在读者，而译者不任受责也。"④ 严复此言虽有透露心声，但因主要是针对梁启超的指责而言，不免稍有意气之词。不过对于严复用"摹仿先秦文体"来翻译《穆勒名学》，黄遵宪倒别有一番认识。黄遵宪道："《名学》一书，苟欲以通俗之文，阐正名之义，诚不足以发挥其蕴。其审名度义，句斟字酌，并非以艰深文之也，势不得不然也。"⑤ 黄氏此言其实提示了，严复翻译的《穆勒名学》之所以显得"艰深"，还因为逻辑学本身就内容深奥，若严复"以

---

① 包笑天：《钏影楼回忆录》，香港：大华出版社 1971 年版，第 229 页。
② 朱执信：《就论理学驳新民丛报论革命之谬》，载广东省哲学社会科学研究所历史研究室编《朱执信集》上，中华书局 1979 年版，第 70 页。
③ 包笑天：《钏影楼回忆录》，香港：大华出版社 1971 年版，第 229 页。
④ 《与梁启超书二》，载王栻编《严复集》第 3 册，中华书局 1986 年版，第 516—517 页。
⑤ 《黄遵宪致严复书》，载王栻编《严复集》第 5 册，中华书局 1986 年版，第 1571—1572 页。

通俗之文"翻译它，势必"不足以发挥其蕴"。黄氏这一观点应该切中了翻译逻辑学书籍的要害，也恰好说明了植根于西方知识体系的逻辑学译介入中国的困难所在。严复后来也指出："海内读吾译者，往往以不可猝解，訾其艰深，不知原书之难，且实过之。理本奥衍，与不佞文字固无涉也。"① 这也表达了同样的含义，即原文如此，与译者文体的选择无关。

严复虽然没有接受梁启超"以流畅锐达之笔行之"的提议，但显然也受到了一定的影响。其翻译《名学浅说》时，在文体上就稍有变化。当然这一改变，也与《名学浅说》翻译的背景有关。据《名学浅说》自序可知，该书是严复"戊申孟秋，浪迹津沽。有女学生旌德吕氏，谆求授以此学。因取耶方斯浅说，排日译示讲解，经两月成书"。因为该书是做教学讲解用的教科书，所以与《穆勒名学》作为纯粹的学术著作的翻译不同，更讲究浅显易懂，如严复所言"取足喻人而已，谨合原文与否，所不论也"②。除《名学浅说》外，严复后期的另一部译作——《中国教育议》，也是如此，与此前的"刻意求其工雅"已有较大的分别。③这应该是严复逐渐调整其文体所致。

尽管严复的文体颇多被人诟病之处，但他翻译的《穆勒名学》与《名学浅说》还是被国人所接受。而严复的这两部译著也用事实证明西方逻辑学也可以用中国原有的文体来表达。

其次是术语。逻辑学东来中文表述的另一大困难就是中文词汇中没有对应的术语译词。此点是翻译西书时经常遇到的。严复在翻译实践中，也较早注意到此点，指出："新理踵出，名目纷繁，索之中文，渺不可得，即有牵合，终嫌参差。译者遇此，独有自具衡量，即义定名。"④ 换言之，对于当时中文词汇中没有的西文术语，严复不得不自造新语。对于如何制造新语，严复与梁启超、吴汝纶、黄遵宪等人都交换过意见。

---

① 《〈群己权界论〉译凡例》，载王栻编《严复集》第1册，中华书局1986年版，第134页。

② 严复：《译者自序》，载［英］耶方斯《名学浅说》，严复译，商务印书馆1981年版。

③ 贺麟曾将严复的翻译分作三期，认为严复前期译著"只求达恉，故于信字，似略有亏"，中期翻译成熟，信达雅"三善俱备"，后期则"自由意译"（贺麟：《严复的翻译》，载罗新璋编《翻译论集》，商务印书馆1984年版，第152页）。《穆勒名学》《名学浅说》恰分属严复的前期与后期作品，所以在文体上差别甚大。

④ 《〈天演论〉译例言》，载王栻编《严复集》第5册，中华书局1986年版，第1322页。

严复认为要翻译西学术语，首先应确定该词在中文词汇中是否有对应的词语。若有，"则自有法想，在己能达，在人能喻，足矣"。此一要求看似简单，但真正操作起来却并不容易，"常须沿流讨源，取西字最古太初之义而思之，又当广搜一切引伸之意，而后回观中文，考其相类，则往往有得，且一合而不易离"。换言之，需要先考据西文原义，然后反观中文，再找出与西文术语"其深阔与原名相副者"①。这其实是严复翻译西文术语的第一种方式，也就是使用原有中文词汇对译西方术语。

但显然这一能在中文词汇中找到对应译词的西学术语并不多，更多的是"其理想本为中国所无，或有之而为译者所未经见"。对于这些中文原有词汇中没有对应译词或译者没有找到对应译词的西学术语，严复认为只能另拟新名。拟名方式又分为两种，即如严复所言："所有翻译名义，应分译、不译两种：译者谓译其义，不译者则但传其音。"② 换言之，就是音译与意译两种方式。音译当然不须多论。而严复的意译词则比较讲究"雅驯"，主要就是采用古字、古语构词。此点应是受到吴汝纶的影响。严复最初构造新词时，曾向吴汝纶请教，说"行文欲求尔雅，有不可阑入之字，改窜则失真，因仍则伤洁"，此种情况该如何处理？吴汝纶在回信中指出："鄙意与其伤洁，毋宁失真。凡琐屑不足道之事，不记何伤。"③ 即吴汝纶认为，译词雅驯应是首要遵循的，那些"不可阑入之字"自可"不记"。严复接受了这一意见，所以其所造的意译词大多取自中国古语。

对于严复选择雅驯的译词，时人是比较赞赏的。梁启超就认为："其（严复）审定各种名词，按诸古义，达诸今理，往往精当不易。"④《新民丛报》在 1902 年讨论 Political Economy 译名时，就不止一个读者来信要求厘定一"雅驯之名词"⑤。可见雅驯的译词才是时人心目中理想的译名。但黄遵宪对于严复这一以古语译西名的造词方式，表示了担忧。他认为："以四千余岁以前创造之古文，所谓六书，又无衍声之变、孳生

---

① 《与梁启超书》，载王栻编《严复集》第 3 册，中华书局 1986 年版，第 517—519 页。

② 《京师大学堂译书局章程》，载王栻编《严复集》第 1 册，中华书局 1986 年版，第 128 页。

③ 《吴汝纶致严复》，载王栻编《严复集》第 5 册，中华书局 1986 年版，第 1564 页。

④ 梁启超：《绍介新著〈原富〉》，《新民丛报》1902 年第 1 号。

⑤ 《〈新民丛报〉问答》，载夏晓虹辑《〈饮冰室合集〉集外文》上册，北京大学出版社 2005 年版，第 81、87 页。

之法。即以之书写中国中古以来之物之事之学，已不能敷用，况泰西各科学乎？"黄氏基于这一看法，转而向严复提出了六条制造新语的方法：第一为造新字，次则假借，次则附会，次则涟语，次则还音，次则两合。① 严复对黄遵宪的意见应有一定吸收，后来他所拟新语中多有遵循上述六法的。

　　具体到逻辑学术语上，严复正是依据上述方式，或在中文词汇中找对应的译词，或音译或意译另造新语。其中许多单音词就是严复采用中文原有词汇来对译西方逻辑学术语，如类、别、种、差、撰、寓、词、质、宇、宙等。而严复用"名"来翻译 Logos 更是突出的一例。严复认为"中文惟'名'字所涵，其奥衍精博，与逻各斯字差相若，而学问思辨，皆所以求诚、正名之事，不得告其全而用其偏也"，故而逻辑学也就翻译为"名学"②。严复所拟的逻辑学音译词并不多，主要有：逻辑、额悉思定斯（存在）、鄂卜捷（属性）、纽美诺（本体）、棣达（论据）、希卜梯西（假说）等。严复所拟的逻辑学术语中意译词最多，包括：内籀（归纳）、外籀（演绎）、公名（普通名词）、总名（集合名词）、察名（具体名词）、可见之德（可见性）、外帜（外延）、内弸（内涵）、正名（肯定名词）、负词（否定名词）、常德（固有属性）、寓德（偶有属性）、真词（实在命题）、思籀（推理）、偏谓正词（特称肯定命题）、普及负词（全称否定命题）、普及正词（全称肯定命题）、眢词（谬误）、原词（前提）、委词（结论）、公祠（一般命题）、大例（公理）、归非术（归谬法）、统同术（契合法）、别异术（差异法）、同异合术（同异法）、消息术（共变法）、转词（转换命题）、乑名（抽象概念）、丂问名词（假设命题）等。

　　在这些意译词中，不少就是严复以古字、古语造词的。如外籀，严复认为："此术西名为 Deductive，而吾译作外籀。盖籀之为言紬绎，从公例而得所决，由原得委，若紬之向外，散及万事者抵故曰外籀。"③ 所谓的"紬绎"就是一古语，《汉书·谷永传》中有云："燕见紬绎。"颜师古即注："紬绎者，引其端绪也。"又如乑名，严复认为"中文之义，

① 《黄遵宪致严复书》，载王栻编《严复集》第 5 册，中华书局 1986 年版，第 1572—1573 页。

② ［英］约翰·穆勒：《穆勒名学》，严复译，商务印书馆 1981 年版，第 2 页。

③ ［英］耶方斯：《名学浅说》，严复译，商务印书馆 1981 年版，第 64 页。

彳者悬也；意离于物，若孤悬然，故以取译"①，所以将抽象概念翻译为彳名。

值得注意的是，严复在翻译其他学科译著时，或多或少会使用少量的日制汉字术语，但就笔者所见，逻辑学术语中却没有出现这一现象。这可能与严复"既治名学，第一事在用名不苟"的认识有关，②所以在采用逻辑学术语时刻意避免其并不看好的日制汉字术语，而自撰新词。

正因为严复的努力，通过采用模仿先秦的文体与自拟新词的方式，从文体与术语两个层面，解决了逻辑学东来的表述难题。

但就在严复翻译逻辑学译著的同时，大量汉译日本逻辑学教科书也传入了中国，这为逻辑学的中文表述提供了另一条途径，即采用后来被称为"新民体"的"日本化文体"与日制汉字逻辑学术语来展开逻辑学的中文论述。这一途径，随着汉译日本逻辑学教科书的增多，变得更为通行。据统计，到1911年为止，共有13种逻辑学教科书直接译自或改编自日本教科书，其中仅1902年一年，翻译出版的日本逻辑学教科书就多达4种，包括杨荫杭的《名学》、汪荣宝的《论理学》、林祖同的《论理学达恉》、田吴炤的《论理学纲要》。这些汉译日本逻辑学教科书，绝大多数是采用日制汉字术语。田吴炤在《论理学纲要·例言》中就表示："是类书（逻辑学书）多有末经见之字面，乃专门学说本来之术语。日本学者由西书译出。益几经研求而得。今初译读仅能略窥门径，故不敢妄行更易。"③ 其他汉译日本逻辑学教科书也大多如此。于是在清末最后十年的逻辑学教科书中，即如陈文所观察到的那样，呈现出"名学学语，近已分为二派，一严译，一和译"的现象。④

尽管严复的逻辑学译著在清末极为流行，但还是不敌汉译日本逻辑学教科书数量的众多，因而随着时间的推移，严译逻辑学术语逐渐被日制汉字术语所取代。梁启超就曾坦承过，他之所以弃严译而选和译的理

① ［英］约翰·穆勒：《穆勒名学》，严复译，商务印书馆1981年版，第27页。

② ［英］耶方斯：《名学浅说》，严复译，商务印书馆1981年版，第18页。

③ ［日］十时弥：《论理学纲要》，田吴炤译，生活·读书·新知三联书店1960年版，第4页。

④ 陈文：《例言》，《中等教育名学教科书》，科学会编译部1911年版。

由。梁启超说："Logic 之原语。前明李之藻译为名理，近侯官严氏译为名学，此实用九流'名家'之旧名。惟于原语意，似有所未尽。今从东译通行语，作论理学。其本学中之术语，则东译严译，择善而从，而采东译为多。吾中国将来之学界，必与日本学界有密切之关系。故今毋宁多采之，免使与方来之译本生参差也。"[①] 据梁氏此言可知，"吾中国将来之学界，必与日本学界有密切之关系"是其多采"东译"的主要理由，也就是要与日本学界接轨，所以采用日制汉字术语。梁启超这一理由可能只是揭示了严译逻辑学术语之所以被日制汉字术语取代的一个方面，但基本反映了当时逻辑学术语的演变趋势。后来即便严复借助其担任编订名词馆总纂之便，将其所拟的逻辑学术语确立为官方的标准词汇，但因时局的变动，却依旧未能改变严译逻辑学术语被淘汰的命运。

但就西方逻辑学东传而言，无论严译、和译，都已解决了逻辑学作为异质知识在中文世界中的表述难题，为逻辑学在中国的真正确立奠定了语学上的基础。

第二节　逻辑学的本土化

解决逻辑学的表述难题，只是在中国建立逻辑学的第一步，要真正将逻辑学纳入中国的学科体系、知识结构中，还必须将这异质的知识与本土原有的知识资源对接起来。当然在逻辑学传入之初，这一对接是十分困难的。为此，近代最先译介西方逻辑学著作的艾约瑟作了初步的尝试。他在《辨学启蒙》中，有意地采用了一种中国化的叙事策略，也就是将原书中的某些西方例证替换为与中国有关的内容。如论述界语时，艾约瑟就如此写道：

> 有时语句中之一界语，专指一人或专指一物。如云唐明皇、景教碑、泰山。唐明皇为单指一人，即唐玄宗；景教碑即指在西安府

[①] 梁启超：《墨子之论理学》，《饮冰室合集》第 8 册专集之三十七，中华书局 1994 年版，第 55 页。

之一碑，非指他碑；泰山即指山东泰安府之一名山。若此之语，因独指者止一物，可名之为专语。①

原书耶方斯《逻辑学初级读本》中显然不可能出现如此例证，这只能是艾约瑟在翻译过程中的改译。又如论述虚拟字语句时，艾约瑟所举的例句就是"如其城中有巡抚衙门必为省城""济南府有巡抚衙门""济南府为省城"。在书后"辨学考课诸问"中，也有以中国内容设问的，如"岳飞是一完人，岳飞是元帅，因知元帅均是完人"。之所以艾约瑟要特意将这些西方例证替换为中国的例证，应有几方面的用意：第一，使用中国人熟悉的例证更容易让中国读者理解他要说明的内容；第二，通过这些中国人熟悉的事物、字眼，可以消减逻辑学作为西方学科的异质性，减弱中国人对于逻辑学的陌生感，让逻辑学更易于被中国人接受；第三，可以向中国人证明逻辑学并不只是一适合西方人的学科，它是具有普适性、通用性的，中国的事物同样可以用逻辑学的理论加以分析；第四，最重要的是，此一方式将逻辑学与中国原有知识、信息联系了起来，尽管这一联系并不直接，也不紧密，但使得逻辑学与中国本土资源有了一定的对话与交集。

艾约瑟这一中国化的叙事策略显然取得了一定效果，使得后续逻辑学译著也多沿用这一策略。严复的译著中就有不少以中国例证取代西方例证的。对此，吴汝纶还有过批评，认为："若自为一书，则可纵意驰骋；若以译赫氏之书为名，则篇中所引古书古事，皆宜以元书所称西方者为当，似不必改用中国人语。以中事中人，固非赫氏所及知，法宜如晋宋名流所译佛书，与中儒著述，显分体制，似为入式。此在大著虽为小节，又已见之例言，然究不若纯用元书之为尤美。"② 吴氏此言虽是针对严复《天演论》而言，但对稍后严复所译的逻辑学著作同样适用。当然吴汝纶的批评主要是从忠于原著出发，毕竟严复所作各书是译著而非自著。但若从中国读者当时的知识准备、知识背景考虑，吴汝纶所言虽为翻译学的至理名言，但却并不适用。因为当时大部分中国读者对于西

---

① ［英］艾约瑟：《辨学启蒙》，总税务司署 1886 年版。

② 《吴汝纶致严复》，载王栻编《严复集》第 5 册，中华书局 1986 年版，第 1560 页。

方普通知识都了解有限，更不用说对于逻辑学专业知识了，所以若还沿用原书中的西方例证，相信大多数当时的中国读者会有隔阂之感。严复显然已意识到了此点，故而并没有完全接受吴汝纶的意见，[①] 在其翻译的逻辑学著作中仍大量使用中国例证。如在《穆勒名学》中，严复论述专名、总名时，所举例子中就有"中国三代以降享国最久之人君""中国翰林院"等。在《名学浅说》中，严复甚至宣称："（该书）中间义恉，则承用原书；而所引喻设譬，则多用己意更易。"[②] 于是乎，上至中国皇帝，下至天津女子公学，这些中国普通读者熟悉的事物都作为例证引入到严复的逻辑学译著中。

此种随意更改原书例证的方式，本属于翻译学的大忌，但在当时中国逻辑学正处于创立期的情况下，有其存在的合理性。也正是这一中国化的叙事策略，使得国人消减了对逻辑学这一外来知识的抵触感，初步建立起逻辑学为一普适性学科的认识。但如此一来又引发了另一问题，那就是为何中国没有逻辑学？这一问题若在中西文化平等交流的背景下，当然可以平情对待，但置于近代西学全面压倒中学的语境中，则不免直接牵动国人对于传统学术、传统文化的自信心。特别经过严复一再强调逻辑学为"一切法之法、一切学之学"之后，[③] 这一问题就变得更为敏感。为了消减这一逻辑学与本土学术的紧张，自然最好的办法，就是在中国旧有学术中寻找到本土的"逻辑学"传统。

完成这一本土"逻辑学"传统构建的就是对墨子学说的重新解读。最先将墨子学说与逻辑学联系到一起的是孙诒让。他在撰写《墨子间诂》的过程中发现："尝谓《墨经》揭举精理，引而不发，为周名家言之宗，窃疑其必有微言大义，如欧士亚里士得勒之演绎法，培根之归纳法，及佛事之因明论者。……拙著印成后，间用近译西书复事审校，似有足相证明者。"[④] 孙诒让的这一发现，揭示了墨子学说与西方

---

① 严复在接到吴汝纶的来信后，曾表示："拙译《天演论》近已删改就绪，其参引己说多者，皆削归后案而张皇之。"（《与吴汝纶书 一》，载王栻编《严复集》第 3 册，中华书局 1986 年版，第 520 页）但在其后续所译各书中，使用中国例证替换原书西方例证的并不鲜见。

② 严复：《译者自序》，载［英］耶方斯《名学浅说》，严复译，商务印书馆 1981 年版。

③ ［英］约翰·穆勒：《穆勒名学》，严复译，商务印书馆 1981 年版，第 2 页。

④ 孙诒让：《与梁卓如论墨子书》，载李匡武编《中国逻辑史资料选（近代卷）》，甘肃人民出版社 1991 年版，第 241 页。

逻辑学存在某种类似性，不过孙并没有进行进一步的论证与阐释，而将这一工作留给了后来人。接续孙诒让这一工作的是梁启超。1904 年梁启超完成了《墨子之论理学》，从而第一次系统地论述了墨家的逻辑学思想。

梁启超《墨子之论理学》一文，分四个部分：第一，释名，梁启超认为"墨子所谓辩者，即论理学"，墨经中的《小取》篇就是"释论理学之定义及其功用"，并将《墨子》中的 13 个术语与西方逻辑学术语一一对应，包括辩（论理学）、名（名词）、辞（命题）、说（前提）、实意故（断案）、类（媒词）、或（特称命题）、假（假言命题）、效（三段论法之格）、譬（立证）、侔（比较）援（积叠式之三段论法）、推（推论）；第二，法式，包括内包、外延、三段论等；第三，应用，梁启超指出，墨家的兼爱说、天志说、非攻说都"原本于论理学"；第四，归纳法之论理学。梁启超通过上述分析，得出"《墨子》全书，殆无一处不用论理学之法则。至专言其法则之所以成立者，则惟《经说上》、《经说下》、《大取》、《小取》、《非命》诸篇为特详"的结论。当然梁启超也承认"墨子之论理学，其不能如今世欧美治此学者之完备，固无待言"，但是"即彼土之亚里士多德，其缺点亦多矣，宁独墨子。故我国有墨子，其亦足以豪也"①。换言之，墨子实可视为我国逻辑学的鼻祖，《墨子》一书则是我国最早的逻辑学经典。

虽然在《墨子之论理学》一文的开始，梁启超就一再分辩："举凡西人今日所有之学，而强缘饰之，以为吾古人所尝有。此重诬古人，而奖励国民之自欺者也。……本章所论墨子之论理，其能否尽免于牵合附会之消，益未敢自信。但勉求忠实，不诬古人，不自欺，则著者之志也"，但从其论述模式而言，无疑也是"以欧西新理比附中国旧学"，且这一比附的现实目标十分明确，就是要"增长国民爱国心"②。这其实是在西学强势东来面前，本土学术为消减来自西方异质学术的压力而采取

---

① 梁启超：《墨子之论理学》，《饮冰室合集》第 8 册专集之三十七，中华书局 1994 年版，第 55—71 页。

② 梁启超：《墨子之论理学》，《饮冰室合集》第 8 册专集之三十七，中华书局 1994 年版，第 55 页。

的一种自我调节策略，与清末盛行的"西学中源论"有着相通之处。

不过若就逻辑学在中国的确立而言，这又是一个必不可少的环节。只有通过发掘本土的逻辑学资源，建立本土的逻辑学谱系，作为异质的西方逻辑学学科才能真正内化为中国自身学科体系的一部分。经过这一转化后，在中国落地生根的逻辑学也不完全是西方逻辑学的翻版，而具有中国的特性。最突出的一点就是将逻辑学的外延大大扩充了，在西方逻辑学之外，还有中国逻辑学这一独特的领域。

在清末，除梁启超外，章太炎、刘师培等人也纷纷以逻辑学的眼光重新解读《墨子》，从而初步完成了将墨子这一旧学资源转化为本土逻辑学源头这一溯源性工作。

1904 年清政府公布"癸卯学制"，正式将逻辑学纳入国家教育体制中，不仅规定在高等学堂中，凡预备入经学科、政法科、文学科、商科等大学者必须学习"辨学"，而且将"辨学"列入优级师范学堂的公共科中。① 这又从制度层面，确立了逻辑学在中国教育体系中的正式地位。

因而 1904 年，对于中国逻辑学的建立而言，是一个关键的年份。不仅在西方逻辑学与本土学术的对话、互动中，发掘出了本土的逻辑学传统，而且通过新学制的颁布，完成了逻辑学的制度化建构。逻辑学正是在解决完表述难题、本土化溯源、制度化建构后，逐渐在中国确立起来。但要真正完成逻辑学的本土确立，还差最后一项工作，那就是统一当时译名纷歧的逻辑学术语。为此，清末编订名词馆做了第一次统一逻辑学术语的尝试，并颁布了中国第一份经由官方审定的逻辑学术语名词表——《辨学名词对照表》。下节笔者即就编订名词馆在近代逻辑学术语厘定、统一中所起的作用及相关情况略加探讨。

第三节 编订名词馆与统一逻辑学
术语的初次尝试

如前所述，晚清学部为"统一文典，昭示来兹"，特意添设了编订

---

① 璩鑫圭、唐良炎编：《中国近代教育史资料汇编——学制演变》，上海教育出版社 2007年版，第 338、420 页。

名词馆，作为审定、统一名词的专门机构。编订名词馆计划审定的术语名词，大致可以分为六类："一曰算学。凡笔算、几何、代数、三角、割锥、微积、簿记之属从之。二曰博物。凡草木、鸟兽虫鱼、生理卫生之属从之。三曰理化。凡物理、化学、地文、地质、气候之属从之。四曰舆史。凡历史、舆地、转音译义之属从之。五曰教育。凡论辨、伦理、心灵教育之属从之。六曰法政。凡宪政、法律、理财之属从之。"① 逻辑学术语正包含其中。

因"编订各科名词、各种字典"属于学部分年筹办预备立宪事宜的要政，加上清政府有每六个月各部衙门还必须"将筹办成绩胪列奏闻，并咨报宪政编查馆查核"的上谕催迫，② 所以学部丝毫不敢懈怠，从名词馆开馆伊始，就一再要求严复等人要"赶数月成书"，以如期完成。在"部中诸老颇欲早观成效"的催促下，名词馆中人"不得不日夜催趱"③。作为总纂的严复更是以身作则，不仅"常日到馆督率编辑"，且每天工作都长达六小时左右。④ 经过严复等人的努力，到1910年年底就编成了包括《辨学名词对照表》在内的各个学科名词表。⑤《辨学名词对照表》也成了中国第一份经由官方正式审定的逻辑学术语名词表。

---

① 《奏本部开办编订名词馆并遴派总纂折》，《学部官报》1909年第105期。

② 《九年预备立宪逐年推行筹备事宜谕》，载故宫博物院明清档案部编《清末筹备立宪档案史料》上，中华书局1979年版，第68页。

③ 《与甥女何纫兰书 十九》（1909年11月29日），载王栻编《严复集》第3册，中华书局1986年版，第841页。

④ 《与夫人朱明丽书 二十五》（1909年11月4日），载王栻编《严复集》第3册，中华书局1986年版，第750页。

⑤ 据学部1910年奏呈："编订名词馆，自上年奏设以来，于算学一门，已编笔算及几何、代数三项；博物一门，已编生理及草木等项；理化、史学、地学、教育、法政各门，已编物理、化学、历史、舆地及心理、宪法等项。凡已编者，预计本年四月可成；未编者，仍当挨次续办。"（《学部：奏陈第二年下届筹办预备立宪成绩折》，载陈学恂主编《中国近代教育史教学参考资料》上，人民教育出版社，1986年版，第760页）即名词馆到1910年上半年就已编成了笔算、几何、代数、生理、草木、物理、化学、历史、舆地、心理、宪法等学科的名词表。赫美玲也指出：编订名词馆最终审定的名词术语大约有30000条，涵盖了算数、代数、几何、三角法、逻辑、心理学、伦理学、经济学、国内法、国际法、宪法、历史、动物学、植物学、有机化学、无机化学、生理学、动植物生理学、地质、物理学（力学、光学、声学、电学、磁力学、热学）、卫生学、医学（赫美玲：《官话·序言》，上海美华书局，1916年版）。与编订名词馆原本计划审定的六类名词大致吻合。因而编订名词馆至清朝灭亡时应已完成了各科名词表的审订。

值得注意的是，进入民国后，教育部虽也先后成立了大学院译名统一委员会、国立编译馆等官方机构，接替清末编订名词馆继续从事术语名词的厘定，但主要侧重于自然科学、应用科学方面，所以一直没有颁布新的官定逻辑学术语表。[①] 故而编订名词馆所编审完成的《辨学名词对照表》其实是近代唯一一份经由政府认可的逻辑学术语表，其在中国逻辑学术语厘定史上所处的地位也由此可见。

尽管清政府在编订名词馆成立后不到三年就被民国政府所取代，这使得名词馆所编订的名词表有可能未能及时公布。但在清亡之前，名词馆应已将《辨学名词对照表》加以刊印，流传范围且不止于名词馆内部及北京一地；1916年赫美玲编辑的《官话》也大量收录了名词馆审定的部定词；所以名词馆编订的《辨学名词对照表》应在当时社会上有一定的传播。

下面就笔者所见的《辨学名词对照表》略加说明。

笔者所使用的《辨学名词对照表》来源于北京师范大学图书馆所藏的《中外名词对照表》。该书为铅印本，辑录了包括辨学在内的十个学科门类的中外名词对照表。《中外名词对照表》收录的第一个对照表就是《辨学名词对照表》。该对照表表前有一"辨学名词对照表例言"，正式表格分为"定名""西文原名""定名理由"三栏。如"辨学"，西文原名"logic"，定名理由："旧译辨学，新译名学，考此字语源与此学实际似译名学为尤合，但奏定学堂章程沿用旧译相仍已久，今从之。"[②]从体例看，在此之前学部颁布的《物理学语汇》和《化学语汇》两书只是以中、英、日对照的方式分别收录物理、化学两科术语近千条，而《辨学名词对照表》则在中文译名与西文原名对照的基础上，增添了"定名理由"一栏，更适合作为正式公布的术语审订表。该表共收逻辑学词条209条，囊括了当时逻辑学术语的绝大部分。

关于该表的编订情况，大致可以从表前的"辨学名词对照表例言"

① 教育部教育年鉴编纂委员会：《第二次中国教育年鉴》，商务印书馆1948年版，第836页。关于民国官方审定术语名词的情况，可参考李亚舒、黎难秋编《中国科学翻译史》（湖南教育出版社2000年版）。

② 《辨学名词对照表例言》，《中外名词对照表》，北京师范大学图书馆所藏铅印本，第1页。

揣知一二。

首先，据例言可知，"表中名词取诸穆勒 System of logic、耶芳 Element legson in logic 二书，而以耶氏书为多"①。此中所言的穆勒，即英国哲学家、经济学家、逻辑学家 John Stuart Mill（1806—1873），现译为"弥尔"，严复译为"穆勒"，傅兰雅译为"米勒"。穆勒在逻辑学上，总结和发展了培根的归纳法，提出了著名的实验五法和有关的归纳理论，为古典归纳逻辑的集大成者。其所著的 *System of logic* 发表于 1843 年，全名为 *A System of Logic，Ratiocinative and Inductive*，正是西方古典归纳逻辑的代表作。该书出版后，在西方影响很大，仅在 1843—1872 年就出版了 8 版，当时的逻辑教科书也多采用其归纳方法的部分。② 严复在向国人译介西方逻辑学著作时，就首选此书，即 1905 年出版的《穆勒名学》。不过在严复之前，其实傅兰雅就已向国人介绍了这一著作。1898年，格致书室出版了由傅兰雅编写的《理学须知》，该书的底本就来源于 *System of Logic*。③ 经傅兰雅与严复，特别是后者的译介后，穆勒的 *System of logic* 在中国一时蔚为风行。

而耶芳，则是指英国逻辑学家、经济学家 William Stanley Jevons（1835—1882），现译为"杰文斯"，艾约瑟译为"哲分斯"，张君劢译为"耶方思"，严复译为"耶方斯"或"耶芳斯"，王国维译为"及文"或"随文"。最早将耶方斯逻辑学著作译入中国的是艾约瑟。艾约瑟1886 年出版的《辨学启蒙》，就是翻译自耶方斯的 *Primer of Logic*。④ 不过此处的 *Element legson in logic* 应为耶方斯的另一逻辑学著作，即 *Elementary Lessons in Logic：Deductive and Inductive*，该书 1870 年出版于伦敦，是西方逻辑学的又一名著，从 1870 年至 1923 年在西方发行过 29版。张君劢就曾评价此书为"不偏于一家之说，能颇撷形式实质二派之

① 《辨学名词对照表例言》，《中外名词对照表》，北京师范大学图书馆所藏铅印本，第1 页。

② 张家龙编：《逻辑学思想史》，湖南教育出版社 2004 年版，第 315 页；彭漪涟、马钦荣主编：《逻辑学大辞典》，上海辞书出版社 2004 年版，第 184、225 页。

③ 关于《理学须知》的相关情况可参见陈启伟《再谈王韬和格致书院对西方哲学的介绍》（《东岳论丛》2001 年第 5 期）与熊月之《〈清史·西学志〉纂修的一点心得——晚清逻辑学译介的问题》（《清史研究》2008 年第 1 期）。

④ 后来严复所译的《名学浅说》也是译自耶方斯的 *Primer of Logic*。

所长"，"行世已久，在欧美素称善本"，因而于 1907 年将此书译出，连载于光绪三十三年 1907 年《学报》的第一至十二期上。① 一年后，王国维又将该书翻译为《辨学》，由益森印刷局出版。王国维的译文更为明白流畅，在过去常被用为教材，所以新中国成立后三联书店所出的"逻辑丛刊"又重刊了此书。

穆勒与耶方斯虽都是 19 世纪西方逻辑学的著名学者，但主张各有偏重，学说源流也互有不同。按张君劢的说法，前者是"感觉论理派"，继承的是培根一脉，而后者则"承形式论理进步之后，又习闻陆克辈感觉之说，遂乃有机械的论理之创说"，是对布尔（G. Boole, 1815—1864）"有记号的论理（Symbolci Logic）"的继承与发展。② 换言之，穆勒是西方传统逻辑，特别是古典归纳逻辑的代表人物；耶方斯则是西方传统逻辑向现代逻辑演变过程中的过渡人物，其学说既有传统逻辑的部分，又掺入了现代逻辑的某些方面。而二人分别著的 *System of logic* 与 *Elementary Lessons in Logic* 为 19 世纪西方逻辑学的名著，能够基本反映出当时西方逻辑学发展的大致情况。编订名词馆用此二书作为辨学名词对照表的取词来源，正可涵盖当时西方逻辑学的大部分术语。

其次，该例言也言明，对照表的中文译语"主用严译穆勒名学"，"但严书仅成半部，故除自行撰定外，参用日译"③。据此可知，名词馆择定逻辑学中文译名的顺序大致是首选严复译词，次由名词表编订者自行撰定，最后才"参用日译"。

之所以如此择词，一方面固然与严复身为名词馆总纂有关，在其主持下的名词审订，当然会优先选择严复译词；另一方面也因严译词确有可取之处。严复在晚清素有译才之名，由其翻译的西学著作，大都注重术语译名的厘定。据严复自呈：其在翻译西方术语时，"常须沿流讨源，取西字最古太初之义而思之，又当广搜一切引伸之意，而后回观中文，考其相类，则往往有得，且一合而不易离"④。因要如此反复求索、详加推敲，所以严复译词常是"一名之立，旬月踟蹰"，费时费力。不过也因如此，

① 立斋（张君劢）:《耶方思氏论理学》,《学报》1907 年第 1 期。
② 立斋（张君劢）:《耶方思氏论理学》,《学报》1907 年第 1 期。
③ 《辨学名词对照表例言》,《中外名词对照表》, 北京师范大学图书馆所藏铅印本, 第 1 页。
④ 《与梁启超书》, 载王栻编《严复集》第 3 册, 中华书局 1986 年版, 第 519 页。

严复所拟的术语译词大多相对精审。梁启超就曾评价严复译书中所审定的各种名词是"按诸古义,达诸今理,往往精当不易"①。即便是对严译词颇有微词的王国维,也承认严氏是"今日以创造学语名者也",其"造语之工者固多"②。所以编订名词馆"主用严译穆勒名学"的译词作为逻辑学术语的标准译名,虽有附庸上司的嫌疑,但也有其合理的一面。

除上述两点外,清政府在名词审订上存在的某些偏向也直接影响到了《辨学名词对照表》的择词标准。如第二章所述,清政府择订译词的首选是"取材于中国经史子集之内"的"雅驯"的译词。编订名词馆作为官方审定名词的专门机构,对于清政府的这一择词取向当然不能视而不见,因而在厘定标准译名时自然会对"雅驯"的译词有所偏爱。而以此审之,被时人誉为"其词雅驯,几如读周秦古书"③的严译词当然最为符合,从而成为名词馆编订《辨学名词对照表》的首选译词。

最后,尽管《辨学名词对照表》并没有标明具体编订者,但由例言"表中名词取诸穆勒 System of logic、耶芳 Element legson in logic 二书"一语,仍可看出一些端倪。如前文所述,在编订名词馆的任职人员中,翻译过穆勒、耶方斯二书的只有作为名词馆总纂的严复与协修王国维,因而《辨学名词对照表》很可能出自严复与王国维二人之手。

严复作为名词馆总纂,且《辨学名词对照表》的中文译语"主用严译穆勒名学",所以严复参与该表的编订自不待言。而王国维作为名词馆协修,是否参与过此表编订,则仍有待分说。若仅单凭其曾翻译过耶方斯的 *Element legson in logic* 一书,就断言其参与了名词馆《辨学名词对照表》的编订,不免过于武断。不过章士钊的一则记载恰可解此疑惑。据章士钊在《逻辑指要》中所说:"前清教育部设名词馆,王静庵氏(国维)欲定逻辑为辩学。时严氏已不自缚于奥衍精博之说,谓'此科所包至广。吾国先秦所有,虽不足以抵其全,然实此科之首事;若云广狭不称,则辩与论理亦不称也'。"④ 由此可知,严复与王国维确都参与

---

① 梁启超:《介绍新著·原富》,《新民丛报》1902 年第 1 号。
② 王国维:《论新学语之输入》,载傅杰编校《王国维先生论学集》,中国社会科学出版社 1997 年版,第 387 页。
③ 柴小梵:《梵天庐丛录》,山西古籍出版社、山西教育出版社 1999 年版,第 1032 页。
④ 章士钊:《逻辑指要·例言》,载章含之等编《章士钊全集》第 7 卷,文汇出版社 2000 年版,第 297 页。

了名词馆逻辑学术语的审订，且定"Logic"为"辨（辩）学"还是出自王国维之意。

另可作为印证的是，名词馆所编《辨学名词对照表》的中文译语虽"主用严译穆勒名学"，但收录王国维《辨学》一书中的译名也不少。据统计，《辨学名词对照表》直接取自王国维译词的有27条，占名词馆编订逻辑学术语总数的12.9%，如辨学、概念、带用语、指示、兼示、明了之知识、反对、前提、还元法、方法、综合法、分析法、经验、实验、自然律、完全法、说明、事实等。

而更能表明《辨学名词对照表》是由严复与王国维共同编订的，是对照表中那些由编订者"自行撰定"的译名。因严复译《穆勒名学》只为半部，所以不少西方逻辑学的术语在严译《穆勒名学》中都找不到，但王国维的《辨学》中则有。《辨学名词对照表》在处理这些术语名词时，有些虽是直接取用王国维译词作为中文定名，但不少是将王国维的译词进行严复式的改造后，成了对照表的"自行撰定"词。如 Logical fallacy，王国维译为"辨学上之虚妄"，而《辨学名词对照表》却定名为"辨学䛐辞"。因为严复的《穆勒名学》中虽没有 Logical fallacy 这一术语，但却有 fallacy 的对应译词——"䛐词"。于是《辨学名词对照表》在厘定 Logical fallacy 一词时，前半部分参考的是王国维的译词，将 Logical 译为"辨学"，后半部分借用的却是严译词，将 fallacy 译为"䛐辞"，合在一起即为"辨学䛐辞"。《辨学名词对照表》中诸如此类的"自行撰定"词还有不少，如表5.1 所示。

表5.1　　　《辨学》与《辨学名词对照表》译名对照

西文原名	王国维在《辨学》中的译名	《辨学名词对照表》的定名
Fallacy of composition	综合之虚妄	关于综合之䛐辞
Material fallacy	实质之虚妄	实质䛐辞
Fallacy of four terms	四名辞之虚妄	四端䛐辞
Perfect induction	完全归纳法	完全内籀
Imperfect induction	不完全归纳法	不完全内籀
Mathematical induction	数学上之归纳法	数学之内籀

由表 5.1 可知，严复与王国维应是《辨学名词对照表》的主要编订者。《辨学名词对照表》的中文译语除主要来自"严译穆勒名学"外，王国维的《辨学》译词也是一重要来源。而《辨学名词对照表》之所以"参用日译"应也与王国维有关。

正如不少论者所指出的那样，作为编订名词馆总纂的严复对于借用日本译名是持反对意见的，[①] 但王国维却恰好相反。王国维认为"至于讲一学、治一艺，则非增新语不可。而日本之学者既先我而定之矣。则沿而用之，何不可之有？故非甚不妥者，吾人固无以创造为也"，且中国人"节取日人之译语"还有两大便利，"因袭之易，不如创造之难，一也；两国学术有交通之便，无扞格之虞，二也"，所以王国维支持国人借用"日本已定之学语"[②]。

王国维这一借用"日本已定之学语"的主张在其《辨学》译词中也有体现。因王国维最早接触耶方斯的逻辑学著作时，就是将英文本"与日文之此类书参照而读之"[③]，所以王国维在翻译《辨学》时，不少逻辑学术语的译名就是直接取自日制汉字术语。如概念、前提、外延、演绎、归纳、命题、实验等。

尽管严复与王国维在对待日本译名的态度上分歧甚大，但王国维毕竟是《辨学名词对照表》的主要编订者之一，所以名词馆在拟定选取逻辑学术语中文译名标准时，既要以总纂严复的意见为主导，又不得不兼顾王国维的主张，于是有了在"主用严译穆勒名学"之外，"参用日译"的折中方案。

还需提及的是，在《辨学名词对照表》的中文译语中，虽直接标明来自日译的只有"前提"一例，但还有一些日译词可能是作为王国维的《辨学》译词进入到《辨学名词对照表》的，故并没有被特别标出。如概念、经验、实验等。

正是在严复与王国维的相互配合下，编订名词馆最终完成了中国第

---

① 参见黄克武《新名词之战：清末严复译语与和制汉语的竞赛》，《中央研究院近代史研究所集刊》，总第 62 期，2008 年 12 月。

② 王国维：《论新学语之输入》，载傅杰编校《王国维先生论学集》，中国社会科学出版社 1997 年版，第 387—388 页。

③ 王国维：《自述一》，载傅杰编校《王国维先生论学集》，中国社会科学出版社 1997 年版，第 408 页。

一份经由官方正式审定的逻辑学术语名词表。

清末编订名词馆在当时编辑《辨学名词对照表》，应该说是西方逻辑学在中国传播、发展到一定阶段的必然产物。

西方逻辑学尽管从明末就开始传入中国，但直到 20 世纪前，其在中国的传播都是十分缓慢的。截至 1900 年，译入中国的逻辑学著作仅有李之藻的《名理探》、艾约瑟的《辨学启蒙》、傅兰雅的《理学须知》等寥寥数部，所以即便这些逻辑学译著中有逻辑学术语译名不一的现象，也不凸显。

但进入 20 世纪后，情况突变，仅在 1900—1909 年，译入中国的逻辑学译著就多达 15 部。① 这些译著因为译者不一，且所据译本不同，既有直接译自西方逻辑学著作的，也有从日文转译而来的，所以对于逻辑学术语的翻译并不一致。甚而当时在 Logic 学科名的译法上都有"名学""辨学""论理学""名理学""原言"数种。为说明当时逻辑学术语译名混乱的情况，特将编订名词馆成立前几部主要的逻辑学译著中的部分逻辑学术语整理列表，见表 5.2。

表 5.2　　　　　　　　　　**清末主要逻辑学译著译名对比**

西文原名	艾约瑟《辨学启蒙》（1886 年）	田吴炤《论理学纲要》（1903 年）	严复《穆勒名学》（1905 年）	李杕《名理学》（1908 年）	王国维《辨学》（1908 年）
Logic	辨学	论理学	名学	名理学	辨学
Induction	即物察理之辨法	归纳	内籀	逆推	归纳
Deduction	凭理度物之分辨	演绎	外籀	顺推	演绎
Concept	界语	概念	意	简意	概念
Reasoning	推阐（辩论语）	推理	思籀（辨、思辨）	推想	推理
Term	物名	名辞	端	界限（词）	名辞
intension	界语之精密意	内包	内涵	容度	内容
Extention	界语之扩大意	外延	外举	张度	外延

----

① 熊月之：《〈清史·西学志〉纂修的一点心得——晚清逻辑学译介的问题》，《清史研究》2008 年第 1 期。

由表 5.2 可知，除田吴炤的《论理学纲要》与王国维的《辨学》在术语译名上较一致外，其他几人的逻辑学术语译名差别很大，几乎无一名不异。而田吴炤与王国维之所以能相对一致，主要是因为二人所用的逻辑学术语译名大都来自日译词。不过即使如此，两人在 Logic 学科的译名上仍不一样。逻辑学术语译名如此混乱的现象当然不利于逻辑学知识在中国的传播，也不利于中国逻辑学学科的建立。因而随着西方逻辑学在中国传播范围越来越广，逻辑学著作译入越来越多，国人急需解决逻辑学译名混乱的问题。

1904 年清政府公布"癸卯学制"，正式将逻辑学纳入国家教育体制中，这使得统一逻辑学术语变得更为紧迫，也更为现实。

要统一逻辑学术语译名，就必须编订逻辑学术语辞典或逻辑学术语名词表。但这两项工作显然没有一定时间的积累，单靠个人或民间的力量，都难以马上完成，所以直到编订名词馆成立，都没有此类辞典或名词表的出现。不过，值得注意的是，一些编辑于这一时段的综合性辞典或术语集增加了对逻辑学术语词汇的收录。如汪荣宝与叶澜 1903 年合编的《新尔雅》就专门列有"释名"一门，收录了八十余条逻辑学术语。1904 年狄考文编撰的 *Technical terms* 在主要收录科技名词的同时，也附带收录了少量的逻辑学术语。但这两者显然都不是专门的逻辑学术语集，不仅收录逻辑学术语数量偏少，而且常是一个逻辑学术语下同时列有多个译名，[①] 所以并不能真正解决逻辑学术语译名混乱的问题。

因而此时编订名词馆以政府的力量介入逻辑学术语的厘定，编辑《辨学名词对照表》，既是当时解决逻辑学术语混乱的有效途径，也是近代中国建立逻辑学学科的内在需要，有其出现的合理性。

但从后来逻辑学学界使用逻辑学术语的情况来看，《辨学名词对照表》的编订并没有达到统一逻辑学术语的目的，由名词馆所厘定的那批逻辑学术语也只有少量的被沿用下来，导致这一结果的因素当然是多方面的。

一方面，固然是时局的变动致使由名词馆审定的《辨学名词对照

---

① 如《新尔雅》就同时收录了诸如内籀名学、演绎论理学、外籀名学、归纳论理学、连珠、三段论法等名词。Technical terms 在 logic 词条下也列有名学、辩学两种译名。

表》失去了官方的效力。本来按照清政府的计划，编订名词馆所审定的各科名词表都会作为官方的标准名词表加以正式公布，尔后"所有教科及参考各书，无论官编民辑"，其所用的名词术语都必须以此表为标准，与之保持一致。但是清民鼎革，编订名词馆发布各科名词表的官方途径不但被打断，而且其所审定的各科名词随着清王朝的灭亡也失去了政府标准词的头衔。这当然使《辨学名词对照表》的影响力大大降低。

另一方面，《辨学名词对照表》译词选择的偏差，致使其所择定的术语译名并不能得到大多数人的认可。如前所述，名词馆择定逻辑学中文译名的顺序是首选严复译词，次由名词表编订者自行撰定，最后才"参用日译"。但这一择词次序并不是根据译词本身恰当与否而确定下来的，只是因为清政府倡导"雅驯"译词的偏好，再加上严复身为名词馆总纂的人事因素，使得严译词占据了《辨学名词对照表》的绝对主导。

而学科术语译名的厘定、统一本有其自身的规律，并不是人为就可以控制的。正如傅兰雅所言："科学及其他学科的术语词汇中，只有那些最恰当的才能最终被保留下来。……如果某一术语从根本上是错误的、令人迷惑的、不便于使用的或者不恰当的，那么最终必然会被更好的术语取代，无论它是由谁创造的。……除非一系列实际使用中的术语能符合大众的评判标准，否则人为的抛弃或保留它们都是不可能的。"① 换言之，要完成学科术语译名的统一就必须选择那些最恰当的、符合大众评判标准的译名。

以此审之，严译词虽然古雅，但在当时所受到的批评并不少，并没有获得大众的普遍认同。当时对严译词诟病最多的，就是集中在他为求"雅驯"以古语译西名的方式上。黄遵宪就曾告诫严复，说"以四千余岁以前创造之古文，所谓六书，又无衍声之变、孳生之法。即以之书写中国中古以来之物之事之学，已不能敷用，况泰西各科学乎"，所以严复想要从古语中寻与西方术语"深浅广狭之相副者"，虽"陈义甚高"，但"恐求之不可得也"②。黄氏此语可谓一语道破严译词以古语译西名的

---

① ［英］傅兰雅：《科学术语：目前的分歧与走向统一的途径》，孙青、海晓芳译，《或问》2008 年第 16 期。

② 《黄遵宪致严复书》，载王栻编《严复集》第 5 册，中华书局 1986 年版，第 1571 页。

最大缺陷。后来张君劢也说：严复"以古今习用之语，译西方中之义理，故文字虽美，而义转歧混"①。证诸严复翻译的一些逻辑学术语，也可发现这一弱点。如严复用"陆士衡之连珠体"来对译"Syllogism"，章士钊就认为不妥，因为"夫连珠一词章之别裁尔，未见有与于明理见极之为，如必谓施设与逻辑有连，则其范围施设，又不止及于司洛辑沁一部。严氏之谈，终傅会而未有当"。再如严复将"fallacy"译为"瞀词"，章士钊就评为用了"僻字"，"微堕词章家烟障矣"②。

严译词之所以存在这些不当，除了跟严复个人偏好有关外，还有一客观原因，就是严复虽学贯中西，但毕竟只是一优秀的译者而非精通各学科的专家，而"专科学术名词，非精其学者不能翻译"，所以由严复一人完成的严译词受其学识所限自然存在种种不足。相反，被严复排斥的"日本已定之学语"却是"经（日本）专门数十家之考究，数十年之改正，以有今日者也"，故其"精密"程度远非严译词所能比拟。③

但《辨学名词对照表》因人论事，最终选择的是主用严复译词，"参用日译"。这一译词选择的偏差，注定了其难以完成统一逻辑学术语的任务。反观后来《辨学名词对照表》中那些逻辑学术语译名的流传情况，就可以发现：那些被严复悉数收入《辨学名词对照表》的严译词或严复式译词，绝大部分没有被沿袭下来，反而是收录不多的日译词大多保存了下来，如概念、前提、外延、实验等。当然这属于后见之明。

综上所述，清末编订名词馆编辑《辨学名词对照表》实为中国近代逻辑学术语厘定史上的一件大事，是近代中国官方统一逻辑学术语的第一次尝试。它的出现既是西方逻辑学在中国传播、发展到一定阶段的必然产物，也是近代中国建立逻辑学学科的内在需要。尽管因为时局的变动、译词选择的偏差，编订名词馆最终并没有完成中国逻辑学术语的统一，由名词馆所厘定的那批逻辑学术语也只有少量被沿用下来；但这种以国家的力量推动学科术语统一的模式仍值得借鉴，其在中国逻辑学术

① 张嘉森：《严氏复输入之四大哲家学说及西洋哲学之变》，载申报馆编《最近之五十年》，申报馆 1922 年版，第 1 页。

② 章士钊：《论翻译名义》，载章含之等编《章士钊全集》第 7 卷，文汇出版社 2000 年版，第 574 页。

③ 王国维：《论新学语之输入》，载傅杰编校《王国维先生论学集》，中国社会科学出版社 1997 年版，第 387 页。

语厘定上所作出的努力也不容抹杀。

　　编订名词馆没有完成逻辑学术语的统一，直接导致了逻辑学术语混乱局面的延续。仅以逻辑学学科名为例，直到新中国成立前，仍有逻辑、名学、理则学、辩学、思维术多种译名。这译名混乱的背后，折射的恰是"各派学者对此学之观点及主张之纷歧"①。换言之，逻辑学的边界、研究领域在近代中国仍不明晰，这才是逻辑学术语迟迟不能统一的深层原因。逻辑学术语厘定与逻辑学建立本就为合二为一之事，逻辑学术语的厘定过程也正是逻辑学逐渐清晰、确立的过程。若逻辑学的学科译名、关键术语都未能厘定、统一，那么也预示着逻辑学在中国的建构仍没有最终完成。此点在民国逻辑学教科书中也有明显的反映。牟宗三就说："（民国）一切逻辑教科书都是辗转相抄千篇一律。我真不明白他们为什么这样乐意动笔墨精神。一切错误的说话一点不知道改造。"②谢幼伟更断言："我国自严幼陵氏介绍西洋逻辑以来，数十年间，国人自撰之逻辑教本殊乏佳构。非自西洋翻译，即自东洋抄袭。"③牟、谢二人之言说明民国时期中国的逻辑学并没有从西方逻辑学（包括日本）的阴影中真正独立出来，甚而连教科书都只能仰仗外人鼻息。故而中国的逻辑学最终确立是在新中国成立后，随着逻辑学术语的统一，才最终完成。

---

　　①　赵纪彬：《论理学》，《新乡师范学院学报》1985 年第 1 期。该文为赵纪彬在 1939—1943 年讲授逻辑学的讲义，故能反映民国时期中国逻辑学界的一些实况。

　　②　牟宗三：《逻辑与辩证逻辑》，载张东荪《唯物辩证法论战》，民权书局 1934 年版，第 93 页。

　　③　谢幼伟：《现代哲学名著述评》，山东人民出版社 1997 年版，第 96 页。该书初版于 1947 年，1997 年是为再版。

第六章
近代中日数学术语厘定机制的比较研究
——以东京数学会社、益智书会为例

　　1899 年严复在致张元济的信中谈道："近闻横滨设一译会，有人牵复入社，谓此后正名定义，皆当大众熟商，定后公用，不得错杂歧异，此一良法也。"[①] 严复所提到的"译会"，限于资料，已难于弄清具体所指究竟是哪一社团。不过据推测，可能有两种情况：一是该"译会"是由在日本的留学生、华侨设立的，主要负责厘定统一中文术语译名；二是该"译会"应是当时日本已成立的众多"译语会"中的一个，此时邀请严复也加入其中。不过不管是哪一种情况，这一"译会"应是深受日本术语厘定机制的影响而成立的一个组织。

　　在近代，中国虽然引入西学早于日本，但在术语厘定上却远远落后于日本。此中缘由，当然牵涉多个方面，但不可否认中日两国近代术语厘定机制的差异是其中的一个关键。近代日本术语的厘定统一主要是由各个学科的"译语会"或类似组织承担的，如东京数学会社译语会、物理译语会、工学协会、东京化学会等。而中国虽也有益智书会，后又有编订名词馆，但这两者无论是厘定术语的质量，还是统一术语的效果，与日本译语会的成效相比都相距甚远。下面即以东京数学会社与益智书会为例，具体说明中日两国在近代术语厘定机制上存在哪些差别。

---

① 《与张元济书 二》，载王栻编《严复集》第 3 册，中华书局 1986 年版，第528页。

第一节　东京数学会社译语会与日本数学术语的厘定

东京数学会社译语会是属于东京数学会社的一个下属组织，也是近代日本最早的以厘定、统一数学术语为目的的专门机构。

其母体机构——东京数学会社成立于 1877 年 9 月，是日本成立最早的一个科学会社。其成立之初，社长由神田孝平担任，社员 117 人，其中缴纳会费的正式社员有 55 人，其余为临时会员。该会成立后，于同年 11 月创办会刊——《东京数学会社杂志》，该刊每月第一个星期六出版，到 1884 年东京数学会社改组为东京数学物理学会为止，共出版了 67 期。该会成立的宗旨，据神田孝平为《东京数学会社杂志》所拟的题言可知，主要是"为推进此学（数学），运用此实理，开明世人"①。

该会在成立的最初三年内，主要是出版《东京数学会社杂志》，其他社务活动很少，社则也比较简单。1877 年 12 月厘定的社则仅六条，具体如下：

　　第一条 本社会员分正式会员与临时会员两种。
　　第二条 正式会员加入本社时需缴纳会费一元，但临时会员不需要。
　　第三条 要成为本会的通信员，其入会规则与正式会员同例。
　　第四条 无论正式会员是否出席每次会社的会议，都需要缴纳会费 20 钱。
　　第五条 临时会员要出席会社的会议，每次也需缴纳会费 20 钱。
　　第六条 每期杂志出版后，正式会员与当日出席会社会议的临时会员都会人手一份，但通信员需要的话，需要加付邮费。②

由上可以看出，东京数学会社在最初成立时是一个松散的组织，不

①　神田孝平：《东京数学会社杂志题言》，《东京数学会社杂志》1877 年第 1 期。
②　《本会沿革》，《东京数学物理学会记事》卷 1，东京数学物理学会 1885 年版，第 2—3 页。

仅没有明晰的层级管理框架，而且会务也没有制度化。因而1880年柳楢悦接替社长职务后，针对当时"会社资金缺少，社则不完备，以致会社萎靡不振"的局面，于该年5月对会社社则进行了大幅度的修改。首先，明确数学会社的管理制度，规定会社设置"社长一名、学务委员12名、书记一名"，社长与委员都一年一任。其中社长"总理本社一切事物"；学务委员负责学术上的研究探讨，促进"数理进步"，并编辑本社杂志；事务委员则辅助社长管理社中一切事物，包括提交出纳报告表、管理会中资金物品等。其次，加强会费的征收，规定正式会员加入会社首先要缴纳会费一员，以后每月还需至少缴纳定费20钱，每月的集会日就是正式会员的定费缴纳日，通信会员可以在每年六月、十二月分两次缴纳定费。最后，将会务制度化，规定每月的第一个星期六为会社的"集会定日"，每年六月会社将举办"纪年会"，总结上一年度会社事务，并向社员通报其他重要社务。① 经过这一改革后，数学会社才趋于规范化，会务也日有起色。

1880年7月10日，数学会社为统一数学术语，决定成立译语会，并决定由冈本则录负责译语会会则的起草，中川将行负责算术译语草案的提交。8月7日，数学会社委员在东京共存同众馆召开会议，通过了译语会会则。主要的会则有如下几条：

1. 数学译语会本年九月正式开始，以后每月第一个星期六下午三点在共存同众馆准时召开例会。

2. 译语会议长由数学会社社长担任。议员分定议员与临时议员两种，其中数学会社学务委员为定议员，其他当日出席的会员为临时议员。

3. 定议员宜轮流充当译语草案的立案委员，而译语草案必须在讨论前一个月就在数学会社杂志上刊登。

4. 定议员若出席不过半数，则该次译语会休会。

5. 讨论译语时，应同意者过半数方议决，若两方票数相等，则

---

① 《本会沿革》，《东京数学物理学会记事》卷1，东京数学物理学会1885年版，第15—18页。

有议长裁决。

　　6. 译语会议决的事项由书记笔记。①

　　按照这一译语会会则，中川将行在该年八月提交了九月份需要讨论的算术译语草案，并将这一草案刊登在第27期的《东京数学会社杂志》上。9月4日，数学会社第一次译语会召开，出席该次会议的会员原定18名，但有4名学务委员缺席。社长柳楢悦担任该次会议的议长，8名学务委员担任定议员。该次译语会共讨论了5个算术译语，其中议决的只有4个，包括数量、数、不名数、名数，未议决的为Unit。② 截至1882年2月，译语会共召开14次译语会，除第十三次译语会外，其余13次都是讨论中川将行提交的算术译语，数学会社共议决了147个算术译语。1881年7月平冈道生向数学会社提交了代数学译语草案，并将该草案自《东京数学会社杂志》第38期起陆续刊登在该杂志上。从第13次译语会开始，数学会社开始讨论代数译语，到1884年数学会社改组前，共厘定了100个代数学术语。在此期间，数学会社还讨论过冈本则录提交的20个数学分支学科的科目名称。1883年2月工学协会委托数学会社厘定与工学相关的数学术语，于是从该年10月至1884年2月，数学会社在菊池大麓的主持下，召开了5次译语会，厘定了102个与工学相关的数学术语，其中几何学名词占绝大多数。

　　因而数学会社译语会最终厘定的数学术语有369个，兹分类略举如下：

　　　　算术术语：整数、分数、同名数、异名数、自乘、根、尺度、演算、问题、加法、减法、乘法、除法、小数点、加号、减号、乘号、除号、相等号、括号、除数、因数、商、奇数、偶数、完数、不完数、约数、素数、公约数、公倍数、假分数、循环小数、无限小数、度量。

　　　　代数学术语：代数学、已知数、未知数、代数记号、代数式、

　　——————————————

① 《译语草案》，《东京数学会社杂志》1880年第27期。
② 《译语会记事》，《东京数学会社杂志》1880年第29期。

多项式、单式、三项式、系数、同类项、异类项、消去法、削除、整式、虚数、可尽根数、不尽根数、同类不尽根数、分指数、纪数法、级数、无限级数、等差级数、通比、外项、内项、通差、初项、末项。

与工学相关的数学术语：混合法、整角方程式、解析几何学、平面角、接角、角度、弧、等差级数、等比级数、平均线、常数、圆锥曲线、纵轴、计算、圆周、立方体、小数、椭圆、椭率、规约方程式、合成方程式、指数、双曲线、无定限、积分法、抛物线、球状体、梯形。

数学分支学科科目名：算术、代数学、初等代数学、高等代数学、几何学、平面几何学、立体几何学、画法几何学、三角法、平面三角法、球面三角法、圆锥曲线法、几何圆锥曲线法、解析圆锥曲线法、解析几何学、解析平面几何学、解析立体几何学、微分学、积分学、微分方程式。

由上可知，译语会讨论的数学术语非常详细，连数学符号的译名也需要厘定。上述这些译名，绝大部分被沿袭了下来，成为日本数学术语的一部分。这些译名的来源，大致可以分成三类：一是日本原有的数学术语，主要是和算；二是来自汉译西书的数学术语；三是译语会自身厘定的术语。当时数学会社的会员十分复杂，既有原有的和算家，又有留学归来主张学习西方数学的洋算家，加上明治初年汉译西书在日本的盛行，于是这三类术语在译语会中也时有竞争。下面即以代数学为例，探讨一下译语会厘定译名的具体过程及在此当中不同译名之间的冲突与竞争。

1881 年 12 月 3 日，数学会社召开第十三次译语会，出席该次会议的会员名单如下：冈本则录、中川将行、荒川重平、真野肇、福田理轩、矶野健、肝付兼行、菊池大麓、伊藤直温、大村一秀、川北朝邻、谷田部梅吉、大森俊次、泽田吾一、中久木信顺、三轮桓一郎、古市公威、关谷清景、远藤利贞、长泽龟之助、平冈道生。其中前 11 位都为学务委员。下午两点三十分，译语会开始，讨论的第一个译语就是 Algebra，提交译语草案的平冈道生将之翻译为"代数学"。川北朝邻首先发难，指出

Algebra 翻译为代数学并不妥，因为按照厘定译名的原则应该既考虑西文原义，又要兼顾旧有的译名，而"代数学"这一译名是来自中国，日本原有的译名是"点窜"，考究 Algebra 原义，也可发现"点窜"最合适。真野肇则不同意川北的观点，他承认川北所言厘定译名的原则有一定道理，但"点窜"主要是用于古代，而 Algebra 作为数学术语，它的意思就是以字代数来进行演算，因而"代数学"这一译语最恰当。菊池大麓则指出，如今既然文部省及社会多流行使用"代数学"，那么就应该认定"代数学"为其正式译名。草案拟定者平冈道生则表明他将 Algebra 翻译为"代数学"是直接受到了汉译西书《代数学》的影响。中川将行认为"点窜"一词来源于三国志，是昔日的用语，今日的学问不适合用前名，加上现在通用"代数学"，所以应该定名为"代数学"。最后由议长冈本则录主持表决，"代数学"以多数通过，成为 Algebra 在日本的标准译名。①

应该说川北朝邻所陈述的理由有其合理性。英文 Algebra 就词源而言，来自阿拉伯语的 Al—jebr，其中 jabr 表示 reuninon of broken parts 或 reunite，② 即有将破损的东西复原、修复的意思。而"点窜"在《三国志·魏志·武帝纪》中的用例是："他日，公又与遂书，多所点窜。"此处的"点窜"就是删改、修改的意思，与 Algebra 西文原义正有相通之处。故而日本江户时期将 Algebra 翻译为"点窜术"。

译语会将 Algebra 定名为"代数学"，很大程度是沿用了李善兰与伟烈亚力在《代数学》一书中的译名。那么李善兰与伟烈亚力是如何将 Algebra 与"代数学"连接起来的呢。伟烈亚力在《代数学》的英文序言写道：

The character which Algebra has now assumed in Europe, is of such a totally different cast from what it was two centuries back, that it may be looked upon as a new science; and it has been thought advisable, instead of using the old name Tseay kan fang（借根法）, to give it a new designa-

---

① 《译语会记事》,《东京数学会社杂志》1882 年第 43 期。

② ［英］哈德（T. F. Hoad）编：《牛津英语词源词典》，上海外语教育出版社 2000 年版，第 10 页。

tion more in accordance with its altered aspect; the term 代数学 (Tae soo heo). "Subsitutionary arithmetic" has been adopted accordingly. [1]

据此序言可知，伟烈亚力认为，与 200 年前相比，Algebra 在欧洲已发生很大变化，被当作新的科学，Subsitutionary arithmetic 更能代表现在 Algebra 的特性，因而旧有的译名"借根法"也应被"代数学"取代。伟烈亚力此言还只是从欧洲 Algebra 的演变来阐释其更改译名的理由，而其在书中的解释则更为明白。在《代数学》的卷首，李善兰与伟烈亚力即指出："代数学，西名阿尔热巴拉，乃亚喇伯言，译即补足相消也。……明嘉靖三十六年，英医生立可始传其学，时尚未全以字代数，第与明季所译借根方同。用字代数，或不定数，或未知之定数，俱以字代之。恒用之已知数，或因太繁，亦以字代。"[2] 显然"以字代数"既是代数学的学理精要，也是"代数学"译词的定名理由。

李善兰与伟烈亚力翻译的《代数学》出版后不久，就传到了日本。"代数学"这一译名也很快在日本的数学著作中使用，如塚本明毅的《笔算训蒙》（1862 年）、福田理轩的《笔算通书》（1871 年）、今村谦吉的《代数学阶梯》（1871 年）、柳泽退藏的《代数学启蒙》（1872 年）等。1872 年，塚本明毅还校订出版了《代数学》的和刻本。在这些使用"代数学"译名的早期日本学者中，不少就是东京数学会社的成员，如塚本明毅、福田理轩，其中福田理轩还直接参加了这次译语会。故而菊池大麓、中川将行等人强调"代数学"在当时日本更为通用确为实情。

"点窜术"与"代数学"之争表面看只是译名厘定上的些许分歧，但在译名之争背后，折射的却是和算与洋算、和算家与洋算家在日本数学界的较量更迭。提出使用"点窜术"的川北朝邻就是幕末著名的和算家，"点窜术"也是和算中的一个术语。而主张使用"代数学"的真野肇、菊池大麓、中川将行等人无一不是提倡学习西方数学的洋算家。其中菊池大麓更曾留学英国剑桥大学，是明治初年传播、倡导西方数学最积极的人物。

----

[1] A. Wylie, "Translation of De Morgan's Algebra", 载［英］伟烈亚力口译，李善兰笔述《代数学》，墨海书馆 1859 年版，"序言"。

[2]［英］伟烈亚力口译，李善兰笔述：《代数学》，墨海书馆 1859 年版，第 3 页。

明治维新前，日本的数学教育以学习和算为主，和算家占据当时日本数学界的主导地位。但日本开国后，学习洋算的日渐增多。1872 年日本公布新学制，明确规定各类学校教育中采用洋算，不再教授和算。以此为转折，洋算逐渐成了日本数学界的主流。不过在东京数学会社成立之时，和算家占据了会员的多数，几乎有 70% 的是和算家。但这一比例随着时间的推移，逐渐减少，洋算家在数学会社的话语权日渐增大。此点从"代数学"译名之争中即可看出。除川北朝邻外，占压倒性的都是支持使用"代数学"的洋算家。

随着以菊池大麓为代表的新生代洋算家在数学会社日益占据主导，出身和算的老一辈数学界人士日趋边缘化，数学会社内部分歧也日益暴露。从 1882 年起，要求退社的会员相应增多，包括柳楷悦、福田理轩、肝付兼行等这些早期活跃在数学会社的人士都退出了会社。① 和算与洋算之争，最终导致 1885 年东京数学会社的改组。1884 年 5 月，菊池大麓提交了将东京数学会社改组为东京数学物理学会的提案。次年 6 月，东京数学物理学会成立，《东京数学会社杂志》相应更名为《东京数学物理学会记事》，这成了现今日本数学学会与物理学会的前身。改组后的东京数学物理学会，继续以译语会的方式进行数学术语的厘定。因为这一延续性，东京数学会社厘定的数学术语也大多被沿袭了下来。

故而近代日本数学术语的系统厘定是从东京数学会社译语会开始，而数学会社译语会的工作也直接加快了日本数学术语的统一，推动了日本数学近代化的完成。此外，日本数学会社的成立及对数学术语统一的推动，对其他学科术语的厘定也起到了示范的作用。继日本数学会社后，日本又相继成立了物理译语会、工学协会、东京化学会等学术团体，这些学术团体成立后无一例外都开展了术语厘定工作，成为推动日本术语统一的主力军。经过这些学术团体的努力，日本很快先于中国实现了学术用语的统一，为各科学术的发展起到了重要的促进作用。

---

① 据笔者统计，1882 年以后，退出数学会社的会员包括：柳楷悦、福田理轩、能势秀直、杉田勇次郎、盐泽孝宽、金木十一郎、小室真咲、塚原邦太郎、松井银之助、木本常次郎、林田雷次郎、关口开、泽鉴之丞、镜光照、肝付兼行、藤泽利喜太郎、尾崎久藏等。

第二节　益智书会与东京数学会社的比较

如前所述，清末中国最早系统开展术语统一工作的是益智书会。益智书会与东京数学会社作为近代东亚两个重要的厘定术语的团体，两者存在一定的相似性，不仅成立时间相近，益智书会与东京数学会社都成立于 1877 年，而且性质一样，都是民间组织，也都在成立后即开始从事术语统一的工作。但两者统一术语的结果却差异甚大，日本东京数学会社厘定的术语大多数成了现今日本数学的标准词汇，并在其带动下很快实现了日本数学术语的统一，而益智书会所厘定的译名大部分被日制汉字术语所取代，由益智书会推动的术语统一也没有达到预期的目标，近代中国术语混乱的局面一直延续到民国。之所以呈现出两种如此不同的结果，主要是由于两者在组织成员、术语厘定、推广译名等方面存在极大的差异性。

首先是组织成员上。益智书会与东京数学会社虽然都是民间组织，但两者的成员构成极为不同。益智书会主要是由来华传教士及少数从事编译工作的来华西人组成的。在益智书会中，只有极个别的中国人被批准入会，如颜永京。不过颜永京得以加入益智书会是因为他有牧师的身份，而非国籍。与益智书会不同，东京数学会社主要由日本数学家及从事与数学相关工作的工作者组成。正是这一成员构成决定了益智书会与东京数学会社两者能发挥的作用是相当不一样的。

益智书会尽管在中国延续了数十年，但受其成员构成的局限，使其影响力主要是在来华西人当中，且其主要作为传教士组织独立于中国本土机制之外，与中国人的联系、交集无多。因此，一方面由其厘定的术语由于国人的缺失常常难以融入中国深厚的文化底蕴、契合国人的心理需求，而不易被中国人接受；另一方面因其主要为传教士组织的民间身份，其厘定的术语难免权威性不足。日本数学会社则因为囊括了当时日本数学界的主流人士，既包括代表旧学的和算家，也有反映新知的洋算家，及作为过渡人士的出身军事系统的现役技术人员，所以由其厘定的数学术语能充分考虑、衡量日本各个不同数学群体的学术需求、体现日本本国文化特质，不存在一个如何被日本本国人接受的问题。且因为东京数学会社本身就是当时日本数学界的中心，直接主导了日本数学的发展趋向，所以由其厘定的数学术语对于日本数学界而言，具有极大的权威性，以至于日本工学协会厘定与工学相关的数学术语时，也不得不委托数学会社，由其负责主持。因此，两者组织成员构成的不同极大影响了两者统一术语的效果。

其次是术语厘定方式上。益智书会主要采取的是指派专人负责收集各科术语，然后编制标准词汇译名对照表。1896 年益智书会又成立科技术语委员会与人名地名术语委员会，但术语厘定的运作模式仍没多少改变。其中益智书会的数学术语在 1890 年以前主要由傅兰雅负责收集，此后则由狄考文负责。1880 年益智书会还通过决议，决定直接采用伟烈亚力厘定的数学术语作为书会的标准译名。而从益智书会最终统一的术语成果——《术语辞汇》看，益智书会的数学术语主要来源于伟烈亚力与狄考文分别厘定的数学类译名。由此可知，益智书会厘定术语的方式非常简单，就是由专人收集已有的术语译名，然后加以抉择，最后汇集成术语译名表。在此当中，负责该类术语译名收集的人拥有绝对的选择权，其个人偏好直接影响了该类译名的厘定。因而益智书会厘定的术语，其主观性、随意性相对较强，没有一固定的标准化流程。如前述狄考文负责厘定化学类术语时，就将傅兰雅的译词大部分弃用，即为突出的一例。

日本东京数学会社在术语厘定上，则从一开始就十分严谨，为了统一术语，特意成立了"译语会"，制定了严密的会则，详细规定了其厘定术语的流程：先是在一个月以前就由专人负责起早译语草案，并将这一草案公布在《东京数学会社杂志》上，以便会员有充足的时间考虑这些术语译名是否合适；然后在译语会召开时，与会成员进行充分的讨论，说明采用或弃用这一译名的理由；最后以多数服从少数的原则表决通过究竟该使用哪一种译名。由此可见，日本东京数学会社的术语厘定是十分规范与标准的，且因其成员相当一部分是当时日本最著名的数学家，所以无论是学理上还是适用性上，都是非常科学的。

益智书会与日本东京数学会社在术语厘定方式上的差异直接导致了两者厘定术语的质量相距甚远。这也为后续两者厘定术语的不同命运埋下了伏笔。

最后在术语推广手段上，两者也各不相同。益智书会推广术语的手段主要有以下几种方式：一是出版术语集，包括傅兰雅编订的四个译名表、狄考文等人编制的《协定化学名目》与《术语辞汇》。傅兰雅的四个译名表是由江南制造局出版的，所以较早就被中国士人所关注；而《协定化学名目》与《术语辞汇》是由教会系统的美华书馆出版，且无论前言还是书名都是英文，因而被国人注意的不多，在士人中流传也有限。二是出版采用益智书会的标准词汇的书籍，以起到示范作用。这一方式主要是人名地名术语委员会提出的。由该委员出版的此类书籍有：季理斐翻译的怀特所著的《十九世纪的基督教》、万卓志修订后的卓别林的《地理》与谢卫楼编写的《教会历史》，不过这些书籍因大多与基督教相关，所以国人使用的并不多。三是直接将术语统一成果刊登在《教务杂志》上。此一方式，益智书会使用得极少，只有狄考文等人编制的《修订化学元素表》曾刊载在《教务杂志》上，但《教务杂志》是英文杂志，主要是面向传教士及来华西人的，故而当时中国人很少有订阅者。四是呼吁、督促来华西人编译教科书及翻译西书时，采用该会厘定的术语译名。如第二章所述，益智书会虽然是来华西人组成的全国性组织，但对于来华西人及其会员并没有多大的约束力，只能通过一再呼吁、提倡来推动各来华西人遵循使用它所厘定的术语，并不能强制性地在来华西人中推广。而对于国人，益智书会的约束力就更为有限了。由上可知，益智书会虽然采取了一些推广其术语译名的措施，但无论是对来华西人，还是中国人而言，都不能产生绝对的影响。再加上 1905 年以后，益智书会基本放弃了在术语厘定上的努力，中国统一译名的工作更多由中国人自身承担，这也导致了其厘定的术语后继乏力，只能最终被淘汰。

日本东京数学会社推广术语的手段比较单一，但却十分有效，那就是将每次译语会的情况及厘定的术语都刊载在《东京数学会社杂志》上。因而凡是东京数学会社的正式会员、通信会员及临时会员都可以非常方便地知道译语会厘定术语的情况，而东京数学会社的这些会员本身就是各地数学界的骨干，所以事实上，译语会厘定的数学术语也借此传播到整个日本数学界。再从纵向时间来看，东京数学会社 1885 年改组后，历经东京数学物理学会，最后演变为今日的日本数学学会与物理学会，这一社团沿革谱系及其一直作为日本数学界中心社团的地位，保证了数学会社译语会所厘定的绝大部分术语在日本数学术语体系中能够一直沿袭下来。

综上所述，益智书会与东京数学会社虽都是民间社团，但在组织成员、术语厘定、推广译名等方面都存在极大的不同，这些不同直接影响到两者最终统一译名的成效。需要指出的是，在这些不同背后，其实还反映出中日两国在术语厘定理念上的区别。日本厘定术语从一开始就强调各科专家在审定各科术语中的作用，因而日本各科术语主要由各个学会负责厘定；而中国从益智书会到编订名词馆，整个清末期间从事术语统一工作的大多数是译者而非专家。但正如国人自己所言"专科学术名词，非精其学者不能翻译"①。由译者来统一术语只能是收集前人已有译名，更多从翻译学的角度加以考虑术语译名的选择，即如严复强调的"信雅达"。不过学科术语的厘定，不仅是语言学上的翻译，还必须考虑到其学理性与其在该学科当中所处的位置，以及与本土知识体系的衔接，故而并不是普通的翻译者能够解决的。国人真正认识到此点是在民国以后。

---

① 《奏定译学馆章程》，载王学珍、郭建荣编《北京大学史料》第 1 卷，北京大学出版社 2000 年版，第 173 页。

结　语

如前面各章所述，清末中国教科书的编辑是一西学东渐的产物，而附着在教科书中的各科术语伴随着各学科在中国的生成、确立而日趋一致，但近代中国教科书的编辑也绝非一简单模仿、移植西方教科书的过程，它的编译包含着本土知识与西方知识两种不同知识体系的对接、融合。教科书中术语的演变正是这一融合过程的具体呈现。那么清末教科书究竟在近代术语厘定中发挥着怎样的作用，清末国人对教科书中术语统一的实践对于近代术语厘定机制的形成有着怎样的影响？这是本书结束之际，笔者试图说明的两个问题。

一　近代术语厘定中的清末教科书

教科书能在近代术语厘定中能够发挥独特的作用，主要在于其作为现代知识传授载体的特殊性。正如前文所述，教科书是现代课堂教学体系中的核心教具，由此其拥有了不同于一般文本的某些特性，其中与术语厘定最为相关的有两条：一是受众的广泛性。凡是接受现代学校教育的学子，无一例外都要经受教科书的熏陶，且由于考试制度、升学机制的存在，使得学生对于教科书的阅读具有强制性与高重复率。此点对于术语的传播、厘定是极为有利的。

二是教科书作为学校教育的主要知识传授载体而具有的权威性。按照韦伯对于"权威"的解释，"权威"的产生可来源于三种方式：一是传统权威（traditional authority），即在长期的传统因素影响下而形成的权威；二是感召权威（charismatic authority），即由个人魅力所获得的权威；三是合理—合法的权威（rational-legal authority），具体可分为两类，一类是官方的（offical）或法定的（legal）权威，另一类是专业的（expert）

或理性的权威。① 依据韦伯的说法，清末教科书权威性的确立来自两个方面：一方面来自传统权威。中国古代传统的教材主要是四书五经，这都是中国经过千百年的传承、遗留下来的传世经典，长久以来在读书人心中都处于至高无上、不容怀疑的地位。因这一思维定式的影响，在近代接替它们充当读书人学习对象的新式教科书也自然获得了类似的权威。另一方面来源专业的或理性的权威。在近代教育理念中，教科书是成人社会为学生准备的走向社会的必备知识的集合。而这些知识被认为是正统性的、经典性的。故而在近代课堂教学中，教与学依据的都是教科书。教科书由此在专业性与知识性上成了超越教师的存在，对学生而言，具有绝对的权威性。

正因教科书具有上述两种特性，使得其在近代术语传播、厘定中发挥了不可替代的作用。一方面，清末教科书是近代术语传播的重要媒介。清末教科书作为近代西学东渐的产物，不少学科更是中国原来没有的，所以必然会出现对大量新术语、新概念的引入。以商务印书馆出版的最新教科书为例，其各科教科书引入的新术语、新名词可略举如下。

《最新中学教科书地文学》：结力、化合力、南冰洲、反贸易风、空气、极光、苔藓类、水汽表、地文学、古生物时代、有机物质、原生质、寒暑表。②

《最新中学教科书植物学》：植物界、植物学、显花植物、隐花植物、胚、胚轴、胚乳、气生根、寄生根、吸枝、鳞茎、雌雄同株。③

《最新格致教科书》：格致、液体、固体、气体、传热、显微镜、望远镜、透光体、淡气、炭气、有机物。④

《最新理科教科书》：雄蕊、雌蕊、细菌、空中飞艇、无线电报、无线德律风、曷格司光、天然淘汰、人为淘汰、进化论、物质不灭。⑤

---

① ［英］R. 马丁：《论权威——兼论 M. 韦伯的"权威三类型说"》，罗述勇译，《国外社会科学》1987 年第 2 期。

② ［美］忻孟：《最新中学教科书地文学》，王建极、奚若译，商务印书馆 1906 年版。

③ 亚泉学馆编译：《最新中学教科书植物学》，商务印书馆 1906 年版。

④ 杜亚泉：《最新格致教科书》，商务印书馆 1910 年版。

⑤ 谢洪赉：《最新理科教科书》，商务印书馆 1904 年版。

《最新中学教科书瀛寰全志》：经济学、社会学、热带、温带、寒带、同寒暑线、主权、国体、政体、民主政体、专制政体。①

《最新修身教科书》：爱国、博爱、责任。②

由上可知，清末教科书中包含了众多的新名词、新术语。伴随着清末教科书的使用，这些新名词、新术语也被各级学堂的学生所接受，成为他们知识构成中不可分离的一部分。因而就教科书的受众广度、强制性阅读特性而言，教科书是传播近代术语名词的最为重要的媒介之一。

另一方面，清末教科书又是推动术语厘定的关键。这包含两个层面的含义，首先是教科书作为高重复率的文本，③ 很容易给读者造成书中术语已经"约定俗成"的假象，从而提高该术语被确立为标准译词的概率。其次是教科书的权威性，使得被纳入教科书的术语也相应获得了其作为合法性、正统性知识的地位，从而易于被人们所认同。此点对于清末术语译名的抉择极为关键。如前所述，日制汉字术语之所以能取代来华西人所拟译名及严复译词，汉译日本教科书在清末最后十年的盛行起到了相当重要的作用。

因而，清末教科书对于近代术语的传播、厘定是起到了重要的作用。

二 近代国人对于术语厘定机制的探讨

清末负责教科书中术语厘定、推动术语统一的主要是益智书会与编订名词馆。这正代表了当时术语厘定的两种路径，一是由民间社团承担，一是由官方机构主持。但清末的这两个组织显然在术语厘定上并不成功，由此近代国人也开始反思，究竟该采用何种方式才能更有效地完成术语厘定、统一的工作。

最初国人对于术语统一究竟该有由民间社团还是政府承担，并无一致的主张。一部分国人赞成继续由政府出面，设立专门机构，负责术语厘定、统一工作。如林纾就曾建议："由政府设局，制新名词，择其醇

① 谢洪赉：《最新中学教科书瀛寰全志》，商务印书馆 1903 年版。

② 商务印书馆编译所：《最新修身教科书》，商务印书馆 1905 年版。

③ 这一高重复率，既是指单个学生因考试制度、教学机制而不得不反复阅读教科书，也是指每种教科书往往会使用若干年，故而再版率极高，会被若干届的学生反复阅读。

雅可与外国之名词通者，加以界说，以惠学者。则后来译律、译史、译工艺生植诸书，可以彼此不相龃龉，为益不更溥乎?"[1] 后来北京政府的国立编译馆、国民政府的大学院译名统一委员会的设立就是这一主张的具体实践。

不过也有不少学者反对由政府机构审定术语，认为"划一科学名称，乃科学家之事，与政治无涉"，只需"广设专门学会，学医者纠集同志设医学会，学化学者有化学学会，学物理者有物理学会，学数学者学天文者学各种工程者皆然。然后由各该会选定各该科学上所有名称，登诸各该种杂志，颁布全国。则著作编译者，庶有标准，不复至另定歧异名称矣"[2]。换言之，主张由民间设立学会，负责术语的审定。民国年间，国人为统一术语，就设立了不少这样的学会，如中华工程师学会、中国科学社、医学名词审查会、中国农学会、中国化学研究会、中国地质学会等，它们都曾从事过各自领域的术语厘定。

应该说上述两种主张各有利弊。由官方机构统一译名，当然可以借助政府的力量，短期内集中人力、物力，迅速编订出术语标准词汇表，然后强制性地在全国推行。但此种方式，正如有学者指出的那样："暨乎中小学教科书所采用之名辞，政府始能致力，稍进恐非所及。"[3] 毕竟政府中人并非各科专家，厘定简易的名词还可胜任，要统一深奥的学术术语则非其所长。加上政府介入名词的审定更看重意识形态的渗入，所以并不符合现代学术自由的精髓。

若只由民间学会负责，虽各科学者能发挥其所长，但民国期间全国性统一的学会并不多见，反而常常同一学科，存在多个学会并立的状况。如工程学，就有广东中华工程师学会、中华工学会、中国工程学会等多家机构同时并存，史学界也有北京史学会与南京史学会的对立，其他学科也多如此。在学界并不统一的局面下，各个学会在术语厘定上常各行其是，无不统属，难于一律。此中症结在于缺乏一权威的中立机构来统一协调。且民间学会厘定的术语还常面临另一难题，那就是术语的推广。

---

[1]　林纾:《〈中华大字典〉叙》,《中华大字典》,中华书局1915年版,第1—2页。

[2]　侯德榜:《划一译名刍议》,《留美学生报》1915年第1期。

[3]　容挺公:《致〈甲寅杂志〉记者函》,载章含之等编《章士钊全集》第3卷,文汇出版社2000年版,第335页。

单靠民间学会自身的力量，显然此点并不容易做到。前述益智书会的失败就是一突出的例证。

正因上述两种主张都有弊端，所以一些国人开始考虑由官方与民间一起携手，共同致力于术语的厘定统一。较早提出此一主张的是胡以鲁。其在1914年《论译名》一文中指出："至于切要之举，窃以为宜由各科专家集为学会，讨论抉择，折衷之于国语国文之士；复由政府审定而颁行之。"① 同年容挺公也认为：术语译名"须在学者自由择述之后，政府从而取舍，颁诸全国，以收统一之用"②。南京国民政府建立后，采纳了这一意见，设立的国立编译馆在厘定术语时，就增加了专家审查的环节。该馆厘定术语的具体流程如下："先由该馆人员搜集各科英、德、法、日名词及其旧有译名，慎予取舍，汇为初编，次由教育部聘请国内专家，组织审查委员会，加以审查，再由该馆整理后，呈请公布。"此一方式兼顾了政府与学者两方面的力量，所以厘定的术语无论质量还是数量都十分可观。到1947年为止，国立编译馆就已公布了的学科术语有三十五种，已编订完成在审查中的有十九种，在编订中的有四十三种，共计九十八种。③新中国成立后设立的学术名词统一工作委员会、全国自然科学名词审定委员会、全国科学技术名词审定委员会也都沿袭了这一术语厘定的方式。

因而可以说，正是吸取了清末益智书会与编订名词馆在术语厘定工作中的经验与教训，近代国人在民国时期才逐渐建立起延续至今的成熟的术语厘定机制，从而最终实现了各科术语的逐步统一。

总之，清末教科书与近代术语的厘定关联甚密，清末对于教科书中术语的统一更直接推动了近代中国术语厘定机制的最终形成，促进了现代学科在中国的确立与现代学术在中国的开展。

---

① 胡以鲁：《论译名》，载中国翻译工作者协会、《翻译通讯》编辑部编《翻译研究论文集（1894—1948）》，外语教学与研究出版社1984年版，第32页。

② 容挺公：《致〈甲寅杂志〉记者函》，载章含之等编《章士钊全集》第3卷，文汇出版社2000年版，第335页。

③ 教育部教育年鉴编纂委员会：《第二次中国教育年鉴》，商务印书馆1948年版，第836页。

参考文献

一 报纸杂志

《大公报》

《东方杂志》

《东京数学会社杂志》

《贵州教育》

《教务杂志》（*The Chinese Recorders*）

《教育杂志》

《申报》

《盛京日报》

《万国公报》

《遐迩贯珍》

《新教育评论》

《新民丛报》

《学部官报》

《学报》

二 史料汇编与文集

《笔记小说大观》，台北：新兴书局1986年版。

《续修四库全书》，第1299册，子部，西学译著类，上海古籍出版社2002年版。

《续修四库全书》，第817册，史部，政书类，上海古籍出版社2002年版。

《中外名词对照表》，北京师范大学图书馆所藏铅印本。

白居易：《白居易全集》，上海古籍出版社1999年版。

包笑天：《钏影楼回忆录》，香港：大华出版社 1971 年版。

北京图书馆、人民教育出版社图书馆合编：《民国时期总书目——中小学教材》，书目文献出版社 1995 年版。

卞孝萱、唐文权编：《辛亥人物碑传集》，团结出版社 1991 年版。

柴小梵：《梵天庐丛录》，山西古籍出版社、山西教育出版社 1999 年版。

陈学恂主编：《中国近代教育史教学参考资料》，人民教育出版社 1987 年版。

陈翊林：《最近三十年中国教育史》，太平洋书店 1930 年版。

王赠芳、王镇修，成瓘等纂：《济南府志》，清道光二十年刻本。

大连外国语学院编：《外国科技人物词典·（数学　物理　化学卷）》，江西科学技术出版社 1990 年版。

丁文江、赵丰田编：《梁启超年谱长编》，上海人民出版社 1983 年版。

方毅、傅运森等编：《辞源正续编合订本》，商务印书馆 1940 年版。

傅杰编校：《王国维论学集》，中国社会科学出版社 1997 年版。

高翰卿等：《商务印书馆九十五年：我和商务印书馆（1897—1992）》，商务印书馆 1992 年版。

高平叔撰著：《蔡元培年谱长编》，人民教育出版社 1999 年版。

高平叔编：《蔡元培全集》，中华书局 1984 年版。

高时良编：《中国近代教育史资料汇编——洋务运动时期教育》，上海教育出版社 1992 年版。

故宫博物院明清档案部编：《清末筹备立宪档案史料》，中华书局 1979 年版。

顾廷龙编：《清代朱卷集成》，台北：成文出版社 1992 年版。

郭嵩焘：《郭嵩焘日记》，湖南人民出版社 1981 年版。

国立编译馆：《化学命名原则》，国立编译馆 1933 年版。

何秋涛：《朔方备乘》，1881 年刻本。

胡适著，季羡林主编：《胡适全集》，安徽教育出版社 2003 年版。

胡珠生编：《宋恕集》，中华书局 1993 年版。

黄兴涛、王国荣编：《明清之际西学文本——50 种重要文献汇编》（1—4 册），中华书局 2013 年版。

黄遵宪：《日本国志》，天津人民出版社 2005 年版。

翦伯赞等编：《戊戌变法》，上海人民出版社 1957 年版。

姜义华、张荣华编校：《康有为全集》，中国人民大学出版社 2007 年版。

蒋贵麟主编：《康南海先生遗著汇刊》，台北：宏业书局 1976 年版。

教育年鉴编纂委员会编：《第二次中国教育年鉴》，商务印书馆 1948 年版。

孔庆来编辑：《植物学大辞典》，商务印书馆 1918 年版。

黎难秋主编：《中国科学翻译史料》，中国科学技术大学出版社 1996 年版。

李楚材编：《帝国主义侵华教育史资料——教会教育》，教育科学出版社
    1987 年版。

李桂林、戚名琇、钱曼倩编：《近代教育史资料汇编——普通教育》，上海
    教育出版社 2007 年版。

李匡武编：《中国逻辑史资料选（近代卷）》，甘肃人民出版社 1991 年版。

李之藻等：《天学初函》，台北：台湾学生书局 1965 年版。

梁启超：《饮冰室合集》，中华书局 1994 年版。

刘铎编：《古今算学丛书第三 学算笔谈》，算学书局 1897 年版。

鲁迅：《鲁迅全集》，人民文学出版社 2005 年版。

陆尔奎等编：《缩本新字典》，商务印书馆 1934 年版。

罗振玉：《罗雪堂先生全集》，台北：大通书局 1989 年版。

南辕选编：《长河流月——〈逸经〉散文随笔选萃》，天津人民出版社
    1998 年版。

潘奕隽：《三松堂集》，清嘉庆刻本。

彭漪涟、马钦荣主编：《逻辑学大辞典》，上海辞书出版社 2004 年版。

戚学标：《鹤泉文钞续选》，清嘉庆十八年刻本。

璩鑫圭、唐良炎编：《中国近代教育史资料汇编——学制演变》，上海教
    育出版社 2007 年版。

璩鑫圭、童富勇编：《中国近代教育史资料汇编——教育思想》，上海教
    育出版社 2007 年版。

荣孟源、章伯锋主编：《近代稗海》第 1 辑，四川人民出版社 1985 年版。

商务印书馆编：《商务印书馆图书目录（1897—1949)》，商务印书馆 1981
    年版。

申报馆编：《最近之五十年》，申报馆 1922 年版。

沈国威编：《六合丛谈：附解题·索引》，上海辞书出版社 2006 年版。

沈国威编：《新尔雅：附解题·索引》，上海辞书出版社 2011 年版。

施廷镛主编：《中国丛书目录及子目索引汇编》，南京大学出版社 1982 年版。

舒新城编：《中国近代教育史资料》，人民教育出版社 1985 年版。

江苏省政协文史资料委员会、宿迁市政协学习文史委员会编：《宿迁名人》，《江苏文史资料》编辑部 1999 年版。

孙宝瑄：《望山庐日记（上）》，上海古籍出版社 1983 年版。

孙祖烈：《生理学中外名词对照表》，上海医学书局 1917 年版。

谭汝谦编：《中国译日本书综合目录》，香港中文大学出版社 1980 年版。

谭嗣同著，加润国选注：《仁学》，辽宁人民出版社 1994 年版。

汤志钧、陈祖恩、汤仁泽编：《中国近代教育史资料汇编——鸦片战争时期教育》，上海教育出版社 2007 年版。

汤志钧、陈祖恩编：《中国近代教育史资料汇编——戊戌时期教育》，上海教育出版社 1993 年版。

汤志钧编：《章太炎政论选集》，中华书局 1977 年版。

陶秋英编选：《宋金元文论选》，人民文学出版社 1984 年版。

王庆成等编：《严复合集》，台北：辜公亮文教基金会 1998 年版。

王蘧常：《严几道年谱》，上海商务印书馆 1936 年版。

王栻编：《严复集》，中华书局 1986 年版。

王韬：《弢园文录外编》，上海书店出版社 2002 年。

王韬：《翁牖余谈》，岳麓书社 1988 年版。

王铁崖编：《中外旧约章汇编》，生活·读书·新知三联书店 1957 年版。

王学珍、郭建荣编：《北京大学史料》，北京大学出版社 2000 年版。

王扬宗编校：《近代科学在中国的传播》，山东教育出版社 2009 年版。

王有朋主编：《中国近代中小学教科书总目》，上海辞书出版社 2010 年版。

魏源：《魏源全集》，岳麓书社 2004 年版。

魏源著，李巨澜评注：《海国图志》，中州古籍出版社 1999 年版。

翁同龢：《翁同龢日记》，中华书局 2006 年版。

夏东元编：《盛宣怀年谱长编》，上海交通大学出版社 2004 年版。

夏晓虹辑：《〈饮冰室合集〉集外文》，北京大学出版社 2005 年版。

撷华书局编：《宣统己酉大政记》，《近代中国史料丛刊续编》，台北：文海出版社 1983 年版。

谢幼伟：《现代哲学名著述评》，山东人民出版社 1997 年版。

熊月之主编：《晚清新学书目提要》，上海书店出版社 2007 年版。

徐继畬：《瀛寰志略》，上海书店出版社 2001 年版。

徐凌霄：《古城返照记》，同心出版社 2002 年版。

徐一士：《一士类稿》，辽宁教育出版社 1997 年版。

徐宗泽：《明清间耶稣会士译著提要》，上海书店出版社 2006 年版。

严修自订、高凌雯补、严仁曾增编：《严修年谱》，齐鲁书社 1990 年版。

俞樾：《春在堂随笔》，辽宁教育出版社 2001 年版。

虞和钦：《中国有机化学命名草》，文明书局 1909 年版。

袁俊德编：《富强斋丛书续全集》，小仓山房校印 1901 年版。

张静庐辑注：《中国出版史料补编》，中华书局 1957 年版。

张静庐辑注：《中国现代出版史料（丁编）》，中华书局 1959 年版。

张晓编著：《近代汉译西学书目提要：明末至 1919》，北京大学出版社
　2012 年版。

张之洞：《劝学篇》，上海书店出版社 2002 年版。

章伯锋、顾亚主编：《近代稗海》第 13 辑，四川人民出版社 1989 年版。

章含之等编：《章士钊全集》，文汇出版社 2000 年版。

赵德馨、吴剑杰、冯天瑜等编：《张之洞全集》，武汉出版社 2008 年版。

赵蕤：《长短经》，中华书局 1985 年版。

郑观应：《盛世危言》，上海古籍出版社 2008 年版。

中国蔡元培研究会编：《蔡元培全集》，浙江教育出版社 1998 年版。

中国地名委员会编：《外国地名译名手册》，商务印书馆 1983 年版。

中国人民政治协商会议全国委员会文史资料研究委员会编：《文史资料
　选辑》第 87 辑，文史资料出版社 1983 年版。

中华民国教育部编：《第一次中国教育年鉴》，上海开明书店 1934 年版。

周振鹤：《晚清营业书目》，上海书店出版社 2005 年版。

朱德裳：《三十年闻见录》，岳麓书社 1985 年版。

朱维铮主编：《万国公报文选》，生活·读书·新知三联书店 1998 年版。

朱贻庭编：《伦理学大辞典》，上海辞书出版社 2002 年版。

朱有瓛编：《中国近代学制史料》第 4 辑，华东师范大学出版社 1993 年版。

朱有瓛编:《中国近代学制史料》第 1 辑下册，华东师范大学出版社 1986
　年版。

朱有瓛等编:《中国近代教育史资料汇编——教育行政机构及教育团
　体》，上海教育出版社 1993 年版。

广东省哲学社会科学研究所历史研究室编:《朱执信集》，中华书局 1979
　年版。

［德］赫德:《步入中国清廷仕途:赫德日记（1854—1863）》，傅曾仁
　等译，中国海关出版社 2003 年版。

［美］戴吉礼编:《傅兰雅档案》，广西师范大学出版社 2010 版。

［日］多贺秋五郎编:《近代中国教育史资料:清末编》，台北:文海出
　版社 1972 年版。

［英］哈德（T. F. Hoad）编:《牛津英语词源词典》，上海外语教育出版
　社 2000 年版。

［英］耶方斯:《名学浅说》，严复译，商务印书馆 1981 年版。

［英］约翰·穆勒:《穆勒名学》，严复译，商务印书馆 1981 年版。

三　教科书

长沙三益社编译:《最近普通化学教科书》，长沙三益社 1904 年版。

陈榥编:《中等算术教科书》，教科书译辑社 1906 年版。

陈文辑:《中等教育名学教科书》，科学会编译部 1911 年版。

丁宝书:《蒙学中国历史教科书》，文明书局 1903 年版。

杜就田编，杜亚泉校:《实验化学教科书》，商务印书馆 1908 年版。

杜亚泉:《最新格致教科书》，商务印书馆 1910 年版。

杜亚泉译订:《化学新教科书》，上海商务印书馆 1906 年版。

钱孟驹:《蒙学格致教科书》，文明书局 1903 年版。

任允编纂，林长民、金保康、钱家澄校订:《无机化学》，中国图书公司
　1913 年版。

商务印书馆编译所:《最新修身教科书》，商务印书馆 1905 年版。

王季烈编:《共和国教科书·化学》，商务印书馆 1919 年版。

王延直:《普通应用论理学》，贵阳论理学社 1912 年版。

文明书局编:《中学校用化学教科书》，文明书局 1912 年版。

谢洪赉:《最新理科教科书》,商务印书馆1904年版。

谢洪赉:《最新中学教科书瀛寰全志》,商务印书馆1903年版。

亚泉学馆编译:《最新中学教科书植物学》,商务印书馆1906年版。

严保诚编:《物理学》,商务印书馆1906年版。

严保诚编译:《初级师范学校教科书化学》,商务印书馆1907年版。

颜永京:《心灵学》,益智书会1889年版。

杨天骥:《初级师范学校教科书 论理学》,商务印书馆1906年版。

杨廷栋:《政治学教科书》,作新社1902年版。

中西译社编译,谢洪赉校订;《最新中学教科书化学》,商务印书馆1904
　　年版。

[法] 毕利干译:《化学指南》,京师同文馆1873年版。

[美] 丁韪良:《格物入门》,京师同文馆1868年版。

[美] 丁韪良:《西学考略》,同文馆聚珍版1883年版。

[美] 谢卫楼:《心灵学》,管国全译,北通州公里会印字馆1910年版。

[美] 忻孟:《最新中学教科书地文学》,王建极、奚若译,商务印书馆
　　1906年版。

[日] 本多光太郎:《最新物理学教科书》,译书公会译,上海科学书局
　　1907年版。

[日] 彬本正直讲授,四川师范生编:《四川师范讲义·化学》,四川教
　　育会1906年版。

[日] 饭盛挺造:《物理学》,[日] 藤田丰八译,江南制造局1900年版。

[日] 服部宇之吉:《最新论理学教科书》,唐演译,文明书局1908年版。

[日] 高岛平三郎:《师范学校教科书 教育心理学》,田吴炤译,商务印
　　书馆1903年版。

[日] 高岛平三郎讲述:《论理学教科书》,金太仁译,东亚公司1907
　　年版。

[日] 高松丰吉:《中等化学教科书》,王荣树译,湖北译书官局1905
　　年版。

[日] 高松丰吉:《最新实验化学教科书》,彭树滋、张修爵编译,挹记
　　图书馆1905年版。

[日] 龟高德平:《中学化学教科书》,虞和钦译,文明书局1907年版。

［日］吉田彦六郎：《中等最新化学教科书》，何燏时译，教科书译辑社 1904 年版。

［日］十时弥：《论理学纲要》，田吴炤译，三联书店 1960 年版。

［日］水岛久太郎：《中学物理学教科书》，陈榥译，教科书译辑社 1902 年版。

［英］艾约瑟：《辨学启蒙》，总税务司署 1886 年版。

［英］艾约瑟口译，李善兰笔述：《重学》，美华书馆 1867 年版。

［英］艾约瑟译：《格致总学启蒙》，总税务司署 1886 年版。

［英］傅兰雅、徐寿编：《化学材料中西名目表》，江南制造局 1885 年版。

［英］傅兰雅口译，徐寿笔述：《化学鉴原》，江南制造局 1871 年版。

［英］合信著，陈仲恭翻印：《博物新编》，观文堂藏版 1909 年版。

［英］伟烈亚力口译，李善兰笔述：《代数学》，墨海书馆 1859 年版。

［英］伟烈亚力口译，李善兰笔述：《数学启蒙》，墨海书馆 1853 年版。

四　外文资料

Timothy Richard, Donald Macgillivray, *A Dictionary of Philosophical terms*, Shanghai: Christian Literature Society for China, 1913.

C. W. Mateer, ed., *Technical terms: English and Chinese*, Shanghai: Presbyterian Mission Press, 1904.

B. Hobson, *A Medical Vocabulary English and Chinese*, Shanghai: Shanghai Mission Press, 1858.

Adrian Arthur Bennett, *John Fryer: The Introduction of Western Science and Technology into 19th Century China*, Harvard University Press, 1967.

Eliza A. Morrison, *Memoirs of the Life and Labours Robert Morrison*, Vol. (II), London: Longman, Orme, Brown, Green, and Longmans, 1839.

F. W. Eastlake 等编：《英和新辞林》，日本三省堂 1894 年版。

Justus Doolittle, *Vocabulary and Handbook of the Chinese Language*, Rozario, Marcal and Company, 1872.

K. Hemeling, "Preface", *English-Chinese Dictionary of the Standard Chinese Spoken Language and handbook for Translators*, Shanghai: The Presbyterian Mission Press, 1916.

Records of the Fifth triennial Meeting of the Educational Association of China held at Shanghai，Shanghai：American Presbyterian Mission press，1906.

Records of the fourth triennial Meeting of the Educational Association of China held at Shanghai，Shanghai：American Presbyterian Mission press，1902.

Records of the General Conference of the Protestant Missionaries of China held at Shanghai，Shanghai：American Presbyterian Mission Press，1890.

Records of the General Conference of the Protestant Missionaries of China held at Shanghai，Shanghai：American Presbyterian Mission Press，1878.

Records of the second triennial Meeting of the Educational Association of China held at Shanghai，Shanghai：American Presbyterian Mission Press，1896.

Records of the third triennial Meeting of the Educational Association of China held at Shanghai，Shanghai：American Presbyterian Mission Press，1899.

Records of the triennial Meeting of the Educational Association of China held at Shanghai，Shanghai：American Presbyterian Mission Press，1893.

Robert Morrison，*A Dictionary of the Chinese Language*，Printed at the Honorable East India Company's press，1822.

S. Wells Williams，*An English and Chinese Vocabulary*，Macao：Office of the Chinese Repository，1844.

W. H. Medhurst，*English and Chinese Dictionary*，Shanghai：Printed at the Mission Press，1848.

W. Lobscheid，*An English and Chinese Dictionary*，*as revised and enlarged by Teteujiro Inouye*，Tokio，1884.

吉田贤辅：《英和字典》，东京知新馆 1872 年版。

滝七藏编译：《英和正辞典》，大阪书籍会社 1885 年版。

文部省编：《文部省布达全书》，1885 年版。

小笠原长次郎编：《英和双译大辞汇》，大阪英文馆 1888 年版。

棚桥一郎编：《新译无双 英和辞书》，东京：细川 1890 年版。

早见纯一译：《英和对译辞典》，大阪国文社 1885 年版。

［英］突兑翰多尔：《微分学》，［日］长泽龟之助译，东京：丸屋善七 1881 年版。

五 著作

白寿彝主编:《中国通史 第11卷 近代前编（1840—1919）》, 上海人民出版社2007年版。

北京外国语大学中国海外汉学研究中心、中国近现代新闻出版博物馆编:《西学东渐与东亚近代知识的形成和交流》, 上海人民出版社2012年版。

毕苑:《建造常识: 教科书与近代中国文化转型》, 福建教育出版社2010年版。

车文博主编:《中外心理学比较思想史》（第2卷）, 上海教育出版社2009年版。

陈青之:《中国教育史》, 东方出版社2008年版。

陈尚胜:《中韩交流三千年》, 中华书局1997年版。

陈少峰主编:《原学》第3辑, 中国广播电视出版社1995年版。

樊洪业、王扬宗:《西学东渐: 科学在中国的传播》, 湖南科学技术出版社2000年版。

冯立昇:《中日数学关系史》, 山东教育出版社2009年版。

冯天瑜:《"千岁丸"上海行》, 武汉大学出版社2006年版。

冯天瑜:《新语探源——中西日文化互动与近代汉字术语生成》, 中华书局2004年版。

冯天瑜、何晓明、周积明:《中华文化史》, 上海人民出版社2010年版。

冯天瑜、刘建辉、聂长顺编:《语义的文化变迁》, 武汉大学出版社2007年版。

冯天瑜等:《近代汉字术语的生成演变与中西日文化互动研究》, 经济科学出版社2016年版。

复旦大学历史学系、复旦大学中外现代化进程研究中心编:《中国现代学科的形成》, 上海古籍出版社2007年版。

高圣兵:《LOGIC汉译研究: 跨文化翻译中的"格义"、视域融合与接受》, 上海译文出版社2008年版。

高晞:《德贞传: 一个传教士与晚清医学近代化》, 复旦大学出版社2009年版。

顾长声:《传教士与中国》, 上海人民出版社1981年版。

顾长声：《从马礼逊到司徒雷登——来华新教传教士评传》，上海人民出版社 1986 年版。

关西大学文化交涉学教育研究中心、出版博物馆编：《印刷出版与知识环流：十六世纪以后的东亚》，上海人民出版社 2011 年版。

郭桥：《逻辑与文化——中国近代时期西方逻辑传播研究》，人民出版社 2005 年版。

郭湛波：《近五十年中国思想史》，山东人民出版社 1997 年版。

黄河清编：《近现代辞源》，上海辞书出版社 2010 年版。

黄克武：《惟适之安：严复与近代中国的文化转型》，社会科学文献出版社 2012 年版。

金观涛、刘青峰：《观念史研究：中国现代重要政治术语的形成》，法律出版社 2009 年版。

李匡武主编：《中国逻辑史》，甘肃人民出版社 1989 年版。

李细珠：《张之洞与清末新政》，上海书店出版社 2003 年版。

李亚舒、黎难秋编：《中国科学翻译史》，湖南教育出版社 2000 年版。

李兆华编：《中国近代数学教育史稿》，山东教育出版社 2005 年版。

林治平编：《近代中国与基督教论文集》，台北：宇宙光出版社 1980 年版。

刘超：《历史书写与认同建构——清末民国时期中国历史教科书研究》，社会科学文献出版社 2016 年版。

刘建辉：《魔都上海——日本知识人的"近代"体验》，上海古籍出版社 2003 年版。

彭漪涟：《中国近代逻辑思想史论》，上海人民出版社 1991 年版。

桑兵：《晚清学堂学生与社会变迁》，学林出版社 1995 年版。

桑兵等：《近代中国的知识与制度转型》，经济科学出版社 2013 年版。

沈国威：《近代启蒙的足迹——东西文化交流与言语接触：〈智环启蒙塾课初步〉的研究》，关西大学出版部平成 14 年（2002）版。

沈国威：《近代中日词汇交流研究——汉字新词的创制、容受与共享》，中华书局 2010 年版。

苏精：《清季同文馆及其师生》，福建教育出版社 2018 年版。

孙青：《晚清之"西政"东渐及本土回应》，上海世纪出版集团 2009 年版。

谭树林：《马礼逊与中西文化交流》，中国美术学院出版社 2004 年版。

汪广仁主编：《中国近代科学先驱徐寿父子研究》，清华大学出版社 1998
　　年版。

汪家熔：《民族魂——教科书变迁》，商务印书馆 2008 年版。

汪向荣：《日本教习》，中国青年出版社 2000 年版。

王建军：《中国近代教科书发展研究》，广东教育出版社 1996 年版。

王晓秋：《近代中日文化交流史》，中华书局 1992 年版。

吴科达：《臣民还是公民——教科书审定制度和思想道德教科书（1902—
　　1949）》，中国社会科学出版社 2013 年版。

吴小鸥：《中国近代教科书的启蒙价值》，福建教育出版社 2011 年版。

熊月之：《西学东渐与晚清社会》（修订版），中国人民大学出版社 2011
　　年版。

阎书昌：《中国近代心理学史（1872—1949）》，上海教育出版社 2015 年版。

杨惠玲：《19 世纪汉英词典传统——马礼逊、卫三畏、翟理斯汉英词典
　　的谱系研究》，商务印书馆 2012 年版。

杨念群、黄兴涛、毛丹主编：《新史学——多学科对话图景》，中国人民
　　大学出版社 2003 年版。

杨昭全：《中国·朝鲜·韩国文化交流史》，昆仑出版社 2004 年版。

张家龙编：《逻辑学思想史》，湖南教育出版社 2004 年版。

张西平、柳若梅编：《国际汉语教育史研究》，商务印书馆 2014 年版。

张仲民：《出版与文化政治：晚清的"卫生"书籍研究》，上海书店出版
　　社 2009 年版。

张仲民：《种瓜得豆：清末民初的阅读文化与接受政治》，社会科学文献
　　出版社 2016 年版。

张仲民、章可编：《近代中国的知识生产与文化政治——以教科书为中
　　心》，复旦大学出版社 2014 年版。

章清：《学术与社会——近代中国"社会重心"的转移与读书人新的角
　　色》，上海人民出版社 2012 年版。

赵匡华主编：《中国化学史近现代卷》，广西教育出版社 2003 年版。

钟少华：《中国近代新词语谈薮》，外语教学与研究出版社 2006 年版。

邹嘉彦、游汝杰主编：《语言接触论集》，上海教育出版社 2004 年版。

邹振环：《20 世纪上海翻译出版与文化变迁》，广西教育出版社 2000

年版。

邹振环：《晚明汉文西学景点：编译、诠释、流传与影响》，复旦大学出版社 2011 年版。

邹振环：《晚清西方地理学在中国》，上海古籍出版社 2002 年版。

［德］郎宓榭、［德］阿梅龙、［德］顾有信著，赵兴胜等译：《新词语新概念：西学译介与晚清汉语词汇之变迁》，山东画报出版社 2012 年版。

［德］郎宓榭、［英］费南山主编，李永胜、李增田译：《呈现意义：晚清中国新学领域》，天津人民出版社 2014 年版。

［韩］李光麟：《韩国开化史研究》，陈文寿译，香港社会科学出版社 1999 年版。

［美］本杰明·艾尔曼：《中国近代科学的文化史》，王红霞等译，上海古籍出版社 2009 年版。

［美］丹尼尔·W.费舍：《狄考文传——一位在中国山东生活了四十五年的传教士》，关志远等译，广西师范大学 2009 年版。

［美］任达：《新政革命与日本——中国，1898—1912》，李仲贤译，江苏人民出版社 1998 年版。

［日］实藤惠秀：《中国人留学日本史》，谭汝谦、林启彦译，生活·读书·新知三联书店 1983 年版。

［日］松浦章：《明清时代东亚海域的文化交流》，郑洁西等译，江苏人民出版社 2009 年版。

［日］增田涉：《西学东渐与中日文化交流》，由其民、周启乾译，天津社会科学院出版社 1993 年版。

［日］竹中宪一：《北京历史漫步》，天津编译中心译，中国文史出版社 1991 年版。

［意］马西尼：《现代汉语词汇的形成——十九世纪汉语外来词研究》，黄河清译，汉语大词典出版社 1997 年版。

六 论文

毕苑：《汉译日本教科书与中国近代新教育的建立（1890—1915）》，《南京大学学报》2008 年第 3 期。

陈昌文：《墨海书馆起讫时间考》，《史学月刊》2002 年第 5 期。

陈启伟：《再谈王韬和格致书院对西方哲学的介绍》，《东岳论丛》2001
　　年第 5 期。

［英］傅兰雅：《科学术语：目前的分歧与走向统一的途径》，孙青、海
　　晓芳译，《或问》2008 年第 16 期。

何涓：《益智书会与杜亚泉的中文无机物命名方案》，《自然科学史研究》
　　2007 年第 3 期。

何涓：《有机化合物中文命名的演进：1908—1932》，《自然科学史研究》
　　第 2014 年第 4 期。

黄河清：《马礼逊辞典中的新词语（续）》，《或问》2008 年第 16 期。

黄克武：《新名词之战：清末严复译语与和制汉语的竞赛》，《中央研究
　　院近代史研究所集刊》2008 年第 62 期。

霍有光：《南洋公学译书院及其译印图书》，《西安交通大学学报》（社会
　　科学版）1999 年第 4 期。

聂长顺、王淑贞：《近代"心理学"的厘定与中西日文化互动》，《人文
　　论丛》2012 年卷。

钱存训：《近世译书对中国现代化的影响》，《文献》1986 年第 2 期。

沈国威：《汉城大学奎章阁所藏汉译西书》，《或问》2002 年第 4 期。

沈国威：《康有为及其〈日本书目志〉》，《或问》2003 年第 5 期。

王树槐：《清末翻译名词的统一问题》，《中央研究院近代史研究所集刊》
　　1969 年第 1 期。

王细荣：《虞和钦的〈有机化学命名草〉及其学术影响》，《自然辩证法
　　通讯》2012 年第 2 期。

王扬宗：《关于〈化学鉴原〉和〈化学初阶〉》，《中国科技史料》1990
　　年第 1 期。

王扬宗：《清末益智书会统一科技术语工作述评》，《中国科技史料》
　　1991 年第 2 期。

谢振声：《近代化学史上值得纪念的学者——虞和钦》，《中国科技史料》
　　2004 年第 3 期。

熊月之：《〈清史·西学志〉纂修的一点心得——晚清逻辑学译介的问
　　题》，《清史研究》2008 年第 1 期。

杨昭全：《近代中朝贸易（1840—1918 年)》，《社会科学战线》1989 年
　　第 4 期。

咏梅：《中国第一本〈物理学〉内容研究》，《内蒙古师范大学学报》
　　2006 年第 4 期。

曾昭式：《逻辑学东渐与现代中国逻辑史》，《社会科学》2002 年第 8 期。

张大庆：《早期医学名词统一工作：博医会的努力和影响》，《中华医史杂
　　志》1994 年第 1 期。

张澔：《傅兰雅的化学翻译的原则和理念》，《中国科技史料》2000 年第
　　4 期。

张运君：《京师大学堂和近代西方教科书的引进》，《北京大学学报》（哲
　　学社会科学版）2003 年第 4 期。

赵莉如：《中日心理学史上的早期联系与交流》，《心理学报》1991 年第
　　2 期。

朱京伟：《严复译著中的新造词和日语借词》，《人文论丛》2008 年卷。

庄索原：《土山湾印书馆琐记》，《出版史料》1987 年第 4 期。

后记：愿来世还做您的弟子

本书源于 2008—2010 年我师从冯天瑜先生所作的博士后出站报告。博士后出站后又有幸获得国家社会科学基金青年项目的资助，对出站报告做了进一步的补充。但由于后续我的主要工作转向为文化政策等应用性研究，所以虽然先生多次督促我要对出站报告作更系统深入的增补，并出版，但我一直都托词事情太多，想留待以后空闲时慢慢完成。不想今年 1 月与先生已天人永隔，先生再也看不到我这本小书的付梓。

今年 1 月 12 日上午 9 时许接到来明师兄电话，说先生病危，仍不敢也不愿相信。直到跟才武师兄反复核实，才知道先生真的已于上午 10 点 41 分跟我们永别了。我再也见不到我最最敬重、最最爱护我的恩师——冯天瑜先生了。去年 12 月 26 日先生即已进入重症病房、上了呼吸机，情况不容乐观；但我们弟子想着先生凭着他的大毅力、大智慧、大乐观能再次创造奇迹。事实上 7 年来，先生身患癌症，但闯过了一次又一次的绝难险境，让他的主治医生都一再惊呼"先生非常人也"。

先生的确不是平常人，他是史学界的大咖、文化界的名流。先生出身名门，家学深湛，且年少成名，是被毛主席亲言夸奖的人物，但先生从不以名人自诩。夏天，先生在办公室短裤背心是其常态；待人接物，从来都温润如水、谦谦君子。先生是学界有名的老好人，基本不懂得拒绝别人，故人缘极佳，人品有口皆碑。2008 年我被先生收入门下，就是先生乐善好施的一例。当年我博士毕业因种种原因就业无着，罗福惠师临时向先生求援，被先生满口答应，从而忝列冯门，至今庆幸。

先生与人相交讲究"既以为人，己愈有"。即便我们弟子登门拜访，先生也会首先约定，一定不能带礼物；如果带了，那么先生一定会馈赠更多。每次我去先生家，先生师母常说的一句话是：你家孩子多、人多，帮我们消灭一些东西。于是从先生家出来，每次都两手不空，让我划拉走不少好东西。2022 年 9 月 10 日，我们几位在武汉的弟子齐聚先生家，庆祝中秋节、教师节双节。先生高兴之余，又开始赠书大派送，人手一本，既有冯氏三藏中翰墨丹青的大部头，也有先生最新出版的力作（《三十个关键词的文化史》），并戏称我们弟子又来了一次"打土豪、分藏书"。耳提面命犹如昨日，不想已天人永隔，悲乎！

先生是天生的乐天派，读书、著书之余，喜绘画，尤善人物速写。从 20 世纪 80 年代中期开始，先生参加国内外学术活动，常在会间休息时为与会贤达速写造像，入画学人遍及海内外各地，诸如张岱年先生、程千帆先生、饶宗颐先生、章开沅先生等时贤均形诸先生画端，"形神兼具，其量其质，足可展列"（湖北美术学院院长徐勇民先生语）。后先生将之汇编成册出版为《学人侧影：冯天瑜手绘》，成为学界一大佳事。

先生另一大爱好是喜观足球赛，自称为"四十年伪球迷"。每届世界杯比赛期间，就是先生兴趣高昂时刻。2006 年、2010 年两届世界杯，先生描摹球星若干。2014 年、2018 年、2022 年三届世界杯，先生在弟子群的保留节目就是对每场世界杯球赛进行提前预测。先生自述："我把球赛预测作为一种思维体操。要领：（一）据之以实情、实势的把握（故必须掌握真实的而不是虚构的过往事实）；（二）以理性思辨判之，这里须排除个人好恶、利益驱动的干扰；（三）信从必然性，又重视偶然性，必然寓于偶然之中，因而不迷信强者一定胜弱者，但强弱之势毕竟是判断的重要依据，然又勿迷信于此，不坚执于通识性的强弱对比，有些事物隐忍未发，有外弱而内强者，有外强中干者，这要求我们磨炼由表及里的透视力。总之，预测的运用之妙，存乎一心。"先生积累多年观球之经验，预测极准。2018 年俄罗斯世界杯赛时先生因癌症四期住院，观赛成为先生舒缓化疗之恶心及剧痛的良方，从八强赛后预测胜负准确率达 100%。2022 年世界杯 16 进 8 阶段，先生八测七准；四强赛、季军赛及决赛，四测皆准。

先生不仅为大学问家，更是有大爱的仁者、智者。先生告诉我们，冯氏家训是"远权贵，拒妄财"。因此先生虽然有数次"进京任职""校长任命"的机会，却仍然愿意做一名纯粹的学者。2018 年先生更秉持"取自社会，回馈社会"的信念，毅然将长达半个世纪收藏的文物珍品悉数捐赠给武汉大学，设立"冯氏捐藏馆"。2020 年疫情紧张时刻，先生"每临大事有静气","大疫读书"的从容，让我们弟子深切感受到大家的风范；76天武汉封城，先生为医院防疫物资、疫情防控的咨政直言，更体现了现代文人的担当。

2008 年至今一直受教于冯先生身边，先生为学为人高山仰止、景行行止。先生对于我的恩情，更是深若大海，难报一二。大到我博后出站后的就业选择，小到家庭琐事的关心关照，先生心细如发，提携良多。1 月 6 日通过视频匆匆见了先生在重症病房治疗的一面，不想竟成诀别。师恩难忘，哀恸逾恒。今日当年博士后出站报告的出版仅为纪念先生多年来的督促与教导，但距先生的期许仍有较大的不足。唯愿还有来世，有幸还成为先生的弟子！

2023 年 1 月 13 日凌晨